●安徽省高等学校一流教材建设项目

SHENGCHAN YUNYING GUANLI

生产运营管理
------- 第 2 版 -------

包菊芳　刘　志　张洪亮◎主编

北京师范大学出版集团
安徽大学出版社

图书在版编目(CIP)数据

生产运营管理/包菊芳,刘志,张洪亮主编. —2版. —合肥:安徽大学出版社,2023.5
ISBN 978-7-5664-2488-4

Ⅰ.①生… Ⅱ.①包… ②刘… ③张… Ⅲ.①企业管理—生产管理 Ⅳ.①F273

中国版本图书馆 CIP 数据核字(2022)第 179749 号

生产运营管理(第 2 版)
Shengchan Yunying Guanli

包菊芳　刘　志　张洪亮 主编

出版发行:	北京师范大学出版集团 安 徽 大 学 出 版 社 (安徽省合肥市肥西路3号 邮编230039) www.bnupg.com www.ahupress.com.cn
印　　刷:	安徽利民印务有限公司
经　　销:	全国新华书店
开　　本:	880 mm×1230 mm　　1/16
印　　张:	20.75
字　　数:	516 千字
版　　次:	2023 年 5 月第 2 版
印　　次:	2023 年 5 月第 1 次印刷
定　　价:	59.00 元

ISBN 978-7-5664-2488-4

策划编辑:邱　昱　　　　　　　　　装帧设计:李　军　孟献辉
责任编辑:邱　昱　　　　　　　　　美术编辑:李　军
责任校对:方　青　　　　　　　　　责任校对:陈　如　孟献辉

版权所有　侵权必究
反盗版、侵权举报电话:0551—65106311
外埠邮购电话:0551—65107716
本书如有印装质量问题,请与印制管理部联系调换。
印制管理部电话:0551—65106311

前　言

在实施"制造强国"战略背景下,推进以制造业为主体的实体经济是我国经济社会发展的着力点,也是厚植我国经济发展根基和竞争优势的关键点。我国制造业规模庞大、体系完备,但大而不强的问题突出,因此,在由"制造业大国"向"制造业强国"转变的进程中,强化生产管理、转变生产模式、提高管理效率是制造业企业在发展中的迫切需要。本书以习近平新时代中国特色社会主义思想为指引,提炼了来源于我国企业生产管理实践的案例、突出了生产运营管理在制造企业转型升级及高质量发展中的作用、强调了创新是企业经营最重要的品质,并阐述了生产管理创新在企业可持续运营中的作用。

具体而言,生产运营管理是把投入的资源(生产要素)按照特定要求转换为产出(产品和服务)并实现价值增值,涉及企业或服务组织的计划、组织、实施和控制各环节。在转换、增值的过程中,制造企业及服务组织如何整合内外部资源,以最低的生产成本、最合理的生产流程,实现高质量产品及服务的提供,离不开先进运营理念与原则的指导,离不开生产运营系统的设计、运行及不断改善。生产运营管理正是围绕这样一根轴线周而复始地进行,本书也正是以此作为理论与知识体系的基本框架。

总体来看,本书具有以下几点特色:

一是立足于服务中国制造企业,挖掘具有中国特色的生产运营管理实践案例,聚焦生产运营技术与方法的介绍,进而为制造企业高质量发展赋能,助力制造强国建设;

二是涵盖制造企业及服务组织的运营管理内容,详细介绍制造企业生产管理理论及方法,补充介绍较为丰富的服务系统运营管理知识,以及制造企业及服务组织运营管理的发展趋势;

三是理论联系实际,为了适应管理科学与工程类、物流工程类及工业工程类专业应用型人才培养的需求,本书强调案例分析及生产运营管理方法的应用过程讲解;

四是力求深入浅出、通俗易懂,重点突出、选材新颖,在运营理论与方法讲解过程中,穿插大量案例分析和图表,以使读者加深理解。

本书编写过程中,部分知识得益于他人的研究成果,书末列出了主要的参考文献,在此,谨向国内外有关成果的贡献者、著作者表达衷心的感谢。

本书第1章、第3章、第4章、第8章由包菊芳编写;第2章、第5章、第6章由刘志编写;第7章、第9章、第10章由张洪亮编写。全文由包菊芳修改和统稿。

由于编者时间和水平有限,书中难免存在错误或遗漏,希望各位读者批评指正。

编　者
2023 年 3 月

目 录

第一章 生产运营管理概论 … 1
第一节 生产运营管理的基本概念 … 2
第二节 生产运营的分类 … 9
第三节 生产运营管理的发展历程 … 17
第四节 生产运营战略 … 21

第二章 产品(服务)开发与流程选择 … 29
第一节 新产品和新服务开发概述 … 31
第二节 制造业产品开发与流程选择 … 34
第三节 服务产品设计与流程选择 … 47
第四节 并行工程 … 57

第三章 设施选址与布置 … 65
第一节 设施选址 … 66
第二节 设施布置决策 … 76
第三节 设施布置方法 … 81
第四节 非制造业的设施布置 … 89

第四章 库存管理 … 97
第一节 库存管理概述 … 98
第二节 独立需求库存控制 … 105

第五章 综合生产计划 … 119
第一节 生产计划及其层次体系 … 120
第二节 需求与能力 … 123
第三节 综合计划的制定 … 134
第四节 主生产计划的制定 … 145

第六章 物料需求计划 … 157
第一节 MRP的基本原理 … 159
第二节 MRP的处理逻辑 … 165

第三节 MRPII 和 ERP ………………………………………………………… 172

第七章 作业计划与控制 …………………………………………………………… 183

第一节 作业计划与控制概述 …………………………………………………… 185
第二节 制造业作业计划 ………………………………………………………… 189
第三节 制造业作业控制 ………………………………………………………… 199
第四节 服务业作业计划与控制 ………………………………………………… 206

第八章 现代质量管理 ……………………………………………………………… 217

第一节 质量与质量管理 ………………………………………………………… 219
第二节 常用质量管理工具和方法 ……………………………………………… 228
第三节 先进质量管理模式 ……………………………………………………… 244

第九章 精益生产 …………………………………………………………………… 259

第一节 精益生产概述 …………………………………………………………… 261
第二节 精益生产基本构成及核心理念 ………………………………………… 263
第三节 现场改善常用方法 ……………………………………………………… 271
第四节 准时化生产 ……………………………………………………………… 277
第五节 自働化（Jidoka）概述 …………………………………………………… 280

第十章 其他先进生产方式 ………………………………………………………… 287

第一节 最优生产技术 …………………………………………………………… 289
第二节 大量定制生产方式 ……………………………………………………… 299
第三节 现代集成制造系统 ……………………………………………………… 307
第四节 服务型制造 ……………………………………………………………… 312

参考文献 …………………………………………………………………………… 325

第一章

生产运营管理概论

◎ **学习目标**

· 掌握生产运营、生产运营系统的概念；
· 掌握生产运营管理的概念、内容及目标；
· 明确制造性生产、服务性生产的特点；
· 了解制造性生产、服务性生产的具体分类；
· 明确不同生产类型的特点；
· 掌握生产运营战略的概念及基本内容；
· 了解生产运营管理的演变过程。

开篇案例

合锻智能的转型升级

合肥合锻智能制造股份有限公司(以下简称"合锻智能")前身为合肥锻压机床总厂,始建于1951年,为专业从事锻压设备生产、销售的大型企业。随着"中国制造2025"制造强国战略行动纲领的出台,铁路交通、航空航天、智能装备等领域迎来发展机遇,合锻智能及时抓住装备制造业发展的历史机遇,不断提升经营管理水平,从单一产品、成套设备供应商向整体解决方案供应商转变,实现制造业服务化。

合锻智能产品呈单台多品种情况,属于订单型生产模式。合锻智能采用柔性化的项目管理方法,确保影响产品质量和交付进度的各环节受控。

合锻智能积极向高端制造进军,将数字化技术和智能制造技术应用于产品设计和制造过程,使制造过程向数字化、信息化、智能化集成制造发展,全面提升产品设计、制造和管理水平;大力开发新技术、新领域,在新兴领域实施"先行一步"战略,抢占市场先机,填补行业空白;利用精益化生产确保产品质量,树立高端品牌形象,并结合海外发展战略,走品牌国际化道路。

合锻智能通过建立运维服务中心来快速响应客户的需求,积极向"产品全生命周期管理"企业转变,入选2020年安徽省服务型制造示范企业。合锻智能的运维服务中心具有强大的联网监控、调度指挥等能力,具有设备工况实时感知、一站式报修、维修全程跟踪、维修过程优化和创新等功能,能够延长设备运行时间,提升设备运行能效,降低维保费用,提供增值服务,加快产品的创新速度。

随着高端装备制造业全球竞争格局的日益明显,以生产信息化、智能化为标志的新型装备制造业,必将促进我国装备制造业及相关行业的转型升级。

(资料来源于网络,文字有删改)

生产是大多数人都熟悉的活动,然而,随着服务业的兴起,生产的概念已经开始进一步扩展。生产不仅包含对有形产品的制造,也包含对无形产品——服务的提供。相应地,生产运营管理不仅仅关注制造系统中产品生产过程的管理,还关注众多服务系统中服务提供过程的管理。

第一节 生产运营管理的基本概念

一、生产与运营的内涵

一提到"生产"这个词,人们自然会想起工厂、机器、流水线等。在过去,人们一直将生产与制造过程直接相连,认为生产就是物质资料的生产,而物质资料的生产是指将原材料转化为一定的有形产品。

随着科学技术的发展和人类社会的不断进步,当今世界各国,特别是经济发达国家的产业结构发生了巨大的变化,服务业在国民经济中的比重越来越大,并且日益超过制造业。服务业囊括了提供物质产品之外的一切产业,包括金融业、房地产业、交通运输业、通信业、医疗保健业、教育业、零售业、餐饮业、公用事业等,甚至政府工作。

国外对服务管理的研究始于20世纪70年代,放松管制使服务业由垄断行业转变为竞争性行业,这促使服务业企业提高管理水平。一开始,人们把制造业生产管理理论直接用于服务业,美国专家蔡斯(R. B. Chase)在20世纪70年代出版的《生产与业务管理》中持有这种思想。然而业界逐渐发现:制造业的理论方法不大适用于服务业,服务系统是一个开放系统,顾客直接参与服务传递过程,不能忽视服务提供者与顾客接触的行为问题。西方学者把制造有形产品的活动称为"生产"(production),而把提供劳务的活动称作"运营"(operation)。现在,两者被统称为"operations",国内翻译为"生产与运营"或"生产与运作"。

根据生产与运营概念的演变与扩展,我们可以给生产与运营下一个一般意义上的定义:生产与运营是一切社会组织将输入转化为输出的过程。

生产与运营是一个"投入—转换—产出"的过程,即先投入一定的资源,再将资源经过一系列、多种形式的转换,使资源增值,最后将资源以某种形式产出提供给社会的过程。这是一个社会组织通过获取和利用各种资源向社会提供有用产出的过程。从根本上来说,组织的存在就是为了创造价值,而生产运营涉及的是创造价值的任务。生产运营实质上构成了每个组织的基本活动,是每个组织的核心。

如图1-1所示,生产运营活动包括投入、转换、产出三个基本环节。投入是指生产运营所需的各种资源,包括人力、设备、物料、信息、技术、能源、土地等资源要素。图1-1中的虚线表示两种特殊的投入:一是顾客或用户的参与;二是有关生产运营实施情况的信息反馈。顾客或用户的参与常表现在他们不仅是产出的接受者,还是转换过程中的参与者。信息反馈主要是指在转换过程中所获得的信息,主要来自于生产运营系统内部,如生产进度报告、质量检测报告、库存分析报告等。产出包括有形产品和无形产品两大类。有形产品如汽车、电视机、手机、面包、牙膏等物质产品;无形产品如咨询、设计方案、金融服务、物流服务等非物质产品。转换过程是从事产品制造和服务创

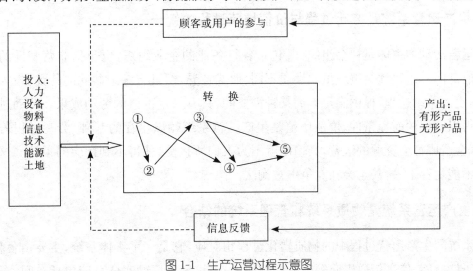

图1-1 生产运营过程示意图

造的过程,是通过人类的生产劳动使生产要素价值增殖的过程。转换过程可以多种形式表现出来,如物理过程(汽车生产等)、化学过程(炼铁、炼钢等)、位置变化过程(运输、配送等)、交易过程(商品批发零售等)、存储过程(仓储等)、生理过程(医疗保健等)、信息过程(通信等)。

为了更好地理解上述概念,表 1-1 列出了几种典型社会组织的主要投入、转换过程和产出内容。

表 1-1 典型社会组织的主要投入、转换过程和产出内容

社会组织	主要投入	转换过程	产出内容
汽车制造厂	钢板、动力部件等	加工、制造、装配	汽车
医院	病人	治疗、健康护理	恢复健康的人
餐厅	饥饿的顾客	精美的食物、舒适的环境	满意的顾客
大学	高中毕业生	教学	高级专门人才
咨询公司	问题、情况	咨询	建议、办法、方案

二、生产运营管理的研究对象

生产运营管理就是对制造产品或提供服务的系统进行设计、运行、评价和改进。生产运营管理直接涉及生产产品或提供劳务的活动,其管理对象包括生产运营过程和生产运营系统两个方面。生产运营过程如上所述,是"投入—转换—产出"的过程,也是劳动过程或价值增殖的过程。生产运营系统,是上述过程得以实现的手段,是由人和机器等构成的、能将一定输入转化为输出的有机整体。

生产运营系统本身是一个人造系统,若输出的"质"不同,则生产运营系统不同。显而易见,钢铁厂的生产系统不同于机床厂的生产系统,餐馆的运营系统不同于银行的运营系统。不仅如此,生产运营系统还取决于输出的"量"。同是生产汽车,大批量生产和小批量生产所采用的设备及设备布置的形式是不相同的;同是提供食物,快餐店和大饭店的运作组织方式是不同的。生产运营系统具有如下特征。

(一)生产运营系统是劳动过程与价值增殖过程的统一

生产运营活动的主体是社会组织,既包括各行各业的企业组织,也包括非营利性的各种事业组织和政府部门。这些社会组织虽然性质不同、形式各异,但具有一个共同的特征:投入一定的资源,经过一定的劳动过程,提供满足人们某种需要的、具有一定价值的劳动成果。劳动过程是价值增殖过程得以实现的前提条件,价值增殖是生产运营系统赖以生存的基础,劳动过程若不产生价值增殖,就会造成社会资源的浪费,其输出就不为人们所接受,就得不到社会的承认。这样的社会组织不仅不能生存下去,甚至会在竞争中被淘汰。

(二)生产运营系统是物质系统和管理系统的结合

物质系统同生产运营过程中的物质转化过程相对应,它是一个实体系统,主要由各种设施、机械、运输工具、仓库、信息传递媒介等组成。例如,一个机械工厂的实体系统包括车间,车间内的各

种机床、工艺装备及运输工具,车间与车间之间的在制品仓库等。而一个化工厂的实体系统主要是化学反应罐和形形色色的管道。又如,连锁快餐店的实体系统不可能集中在一个位置,而是分布在一个地区内各个不同的地点。生产运营系统中的管理系统同管理过程相对应,它主要是指运营系统的计划和控制系统以及物质系统的设计、配置等,通过计划、组织、实施、控制等一系列活动使物质转化过程得以实现。

管理行动

在线劳动平台

伴随数字技术的冲击,大数据驱动、平台支撑和网络协同交互的平台经济系统突破了传统的线性交易逻辑,通过平台连接供需双方以实现价值共创。数字技术与零工经济深度融合,衍生出一种通过以算法为底层技术逻辑的在线劳动平台,连接零工经济市场中供需双方的商业模式。此外,在几乎没有人工干预的劳动过程中,在线劳动平台创新出由算法虚拟化地监管分布在不同时空且脱离组织直接控制的平台工作者的管理实践。

在线劳动平台是以信息网络技术为基础,以网络平台为载体,以算法管理为手段,按需劳动服务高效精准匹配以赚取收益的网络创新平台。在线劳动平台以数字化的方式来表示现实世界,构建一个由隐藏在应用程序背后的算法组成的管理系统。算法在几乎没有人工干预的工作环境下扮演着传统管理者的角色,重塑人们的工作方式及人们与组织之间的工作关系。以外卖骑手为例,外卖配送平台基于大数据处理技术的智能调度系统,可以将骑手位置、在途订单情况等,结合天气、路况等汇总至数据库,由算法针对信息进行模拟分析,在正确的时间将订单分配给最合适的骑手。

三、生产运营管理的目标和内容

(一)生产运营管理的目标

生产运营管理的目标概括地讲就是"在需要的时候,以适宜的价格,向顾客提供具有适当质量的产品和服务"。这涉及以下几个要素:质量 Q(Quality)、时间 T(Time)、成本 C(Cost)、柔性 F(Flexibility)。质量是指满足顾客对产品或服务在质量方面的要求;时间是指满足顾客对产品和服务在时间方面的要求,即适时适量生产;成本是指满足顾客对产品和服务在价格和使用成本方面的要求,即不但产品在形成过程中的成本要低,而且用户在使用过程中的成本也要低;柔性是指能很快地适应市场的变化,生产不同的品种、开发新品种或提供不同的服务、开发新的服务。

1. 质量

质量问题涉及面广、影响因素多。高质量的产品或服务,不只是顾客的要求,也应该是企业的追求。高质量的产品或服务可以提高顾客满意度,提高生产运营系统效率、稳定性和可靠性,降低成本。

2. 时间

在现代化大生产中,生产所涉及的人员、设备、物料、资金等资源要素众多,如何将全部资源要素在需要的时候组织起来筹措到位,是一项十分复杂的系统工程,也是生产运营管理所要解决的主要问题。

时间要素包括产品开发周期、生产周期、交货期等。产品开发周期是指新产品从构思到定型和生产所经历的时间。生产周期可以定义为从下达生产运营指令到产成品(或服务)交付所持续的时间。交货期是指从接到订单时起一直到产品交付使用所持续的时间。经历的时间越长,意味着产品对市场变化的响应速度越慢、生产成本越高、库存越多、风险越大;反之,则意味着产品对市场变化的响应速度越快、生产成本越低、库存越少、风险越小。

3. 成本

成本不但能表明企业资源的利用情况,而且深刻影响生产经营的安全性。影响成本的因素有很多,包括人、物料、设备等资源的配置和利用情况以及生产率等。企业必须持续不断地降低各类成本,提高效率和效益,这是一个永恒的话题。

4. 柔性

柔性也可被称为"应变能力",是指生产运营系统对外部环境变化作出反应的能力。柔性一般包括以下几种。

(1)产品/服务柔性,是指获得不同产品与服务的能力。

(2)组合柔性,是指获得丰富的产品或服务系列组合的能力。

(3)数量柔性,是指生产运营系统调整自身输出水平,提供不同数量的产品与服务的能力。

(4)交货柔性,是指提供可变的交货时间的能力。

(二)生产运营管理的内容

生产运营管理涉及的主要内容,从层次和过程角度可以分为四个部分。

1. 生产运营战略

生产运营战略应根据企业的总体战略制定,以保证与企业的长期目标相一致,进而准确地把握生产运营系统的发展方向。生产运营战略的制定,既不能违背企业的总体战略,又必须解决市场需求与生产运营能力之间不断出现的矛盾。

2. 生产运营系统的设计管理

生产运营系统的设计管理,包括产品或服务的选择与设计、过程选择、能力规划、选址与设施布置、工作设计等,这是生产运营系统在运行之前的决策。然而,在生产运营系统的生命周期内,企业不可避免地要进行改造和更新,扩建新设施,增加新设备,以及遇到生产运营系统设计问题。

生产运营系统的设计对运行有着决定性的影响。如果企业的产品或服务选择不当,就将出现方向性错误,造成人力、物力和财力无法弥补的浪费。如果企业选址不当或者设施布置不合理,则在投入运行后短时间内更改,大大影响生产运营成本。

3. 生产运营系统的运行管理

生产运营系统的运行管理,主要解决生产运营系统如何适应市场的变化,按用户的需求输出合格产品和提供满意服务的问题,主要涉及生产计划、生产组织与生产控制三个方面。

(1)生产计划解决生产什么、生产多少以及何时生产的问题。包括预测顾客对产品或服务的需求,确定产品或服务的品种与产量,设置产品出产日期和服务提供方式,做好生产能力和需求的平衡,编制生产运营计划,做好人员班次安排,统计生产进度情况等。

(2)生产组织解决如何合理组织生产要素,使有限的资源得到充分合理利用的问题。生产要素包括劳动者(工人、技术人员、管理人员和服务人员等)、劳动资料(设施、机器、工具、能源等)、劳动对象(原材料、毛坯、在制品、零部件和产成品等)和信息(技术资料、市场信息、统计资料、工作指令等)。劳动者、劳动资料、劳动对象和信息的不同组合和配置,构成了不同的组织生产方式,简称生产方式。一种生产方式不是一种具体方法的运用,而是在一种基本思想指导下的一整套方法、规则所构成的体系,涉及企业的每个部门和每一项活动。

(3)生产控制解决如何保证按计划完成任务的问题,主要包括接收订货控制、投料控制、生产进度控制、库存控制和成本控制等。

4. 生产运营系统的维护与改进管理

任何系统都有生命周期,如果不加以维护和改进,系统就会终止。生产运营系统的维护和改进管理包括对设施的维修与可靠性管理、质量管理、整个生产运营系统的不断改进和各种先进生产方式和管理模式的应用。

管理行动

宝马公司的竞争优势体现着生产运营管理的基本原理

"顾客掌握着我们的未来",这是宝马公司在美国南卡罗来纳州的斯坦堡工厂迎接参观者的标语,这里生产Z3跑车及X5。斯坦堡工厂是宝马公司所经营的最干净和最安静的组装厂,拥有3种独特的竞争力:速度、柔性和质量。

宝马公司应对成本挑战的方法就是将生产活动加速。斯坦堡工厂只用了23个月就建成了,X5的开发周期仅有35个月。宝马公司有着一个积极的、有雄心的目标:力求将新产品开发周期再压缩30%。

定制化生产满足个人用户需求的方法是"有效率的柔性"。Z3跑车有22种颜色选项,123种中心控制系统,26种轮胎选项。宝马公司已经变成了物流方面的专家,它的柔性延伸到了管理和人的层面,并引入了"双10小时"轮班制度来适应X5快速生产的需求。

宝马公司对质量的承诺是在生产过程中融入新技术,从而实现产品基于客户需求的目标。

宝马公司的上述运营管理特征同德国其他汽车公司是完全相反的。宝马公司已经成为SAP公司ERP/R3的测试合作伙伴,SAP公司可以从宝马公司学到建立工厂更有效率的方法。

四、生产运营管理的作用

(一)生产运营是社会组织的基本职能之一

为了经营和业务发展的需要,任何组织都必须至少具有三项职能,即营销、生产运营、财务/会计(见表1-2)。社会组织的大部分人力、物力、财力都要投入生产运营活动中,以制造社会所需要的产品和提供顾客所需要的服务。财务/会计是指为社会组织筹措资金并合理地运用资金。营销就是要发现和挖掘顾客的需求,让顾客了解公司的产品和服务,并将产品和服务送到顾客手中。

表1-2 社会组织的三项基本职能

企业类别 \ 职能	营销	生产运营	财务/会计
汽车制造商	媒体广告 赞助体育赛事 发展销售商 销售汽车、零部件	设计汽车 制造零部件 装配汽车 发展供应商	向供应商付款 支付员工工资 收售车款 编制预算
大学	邮寄招生目录 在中学宣传	探索真理 传播知识	支付工资 收学费
快餐店	电视广告 分发宣传品 赞助儿童组织	加工食品 保养设备 设计新店面	向供应商付款 收取现金 支付工资

社会组织的三项基本职能是各不相同但又相互联系的,对组织的经营来说都是必不可少的。每项基本职能对组织目标的实现都起着重要作用。通常一个组织的成功,不但依赖于各项职能的发挥,而且依赖于职能相互之间的协调程度。例如,生产部门与营销部门应相互配合,否则营销部门销售的可能是非营利的产品或服务,或者生产部门正在创造的是没有市场需求的产品或服务。同样,如果财务部门与市场部门缺少密切配合,当组织需要扩大规模或购买设备时,可能会因资金紧张而难以实现。

(二)企业在生产运营方面的花费在总成本中所占比例最大

在企业成本构成中,所占比例最大的部分往往是生产运营部分,见表1-3所示。因此,企业要降低成本,提高盈利能力,就必须以生产运营管理为关注焦点。

表1-3 各行业中生产运营成本比重

	项目	食品加工业	医药制造业	电子及通信设备制造业	普通机械制造业	纺织业
生产运营	产品材料直接劳动成本	84%	59%	84%	80%	85%
	附加费用监督及供应	5%	5%	3%	2%	2%
	小计	89%	64%	87%	82%	87%
	销售、财务及管理费用	6%	22%	7%	10%	6%
	利息、非经营项目税收及利润	5%	14%	6%	8%	7%

(三)生产运营管理是企业竞争力的源泉

在市场经济条件下,企业之间的竞争主要体现在组织所提供的产品和服务上。而企业产品和服务的竞争力在很大程度上又取决于产品和服务的质量、成本、时间、柔性等生产运营管理绩效。

20世纪70—80年代,美国工商企业界的高层管理者把兴趣更多地偏重资本运营、营销手段的开发等,而对集中了企业绝大部分财力、设备及人力资源的生产运营系统缺乏应有的重视,结果导致整个生产活动与市场需求之间的距离越来越远。而后起的企业,正是靠卓有成效的生产运营管理技术和方法,使产品风靡全球,不断提高全球竞争力。在今天,绝大多数企业已经意识到生产运营管理对企业竞争力的重要意义,并开始重新审视生产运营管理在整个企业经营管理中的地位和作用。

第二节 生产运营的分类

不同企业生产的产品和提供的服务不同,生产运营内容往往有很大的差异。但在表面的差异背后,是否有内在一致性?这是研究生产运营类型的目的。对生产运营系统进行分类,企业可以更好地抓住生产运营管理的内在规律,有效地提高管理水平。

按照不同的分类标准,生产运营可以有不同的分类方法。

一、按行业的类别(生产性质)分类

按生产性质分类,生产运营可以分成两大类:制造性生产和服务性运营。

(一)制造性生产

制造性生产是提通过物理和(或)化学作用将有形输入转化为有形输出的过程。例如,机械制造便是通过车、铣、刨等物理过程和铸造、热处理等化学过程将原材料转化为所需的有形产品。

1. 连续性生产和离散性生产

按工艺特征,制造性生产可以分成连续性生产和离散性生产。

连续性生产又称"流程式生产",其工艺流程具有这样的特点:物料按照固定的工艺顺序连续不断地经过各个工作地,在运动中不断改变形态和性能直至形成产成品。其工艺过程是不可停顿的,产品在物理结构上是不可分的。如化工产品(塑料、肥料等)、冶金产品、食品、纸等生产是典型的流程性生产。

离散性生产又称加工装配式生产,其产品在结构上是可拆分的,产品是由许多零部件构成的,各零件的加工过程是彼此独立的。产品在生产加工时,先将原材料加工成零件,再装配成部件,最后形成产品。其加工过程是离散的,物料运动呈离散状态。机床、汽车、船舶、家具、电子设备、计算机、服装等产品的制造,都属于加工装配式生产。离散性生产的特点使得构成产品的零部件可以在不同地区甚至在不同国家制造,离散性生产的组织十分复杂,是生产运营管理研究的重点。

流程式生产和加工装配式生产的特点比较,如表1-4所示。

表 1-4 流程式生产和加工装配式生产的比较

特征	流程式生产	加工装配式生产
产品品种数	较少	较多
产品差别	标准产品较多	客户化产品较多
设备布置的性质	流水生产	批量或流水生产
自动化程度	较高	较低
设施布置的柔性	较低	较高
对设备可靠性要求	高	较低
生产能力	可明确确定	模糊、多变
扩充能力的周期	较长	较短
原材料品种数	较少	较多
在制品库存	较低	较高
能源消耗	较高	较低
副产品	较多	较少

2. 备货型生产和订货型生产

按照企业组织生产的特点，制造性生产可分为备货型生产(Make-to-Stock，MTS)和订货型生产(Make-to-Order，MTO)两种。流程式生产一般为备货型生产，加工装配式生产既有备货型生产，又有订货型生产。

备货型生产是指在没有接到用户订单时，按已有的标准产品或产品系列进行的生产。生产的目的是补充成品库存，通过成品库存来满足随时发生的用户需要。轴承、紧固件、小型电动机等产品的生产属于备货型生产。这些产品的通用性强，标准化程度高，有广泛的用户。一般来说，企业应在市场调查、预测的基础上，有计划地安排生产，采取"有库存而待售"的存货生产方式。

订货型生产是指按用户的订单进行生产。通过签订合同，企业按订单要求的产品品种、质量、需求量、交货期等组织生产。锅炉、船舶、大型电机等产品的生产就属于订货型生产。这些产品的专用性强，大多是非标产品。订货型生产的订单来源具有随机性和不稳定性，虽然在品种方面有一定的范围，但还是要针对用户的具体要求进行设计和组织生产，对企业的生产技术水平和管理水平有一定的要求。

一般来说，备货型生产的标准化程度高、生产效率高，但对客户的个性化要求满足程度低；订货型生产的标准化程度低、生产效率低，但对客户的个性化要求满足程度高。为了兼顾顾客的个性化要求和生产过程的效率，企业可以将备货型生产和订货型生产组合成不同的生产方式，组合的关键是确定备货型生产和订货型生产的分离点(Customer Order Decoupling Point，CODP)。在CODP上游的是备货型生产，由预测和计划驱动；在CODP下游的是订货型生产，由客户订单驱动。企业可以将CODP安排在加工装配式生产的产品设计、原材料采购、零部件加工和产品装配等几个典型生产阶段之间，从而构成不同的生产组织方式，如图1-2所示。

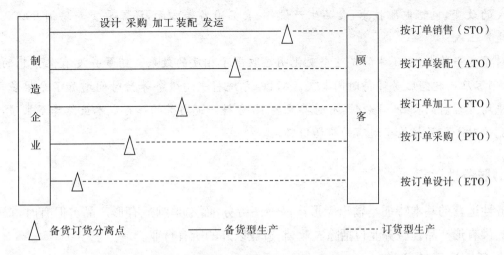

图 1-2　备货型生产和订货型生产的结合

当 CODP 在装配和发运之间，装配及上游的所有生产阶段都是备货型生产，产品已制造出来，顾客只能在其中选购，通过发运得到所需产品，即按订单销售(Sale-To-Order, STO)。当 CODP 在加工和装配之间时，零部件加工及其上游生产阶段是备货型生产，零部件已制造出来或采购到货，按照顾客要求装配成不同的产品，即按订单装配(Assemble-To-Order, ATO)。当 CODP 在原材料采购和零部件加工之间时，说明原材料采购及上游生产阶段是备货型生产，顾客可以对零部件加工及其下游生产阶段提出特定要求，这就是按订单制造(Fabrication-To-Order, FTO)。当 CODP 在设计和采购之间时，说明产品已经按照预测设计完成，顾客可以对采购及下游生产阶段提出特定要求，这就是按订单采购(Purchase-To-Order, PTO)。当 CODP 在设计阶段之前时，说明设计及下游生产阶段是按照顾客的特定要求进行的，这就是按订单设计(Engineer-To-Order, ETO)。

服务业也有类似的运营组织的例子。例如，餐馆按菜单点菜，每种菜的原料和半成品都是事先准备好的，只需炒菜(组装)，这就是 ATO；如果顾客不仅要点菜，还有特定的制作要求(如要手工制作或者机器加工)，这就是 FTO；如果顾客不仅要点菜，还对原材料有特定的要求(如对鱼的"点杀")，这就是 PTO；为特定的顾客设计与众不同的筵席，这就是 ETO。

管理行动

麦当劳：从 MTS 向 MTO 的转变

麦当劳曾经采用 MTS 系统，即用一个大盘子装制做好的汉堡来满足顾客需求。随着门店数量上升到 25000 家之多，MTS 系统逐渐丧失了部分竞争力。麦当劳销售额在 20 世纪 90 年代中期变得平淡没有起色，独立市场调查表明，麦当劳在食品质量方面的竞争力与其他企业的差距也在加大。更糟的是，快餐顾客的喜好多样，当他们改变了食品喜好时，就会去别的餐馆。MTS 系统已经不能满足顾客新的需求。

经过 5 年的实验和市场调研，麦当劳推出了"只为你"系统来创立 MTO 系统环境。这需要很大的改变,包括电脑技术、食品生产设备、食品准备等方面,还需要重新培训60000多名食品生产工人。

对于麦当劳来说,不幸的是这个变化明显取得了相反的效果。销量并没有像预想的那样改善,顾客反而抱怨服务等待时间太久。MTO系统将平均服务等待时间增加了2倍多,大约订单平均处理时间在2~3分钟,有时甚至要15分钟。麦当劳的库存成本虽然降下来了,但是它的竞争对手们开始抢夺现有的市场份额。

(二)服务性运营

服务性运营的基本特征是输出无形产品——劳务,而不是制造有形产品。但有时,提供服务伴随着提供有形产品。服务业包括除农业、制造业以外的所有行业。

1. 服务性运营的分类

为了有效地组织服务运营系统,人们必须按不同的特征对服务业进行分类。

(1)按是否提供有形产品分类,服务性运营可分成纯劳务运营和一般劳务运营。纯劳务运营不提供任何有形产品,如咨询、辩护、指导和讲课等活动。一般劳务运营则提供有形产品,如批发零售、邮政、运输、餐饮等活动。

(2)按顾客是否参与分类,服务性运营可分成两种:顾客参与的服务性运营和顾客不参与的服务运营。顾客参与的服务性运营是指如果没有顾客的参与,服务不可能进行,这种形式的服务性运营管理较为复杂。例如,理发、保健、旅游、客运、教育等活动。顾客不参与的服务性运营是指服务者在提供服务时,顾客可以不加入服务过程。例如,修理、洗衣、货运等。

(3)按资本/劳动密集程度和顾客需求特性分类,服务性运营可以分成四种:大量资本密集服务、专业资本密集服务、大量劳动密集服务、专业劳动密集服务。(见表1-5所示)

大量资本密集服务也称"服务工厂",它提供标准化服务,具有较大的资本投入,从某种程度来说,像是服务生产流水线。

专业资本密集服务也称"服务中心",它允许更多的定制服务,是在大量资本投入环境下运营的。

大量劳动密集服务也称"大众化服务",指的是接待顾客很多、顾客接触时间有限且定制程度不高的服务类型。顾客在大量劳动密集服务的环境中可以得到无差别的服务。服务的价值增殖过程大部分发生在后台,前台服务人员需要进行判断的行为很少。

专业劳动密集服务也称"专业化服务",顾客可以得到经过专业培训的服务人员提供的个性化服务。服务过程可以根据顾客的需求进行弹性调整,很大一部分服务时间花在前台沟通上,负责与顾客接触的服务人员在提供服务的过程中被赋予了充分的自由。专业化服务不仅使得服务提供者投入在每位顾客上的时间和精力都很多,而且服务人员相对于顾客的人数比例也是较高的。

表1-5 按资本/劳动密集程度和顾客需求特性对服务运作分类

		顾客需求特性	
		大量型	专业型
劳动或资本密集程度	资本密集型	大量资本密集服务： 航空公司 运输公司 大型酒店 健康娱乐中心	专业资本密集服务： 医院 汽车修理业 电器修理业
	劳动密集型	大量劳动密集服务： 批发 零售 学校 商业银行	专业劳动密集服务： 律师事务所 会计事务所 专利事务所 建筑设计事务所

2. 服务性运营的特点

与制造性生产相比，服务性运营具有一些鲜明的特点，这导致服务性运营管理具有特殊性，主要表现在以下几个方面。

(1) 服务性运营的产品是无形的、不可触摸的。制造性生产与服务性运营的生产运营过程都是"输入—转换—输出"的过程，但是二者输出的性质是不同的。制造性生产所提供的产品是有形的、可触摸的、耐久的。例如，机械设备、冰箱、空调等。而服务性运营所提供的产品是无形的、不可触摸的、寿命较短的。例如，技术培训、方案或信息等。

(2) 产品不可储备。制造性生产提供的产品可以被储存、运输，用于满足未来的或不同地区的需求。企业可以通过调节库存和生产量来适应市场需求的变化。而服务通常是不能预先生产出来的，也无法用库存来调节顾客的随机性需求。因此，服务能力的规划成为非常关键的问题。服务能力、设施位置等对于服务系统的营利有至关重要的影响。

(3) 与顾客接触频繁。制造性生产的顾客基本上不接触或极少接触产品的生产系统。但对于服务性运营来说，生产与消费是同时进行的，顾客既是投入的一部分，往往又是在运营过程中接受服务的主体。例如，医院、教育机构、百货商店等，顾客介入了服务性运营的大部分过程。也有一些服务提供者，其组织内的某些层次与顾客接触较多，而其他层次接触较少，有明显的"前台"与"后台"之分。例如，邮局、银行、航空公司等。

(4) 产品质量不易度量。由于制造性生产所提供的产品是有形的，产品的质量易于度量。而对于服务性运营，大多数产出是不可触摸的、无形的，服务人员的一句话、一个动作以及服务人员的个人偏好等都会对质量的评价产生影响，因此，对服务性运营进行客观度量有较大难度。

(5) 生产率难以测定。制造性生产可以严格按事先制定的工艺标准和工艺规程进行，生产率容易测定。而服务性运营虽然也有提供服务的运作流程和方法，但会因服务对象的不同而有较大区别，因此，服务性运营的生产率难以测定。

制造性生产和服务性运营的主要区别见表1-6所示。

表1-6 制造性生产与服务性运营的区别

制造性生产	服务性运营
产品是有形的	产品是无形的、不耐久的
产出可储存	产出不可储存
顾客与生产系统极少接触	顾客与服务系统接触频繁
质量易于度量	质量难以度量
生产率容易测定	生产率不易测定
响应顾客周期较长	响应顾客需求周期短
辐射范围广	主要服务于有限的区域内
设施规模较大	设施规模较小

管理行动

迈向服务型制造的陕鼓实践

始建于1968年的西安陕鼓动力股份有限公司(以下简称"陕鼓"),是以生产鼓风机起家的,但到20世纪90年代末,随着国外先进装备企业进入中国市场、国内工业化进程加快等环境的改变,"拼体力、拼设备"的传统制造业道路已然行不通。面对严峻的形势,若不想成为国际企业的廉价加工车间,就必须摆脱同质化竞争,找寻到一条符合自身情况的差异化发展道路。

2005年,陕鼓基于对用户需求、市场趋势和国内外同行发展状况的分析,积极探索战略转型,开始从单一产品制造商向系统解决方案商和系统服务商转变,从产品经营向品牌经营、资本运营转变。

经过十余年发展,陕鼓通过"有所为有所不为",先后放弃了常规加工制造、设备维修、铸造等29种非核心业务环节,并围绕市场需求,新增并强化了工程总包、工业服务、气体运营、供应链、智能化等52种服务端、运营端核心业务,推动企业发展重心向服务型制造转变。

2016年,陕鼓提出分布式能源产业的战略新聚焦,围绕分布式能源系统解决方案,通过整合全球资源,实现了设备、EPC、服务、运营、金融、供应链、智能化七大核心能力的全面发展。

2017年,陕鼓销售订货总额同比增长41%;2018年,陕鼓"工业服务+运营"占销售订货比重达79.16%,销售额同比增长86.30%,创历史新高。2019年,陕鼓推出"链易得"供应链服务平台。该平台是深挖分布式能源产业链上下游市场需求后构建的供应链综合服务平台,形成了"技术+""商务+""金融+""研发+""能量+"等资源深度协作的去中心化供应链协同生态模式,以智能化、专业化、个性化系统解决方案深度服务于供应链上下游企业。

2020年,陕鼓累计完成系统服务项目405项,陕鼓"工业服务+运营"销售额占比达86.45%。

(资料来源于网络,文字有删改)

服务所创造的价值在发达国家占GDP的50%以上。一些"世界500强"企业的收入主要来源于有形产品销售的前后服务。因此,如何提高服务系统的运作效率是企业今后关注的重点,也是生产运营管理关注的主要课题。

二、按专业化程度分类

生产运营还可以按产品或服务的专业化程度分类。产品或服务的专业化程度可以通过产品或服务的品种数量、同一品种的产量和生产运营的重复性衡量。显然,产品或服务的品种数量越多、每个品种的产量越小、生产运营的重复性越低,专业化程度也就越低;反之,专业化程度越高。

按产品或服务的专业化程度不同,生产运营可以划分为大量生产运营、成批生产运营和单件生产运营三种。

(一) 三种生产类型的概念

1. 大量生产运营(Mass Production)

品种单一,产量大,重复程度高。例如,美国福特汽车公司长达19年始终生产T型车一个车种,这是大量生产运营的典型。

2. 单件生产运营(Simplex Production)

品种繁多,每个品种的数量很少,甚至只有一件,生产运营的重复程度低。汽车模具生产是典型的单件生产运营。

3. 成批生产运营(Batch Production)

介于大量生产运营与单件生产运营之间,品种较多,每个品种都有一定的批量,生产运营有一定的重复性。成批生产运营覆盖的范围比较大,通常又分为"大批生产运营""中批生产运营"和"小批生产运营"。

若品种相对较少且每个品种的产量比较多,则为大批生产运营;若品种相对较多,每个品种的产量比较少,则为小批生产运营;当品种数与批量数处于上述两种情况之间,则为中批生产运营。由于大批生产运营的特点接近于大量生产运营,所以在习惯上合称为"大量大批生产运营"。同样,由于小批生产运营的特点接近于单件生产运营,所以在习惯上合称为"单件小批生产运营"。现在企业流行的说法是"大量大批生产运营""单件小批生产运营"和"多品种中小批量生产运营"。

制造性生产和服务性运营的不同生产类型的举例如表1-7所示。

表1-7 不同生产运营类型举例

生产运营类型	制造性生产	服务性运营
单件小批生产运营	汽车模具、电站锅炉、大型船舶、跨江大桥	研究项目、软件、咨询报告、理发
大量大批生产运营	轴承、紧固件、灯泡	公共交通、产品批发、普通邮件运输、体检
多品种中小批量生产运营	机床、家具、服装	大学教育、旅游

(二) 三种生产运营类型的特征

1. 大量大批生产运营的特征

大量大批生产运营的品种数少，工作专业化程度高；可以采用高效率的专用机器设备和工艺装备；操作简易，可实现工序作业标准化，工人技术熟练；工序划分较细，生产过程的连续性强，便于组织流水生产和自动化生产；工时定额的制定和计划的编制易于做到准确。大量大批生产运营可给企业带来很多好处：

(1) 从设计到产出的整个生产周期短，可加快资金周转速度；

(2) 机械化、自动化水平高，产出率高，劳动生产率高；

(3) 人力、物力消耗少，成本低；

(4) 产品质量高且稳定。

但大量大批生产运营系统的柔性较差。因此，在保持规模效益的同时，如何提高柔性，是需要考虑的一个重要问题。

2. 单件小批生产运营的特征

单件小批生产运营的品种繁多，每一个品种生产的数量很少，重复性和稳定性很低；不能采用专用设备及工艺装备；对工人的技术要求很高；管理人员要有丰富的工艺知识，否则难以编制详细的作业计划。

单件小批生产具有很多缺点：

(1) 产品制造周期长，资金周转速度慢，用户订货提前期长；

(2) 生产效率低，劳动生产率低；

(3) 人力物力消耗多，成本高；

(4) 产品质量不易保证。

但单件小批生产运营的系统柔性高。因此，如何在具有较高柔性的同时，提高生产效率、降低成本，这是一项重要课题。

3. 成批生产运营的特征

成批生产运营的特点是产品品种较多，每一种产品都有一定的产量，各种产品在计划期内轮番生产。成批轮番生产是成批生产运营与大量生产运营的主要区别。成批轮番生产运营的特点既表现在产品的生产安排上，也表现在作业方式上。从产品的生产安排上看，每种产品都是按一定批量分期分批生产，以满足用户对不同产品的需求，因而在产品之间形成轮番交替生产，保持在一定时间内连续而又定期重复生产的特点。从工作地的作业安排上看，由于品种较多，产量又不大，如果仅把一两个零件固定在一个工作地上，就不可能保证有足够的工作量，必须在一个工作地上安排较多种类的零件。当由生产一种零件转为生产另一种零件时，企业必须对设备进行调整。固定在某一个工作地的零件种类越多，调整设备所消耗的时间就越多，调整一次设备所生产的批量就越小，调整的次数就越多。因此，合理地确定批量、组织好轮番生产是成批生产的管理重点。由于成批生产的产品品种较多，产量不大，不能像大量生产那样广泛采用专用设备，只能根据技术要求部分地采用一些专用设备。

成批生产运营类型的特点介于大量生产运营与单件生产运营之间(见表1-8所示)。

表1-8 三种生产运营类型的特点比较

项目	生产运营类型		
	大量生产运营	成批生产运营	单件小批生产运营
产品种类	一种或少数几种	数十种	产品不固定
设备类型	专用设备	部分通用设备	通用设备
产品周期	短	较长	长
生产效率	高	较高	低
生产成本	低	较高	高
追求目标	连续性	均衡性	柔性

第三节 生产运营管理的发展历程

生产运营管理理论从产业革命时代孕育,在20世纪初期以科学管理理论的产生为标志完成了奠基,在20世纪中叶以管理科学的学科体系形成为标志日臻成熟,在20世纪末期随着计算机技术、信息技术与环境学的有机结合,理论体系不断充实、完善,从最初的单纯针对制造业的生产管理,发展到现在涵盖制造业与服务业的生产运营管理。其间的标志性成果与代表性生产运营管理理论见表1-9。

表1-9 生产运营管理发展的重要事件

时间	概念与方法
18世纪末	劳动分工论
19世纪	零件互换性原理、标准化、专业化、简单化
20世纪10年代	科学管理原理、时间与动作研究、活动进程图(甘特图)、经济订货批量模型
20世纪20年代	霍桑试验、行为科学
20世纪30年代	抽样检验和统计质量控制
20世纪40年代	线性规划、运筹学、管理科学
20世纪50年代	商务数字计算机
20世纪50—60年代	价值工程、工业工程、系统工程、全面质量管理(TQC)
20世纪70年代	制造战略、生产系统设计、物料需求计划(MRP)
20世纪80年代	生产系统综合管理理论(JIT、MRPⅡ、OPT、TQM)、工厂自动化
20世纪90年代	互联网、制造业管理理论在服务业中的扩展、精益生产(LP)、企业资源计划(ERP)、业务流程重组(BPR)、供应链管理(SCM)、信息技术的广泛应用
21世纪	大规模定制、绿色制造、服务型制造、制造执行系统(MES)、智能制造等

一、产业革命

产业革命始于18世纪70年代的英国,19世纪扩展到美国和其他国家。在产业革命之前,农业一直都是世界的主导产业。制造业采取的是手工作坊的生产方式,产品是由手工艺人及其徒弟在作坊里生产出来的。这种手工作坊的生产方式直到19世纪初才发生变化。许多发明创造改变了生产方式,机器代替了人力。其中,最具重大意义的是蒸汽机的发明、劳动分工概念和标准化生产方式的提出。

1765年,英国人詹姆斯·瓦特(James Watt)发明了蒸汽机,为制造业提供了机械动力,推动了制造业的发展。

1776年,英国人亚当·斯密(Adam Smith)在《国富论》中提出劳动分工的概念,认为:

分工可重复单项操作,提高熟练程度,提高效率;

分工可减少变换工作所损失的时间;

分工有利于工具和机器的改进。

1801年,美国人埃尔·惠特尼(Eli Whitney)提出了标准化的生产方式。正是采用了标准化的配件,零件才实现了可互换性,才能无须定制,才能快速批量生产,才能实现标准化的生产方式,也才使得后来福特汽车在装配线上的大量生产成为可能。

二、泰罗的科学管理

虽然生产运营管理自从有了人类的生产活动就已经存在,但是弗雷德里克·泰罗(Frederick Taylor)的科学管理学说无疑是管理学科发展史上的里程碑。泰罗管理哲学的基本观点如下。

(一)科学管理的中心问题是提高劳动生产率

泰罗在《科学管理原理》一书中充分强调提高劳动生产率的重要性和可能性。他通过科学观测、记录和分析,进行动作和时间研究,在实现工时合理有效利用的基础上,制定合理的日工作量,即所谓的工作定额。

(二)为了提高劳动生产率,企业必须挑选和培训"第一流的工人"

所谓第一流的工人,是指那些在体力及智力上能够适应将要承担的工作,并愿意尽其所能工作的工人。泰罗认为,只要工作合适,每个人都能成为第一流的工人。而培训工人成为"第一流的工人"是企业管理者的责任。

(三)工人要掌握标准化的操作方法,使用标准化的工具、机器和材料,作业环境也要标准化

泰罗认为,通过实施标准化管理,企业可以消除各种不合理的因素,将各种合理的因素有效地结合起来,以充分提高劳动生产率。

(四)实行有差别的计件工资制

为了鼓励工人完成或超额完成定额任务,企业在制定和执行有科学依据的定额(或标准)基础

上,对达到定额者以正常工资率付酬,对超过定额者以高工资率付酬,对未达到定额者以低工资率付酬。借此来调动工人的积极性,从而促进工人提高劳动生产率。

(五)工人和雇主双方都必须来一次"精神革命"

泰罗试图在工人和雇主之间创造一种和谐的人际关系,使双方都把注意力从盈利的分配转移增加盈利数量上来。只要用友好合作及互相帮助代替对抗和斗争,就能够获取更多的盈利。

(六)把计划职能同执行职能分开,以科学工作法取代原来的经验工作法

泰罗主张有意识地把原来由工人全部承担的工作,按性质分成两部分:计划职能与执行职能。企业管理者设立专门计划部门承担计划职能,现场工人只依据计划承担执行职能。

(七)例外原则

例外原则是指组织的高层管理人员应把日常管理问题授权给一般管理人员去处理,而只保留对例外事项的决策权和监督权。

三、福特生产流水线

1913年,福特的生产流水线拉开了现代大工业生产的序幕。在福特汽车采用流水线生产以前,每一辆汽车底盘由一名工人负责装配,装配时间约12.5小时。在改进后的装配线上,每个汽车底盘工人只需花费93分钟就能装配完成。进入20世纪40年代,人们利用当时先进的机械、电气、液压自动化装置,设计制造出了高效的自动化机床,利用传送带将各单机连接成自动化生产线,从而使以单一品种、大批量生产为特征的刚性自动化生产进入成熟阶段。

四、霍桑实验

自泰罗提出科学管理理论开始,数学的和统计的方法在生产运营管理中居支配地位,但有一个例外,这就是霍桑实验。该试验始于1924年,完成于1930年。美国哈佛大学教授梅奥(Mayo)等人在西方电气公司的霍桑工厂研究工厂环境对工作效率的影响。研究结果出人意料,人的因素要比之前理论工作者想象的重要得多。人的态度和行为取决于个人和社会作用的发挥程度,组织和社会对工人的尊重和关心是提高劳动生产率的重要条件。霍桑实验大大推动了行为科学理论的发展,使管理的重点由物转向人。

五、管理科学的形成与发展

第二次世界大战期间,在研究战场物资的合理调配中,以定量的优化方法为主要内容的运筹学得到迅速发展。20世纪50—60年代,管理科学的成果被广泛地应用于建筑、纺织、钢铁、煤炭、石油、电力等行业。之后,又被应用于服务业和社会公共事业。

六、准时制生产方式(JIT)

第二次世界大战后,随着技术与管理的进步,发达国家进入买方市场,用户在供求关系中处于

主导地位。由于用户需求的多样化,企业被迫改变以往单一品种、大批量生产的方式。准时制就是在这种背景下产生的一种重要的管理方法,它由日本丰田汽车公司从1953年开始研究,并于1962年开始在全公司范围内推广。准时制的核心是,将需要的零部件,在需要的时刻、按需要的数量供给每一道工序,最大限度地减少在制品的库存量。

准时制在20世纪80年代获得全球的广泛关注,在20世纪90年代进一步演变为精益生产(LP, Lean Production)。

七、计算机技术与物料需求计划(MRP)

生产运营管理在20世纪70年代的主要进展是计算机技术得到广泛应用。在制造业中,重大突破是物料需求计划被用于生产计划与控制,即把一个结构复杂的产品的全部零部件统一管理起来,使计划人员能迅速地调整生产作业计划和库存采购计划以适应最终产品需求的变化。在此基础上,MRP进一步发展成MRPⅡ,从而将生产、财务、销售、技术、采购等各个子系统结合成一体化的系统,将企业生产经营活动的主要环节被采集纳入一个统一的系统。

八、全面质量管理(TQM)与工厂自动化

20世纪80年代,生产运营管理在理论和实践上的一个重要贡献是全面质量管理和质量保证体系标准的提出。全面质量管理诞生于20世纪60年代,经过不断发展和完善,在20世纪80年代的许多公司中得到实施。ISO9000是ISO提出的关于企业质量管理和质量保证体系标准,是每个企业在国际市场上共同遵守的关于质量方面的准则。

工厂自动化也以各种方式促进生产运营管理的发展,如CIMS(计算机集成制造系统)、FMS(柔性制造系统)等。

九、业务流程重组(BPR)

面对20世纪90年代的全球性经济衰退,企业需要精简结构以提高竞争力,这推动企业去寻找新的管理理论和方法,并且应该是新的变革而不是方法的改良。业务流程重组从管理的全过程出发,去除多余的环节,简化过程,并采用计算机管理方式,以期达到预想的产出。

十、大规模定制

进入21世纪,产品生命周期的缩短、科学技术的长足发展和社会需求的快速多变给企业带来了前所未有的压力。如何高质量、低成本地满足顾客多样化的需求成为摆在企业面前的一道难题。正是在这种形势下,大规模定制应运而生。

大规模定制是指以大规模生产的成本和速度,为单个客户或单件(或小批量)多品种的市场定制加工任意多数量的产品。它是为了适应消费需求个性化、提升企业竞争力而产生发展的一种全新的生产经营模式。

大规模定制得以实现的核心技术是模块化与延迟策略。通过这两项核心技术,本来相互对立的大规模生产与顾客个性化需求结合在一起:企业通过大规模生产模块化组件,利用延迟策略,最大限度地满足顾客定制化的需求。

管理行动

汽车工业转向定制生产，可能吗？

汽车可以定制吗？霍尔韦格等在剑桥大学的"3 Days Car"项目的研究成果——《第二汽车世纪》一书中展现了新的运作模式：按照订单生产汽车。这将改变汽车工业的经营思维。

尽管市场变化与技术进步已是不争的事实，但同样不可否认的是，汽车工业从始至今从未走出福特生产流水线的模式，无论这一模式现在已多么不合时宜。自从亨利·福特遵循汽车低成本、大批量生产的原则，100多年来，汽车公司一直沿用这种预测型的经营模式，信奉"无论怎么样应先把产品生产出来，最终都会被卖掉"的理念，并关注价格，以此作为销售的根本驱动因素。

这种情况在汽车诞生100多年后的21世纪悄悄改变。在20世纪，生产效率和单位成本最小化是竞争优势的核心驱动力。当汽车工业进入21世纪时，成功者将不再是那些不断扩大生产规模或仅仅高效运行的公司，也不再是那些从供应商身上压榨出最后一点利润的公司，成功者只能是那些按顾客的特定要求进行定制生产的公司。

第四节　生产运营战略

生产运营是企业最主要的财富创造源，生产运营系统应以提高获利能力为目标，卓越的生产运营使企业走向成功。生产运营与生产运营战略紧密联系，生产运营战略决定着生产运营系统的方向。

管理行动

成功的模式不唯一

作为火锅企业龙头的海底捞和呷哺呷哺，它们在客户定位上有很大的差别，形成了不同的运营模式。海底捞定位于中高端火锅市场，采用主动服务战略，专注于高品质的服务。而呷哺呷哺则是"快火锅"品牌，定位于平价市场，采用低成本战略。

海底捞大多选址在较繁华地带或具有潜力的地带，单店面积大，门店数量少。呷哺呷哺的门店大多选址在人流量多且生活节奏快的商圈，以解决人们快速就餐问题，单店面积小，门店数量多。

在产品的配送上，海底捞建有自己的供货体系，不仅拥有自己的物流配送基地，还有底料生产基地，形成了从加工到配送完整的物流供应链，有效地保证了产品的及时供给，也保证了食品的安全。而呷哺呷哺除了独家秘制的调料,其他的原材料要么是总部集中采购,要么是门店自行购买。

一、生产运营战略的基本概念

生产运营活动是企业最基本的活动之一,为了达到经营目的,企业必须将所拥有的资源要素合理地组织起来,并保证用一个合理、高效的生产运营系统来进行一系列的变换过程,以便在投入一定资源,或者说在资源一定的条件下,使产出量尽可能大。为了达到目的,企业首先需要考虑选择哪些产品来实现目标,为了生产这样的产品需要如何组织资源要素,竞争重点应该放在何处等。在思考这些基本问题时,企业必须根据整体经营目标、经营战略确定基本指导思想或者指导性原则。

生产运营战略属于职能战略,指在生产运营管理领域内如何支持和配合企业在市场中获得竞争优势,提高企业业务单元的竞争力。具体而言,生产运营战略就是在企业经营战略的总体框架下,决定如何通过生产运营活动来达到企业的整体经营目标。即根据企业各种资源要素和内外部环境,对和生产运营管理及生产运营系统有关的基本问题进行分析和判断,确定总的指导思想及一系列决策原则。生产运营战略同企业经营战略和其他职能战略相辅相成,共同创造企业的竞争优势。

生产运营战略具有三个特点。一是贡献性。生产运营战略强调生产运营管理对企业竞争优势的贡献,通过对产品与服务目标的细化,使生产运营系统具有优先级功能,从而保证企业竞争优势的突出,为企业竞争提供优质的产品和后援保证。二是一致性。生产运营战略强调生产运营系统与企业经营目标的一致性及生产运营系统内部硬件要素与软件要素的一致性,以此保证整个生产运营系统目标的实现及优先级。三是操作性。生产运营战略既是一种计划思想,又要便于贯彻实施。因此,生产运营战略注重各个决策之间的目标分解、传递和转换过程,同时注重各项决策的内涵及一致性,以保证决策的实施。

二、生产运营战略制定的影响因素

企业在制定生产运营战略时,需要考虑许多影响因素,其中有些是外部因素,有些是内部因素。

(一)市场需求及其变化

这个因素看起来似乎与制定企业经营战略的关系更为密切,但实际上也直接影响生产运营战略的制定。例如,一个家电企业,如果公司层战略决定向个人计算机领域发展,生产运营战略就要相应地考虑市场需求与本企业生产运营能力之间的匹配问题,并决定计算机产品的主要竞争重点(如价格、质量、交货速度、品种等)。对于计算机这种更新换代很快、市场寿命周期很短的产品来说,还需要考虑生产运营系统的柔性问题。因此,生产运营战略的制定,需要直接考虑市场的需求。

(二)技术进步

技术进步将从两个方面影响企业的生产运营:一方面是对新产品和新服务的影响,技术进步有可能直接促进新产品、新服务的诞生;另一方面是对生产方法、生产工艺、业务组织方式本身的影响,随着技术的进步,企业有可能采用效率更高、成本更低的方法生产产品,也有可能提供以前不可想象的异地服务等。因此,随着技术的进步,生产运营战略必须作出相应的调整,或者从一开始制定生产运营战略时就充分考虑技术进步因素。

(三)供应市场

供应市场主要是指投入资源要素的供应市场,如原材料市场、劳动力市场、外构件供应市场等。随着社会分工体系的不断发展,企业在生产运营中有可能越来越多地依赖外部资源,从而降低企业本身的纵向集成度。因此,企业在制定生产运营战略时对供应市场因素应有越来越多的考虑。

(四)企业整体经营目标与各部门职能战略

企业的整体经营目标通常是由企业战略所决定的。在企业整体经营目标之下,企业的不同职能部门分别建立自己的职能部门战略。不同职能部门的职能战略为了实现企业整体经营目标,必须分别确立自己的目标。由于不同职能部门的职能目标重点不同,往往会对生产运营战略的制定产生影响,而且影响的作用方向往往是不一致的,甚至是相互冲突的。

还有其他一些影响因素,如过剩生产能力的利用、环境保护问题等。总而言之,生产运营战略是一个复杂的问题,它虽然不同于公司层战略,但也要考虑社会环境、市场环境、技术进步等因素,同时要考虑保证企业经营目标的实现、企业条件的约束以及不同部门之间的相互平衡等。

三、生产运营战略框架

生产运营战略框架如图1-3所示。生产运营战略包括四个部分:竞争要素与企业战略对生产运营系统的要求、生产运营目标、生产运营能力及生产运营策略。下面主要介绍生产运营能力及生产运营策略。

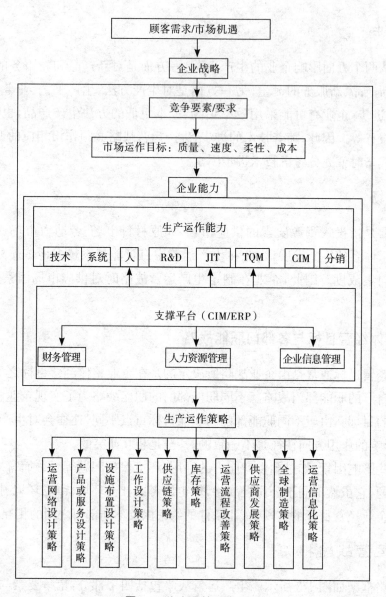

图1-3 生产运营战略框架

(一)生产运营能力

生产运营能力可以成为企业核心竞争力,企业从中获得重要的竞争优势。生产运营战略的制定与实施,必须明确企业的生产运营能力,尤其是企业的核心能力。核心能力是企业独有的对竞争要素获得的能力,是企业在竞争中与竞争对手产生差异的能力。

生产运营能力取决于生产运营资源与生产运营过程。生产运营资源包括生产运营系统的技术资源、系统(机器、设备自动化系统与生产运营信息系统)资源、人力资源等。生产运营过程包括产品/服务研究与开发(R&D)过程、制造与分销过程(计算机集成制造过程、准时化制造过程、采购与销售过程)、生产运营改善过程(如全面质量管理过程)等。生产运营能力的支撑平台是计算机集成制造系统(CIMS)或ERP系统,主要的支撑功能是财务管理、人力资源管理与企业信息管理等。当今ERP系统变得越来越重要,已经成为企业业务经营的主干平台。本书将生产运营信息系统部分视作重要的生产运营资源。

(二)生产运营策略

如何实现生产运营目标,贯彻生产运营战略,生产运营经理需要关注许多具体的决策问题,如产品/服务决策、工艺决策、产量决策、生产能力决策、质量决策、库存决策等,这就需要相应的生产运营策略。各个生产运营策略之间及生产运营策略与其他功能策略之间需要相互配合,共同构成统一的整体。

生产运营策略通常分为两种:结构性策略与基础性策略。结构性策略是指对生产运营设计活动、生产运营基础结构产生影响的策略;基础性策略是指影响生产运营系统计划与控制、供应链管理及生产运营改善的策略。图1-3列出了主要生产运营策略。

(三)生产运营战略的内容

生产运营战略主要包括两个方面的内容:生产运营的总体策略与生产运营系统的设计。

1. 生产运营的总体策略

生产运营的总体策略通常有以下5种。

(1)自制或购买策略。

自制或购买是首先要解决的问题。如果决定制造某种产品或提供某种服务,则需要建造相应的设施,采购所需要的设备,配备相应的工人、技术人员和管理人员。自制或购买决策有不同的层次。如果是产品级决策,则影响到企业的性质。若产品自制,则需要建立制造厂;若产品外购,则需要寻找零部件供应厂家。由于社会分工可以大大提高效率,加上当前外界环境变化的加剧,顾客的需求日益个性化以及竞争的白热化,企业只有集中特定的资源,从事某项业务,将不擅长业务外包,才能形成竞争优势。企业在进行自制或购买决策时,一般能够购买到的零部件就不要自制。实行专业化战略的企业应是这样,实行多元化战略的企业也应是这样。多元化并不等于"大而全",提供多种产品和服务并不意味着每项业务都要由本企业来做。

(2)低成本和大批量策略。

早期福特汽车公司就采用这种策略。在零售业,沃尔玛也是采取这种策略。采用这种策略需要选择标准化的产品和服务,即具有共性的产品和服务,而不是顾客个性化的产品和服务。若采用这种策略,企业往往需要在前期投入较多的资本来购买专用高效设备,如同福特汽车公司当年建设T型车生产线一样。需要注意的是,这种策略应该用于需求量很大的产品或服务。只要市场需求量大,采用低成本和大批量的策略就可以战胜竞争对手,取得成功,尤其在居民消费水平不高的国家或地区。

(3)多品种和小批量策略。

对于顾客个性化的产品和服务需求,企业只能采取多品种和小批量生产运营策略。当今世界消费多样化、个性化,企业只有采取这种策略才能有出路,但是生产这种策略的效率难以提高,大众化产品不应该采取这种策略。

(4)高质量策略。

质量问题日益重要。无论是采取低成本大批量策略还是多品种小批量策略,都必须保证质量。在当今世界,廉价劣质的产品是没有销路的。

(5)混合策略。

混合策略是指将上述几种策略综合运用,实现多品种、低成本、高质量生产,以取得竞争优势。现在人们提出的"大量定制生产"或称"顾客化大量生产",既可以满足用户较多样的需求,又具有大量生产的高效率,是一种新的生产方式。

2. 生产运营系统的设计

生产系统的设计,又称为"生产运营系统的构建",主要包括企业选址与布局、产品与服务设计、工作设计等。

本章要点:无论是对于制造业企业还是对于服务业企业,生产运营都是企业基本的职能,具有举足轻重的作用。本章第一节详细介绍了生产运营活动、生产运营系统的概念,阐述了生产运营管理的目标及具体内容。第二节全面阐述了生产运营的类别及各种生产运营类型的特点。第三节系统介绍了生产运营管理的发展过程及标志性成果。第四节阐述了生产运营战略的概念、框架体系及内容。

思考题:
1. 如何理解生产运营与生产运营系统的含义?
2. 如何理解生产运营在企业组织中的作用?
3. 叙述生产运营管理的内容和目标。
4. 服务性运作与制造性生产有何不同?
5. 制造性生产与服务性运作中的大量生产运营与单件小批量生产运营各举一例,并说明其特点。
6. 按订货分离点分类,制造性生产可分为几种类型? 针对每种类型各举一例。
7. 简述生产运营管理的发展历程。
8. 如何理解生产运营管理的新变化?
9. 试述生产运营战略制定的影响因素。
10. 对"世界500强"企业进行数据分析,阐述生产运营管理的重要性。

结尾案例

"小米模式"

解密"小米模式",就是解密移动互联网时代的制造业。

小米手机目前的成功,缘于用互联网技术对手机制造业的改造:一是供应链管理采用戴尔模式,按需定制实现零库存;二是渠道采用亚马逊模式,降低成本;三是营销采用基于社会化媒体的"零费用营销"。

1. 零库存供应链

小米手机用户通过网络下单,小米在获得市场需求后,先通过供应链采购关键零部件,如向夏普采购屏幕、向高通采购芯片、向索尼采购摄像头等,再向其他厂商采购非关键零部件。

未来的理想流程是:小米用户下单→采购零部件→生产→物流系统分发至仓储中心→利用如风达快递配送到用户手中。这需要一个前提条件,即从用户下单到送达用户时间大幅缩短。

2. 用户自定义手机

小米手机正是通过一个开放系统,成为一款真正的"用户自己定义的手机",这是另一层面的"按需定制"。

亚马逊的成功源于一套用户感知系统。亚马逊通过用户评价、用户购买状况,确定某款产品的受欢迎程度,最终定义产品、确定供货量。

小米如同亚马逊,本质是对用户需求的把握,小米的电商系统包括MIUI系统,系统基于"xiaomi.com"的预购系统及微博等新媒体平台。通过MIUI论坛,小米用户可以随时跟踪小米手机的开发过程,对产品提出修改意见。确认过的正确的意见会被小米开发团队采纳。"xiaomi.com"通过限购、预订等环节准确地预测了市场容量,避免了传统手机制造商面临的渠道商押款问题及退货风险。未来,"xiaomi.com"将积累成一个大数据平台,成为小米了解用户需求、进行产品定义的重要平台。

3. 类PC生产

未来,智能手机产业会跟目前的PC产业一样:供应链会趋向标准化,零部件会成为行业"通用件"。"通用件标准化时代"的一个现象是所有智能手机都"越来越像":屏幕尺寸、芯片、内置的摄像头等"趋同",就像PC产品,品牌不同,但功能类似。

正是因为智能手机的"趋同",单款手机出现超过千万台,甚至超过亿台销量的现象。苹果手机一直以单一款式在市场上竞争,通过软硬件不断升级而提升性能和竞争力。三星、华为等也只重点推出一款或两款手机。手机制造商"一年推出百款手机"已经成为历史。

问题:

1. 企业互联网思维是什么?
2. 分析小米生产方式的特点。
3. 小米是如何取得竞争优势的?

第二章

产品（服务）开发与流程选择

◎ **学习目标**

- 了解产品开发和服务设计的重要意义；
- 掌握产品设计和工艺设计的过程及基本内容；
- 掌握产品-流程矩阵；
- 掌握流程设计的主要内容和影响因素。

开篇案例

奇瑞汽车：推动企业发展变更智能集成平台

奇瑞汽车股份有限公司（以下简称"奇瑞"）自成立以来，始终坚持自主创新，逐步建立起完整的技术和产品研发体系，产品出口到全球80多个国家和地区，打造了艾瑞泽、瑞虎、EXEED星途等知名产品品牌。截至2021年，公司累计整车销售量超过1000万辆，其中出口超过195万辆，连续19年保持中国乘用车出口量第一位。

坚持自主创新是奇瑞发展战略的核心。经过不断努力，奇瑞已建立起融合协同的"大研发"格局，形成了包括传统汽车、新能源汽车、智能网联汽车、无人驾驶汽车等从研发到试制、试验较为完整的产品研发体系，取得多项核心技术突破。截至2021年，奇瑞已累计申报专利23122件，获得授权专利14752件，其中发明专利4224件。奇瑞先后承担"863计划"、国家科技支撑计划、国家重点研发计划等170多个项目，多次获得"国家科技进步奖"，三次被授予国家级"创新型企业"称号。

奇瑞汽车以自动化、网络化、智能化、电动化和绿色智造为引领，实现产品技术换代、信息技术升级，促进企业管理转型升级。奇瑞要建立生产效率高、运营成本低、技术先进、品质优良的绿色智能的标杆工厂，并应用了PDM、CAD/CAE、BOM系统、企业变更系统、问题管理系统、ERP、MES、LES、SRM、EAI等信息化系统，企业整体布局了5G技术、大数据、物联网等技术，智能制造技术遍布研发、工艺和制造领域。企业变更智能集成平台的建设，实现了研发、工艺、采购、制造的一体化协同，缩短了新产品从研发到提供给市场客户的周期，促进了产品销量和企业利润的增长。随着技术的不断更新发展，智能集成已成为行业内标杆技术，并辅助支撑智能工厂的加速发展。

公司产品规划变更智能集成，通过产品规划变更流程，驱动配置、造型等整车规划变更和发布，并结合以下智能集成技术，完成企业研发、工艺和制造的智能衔接。研发变更智能集成，通过研发使用的数据系统PDM、BOM系统和变更系统进行智能集成，实现研发变更流程自动驱动数据变更和发布，自动通知供应商数据和变更指令，自动通知采购、工艺执行变更业务。工艺变更智能集成，通过工艺使用的数据系统CAPP、BOM系统和变更系统进行智能集成，实现工艺变更流程自动驱动工艺路线变更和发布，自动驱动工艺内部跨专业协同，自动通知国内和海外制造执行。制造变更智能集成，通过制造使用的数据系统BOM系统和变更系统进行智能集成，实现制造变更流程自动驱动制造计划断点，自动通知物流看板调整、供应商批量供货及整车VIN切换管理。

奇瑞的企业变更智能集成平台成功支撑了国内外热销车型瑞虎、艾瑞泽、小蚂蚁、星途等车型的快速投放及持续迭代升级。该平台是国内品牌首个自主建设并得到实际应用的汽车正向研发协同设计集成平台，推动了我国汽车工业正向研发的发展，大大提升了我国乘用车自主研发水平和核心竞争力，为奇瑞实现全面技术转型，为实现"中国制造2025"夯实了基础。

（资料来源于网络，文字有删改）

从企业所处的环境看,外部市场的变化日益加快,产品的生命周期越来越短,企业只有在产品的创新方面加大投入,才能保持长期的竞争优势。产品和服务设计是企业经营的起点,它决定了未来产品的市场竞争力;工艺流程选择与设计直接影响企业生产系统的结构和产品的性能、质量和价格。因此,企业要高度重视新产品的设计,也要对生产流程或服务流程作出合适的选择,以确保生产出的产品能够符合市场的需求。

第一节 新产品和新服务开发概述

顾客个性化需求的日益突出,技术飞速的进步、竞争的白热化都使新产品开发/服务设计越来越重要。

一、新产品和新服务开发的意义

随着全球经济一体化进程的加快及全球化信息网络的形成,企业在市场竞争中要面对越来越多的国内外竞争对手,消费者也希望市场能够不断地推出新产品和新服务。而新产品和新服务市场比以前更快地走向成熟,同时边际利润比以前更快地下降。飞速发展的科学技术缩短了产品的生命周期,影响了产品和服务的生产和服务流程,计算机辅助设计(CAD)与计算机辅助制造(CAM)使企业大大缩短了产品的开发和制造周期,自动化技术对生产流程产生巨大影响,机器人的应用降低了劳动力成本,有助于提高产品质量。于是,企业面临着前所未有的开发新产品和新服务及相应的生产和交付的巨大压力。

管理行动

恒瑞医药是传统药企转型成为创新药企的典范。它从跨国药企引进高端人才,经过多年发展,建立了完善的新药研发体系,研发团队成员在2000人以上,其中近一半是硕士以上学历的。2016年,恒瑞医药用于研究与开发的平均费用接近12亿元,占营业收入的10.67%。研究与开发的费用不仅是一项费用,还是对企业未来的一项投资。

从表面上看,企业是围绕着产品转的,不断地重复从制造产品到销售产品的过程。但是,制造与销售产品不是企业的最终目的,企业最终是为了生存,为了创造财富、获得利润。企业只能"在竞争中求生存,在生存中求发展"。因此,新产品和新服务开发对企业具有特别重要的意义。

(一)巩固和扩大市场份额

随着新技术的发展和市场竞争的白热化,产品的生命周期开始变得越来越短。一个产品、一种型号在市场上畅销几年的时代一去不复返了。因此,企业必须审时度势,不失时机地将新产品快速地推向市场,只有这样才能在全球化市场竞争环境中更具有竞争力。研究表明,市场先入者凭借先入为主的优势占有市场份额,相对于从竞争对手中抢夺市场份额要容易得多。

(二)开拓新的经营领域

开拓新的经营领域是企业提升竞争力的方式之一,企业在单一产品上开发新系列虽然可以扩大生产规模,但是,单一产品的市场容量毕竟有限,长此以往会限制企业的发展。因此,企业需要通过开发新产品进入新的领域,寻求新的发展空间。

(三)快速响应竞争

如果拥有快速应对市场变化的能力,即使竞争对手意想不到地突然发布新产品进入市场,企业也能快速地作出适当反应,减少因晚入市场而带来的竞争劣势。

(四)有利于企业创立行业标准

对于创新型的产品行业来说,先进入市场的企业可以享有制定行业标准的特权。这样的做法等于为竞争对手制造了进入壁垒,延迟了业内竞争的到来。

二、新产品和新服务开发面临的问题

目前,新产品开发面临着费用高、风险大、成功率低、回报下降等压力。随着产品生命周期的不断缩短,这种压力越来越大。有专家经调查统计后提出:关于产品的3000个原始想法,一般只有1个能成功(如图2-1所示)。

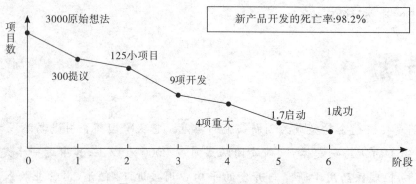

图2-1 一般产品开发的成功曲线图

阿尔巴拉(Albala)在总结以往研究的基础上指出,新产品开发的死亡率为98.2%。在初期的项目中只有2%可以进入市场,其他都是半途而废。对在美国和欧洲的文献中查到的失败事例进行研究的结果是:大约25%的工业新产品与开发者的愿望相差甚远,30%~35%的消费品也是同样的"命运"。杜邦公司(DuPont)估计,一种适销对路产品的产生可能需要考虑250多种想法。公司要不断地进行产品的选择、定义和设计工作,要经历数百次失败才能产生一种能够盈利的产品,必须能够接受风险并且承受失败。

新产品失败的原因可能是无潜在需求、新产品与当前需求不匹配、营销不力等。新产品开发的动力是技术推动、市场牵引、同行竞争等。当然,新产品要想开发成功,首先必须遵循技术与市场匹配的原则。找到需求并用技术实现需求,则是新产品开发的关键。

三、产品生命周期各阶段的开发策略

产品生命周期是指产品从投入市场到被淘汰所经历的时间。产品生命周期一般分为投入期、成长期、成熟期和衰退期(如图 2-2 所示)。

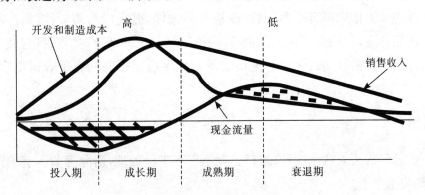

图 2-2　产品寿命周期曲线图

图 2-2 反映了产品生命周期的四个阶段及在产品生命周期内产品销售收入、现金流和利润之间的关系。需要说明的是,在产品开发时期通常会存在负的现金流。当产品获得成功时,损失可以得到弥补。成功的产品可以在衰退期来临之前产生利润,否则,利润就是非常微薄的。由此看来,市场对新产品的需求总是持续不断的,并且在产品的不同阶段,市场对产品的需求是不一样的。

企业不仅要开发新产品,还要有针对新产品和现有产品的策略。对产品的定期检查是必要的,这是因为当产品处于生命周期的不同阶段时,产品策略也会随之改变。通过定期检查,企业可以预先制定产品在各个时期的策略,加强对整个产品生命周期的管理。

(一)投入期

在投入期,产品刚进入市场,竞争压力不大,在市场内,无论是消费者还是中间商对产品都存有戒心。因此,这个时期最主要的任务是发展和建立市场对产品的需求。不仅如何,产品在这个时期的失败率非常高,还要注意控制风险。

(二)成长期

产品进入成长期,销售量增加很快,由于销售额的增加,单位产品成本下降,产品利润率升高。但是,竞争者被日益增长的市场利润所吸引,竞争产品也相继投入市场。因此,企业必须调整产品策略,以保持领先的竞争地位,还要密切注意销量增长逐渐减缓情况的出现,这是产品到了成熟期的信号。

在成长期,企业应努力提高产品质量,增加新的型号和特色,调整广告宣传的重点,开设新的销售分配渠道,扩充细分市场,尽可能降低销售价格,以吸引更多对价格敏感的购买者,同时降低产品成本,增强竞争能力,以延长企业产品的成长期。

(三)成熟期

在成熟期,由于竞争者纷纷进入市场,同类产品出现生产能力过剩的现象,大量产品充斥在市场上。面对这种情况,企业需要增加营销费用,打折出售,以争取最后的购买者。在这个阶段,企业采取策略是:首先大力推销现有产品,其次改进产品式样,提高产品质量,增加产品的新特点或使用功能,改变产品外观,并结合产品组合策略,调整产品的延伸部分(如商标、包装、保单等)及其他市场营销组合因素(价格、广告、销售分配渠道等),从而迫使较弱的竞争者退出市场,延长产品的成熟期。

(四)衰退期

产品进入衰退期,购买人数减少,这迫使企业不得不削价处理,清除存货。有的产品可能多年维持在较低的销售水平上。

到这个时期,产品的生命周期已终结,企业不能对产品"心慈手软",而要果断淘汰。除非即将退出市场的产品对公司的声誉或生产线具有某种特殊的贡献或者能以异常高的利润出售,否则就应该停止生产。

第二节 制造业的产品开发与流程选择

产品开发与流程选择是在企业总体战略指导下进行的。企业总体战略指明了企业的经营方向,规定了产品规划的原则,通过生产与运营管理,实现对产品的设计和制造,最终实现企业的战略目标。产品开发与流程选择是生产运营系统设计的前期任务,对企业的经营效果影响很大,风险也很大,是需要认真考虑的。

一、产品设计与开发过程

顾客需求的多样化和个性化,使得市场演变和产品更新的速度越来越快,产品的生命周期越来越短。一方面,企业按顾客需求设计产品的工作量大大增加;另一方面,为在激烈的竞争中取胜,企业还需要不断研究和开发新产品,主动占领市场。今天,企业经常把主要的功能(包括设计环节)外包,而不是由自己完成。这些专门提供外包生产服务的公司被称为"合同制造商"(Contract Manufacturers),它们在某些行业的生产方面取得了很大的成就,如电子产品、服装、药品、塑料行业等。

一般产品开发过程由产品构思、结构设计(包括总体设计、技术设计、详细设计等)、工艺设计阶段构成,如图 2-3 所示。

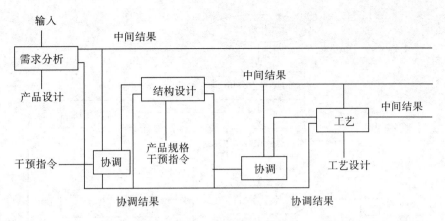

图 2-3 产品开发过程描述

(一)产品构思

产品开发过程开始于产品构思,而构思来源于对市场需求的分析及技术的推动,也可能来源于竞争对手的产品和服务,如图 2-4 所示。企业通过与顾客的交流,倾听顾客的心声,听取顾客对改进产品的建议,以此来分析顾客的需求,挖掘新产品创意。产品构思的另一个来源是研究与开发,将研究出来的新技术应用于新产品开发,由技术推动新产品的开发。企业通过研究竞争对手的产品和服务,往往能够激发出新设计及对现有产品进行改进的许多构想,从而开发出优于竞争对手的产品。在强调供应链管理的环境下,供应商作为合作伙伴的正在成为重要的产品构思来源。

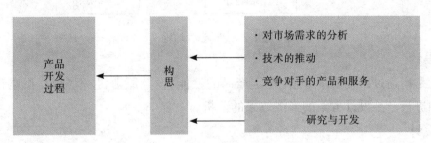

图 2-4 产品构思来源图

(二)结构设计

产品结构设计过程包括从明确设计任务开始,到确定产品的具体结构为止的一系列活动。无论是新产品开发、老产品改进,还是外来产品仿制、顾客产品定制,产品设计始终是企业生产活动中的重要环节。设计决定产品的性能、质量和成本,决定产品的前途和命运,一旦设计错误或设计不合理,将导致产品的先天不足,在工艺和生产上的一切努力都会无济于事。

为了保证设计质量,缩短设计周期,降低设计费用,产品设计必须遵循科学的设计程序。产品设计一般分为总体设计、技术设计和工作图设计三个阶段,如图 2-5 所示。

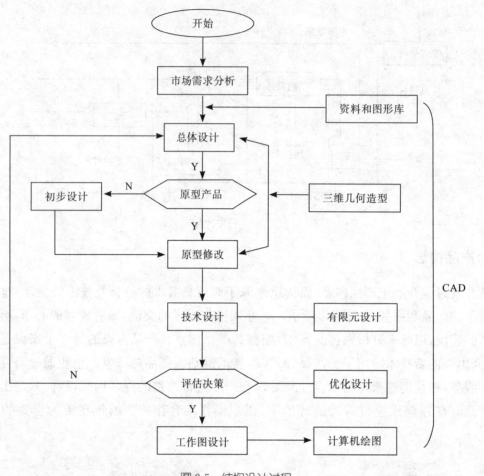

图 2-5　结构设计过程

1. 总体设计

总体设计是指通过市场需求分析,确定产品的性能、设计原则、技术参数,概略计算产品的技术经济指标和进行产品设计方案的经济效果的分析。

2. 技术设计

技术设计是指将技术任务书中确定的基本结构和主要参数具体化,根据技术任务书所确定的原则,进一步明确产品结构和技术经济指标,并以总图、系统图、明细表、说明书等总括形式表现出来。

3. 工作图设计

工作图设计是指根据技术设计确定的结构布置和主要尺寸,进一步对结构细节作设计,并逐步修改和完善,绘制全套工作图样和编制必要的技术文件,为产品制造和装配提供确定的依据。

产品设计是递阶、渐进的过程。产品设计从产品要实现的总体功能出发,先从系统角度构思产品方案,再逐步细化成子系统、组件、部件、零件,最后确定设计参数。

(三)工艺设计

工艺设计是指按产品设计要求,对把原材料加工成产品所需要的一系列加工过程、工时消耗、设备和工艺装备等作出安排或规划。工艺过程是结构设计过程和制造过程之间的桥梁,能把产品的结构数据转换为制造的指令性数据。工艺过程的结果,一方面要反馈给产品设计以改进设计,另一方面可以作为生产实施的依据。工艺过程设计的主要任务是确定产品的制造工艺及其相应的后勤支持过程,具体而言是指按产品设计要求,安排或规划把原材料加工成产品所需要的一系列加工步骤和设备、工装需求。图2-6描述了工艺过程设计的内容。

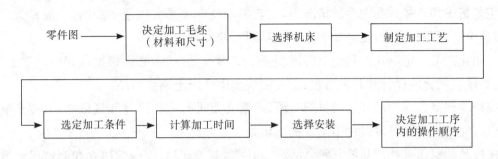

图2-6　工艺过程设计的内容

工艺过程设计难度大,是技术系统的瓶颈环节。它涉及的范围广,用到的数据量和信息量相当庞大,又与生产现场和个人经验密切相关。工艺过程设计的内容包括:产品图纸的工艺分析和审查、拟定工艺方案、编制工艺规程、工艺装备的设计与制造。

1. 产品图纸的工艺分析和审查

产品图纸的工艺分析和审查是保证产品结构工艺性的重要措施。产品图纸的工艺分析和审查的主要内容有:产品结构是否与生产类型相适应,能否充分地利用已有的工艺标准;零件的形状、尺寸是否合适,所选用的材料是否适宜;企业在现有设备、技术等条件下进行加工是否可能和方便。

2. 拟定工艺方案

工艺方案是工艺计划的总纲。在工艺方案中,要明确产品在制造过程中会存在的主要问题,关键件的加工方法,工艺路线怎样安排,工艺装备的原则和系数的确定的方法等重大原则性问题。具体来说,工艺方案的内容一般包括:确定产品所采取的工艺原则,规定产品在生产时应达到的质量要求、材料利用率、设备利用率、劳动量和制造成本等技术经济指标,列出产品的各类加工关键件,确定工艺路线,分析工艺方案的经济效果。

3. 编制工艺规程

工艺规程是最主要的工艺文件,它是安排生产作业计划,进行生产调度和质量控制,组织原材料供应、工具供应、劳动供应的基础数据,是具体指导工人进行加工制造操作的文件。编制工艺规程包括:产品及零部件制造方法和顺序的确定,设备的选择,切削规范的选择,工艺装备的确定,设备调整方法的选择,产品装配与零件加工的技术条件的确定等。

4. 工艺装备的设计与制造

实现工艺过程所需要的工具、夹具、卡具、量具、模具等,总称为"工艺装备"。工艺装备的设计与制造对贯彻工艺规程、保证加工质量、提高生产效率,具有重要作用。

一般产品开发过程有以下几种类型。

(1)技术推动型产品。在技术推动型产品的开发过程中,公司从新技术出发,寻找适合应用该技术的市场(即依靠技术来推动产品开发)。

（2）平台产品。平台产品围绕预先存在的技术子系统（技术平台）构建。企业在开发技术平台的过程中投入了大量资金，因此，必须想尽一切办法把技术平台应用到不同产品的开发中。在某种意义上，平台产品和技术推动型产品是类似的，因为其开发都基于同样的假定，即产品概念都体现了特殊的技术。它们主要的差别是平台产品已经体现出在市场上满足顾客需求的功能。

（3）工艺集中型产品。在大多数情况下，工艺集中型产品是大批量生产的，一般是大宗物资而不是零散的个别产品。通常，新产品和新工艺是同时开发的。

（4）定制化产品。定制化产品是对标准配置的细微改动，通常必须根据顾客的特殊要求生产。通过使用高度模块化的设计和开发流程，企业能快速生产出定制化产品。

（5）高风险产品。在产品开发的早期阶段，通常需要进行一些设计和测试活动，逐步确定最大的风险，以有能力应对在开发过程中出现的高风险。

（6）速成品。对于某些产品的开发，如软件和许多电子产品，模型的建立和测试已经变成十分迅速的过程，"设计—制造—测试"不断循环。根据概念开发过程，在系统设计阶段，产品需要被分解成最重要的部分、一般重要的部分以及次重要的部分。随后，从最重要的部分入手进行设计、生产、合成以及测试活动。

（7）复杂系统。当开发复杂系统时，对一般产品的开发过程进行修改可以解决一些问题。概念设计阶段考虑的是整个系统的结构，在许多时候，系统结构关系整个系统的竞争力。系统设计变得很重要，在设计阶段，系统被分解成子系统，再进一步分解为许多组件。

管理行动

诺斯罗普（Northrop）公司是美国生产军用和民用飞机的主要公司之一。由于产品越来越复杂，设计队伍不断扩大，但设计人员、制造人员很分散，公司存在对客户需求变化反应慢、信息传递渠道不通畅等问题。为此，公司决定采用并行工程方法，在设计阶段就考虑制造、材料、质量、保障等方面的问题，建立包含全部产品信息的计算机数据库，从而让所有设计人员都共享一个数据库，及时交流信息，修改和完善产品设计。这种做法使公司获得了良好效益，飞机舱壁设计时间由13周减少到6周，人员利用率也大大提高。

二、产品设计和开发的组织方法

（一）串行工程(SE)

从产品概念开发、产品设计、工艺设计流程选择到市场导入，由企业内不同职能部门的不同人员依次进行产品开发的各个阶段，称为"串行工程"（Sequential Engineering, SE）。串行工程是传统的产品开发的组织模式。

在串行工程模式下，产品开发的工作流程如下：首先由企划部门人员根据企业的发展战略或其他渠道提出的产品创意，构思产品概念；其次由产品设计部门人员完成产品的精确定义之后，提交制造部门人员制定产品工艺过程计划，由质检部门人员确定相应的质量保证计划；最后由市场部门将产品导入市场。

串行工程模式是以职能部门为基础来组织产品开发过程的,各个职能部门之间没有同期的沟通和及时的反馈,产品开发人员在开发过程中难以综合考虑顾客要求、可制造性、可靠性、环保性、经济性等多个约束因素,各下游开发职能部门所具有的知识难以投入早期设计,若发现前一阶段不合理的设计问题,只能再次返回前一阶段重新修改、调整,从而导致产品开发周期长,开发成本高,产品整体开发过程效率低。

(二)并行工程(CE)

为了加速产品开发过程,许多公司应用并行工程(Concurrent Engineering, CE)的模式来组织开展项目。并行工程是对产品及其相关过程,包括制造过程和支持过程,进行一体化设计的一种组织方法。这种方法力图使产品开发者从一开始就考虑产品全生命周期,即从概念形成到产品报废的所有因素,包括质量、成本、生产进度和市场需求,以减少产品设计在早期阶段的盲目性,尽可能早地避免产品设计阶段的不合理因素对产品生命周期后续阶段的影响,缩短研制周期。

企业若想充分发挥并行工程的优势,提高产品开发过程的效率和柔性,必须进行过程变革和组织变革。过程变革是指将传统的串行过程再造为并行过程,即产品开发者在一开始设计时就综合考虑产品全生命周期的所有因素;组织变革是指打破职能制组织结构的约束,建立跨部门、跨专业的包括用户、供应商在内的高效开发团队,使与产品生命周期有关的不同领域的相关人员全面参与和协同工作,实现产品生命周期所有因素在设计阶段的集成,实现技术、资源在设计中的集成。

随着计算机网络技术的发展,并行开发团队可以通过能够支持并行工作甚至异地工作的计算机网络系统来支流、实时地、在线地相互沟通信息,进行专家咨询,讨论设计方案,审查设计结果等。例如,美国波音公司为了研制波音777型客机,投资40多亿美元,采用庞大的计算机网络来进行并行设计和网络制造。从1990年10月开始设计到1994年6月试制成功,仅花了3年多时间,在实物总装后,用激光测量偏差,飞机全长63.7m,机舱前端到后端长50m,最大偏差仅为0.9mm。

(三)反向工程(RE)

反向工程(Reverse Engineering, RE)是指从他人的产品入手,进行分解剖析和综合研究,在广泛搜集产品信息的基础上,通过对尽可能多的同类产品进行解体和破坏性研究,运用各种科学测试、分析和研究手段,反向求索产品的开发思想、设计结构、制造方法和原材料特性的全面系统的产品设计和开发组织方法。

在积极遵守相关知识产权法律法规的前提下,合法地反向设计他人的产品,既可以降低产品创新风险,又可以减少研究开发费用,缩短产品开发的周期。

(四)协同产品商务(CPC)

随着经济一体化与市场全球化的发展,企业为了适应新经济竞争环境,增强国际竞争力,越来越趋向于采取全球化、外包和协作等策略,通过全球资源的优化配置来开发推出具有竞争力的产品,利用Internet技术的发展,在并行工程的基础上建立跨企业的产品开发网络,寻求有效的开发合作伙伴,协同创造产品竞争优势。因此,美国咨询公司 Aberdeen Group 于20世纪90年代末提出了协同产品商务(Collaborative Product Commerce,CPC)的概念。从管理上说,协同产品商务是对由一组经济实体(制造商、供应商、合作伙伴、顾客)组成的动态联盟共同开拓市场机会并创造价值的活动的总称。通过 Internet 技术,在产品商业化过程中扮演不同角色、使用不同工具、在地理上或供应网络上分布的个体能够协作地完成产品的开发、制造以及参与产品整个生命周期的管理,CPC 能带来更快的上市时间、更大的市场份额和更高的利润率。

1. 协同产品商务的基本构架

(1)基于角色的 Web 访问。这一层为协同各方提供方便,是安全、无障碍的信息访问门户,具体的功能包括信息的浏览、搜索和订阅等。

(2)CPC 的应用逻辑(产品应用财富)。这一层体现了人、活动和信息的交互,具体功能包括协作流程管理、信息的共享和重复利用、对已有系统的继承等。

(3)CPC 的 Web 数据存储(产品信息财富)。这一层的主要作用是把产品数据变成企业的知识财富,具体功能包括信息的捕获、存储、整理、加工等。

2. 协同产品商务蕴含的核心管理思想

(1)价值链的整体优化。协同产品商务从产品创新、上市时间、总成本的角度追求整体经营效果,而不是片面地追求诸如采购、生产和分销等功能的局部优化。

(2)以产品创新为目的。迅速捕获市场需求,并进行协作创新,是扩大市场机会、获取高利润的关键。

(3)以协作为基础。协同产品商务的每个经济实体都能发挥自己最擅长的方面,从而实现强强联合,以更低的成本、更快的上市时间来更好地满足顾客需求。顾客参与产品设计过程,可以保证最终的产品是顾客确实需要的。

(4)以产品设计为中心进行信息的聚焦和辐射。产品设计是需求、制造、采购、维护等信息聚集的交点,也是产品信息向价值链其他环节辐射的起源。只有实现产品信息的实时、可视化共享,才能保证协作的有效性。

三、生产流程设计与选择

生产流程设计(Production Process Design),也称为"生产过程设计",是生产运营战略决策的一项十分重要的内容。生产流程设计就是根据产品或服务的构成特点,详细描述生产过程的具体步骤。生产流程设计决定生产系统的空间布置及生产运行中的物料流的连续性。因此,生产流程设计是合理选择运作战略的关键环节。

(一)生产流程的分类

根据生产类型及物流组织方式的不同,生产流程有三种基本类型:按产品组织的生产流程、按加工路线组织的生产流程和按项目组织的生产流程。

1. 按产品(product-focused)组织的生产流程

按产品组织的生产流程就是以产品为对象,按照产品的生产要求,组织相应的生产设备或设施,形成流水般的连续生产,又被称为"流水线生产"。例如,离散型制造企业的汽车装配线、电视机装配线等就是典型的流水线生产。连续型企业的生产一般是按产品组织的生产流程。由于是以产品为对象组织生产流程,该生产流程又叫"对象专业化形式",适用于大量大批生产。

2. 按加工路线(process-focused)组织的生产流程

对于多品种生产,每一种产品的工艺路线都可能不同,因而不能像流水线生产那样以产品为对象组织生产流程,只能以所要完成的加工工艺内容为依据来构成生产流程,而不管是何种产品。设备与人力按工艺内容组成一个生产单位,每一个生产单位只完成相同或相似工艺内容的加工任务,国外企业称之为"job shop"。不同的产品有不同的加工路线,其生产单位取决于产品本身的工艺过程,因而又叫"工艺专业化形式"。这种形式适用于多品种中小批量或单件生产类型。

3. 按项目(project)组织的生产流程

对于有些生产活动,如开发一种新产品、拍一部电影、组织一场音乐会、盖一座大楼等,每一项任务都基本没有重复。因此,每一个新项目都必须按其所具有的特定工序或作业环节来组织生产流程,有些工序可以并行作业,有些工序又必须顺序作业。

三种生产流程的特征比较列于表 2-1 中。

表 2-1 不同生产流程特征比较

	特征标记	按产品组织	按加工路线组织	按项目组织
产品	订货类型 产品流程 产品变化程度 市场类型 产量	批量较大 流水型 低 大批量 高	成批生产 跳跃型 高 顾客化生产 中等	单件、单项定制 无 很高 单一化生产 单件生产
劳动者	技能要求 任务类型 工资	低 重复性 低	高 没有固定形式 高	高 没有固定形式 高
资本	投资 库存 设备	高 低 专用设备	中等 高 通用设备	低 中等 通用设备
目标	柔性 成本 质量 按期交货程度	低 低 均匀一致 高	中等 中等 变化更多 中等	高 高 变化更多 低
计划与控制	生产控制 质量控制 库存控制	容易 容易 容易	困难 困难 困难	困难 困难 困难

(二)产品-流程矩阵

生产流程设计的一个重要内容就是要使生产系统的组织与市场需求相适应。生产过程与生产过程组织有直接关系。不同的需求特征,匹配不同的生产过程,就构成了产品－生产流程矩阵(product-process matrix),如图2-7所示。

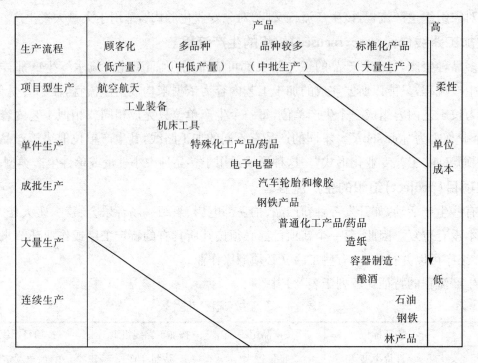

图2-7 产品－流程矩阵

产品－流程矩阵最初是由Hayes和Wheelwright提出的,后来得到了广泛应用。在图2-7中,上面一行表示产品的特征,左边的产品生产批量小、标准化程度低,越往右边,批量越大,标准化程度越高,产品从左至右的特征变化也可以看作与产品生命周期中的各个阶段是相对应的。左边这一列表示流程的特征,上面的流程具有单件小批量生产的特征,越往下,自动化程度越高,最下面是连续性生产,具有流水线生产的特征。

从图2-7可以看出,符合左下角和右上角特点的企业几乎没有,当从矩阵的左上角演变到右下角时,效率成本优势逐渐凸显,而定制能力和市场反应柔性逐渐损失,且随着产量的增加,各产品结构越固定,专用设备和标准物流越来越可行。

首先,根据产品结构性质,沿对角线选择和配置生产流程,可以获得最好的经济回报。但并不是说,所有企业都必须在对角线上选择自己的流程,只是偏离对角线的产品结构－生产流程匹配战略,一般不能获得最佳效益,但这也不是绝对的。最显著的例子就是Rolls－Royce公司,这是一家生产汽车的公司,自动化程度比较高,虽然同行业其他公司基本使用装配线生产方式,但是这家公司还是采用工艺专业化的方式生产汽车。产品偏离对角线的策略必须非常慎重,要有充分的理由。其次,根据市场需求变化只调整产品结构的战略,而不同步调整生产流程,就不能实现预期目标。因为过程结构的发展与产品生命周期各个阶段都有关,所以必须考虑营销策略与制造策略的相互协调。产品－流程矩阵可以帮助管理人员选择生产流程,对企业制定生产战略有一定的辅助作用。

(三)影响生产流程设计的因素

生产流程设计所需要的信息包括产品信息、运作系统信息和运作战略,应考虑选择生产流程、垂直一体化、设备和设施布局等方面的基本问题,慎重思考,合理选择,根据企业现状、产品要求合理配置企业资源,高效、优质和低耗地进行生产,有效满足市场需求。生产流程设计的结果体现为如何进行产品生产的详细文件,并对生产资源的配置、生产过程及方法措施提出明确要求。生产流程设计的内容如图2-8所示。

影响生产流程设计的因素有很多,其中最主要的是产品/服务的构成特征,这是因为生产系统就是为生产产品或提供服务而存在的,离开了用户对产品的需求,生产系统也就失去了存在的意义。

1. 产品/服务需求性质

生产系统要有足够的能力满足用户需求,要了解产品/服务需求的特点,从需求的数量、品种、季节波动性等方面考虑生产系统能力,从而决定选择哪种类型的生产过程。有的生产过程具有生产批量大、成本低的特点,而有的生产流程具有适应品种变化快的特点。因此,生产流程设计首先要考虑产品/服务特征。

2. 自制—外购决策

从产品成本、质量、生产周期、生产能力和生产技术等方面综合考虑,企业通常要确定构成产品的所有零件是自制还是外购。企业的生产流程主要受自制件的影响。企业自己加工的零件种类越多,批量越大,对生产系统的能力要求越高,不但企业的投资额高,而且生产准备周期长。因此,现代企业为了提高生产系统的响应能力,只抓住关键零件的生产和整机产品的装配,而将大部分零件的生产扩散出去,充分利用其他企业的力量。这样一来,既可减少企业的生产投资,又可缩短产品设计、开发与生产周期。因此,自制—外购决策影响着企业的生产流程设计。

输入	生产流程设计	输出
1.产品/服务信息 产品/服务种类 价格 数量 用户要求 产品特点 2.生产系统信息 资源供给 生产经济分析 制造技术 优势与劣势 3.运作战略 竞争环境 战略定位 竞争武器 工厂设置 资源配置	1.选择生产流程与生产战略相适应 2.自制—外购研究 自购—外购决策 供应商的信誉和能力 配置采购决策 3.生产流程研究 主要技术路线 标准化和系列化设计 产品设计的可加工性 4.设备研究 自动化水平 机器之间的连接方式 设备选择 工艺装备 5.布局研究 厂址选择与厂房设计 设备与设施布置	1.生产技术流程 工艺设计方案 工艺流程之间联系 2.布置方案 厂房设计方案 设备设施布置方案 设备选购方案 3.人力资源 技术水平要求 人员数量 培训计划 管理制度

图2-8 生产流程设计内容

3. 生产柔性

生产柔性是指生产系统对用户需求变化的响应速度,是对生产系统适应市场变化能力的度量,通常从品种柔性和产量柔性两个方面来衡量。品种柔性是指从生产一种产品快速地转换为生产另一种产品的能力。在多品种中小批量生产的情况下,品种柔性具有十分重要的实际意义。为了提高生产系统的品种柔性,生产设备应该具有较大的适应产品品种变化的加工范围。产量柔性是指生产系统快速增加或减少所生产产品产量的能力。在产品需求数量波动较大,或者产品不能依靠库存调节供需矛盾时,产量柔性具有特别重要的意义。生产流程设计必须考虑具有快速且低廉地增加或减少产量的能力。

4. 产品/服务质量水平

产品质量过去是,现在是,并且将来仍然是市场竞争的武器。生产流程设计与产品质量水平有着密切关系。生产流程的每一项加工环节的设计都受到质量水平的约束,不同的质量水平决定企业采用不同的生产设备。

5. 接触顾客的程度

在绝大多数的服务企业和某些制造业企业,顾客是生产流程的一个组成部分,因此,顾客对生产的参与程度也影响着生产流程设计。例如,理发店、医疗卫生机构、裁缝铺的运营,顾客就是生产流程的一部分,企业提供的服务就发生在顾客上。在这种情况下,顾客就成了生产流程设计的中心,营业场所和设备布置都要把方便顾客放在第一位。而另外一些服务企业,如银行、邮局等,其顾客参与程度低,企业的服务是标准化的,生产流程的设计则应追求标准、简洁、高效。

(四)生产流程选择决策

按不同生产流程构造的生产单位形式有不同的特点,企业应根据具体情况选择最为恰当的一种。在选择生产单位形式时,影响最大的是品种数和产量。图2-9给出了不同品种数—产量水平下生产单位形式的选择方案。一般而言,随着图2-9中A点到D点的变化,单位产品成本和品种柔性都是不断增加的。在A点,对应的是单一品种的大量生产,在这种极端的情况下,采用高效自动化专用设备组成的流水线生产是最佳方案,它的生产效率最高、成本最低,但柔性最差。随着品种的增加及产量的下降,在B点,采用对象专业化形式的成批生产比较适宜,品种可以在有限范围内变化,系统有一定的柔性,尽管在操作上的难度较大。另一个极端是D点,它对应的是单件生产情况,采用工艺专业化生产形式较为合适。C点表示多品种中小批量生产,采用成组生产单元和工艺专业化混合生产形式较好。

图2-9给出的是一种定性分析的示意图,企业在确定生产流程方案后,还应从经济上作进一步分析,如图2-10所示。每一种形式的生产单位的构造都需要一定的投资费用,在运行中还要有一定的支出费用,企业在选择生产战略时,要充分考虑这些费用对生产流程设计的影响。

图2-10中的纵轴表示费用,横轴表示产量。产量等于0时的费用是固定费用,通常是指生产系统的初始投资。从图2-10可以看出,对象式生产过程方案的固定费用最高,这是因为对象式生产系统一般采用较为昂贵的自动化加工设备和自动化的物料搬运设备。由于对象式生产系统的生产效率很高,单位时间出产量很大,劳动时间消耗少,单位产品的变动费用相对最低(成本曲线

变化最平缓)。以图 2-10 为例,生产同一种产品的对象专业化形式的系统投资额为 225 万元,成组生产单元的投资额为 111 万元,工艺专业化形式的投资额为 50 万元。当产量在 10 万件以下时,选择工艺专业化形式最经济;当产量在 10 万~25 万件时,成组生产单元最经济;当产量在 25 万件以上时,对象专业化形式最经济;当然还有一种选择,如果以上几种方案都不能得到满意的投资回报,则应放弃该产品的生产。

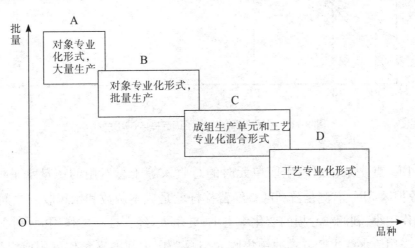

图 2-9　品种—产量变化与生产单位形式的关系

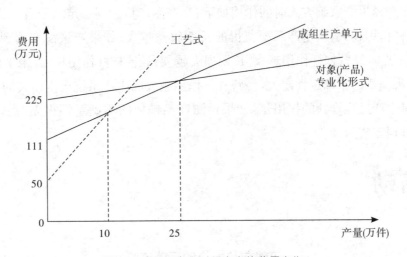

图 2-10　不同生产过程方案的费用变化

经营杠杆(Operating Leverage)是另外一个非常有用的经济分析工具。经营杠杆反映在总费用一定的情况下息税前利润和销售收入的关系,若总费用在销售收入中所占比重越高,则经营杠杆的作用越大。在其他条件不变的情况下,这意味着销售收入很小的变化都会给企业带来很大的净收益。图 2-11 是经营杠杆在生产系统选择中的示意图。

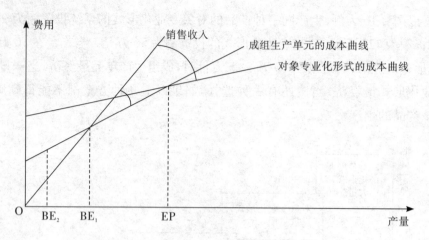

图 2-11 经营杠杆在生产系统选择中的示意图

图 2-11 中 BE_1 点是采用成组生产单元时的总收入等于总费用的产量水平（盈亏平衡点）。BE_1 点左侧是亏损区，BE_1 右侧是盈利区。经营杠杆就是成本函数和销售收入之间的夹角。夹角小，经营杠杆的作用小，利润或亏损的变化率也小；夹角大，经营杠杆的作用大，利润或亏损的变化率也大。例如，采用流水线生产方式的销售收入与总费用之间的夹角比采用成组生产单元的大，说明流水生产方式的经营杠杆作用大。

经营杠杆在选择生产系统方式时的作用如下：当产品产量达到一定水平后，如图 2-11 中的 EP 点右侧，经营杠杆作用越大，从生产系统获得的长期收益越大；如果产量没有达到盈亏平衡点（如图 2-11 中的 BE_1 点），经营杠杆作用越大，长期损失越大；经营杠杆作用越大，未来预期利润的不确定性也越大；销售预测的不确定性越大，经营杠杆作用越大的生产系统产生损失的风险越大。

经营杠杆对生产过程设计的作用是：如果预测产品销售的不确定性很大，则以选用经营杠杆作用小的生产过程方式为佳。

管理行动

汉堡包快餐店的运营流程

在快餐时代来临之前，汉堡包像其他餐馆中的食品一样，通常是根据顾客的订单来进行定制的。当餐馆接到顾客订单后，就根据顾客的要求开始将肉饼从冰箱里拿出来并放在烤架上。顾客可以选择肉饼的烤熟程度（如偏生、半熟或完全熟透），并选择调味品加上。然而，用这样传统的方法制作的汉堡包的质量在很大程度上取决于厨师的技术。因此，即使在同一家餐馆，不同厨师制作的汉堡包也是质量各异。此外，由于汉堡包都是在接到顾客订单后才开始制作的，用传统方式制作汉堡包需要相对较长的交付期。

随着快餐连锁品牌汉堡王、麦当劳等的出现，汉堡包烹饪和交付的方式彻底改变了。汉堡王和麦当劳不像大多数传统餐馆那样根据顾客的订单提供多样的食品，而只专供几个特色品种。然而,这两家快餐店虽然都有向顾客快速提供低成本食品的能力,却采取了不同的运营流程来为企业特定的目标市场服务。

第三节 服务产品设计与流程选择

随着服务业的发展,服务运作的经营组织与管理愈来愈受到重视。服务运作涉及面广,存在于众多行业之中。因此,研究服务产品设计与流程选择也是必要的。

一、服务设计

要保证服务产品的质量,必须先要进行服务产品的设计,否则服务产品就会出现质量问题。服务企业的服务设计的出发点和目的是满足顾客需求,因此,在设计服务产品时,企业要根据服务对象的特点及自身的服务能力,选择构成服务的各个主要因素并进行有机组合,形成特有的服务方式,以提高竞争力。

(一)服务设计的概念

服务设计是服务企业在整体战略和创新战略下,根据顾客和市场需求或在其他环境要素的推动下,通过可行的研发阶段向企业现有顾客或新顾客提供的,包含从服务风格变化到全新服务内容等各种设计活动,实现现有服务或新服务的价值增殖。

对这一概念理解,需要注意以下几点:

一是服务设计是在企业整体战略和创新战略指导下进行的一种研发活动,因此,有意识、有组织和系统性的研发活动占据主导地位,但研发活动也可能是一种偶然性的、非系统性的活动;

二是服务设计活动既可以是企业统一规划的正式活动(有专门的资金、人力、设施等配套资源),也可以是基于某个部门或个人创新思想的非正式活动(没有专门的资金、人力、设施等配套资源);

三是服务设计所包含的范围较广,从创新度最低的风格变化到创新度最高的全新服务研发,都可以看作服务设计的内容。

(二)服务设计与产品设计的区别

在某些情况下,产品设计和服务设计是同时进行的,其原因在于出售商品和提供服务经常是同时进行的。例如,为车更换油包括提供服务(抽干旧油,注入新油)和出售商品(新油)。与此相似,铺装新地毯包括提供服务(铺装)和出售商品(地毯)。在某些情况下,顾客所接受的确实是单纯的服务,如理发或平整草地。但是,在大多数情况下,两者兼而有之。制造业中的服务比例可能相对较低,它的重点是产品生产。但即使在制造业,也有如机器维修、员工培训、安全检查之类的服务。图2-12说明一些企业在产品-服务运作中的差异性。由于商品和服务往往是交错的,管理者为了有效地进行管理,必须对二者有充分的了解。

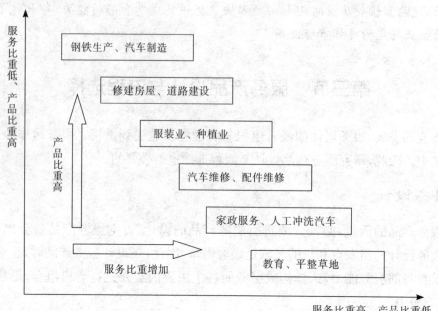

图 2-12 产品－服务图

服务设计基于服务策略,服务策略决定服务的性质和重点及目标市场。这就要求管理人员评估特殊服务的潜在市场和盈利能力(或是市场需要,如果是非营利组织的话),以及组织提供该服务的能力。一旦组织作出关于服务的重点和目标市场的决策,就应确定目标市场顾客的要求和期望。随后,服务设计者根据信息设计服务传递系统(即工具、流程、提供服务所需的全体工作人员)。可以作为服务传递系统的有邮寄、电话、传真、网络通信,以及面对面的接触等。

服务设计的两个关键点是服务要求的变化程度与顾客接触的程度。这两个关键点将会影响服务的标准化或必须定制的程度。顾客接触的程度和服务要求的变化程度越低,服务的标准化程度就越高。没有接触及很少或没有流程变化的服务设计与产品设计极其类似。相反,服务要求可变程度高及顾客接触程度高通常意味着服务必须是高度定制的。图 2-13 说明了这一概念。

在进行服务设计时,企业要考虑的一个相关因素是销售机会:顾客接触程度越高,销售的机会就越大。

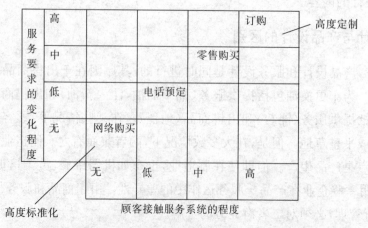

图 2-13 服务要求的变化程度及顾客接触服务系统的程度对服务设计的影响图

综上,产品设计和服务设计的区别主要体现在以下几个方面:

在一般情况下,产品可以触摸,服务不可触摸,因此,服务设计通常比产品设计更注重于不可触摸的因素(如思维的清醒程度、气氛等);许多时候,服务的创造和传递总是同时进行的(如理发、洗车),在这种情况下,抢在顾客之前发现和改正服务中的错误更加困难,因此,员工培训、流程设计及与顾客的关系就显得特别重要;服务没有存货,限制了柔性,并使服务能力设计显得非常重要;服务对于顾客来说是高度可见的,因此,在设计中必须牢记这一特点,这也给流程设计提出了额外的要求,而在产品设计中通常不需要;有些服务业进入、退出的阻碍很小,因而给服务设计添加了额外的压力,要求必须创新和考虑成本效果;便利性是服务设计的一个主要因素,选址通常对服务设计有重要作用,因此,服务设计和位置的选择通常是紧密联系的。

对于产品设计与服务设计之间的某些差异,从顾客与服务系统的接触程度来说,是从无接触过渡到高度接触的。当顾客接触程度很低或没有接触时,服务设计与产品设计非常类似。但是,顾客接触的程度越高,服务设计与产品设计的差异就越大,服务设计就越复杂。顾客与服务系统接触意味着服务设计必须进行相应流程的设计。

(三)服务设计的依据——服务蓝图

服务蓝图,就是通过对现有服务的测定,找出服务的差距,提出可以改进的方面,形成未来服务的设计。制定服务蓝图不仅能使管理者有机会鉴别潜在的管理问题,采取相应的措施来防止因管理问题而产生的服务问题,确保服务质量,还能使他们对企业未来需要为用户提供的服务有比较清晰的了解,明确企业服务需要改进的方向。因此,服务蓝图是对服务设计的准确定义,是服务设计的出发点。

1. 服务蓝图的构成

服务蓝图的主要构成如图 2-14 所示,包括顾客行为、前台员工行为、后台员工行为和支持过程。

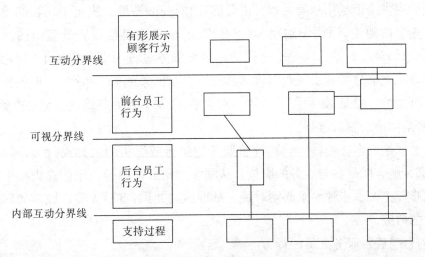

图 2-14 服务蓝图的构成图

顾客行为部分包括在购买、消费或评价服务过程中的步骤、选择、行动和互动。例如,在管理咨询服务中,顾客行为可能包括决定找咨询师、给咨询师打电话、面谈、接受咨询调查、验收等。

与顾客行为平行的部分是服务人员行为。那些顾客能够看到的服务人员表现出的行为是前台员工行为；那些发生在幕后，支持前台行为是后台员工行为。蓝图中的支持过程部分包括内部服务人员和支持服务人员履行服务步骤和互动。

服务蓝图与其他流程图最为显著的区别是它包括了顾客及其对服务过程的看法。服务蓝图包括3条分界线：第1条分界线是互动分界线，表示顾客与组织直接地互动，如果有一条垂直线穿过互动分界线，则表明顾客与组织直接发生接触或有服务接触产生；第2条分界线为可视分界线，将服务中的可见因素与不可见因素分开；第3条分界线为内部互动分界线，用以区分服务人员的工作和其他支持服务的工作。

我们可从不同的角度来阅读服务蓝图，从横向阅读3条分界线，可以了解不同的关键点：从左到右阅读互动分界线以上的部分，我们可以了解顾客是怎样使服务产生的，顾客有何选择，顾客是否高度参与服务等；阅读可视分界线上下的行为，我们可以了解服务的过程是否合理，谁与顾客打交道，何时进行，频率如何，是一位雇员对顾客负责到底还是从一位雇员转到另一位雇员；阅读内部互动分界线上下，我们可以了解哪些服务活动支持一线员工与顾客的交互，使顾客不能直接感知却又能影响员工之间的配合。同时从纵向来看，我们可看到一些线穿越了3条分界线，即通过纵向阅读，我们可以了解顾客与一线员工在哪些节点发生交互作用，一线员工与内部支持员工之间存在哪些交互作用。横向阅读与纵向阅读结合起来，构成综合阅读，从而在宏观层次上能了解更多内容。

2. 绘制服务蓝图的步骤

(1) 识别需要制定蓝图的服务过程。

服务可分为不同层次，如果要利用服务蓝图进行流程控制，就需要识别出核心服务的核心要素，针对核心服务与关键节点绘制详细服务蓝图。也可以制作每一天服务工作过程的蓝图，通过这一过程蓝图来识别关键性的服务，再针对这些关键性的服务项目绘制详细的子蓝图。

(2) 识别顾客（细分顾客）对服务的经历。

服务是企业提供给市场用来满足顾客需要的，而服务的特性又决定了顾客的感知在服务质量的评价中占有重要的地位，因而识别顾客（细分市场）的需要是绘制服务蓝图的前提。不同的顾客、不同的细分市场对服务的需求是不一样的。假设服务过程因细分市场不同而变化，这时为某位特定的顾客或某类细分顾客研发蓝图将非常有用。在抽象或概念水平上，把各种细分顾客纳入一幅蓝图中是可能的。但是，如果需要达到不同水平，研发单独的蓝图就一定要避免含糊不清。

(3) 从顾客角度描绘服务过程。

该步骤包括描绘顾客在购物、消费、评价服务中执行或经历的选择或行为。如果描绘的过程是内部服务，那么顾客就是参与服务的雇员。从顾客的角度可以避免把注意力集中在对顾客没有影响的过程和步骤上。该步骤要求必须对顾客是谁达成共识，有时为确定顾客如何感受服务过程还要进行细致的研究。

(4) 描述前台与后台服务人员的行为。

首先画上互动线与可视线，然后从顾客和服务人员的观点出发绘制过程，辨别出前台服务和后台服务。对于现有的服务可以向一线服务人员询问其行为，以及哪些行为顾客可以看到，哪些行为在幕后发生。

(5)把顾客行为、服务人员行为与支持功能相连。

画出互动线,随后识别出服务人员行为与内部支持职能部门的联系。在这一过程中,内部行为对顾客的直接影响与间接影响方才显示出来。从内部服务过程与顾客体验关联的角度出发,它会呈现更大的重要性。

(6)在每个顾客的行为步骤上加上有形展示。

在蓝图上添加有形展示,说明顾客看到的东西以及顾客经历中每个步骤所得到的有形物质,包括服务导引系统、服务过程的照片、幻灯片或录像在内的形象蓝图在该阶段非常有用,有利于分析有形展示的影响,也有利于服务企业将整体战略与服务定位统一起来。

(四)服务设计方法

通过制定服务产品的设计蓝图,企业确定服务产品的模型,但由于服务的生产过程和消费过程的一致性,我们只有对服务系统作出设计,才能确保服务按照设计的初衷展示给顾客。服务系统设计的方法主要有流水线法、顾客参与法、授权法等。

1. 流水线法

流水线法是按照制造业生产流水线的思想来设计服务的方法。由于流水线的高效率,企业采用该设计思想可以获得成本领先的优势。麦当劳公司是将生产流水线方式应用到服务业的典范。原料在别处经过测量或预包装处理,员工不必为原料的多少、质量或一致性而操心。此外,专门有存储设施来处理半成品,在服务过程中不需要对酒水或食品提供额外的存放空间。此外,流水线法取得竞争优势关键还在于标准化服务。标准化的服务减少了顾客感知的差异性,使顾客接受到同等质量的服务,提高顾客的满意度。

2. 顾客参与法

由于服务的生产与消费的同时性特点,服务本身需要顾客参与,顾客与员工之间的交互作用会影响顾客对服务质量的感知。因此,在进行服务设计时,将顾客作为企业的资源,让顾客参与服务设计成为了一种新的研发方法,不仅可以提高服务的效率,还可以提高服务的定制化程度。同时,顾客对服务的需求是随时间而发生变化的,有高峰与低谷期,顾客参与便于企业理顺和调整服务需求,如预约制的设计等。此外,企业也可以按照与顾客接触的程度来合理设计员工工作,以达到高效率提供服务的目的。

3. 授权法

授权法是通过赋予服务人员或顾客一定权力,发挥他们的主观能动性,提高组织的服务执行力,改善顾客与员工之间的交互行为,从而提高顾客满意度的一种服务设计方法。

(1)员工授权。

员工授权被认为是治疗低品质、低效率服务的一剂良药。授权法认为制度、工作规范等许多细节性的规定是对服务人员自尊的轻视与贬低,当公司的制度像防小偷一样防备员工时,员工工作的主动性与积极性就会降低,不可能真正从长远的角度为企业着想。

(2)顾客授权。

利用信息技术,企业可以直接给顾客授权,使世界各国的服务企业为顾客服务成为可能,顾客也可以使用信息方式积极地参与到许多服务企业的服务过程中,获得自己满意的服务。因此,顾客授权在很多大企业都被广泛使用。例如,网上购物,我们进入公司的主页,浏览自己感兴趣的货品,通过网上支付,就可收到送货上门的服务。

二、服务流程

服务业的生产过程主要是完成一项服务的业务流程。因此,对于服务业来说,其流程选择将会影响到企业的经营方式和服务质量。

(一)服务流程的分类

服务流程可以按照服务的差异程度、服务客体和顾客参与程度几个标准来划分,体现服务流程多样化的概念。

1. 按差异性程度安排的服务流程

服务按照差异程度,可以分为标准化服务和定制化服务,这两种服务可以采取不同的流程方式。

(1)标准化服务流程,又称"低差异性服务"。其服务流程可以采取生产线的方式,通过范围狭窄的集中服务获得高销售量。服务性质属于简单重复性,自动化可以代替人工。在这种生产线式的流程设计中,因为对于员工的生产技能要求不高,所以投入的人工成本不大,每个员工只需按规定的方式完成职责内的工作任务。由于标准化服务流程不提供个性化服务,不需要处理例外情况,从而降低了服务问题产生的概率,有助于稳定地完成服务内容。

(2)专业化服务流程,又称"高差异性服务流程"。其服务过程基本没有固定模式可循,也没有办法严格界定完成工作任务的步骤和内容,因此,它需要服务人员具有灵活的技巧和判断分析技能,能够根据发生的情况及时地作出适当的反应。而且,服务人员需要有一定的自主决策权,可以通过与顾客的信息沟通和判断,作出及时处理,提高服务承诺的实现率,达到客户满意的目的。

2. 按服务过程客体安排的服务流程

服务过程的客体,分为属于顾客和属于企业两种。根据服务客体的归属性不同,服务流程的设计有所不同。

(1)顾客客体式服务流程。如果服务客体属于客户,则企业的服务就是要为顾客提供客体转移或保存,比如邮政业的邮递业务,就是要实现物品的空间转移。那么,企业在服务流程中要围绕这一内容形成一系列的管理制度和方法,加强对物品管理的力度,尽量使物品免受任何形式的损坏,否则会直接影响服务质量。

(2)企业客体式服务流程。如果服务客体属于服务企业,流程设计就必须考虑辅助产品库存和质量的管理,避免因库存不足而产生服务问题。

3. 按顾客参与类型安排的服务流程

在服务的过程中,顾客参与的类型分为三种:直接参与、间接参与和不参与。这三种类型的服务流程设计的重点不同。

(1)顾客直接参与式服务流程。在这种方式中,顾客会直接进入营业场所,与员工直接接触,直接参与服务过程。对于服务流程的设计要注意减少服务环节,保证服务的及时性。比如,在银行处理支票,顾客最为在意的事就是等待时间不要太长。

(2)顾客间接参与式流程。在这类服务中,信息的沟通是通过间接的方式进行的,如电话查账。这种流程的管理重点就是要提供畅通的渠道。

(3)顾客不参与式服务流程。例如,银行的大部分后台业务处理,顾客是不参与的。在设计这类流程时,需要更多地考虑企业内部的服务能力。

(二)服务流程设计基本要求

无论采用何种方式来设计服务流程,设计流程都应具备成为优良服务运作系统的特征条件。作为一个优良的服务运作系统,其服务流程设计应达到如下基本要求。

一是服务流程系统的每一个要素都要与企业生产与运作的核心相一致。例如,当生产运营的核心是供货速度时,生产与运作过程中的每一步都应有助于加快速度。

二是服务流程系统对于用户应是友好的,即顾客可以很容易地与系统进行交流。这就要求系统有明确的标志、可理解的形式、逻辑化的过程以及能够解答疑问的服务人员。

三是服务流程系统应具有适应性强的特点。也就是说,系统能够有效地应付需求和可用资源的变化。例如,计算机系统发生故障时,备用系统应能够及时开始启动运行并有效地操作,保证服务运作继续进行。

四是服务流程系统应具有结构化特点,保证服务人员和服务系统提供一致性的服务。这意味着需要由人员完成的任务具有可操作性,而技术支持则是有益和可靠的。

五是服务流程系统应在后台服务和前台服务之间建立有效的联系和沟通,以避免出现任何照顾不周的情况。

六是服务流程系统应对有关服务质量加以管理,以使顾客了解系统所提供服务的价值。虽然许多服务在现场之外做了很多工作,但是如果不能通过明确的交流,让顾客意识到服务已经得到改善,那么这些改善工作就不能起到最大的作用。

七是服务流程系统所耗费的应都是有效成本。在交付服务的时候,系统对时间和资源的浪费应达到最小,否则,即使所提供的服务本身能够令人满意,顾客最终还是会选择离开。

(三)服务-流程设计矩阵及流程选择决策

服务业运作流程组织方式的特殊性在于与顾客的接触,这是服务业在选择生产与运作流程方式时所必须考虑的因素。对于顾客与服务设施有更多直接接触的服务业,同样可以采用制造业的生产与运作流程组织方式。当服务较为复杂而顾客的知识水平较低时,服务必须考虑每一顾客的需要,其结果会导致顾客化服务,因而更适合于工艺专业化的流程方式。例如,小规模生产与运作的法律服务、医疗服务、饭馆等通常是以单件方式提供服务的,生产与运作流程组织形式可以看作工艺专业化流程形式;而汽车加油站的洗车服务,是一种典型的产品专业化流程组织形式。当面对面服务和后台工作各占一定比例时,混合流程方式就更好。例如,在银行的营业柜台顾客和职员有频繁的接触,而反过来,在后台则很少,因而可增加后台的批量处理工作和提高自动化水平。其他服务业组织,如办公室、流通中心等,无须与顾客直接接触,可以考虑采用标准化服务和大批量运作方式。

1. 服务—流程设计矩阵

上述思想可以通过服务—流程设计矩阵来表示，如图 2-15 所示。

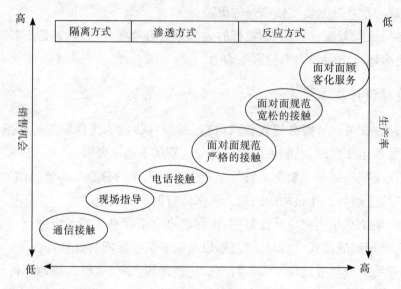

图 2-15　服务—流程设计矩阵

图 2-15 上端表示顾客与服务接触的程度：隔离方式表示服务实际上与顾客是分离的；渗透方式表示与顾客的接触是利用电话或面对面地沟通；反应方式表示既要接收又要回应顾客的要求。左边表示一个符合逻辑的市场，也就是说，与顾客接触的机会越多，卖出商品的可能性越大。右边表示随着顾客对生产与运作施加影响的增加，服务效率的变化情况。中间列出了几种服务流程设计方式。在最左端，顾客与服务系统的交流很少，服务接触可以通过通信、邮件来完成；在最右端，顾客按照自己的要求获得服务，服务接触需要采用面对面的方式，其他方式表示顾客与服务系统不同的接触程度。

图 2-15 的两端表示服务系统的生产率和服务的销售机会。随着顾客与服务系统接触的增多，服务人员压力增大，服务系统效率降低，但服务的销售机会增多，如面对面的服务方式；反之，顾客不能对服务系统施加明显的影响或干扰，较少的接触可以使服务效率提高，却使服务的销售机会减少，如通信接触方式。随着信息网络的发展，服务人员可以在网上直接掌握消费者对产品、企业的意见和建议，顾客可以对自己所需的产品提出具体要求，服务系统可以及时提供各种产品，随着顾客与服务系统接触的增多，服务系统效率提高，服务的销售机会增多。

2. 服务—流程选择决策

根据服务—流程设计矩阵进行服务流程的选择，主要考虑以下几个方面。

(1)要考虑顾客和服务系统的各自特征及两者间的接触程度，并实现运作和市场营销策略的集成。

若服务过程很少变化，即顾客和服务者都没有太多的随意性时，可选用"面对面规范严格的接触"运作方式，企业在销售方面就可以投入较少的高技能员工。餐馆、诊所、律师事务所、零售店、快餐厅、游乐园等就应采用该种运作方式。若对服务过程人们通常可以接受，但在如何执行该过程或作为服务过程一部分的实物商品方面是可选择的，此时可选用"面对面规范宽松的接触"运作方式,如全天候服务、汽车销售代理等。对于必须通过顾客与服务者之间的相互交流才能进行的服务,只能选用"面对面顾客化服务"运作方式,如法律、医疗服务。同时,服务系统资源的集中程度决定了这一系统是反应方式还是渗透方式。

(2)要确定服务运作系统的比较优势与竞争优势。

关于对员工的要求,通讯接触与书写技能、现场技术指导与辅助技能、电话接触与口头表达能力之间的关系是不言而喻的。面对面规范严格的接触特别需要程序技能,这是因为员工必须遵循处理一般标准过程的常规;面对面规范宽松的接触常常需要交易技能(鞋匠、绘图员、管家、牙医)来确定服务设计;面对面客户化服务趋向于要求能判明顾客需要的专业技能。表2-2表明了随着顾客与服务系统接触程度的变化,运作焦点、员工技能与技术创新方面的变化情况,这有助于确定企业的竞争优势。

表2-2 工人、运作及技术革新和顾客接触程度的关系

	顾客接触程度低					顾客接触程度高
运作焦点	文件处理	需求管理	记录电话内容	流程控制	管理能力	综合委托人意见
员工要求	书写技能	辅助技能	口头表达技能	程序技能	交易技能	判断技能
技术革新	办公自动化	常规方法	计算机数据处理	电气辅助	自助服务	委托人与员工队伍

(3)要对顾客满意度和服务效率之间进行权衡决策。

在制造业的产品—流程矩阵图中,寿命周期增长沿着一个方向(随着规模增大,由作业车间转向生产线)变化,使生产系统不断完善。与此不同,服务企业的发展变化可沿着对角线的任一方向,选择适合企业的运作流程设计方式,关键是对销售机会和服务效率进行权衡。

(4)明确企业所提供服务的实质,进行流程设计方式的组合。

对于服务需求内容不同、需求水平差异较大以及服务需求动态变化较大的服务体系,不一定只选用一种运作方式,可以对上述不同方式进行组合,并不断进行动态调整,设计出较复杂的服务运作系统。

(四)提高服务效率的服务流程设计策略

由于服务业需要顾客参与,而顾客参与给服务过程造成了干扰,这是影响服务效率提高的主要症结所在,其带来的影响主要体现在以下几个方面。

一是顾客参与影响服务运作实现标准化,从而影响服务效率。例如,顾客直接和服务人员接触,会对服务人员提出各种各样的要求和发出各种各样的指示,使得服务人员不能按预定的程序工作,从而影响服务的效率。同时,顾客的口味各异使得服务时间难以预计,导致所需服务人员的数量难以确定。

二是为使顾客感到舒适、方便和愉快,可能会造成服务能力的浪费。例如,顾客希望与他人分享信息和兴趣,希望与服务人员交谈。为了满足顾客这种需求,服务人员难以控制时间,使顾客感到舒适和有趣的代价是损失服务人员的时间。

三是对服务质量的感觉是主观的,纯服务是无形的,难以获得客观的质量评价。服务质量与

顾客的感觉有关,如某些顾客如果感到自己不受重视或者某些要求不能得到及时的回答,就会感到不满,尽管他们所得到的纯服务与其他顾客一样多,也会认为服务质量差。因此,与顾客接触的服务人员必须敏感,善于与顾客交往。

四是顾客参与的程度越深,对效率的影响越大。不同的服务,顾客参与的程度不同。例如,邮政服务的顾客的参与程度低;饭馆的顾客参与程度较高;咨询服务的顾客参与程度更高。顾客参与程度不同,对服务效率的影响就不同。

要设法减少以上影响,可以采取以下各种方法,使服务运作在提高效率的同时,也能提高顾客的满意度。

1. 通过服务标准化减少服务品种

顾客需求的多样性会造成服务品种无限多,服务品种增加会降低效率,服务标准化可使有限的服务满足不同的需求。饭馆里的菜单或快餐店食品部是标准化的例子。

2. 通过自动化减少同顾客的接触

有的服务业通过操作自动化限制与顾客的接触,如银行使用自动柜员机、商店的自动售货机,这种方法不仅降低了劳动力成本,还限制了顾客的参与。

3. 将部分操作与顾客分离

提高效率的常用策略是将顾客不需要接触的那部分操作同顾客分离。如在酒店中,服务员在顾客出门时清扫房间,这样做可以避免打扰顾客,提高清扫的效率。设置前台和后台,前台直接与顾客打交道,后台专门从事生产运营,不与顾客直接接触。例如,饭馆前台服务员接待顾客,为顾客提供点菜服务;后台厨师专门炒菜,不与顾客直接打交道,这样做的好处是既可改善服务质量,又可提高效率。此外,前台服务设施可以建在交通方便、市面繁华的地点,这样可以吸引更多的顾客,以顾客为导向;相反,后台设施可以集中建在地价便宜的较为偏僻的地方,以效率为导向。

4. 设置定量库存

纯服务是不能库存的,但有的一般服务是可以通过库存来调节生产活动的。例如,批发和零售服务都可以通过库存来调节。

以上几种方法在很多服务企业均有应用,举例说明如表2-3所示。

表2-3 提高生产率的技术

服务系统举例	技术措施
有限菜谱的餐馆	限定提供服务的种类
银行、医院	安排服务结构,使顾客必须到指定地点接受服务
超级市场、百货大楼	提供自助服务方式,让顾客评价产品或服务
自动取款机	分离出使顾客拥有某种自主权的服务
交货时定制小汽车	延迟制造

第四节 并行工程

按过程分析的方法,产品开发由许多过程组成,如需求分析、结构设计、工艺设计等。通常,有两种产品开发方式,即串行工程和并行工程。长期以来,人们在产品开发时习惯采用串行工程方法,但由于其存在一些弊端,近年来企业大多采用并行的设计方法。

一、串行的产品设计方法

串行工程方法从需求分析、产品结构设计、工艺设计一直到加工制造和装配一步步在各部门之间顺序进行,各个部门之间的工作是独立地按顺序进行的(如图2-16所示)。

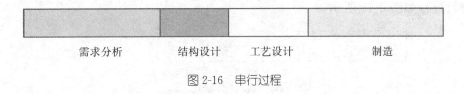

图2-16 串行过程

产品开发的工作流程是:先由熟悉顾客需求的市场人员提出产品构思;再由产品设计人员完成产品的精确定义;之后交由制造工程师确定工艺工程计划,确定产品总费用和生产周期;最后质量控制人员作出相应的质量保证计划(如图2-17所示)。

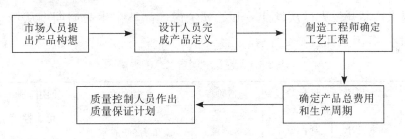

图2-17 产品开发工作流程

串行的产品开发过程存在着许多弊端,首要的问题是以部门为基础的组织机构严重地制约了产品开发的速度和质量。产品设计人员在设计过程中难以考虑到顾客需求、制造工厂、质量控制等约束因素,易造成设计和制造的脱节,所设计的产品可制造性、可装配性较差,使产品的开发过程变成了设计、加工、试验、修改的多重循环,从而导致设计改动量大、产品开发周期长、产品成本高。归纳起来,串行的产品开发过程存在的问题主要有如下两点。

一是各下游开发部门所具有的知识难以加入早期设计,加入设计的阶段越早,降低费用的机会越大。而发现问题的时间越晚,修改费用越大,费用随时间呈指数增加。

二是各部门对其他部门的需求和能力缺乏理解,目标和评价标准的差异和矛盾降低了产品整体开发过程的效率。

要进一步提高产品质量、降低产品成本、缩短产品上市时间,必须采用新的产品开发策略,改进新产品开发过程,消除部门间的隔阂,集中企业的所有资源,在产品设计时同步考虑产品生命周期中的所有因素,以保证新产品开发一次成功。

二、并行的产品设计方法

为解决串行的产品设计方法的弊端,减少产品的开发时间和成本,人们提出了并行工程的产品设计方法。

(一)并行工程的定义

并行工程(Concurrent Engineering,CE)是对传统的产品开发模式和组织管理方式的创新与变革。其概念是在1986年由美国国防部防御分析研究所在R-338报告中首次提出的,报告中将它解释为"对产品及下游的生产运营和支持过程进行并行一体化设计的系统方法",也给出了如下定义:"并行工程是集成地、并行地设计产品及其相关的各种过程(包括制造过程和支持过程)的系统方法。"并行过程如图2-18所示。

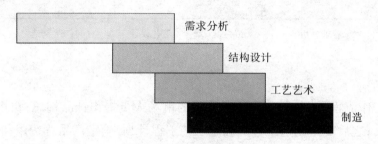

图2-18 并行过程

这种方法要求产品开发人员从设计一开始就考虑产品整个生命周期中从概念形成到产品报废处理的所有因素,各因素如表2-4所示。

表2-4 产品设计时要考虑的因素

过程	需求阶段	设计阶段	制造阶段	营销阶段	使用阶段	终止阶段
应考虑的因素	顾客需求	降低成本	易制造	竞争力(低成本、标新立异)	可靠性	环境保护
					可维护性	
	产品功能	提高效率	易装配		操作简便	

并行工程的产品设计方法是一种强调各阶段领域专家共同参加的系统化产品设计方法,其目的在于对产品的设计和产品的可制造性、可维护性、质量控制等问题同时加以考虑,以减少产品早期设计阶段的盲目性,尽可能早地预防和避免因产品设计阶段不合理因素而对产品生命周期后续阶段造成不良影响,缩短研制周期,如图2-19所示。

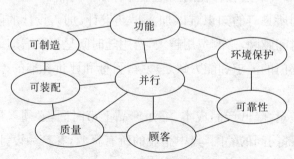

图2-19 并行设计时考虑的因素

(二)并行工程的产品开发流程

并行工程的产品开发流程是:当初步的需求规格确定后,以产品设计人员为主,以其他专业领域的人员为辅,共同进行产品的概念设计,概念设计方案作为中间结果为所有开发人员共享,开发人员以此作为基础展开对应的概念设计,如工艺过程概念方案、后勤支持概念方案等。每一专业领域输出的中间结果既包括方案,又包括建议的修改意见。所有的中间结果经协调后,达成一致的认识,并据此修改意见完善概念设计方案,然后逐步进入初步设计阶段、详细设计阶段,如图2-20所示。其特点如下。

第一,产品设计的各阶段是一个递阶渐进的连续过程,且各阶段的划分只标志着产品和设计的粒度和清晰度。粒度是设计人员在设计过程中所考虑和处理问题要素的大小;清晰度表明设计对象在相应粒度水平上的确定程度的度量。

第二,产品设计过程和产品信息模型经历着从定性到定量、从模糊到清晰的渐进演化。设计每向前循环一次,粒度和不确定性逐步减少,信息清晰度和并行程度就逐步增加。

第三,产品设计过程和工艺设计过程不是顺序进行,而是并行展开,同时进行。

在设计早期,必须从总体上着眼,设计的粒度大;随着设计工作的进展,要处理的问题越来越细,粒度越来越小,清晰度越来越高。当粒度最小时,产品和过程的设计也告结束,清晰度最高。针对产品设计时不同阶段要考虑的因素,采取相应的措施。

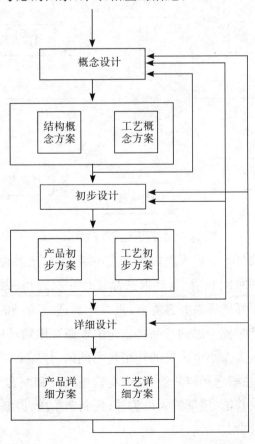

图 2-20 并行的产品设计方法

(三)并行工程的主要思想

根据并行工程的含义,其主要思想概括为以下几个方面。

设计的同时要考虑产品生命周期的所有因素,作为设计结果,同时产生产品设计规格和相应的制造工艺及生产准备文件。

产品设计过程中各活动并行交叉进行。由于各部门的工作同步进行,各种相关的生产制造问题和用户的不满意问题,在项目研发准备阶段便能得到及时沟通和解决。

与产品生命周期有关的不同领域技术人员的全面参与和协同工作,实现产品生命周期中所有因素在设计阶段的集成,实现技术、资源、过程在设计中的集成。

建立高效率的组织结构。产品的开发过程是涉及所有职能部门的活动。通过建立跨职能产品开发小组,能够打破部门间的壁垒,降低产品开发过程中各职能部门之间的协调难度。

(四)并行工程的人员构成

并行工程通过建立跨部门的多学科人员组成的产品开发小组,形成一个团队,大家团结一道完成产品开发工作。一般情况下,并行工程的参加人员以工作小组的方式组成,包括制造、装配、质量、营销人员、顾客和供应商、环保人员等,如图2-21所示。

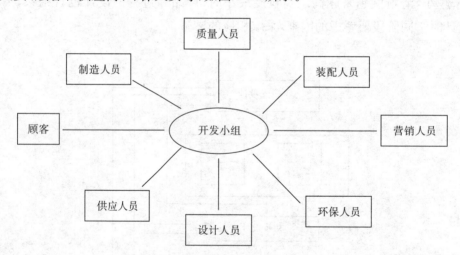

图2-21 并行工程跨部门组织团队

制造、装配、质量、营销人员等下游人员加入开发小组,参与产品设计的早期活动,有利于预防设计的先天不足,减少开发的时间和费用,确保产品设计一次成功;顾客和供应商加入产品开发,能减少不确定性,在设计中更好地反映顾客需求,提高产品适应市场的能力;环保人员加入产品设计小组,其作用是在产品设计时要考虑到产品终止时的资源重用和环境保护问题。

在产品开发的不同时期,工作小组成员的作用是不同的,伴随着产品开发的进程,小组成员之间的主次关系也是变化的。在概念形成阶段,以市场营销人员和顾客为主,其他人员为辅;在设计阶段,以设计人员为主,制造、营销、质量等人员为辅;到制造阶段,以制造人员为主。

本章要点:产品的设计和开发在企业中的地位越来越重要,开发的方法也日益先进。企业怎样在变化莫测的市场中,开发出一个令顾客满意的产品,是要在设计过程中解决的问题。服务企业也同样存在服务设计的问题,服务的设计最终会作用于服务质量。流程的合理选择,是保证产品和服务质量的重要条件。因此,企业在经营中要选择一个适合企业现有生产方式的流程,才能确保生产的顺利进行。本章对产品和服务的设计以及生产/服务流程作了阐述。第一节主要介绍了企业新产品开发/服务设计的背景特征、意义以及开发设计过程中面临的问题;第二节阐述了制造业产品开发和流程选择,包括产品设计与开发过程、生产流程设计与选择决策;第三节讨论了服务业产品设计与流程选择问题,具体包括服务设计、服务流程的选择等内容;第四节阐述了产品开发设计的组织方法——并行工程方法。

思考题

1. 请简述产品开发的过程。
2. 新产品构思创意的来源是什么?
3. 产品工艺设计的内容是什么?
4. 生产流程的类型有哪几种?其各自的特征与适用条件?
5. 影响生产流程选择的主要因素有哪些?
6. 什么是服务设计?服务设计与产品设计的区别是什么?
7. 服务设计的方法有哪些?
8. 简述服务流程的分类。
9. 服务流程设计的基本要求包括哪些?
10. 提高服务效率的服务流程设计策略有哪些?
11. 并行工程的主要思想是什么?它与串行工程有何区别?

结尾案例

美菱产品开发

美菱集团在坚持"以科技创新领先"的同时,在产品开发中也不断创新,提出并实施"科技驱动型产品",企业经济效益稳步提高。1998年,在全国家电行业平均利润下降30%的情况下,美菱销售额增长12%,利润增长4.2%。1999年,美菱又进一步拓宽了成本降低空间,平均单台制造成本比1998年下降5.4%,管理费用比1998年下降3.4%。产品开发创造了企业竞争优势。

近年来,电冰箱市场严重饱和。目前,国内冰箱需求与供给之比由几年前的1∶2演变为现在的1∶3。生产能力的过剩导致竞相降价促销,冰箱行业平均利润率也由1994年的10%降到现在的4%,明显进入了"微利"时代。因此,企业几乎不可能依靠高价格获取利润,只有依靠科技进步来拓展利润空间,只有开发出新型产品才能为企业提供利润空间。1997年,美菱集团从科技创新战略高度出发,进行企业新产品开发,为企业的发展提供了有力保障。

传统产品开发只注重现有产品的节能降耗,成本下降空间极为有限,成本和利润之间的矛盾比较突出,常常是老产品亏本促销、新产品高价难销,不利于企业持续健康发展。科技驱动型产品,重点是通过新产品开发、成熟产品的优化设计、新材料的运用、工艺技术的创新、设备技术的改进、员工素质的提高和采用计算机管理等措施,实现管理手段方法的科技化,增强产品竞争力,增加产品附加值,进而降低成本,扩展利润空间。

企业产品创新有减利因素,也有增利因素。减利因素主要有:新产品开发费用、新产品市场风险、技术改造投入等。这些因素无疑会在一定时期内增加成本。增利因素主要有:创新产品可适当提高售价;创新产品会增加销量,提高市场占有率;应用新的科技成果,以提高效率,节能降耗,减少废品损失。通过适当增加投入来提高产品科技含量和附加值,这种支出从短期来看似乎是增加了企业当期的费用,但对于企业的可持续发展来说是十分必要的,有利于企业获得竞争主动权。

科技驱动型成本管理成功的关键在于:在提高产品市场占有率的同时,创新所带来的产出必须大于对创新活动的投入。为此,美菱集团在实施成本管理时,特别强调在产品开发过程中,以市场为导向,实行科学的产品开发规划和预算制度,通过优化企业资源配置,运用现代科技方法和手段,建立以科技驱动为核心的产品开发体系。

运用科技方法和手段,采取有效措施,对所有的产品开发项目进行控制和改进,是美菱集团实施科技驱动型产品开发的重要内容。即在具体实施过程中,综合运用优化设计、工艺改进、设备技术革新、先进检测技术、计算机网络和信息技术等技术和管理方法,不断提高产品技术含量,降低产品材料成本,提高生产效率,最终达到增强企业竞争实力,提高企业经济效益的目的。具体包括五个方面。一是通过产品创新,扩大产品的利润空间。如1999年美菱集团开发的智能变容电冰箱投放市场后,单台毛利额达到了其他产品的1.7倍。二是优化产品设计,降低材料成本。通过系列化产品设计,美菱使零件具有较强的通用性。既节约了模具制作费用,又缩短了产品开发周期。1999年技术中心通过产品优化设计共降低成本537万元。三是革新工艺技术,提高生产效率。通过对冰箱制造中吸塑和发泡核心技术进行革新,美菱使吸塑板材利用率达到95%,每年节约材料成本1000万元以上,发泡生产线日产量平均提高了12%。四是更新技术设备,降低单位产品成本。目前,美菱集团在全国电冰箱行业率先实行多品种混线生产,可同时生产20多个品种。五是采用科学的标准化技术和先进检测技术,减少质量损失。重点抓新产品一次投产质量水平,配套件入厂质量水平,控制制造环节质量;采用最可靠的试制工艺,保证设计环节的质量;采用高科技的检测设备和先进的检测技术来保证制造环节的质量;采用先进的统计技术,建立用户满意度指标,有效地实施产品质量改进。

美菱集团运用现代产品开发系统,通过建立成本目标体系、核算控制体系、责任考核体系、信息反馈体系来实现科技驱动型产品开发体系,使美菱能够在安徽省保持着很好的市场占有率。

(资料来源于网络,文字有删改)

案例思考题:

1. 请讨论,美菱产品获得较好市场占有率的法宝是什么?
2. 结合案例,分析美菱在产品开发过程中,什么起了重要的作用?请谈谈你的看法。

第三章

设施选址与布置

◎ **学习目标**

- 理解设施选址的基本问题及其重要性；
- 理解设施选址的主要影响因素；
- 掌握设施选址的评价方法；
- 掌握设施布置的基本类型；
- 掌握生产单位的专业化原则；
- 掌握设施布置的方法——作业相关图法、装配线平衡；
- 了解办公室布置、零售服务业布置的相关内容。

开篇案例

比亚迪落户合肥

比亚迪股份有限公司是国内新能源汽车制造、锂电池生产、消费类电子代工、功率半导体生产龙头企业,是全球唯一既掌握电池、电机、电控、IGBT 核心技术,又掌握整车制造核心技术的高科技公司,拥有世界一流的国际化团队。截至目前,公司累计专利超 23500 件,其新能源汽车销量连续 8 年保持国内第一。

合肥是一座既懂产业也懂企业、既能科学决策又敢担当尽责的城市,是创新型企业理想的合作伙伴。智能电动汽车产业蓬勃发展之势十分强劲,合肥已经形成良好产业生态,比亚迪拥有雄厚技术积累和良好市场口碑,市企合作是一拍即合、强强联合,有关项目于 2021 年 8 月底开工建设。

发展新能源汽车是落实"碳达峰""碳中和"目标任务的必然要求。近年来,安徽深入学习贯彻"一手抓传统产业转型升级、一手抓战略性新兴产业发展壮大"的重要指示精神,把新能源和智能网联汽车列入十大新兴产业之中,统筹运用"三重一创"等政策资源,抓完整产业链、协同创新链、高端价值链,初步构建了"关键核心零部件—整车—产业链—产业集群"的发展格局。比亚迪是新能源汽车领域的头部企业,技术创新优势明显。

至此,蔚来、吉利、比亚迪、零跑、大众、威马等车企均落户合肥。

目前,合肥已集聚蔚来、江淮、大众汽车(安徽)、安凯、长安、奇瑞(巢湖)等新能源汽车企业 120 余家,形成了涵盖整车、关键零部件、应用和配套的完整产业链。2021 年 1—5 月,全市新能源汽车产量为 4.56 万辆,同比增长 2.4 倍,产值同比增长 63.6%,比 2019 年同期增长 62.8%,两年平均增长 27.6%。

(资料来源于网络,文字有删改)

第一节 设施选址

一、设施选址的基本问题及其重要性

设施是指生产运营过程得以进行的硬件手段,包括厂房、办公楼、车间、仓库、营业场所等。设施选址是指运用科学的方法决定设施的地理位置,使之与企业的整体经营系统有机结合,以便有效、经济地达到企业的经营目的。

设施选址需要解决两个层面的问题:选位与定址。选位是指在宏观上将设施选在什么区域,如某个国家的某个地区的某个城市。在当今经济全球一体化的大趋势下,在区域的选择上不要狭隘地局限在特定的范围,应有大局观。定址是指在选位的基础上确定具体的地理位置,也就是说,在一个选定的地区内选定一片土地作为设施的具体位置。

(一)选址直接影响成本与收益

选址综合反映了影响企业固定成本、变动成本以及收益的多种重要因素,如土地价格、建设费用、原材料费用、劳动力费用、运输费用、劳动生产率、销售条件、税收水平等。选址还直接影响到设计质量、建设速度、投资费用,以及未来的经营费用、销售收入、劳动条件、生活水平、可持续发展能力等。

(二)选址影响的长期性

选址一旦确定,许多因素及其相应的费用和收益就在某个相应的水平上固定下来而长期难以改变,这对企业的长期生存和发展影响重大。因此,选址决策是一项战略决策。

(三)选址影响的整体性

选址决策不仅对企业自身的生产经营效果产生影响,还将对整个供应链的生产经营效果产生影响。每一个新厂的建立都意味着整个供应链的生产经营活动的一次重新分配。

二、设施选址的影响因素

设施选址的影响因素是多方面的,总体来说可以分为两大类:选位影响因素和定址影响因素。

(一)选位影响因素

1. 目标市场

设施位于或临近目标市场的显而易见的好处是有利于产品投放市场和物流成本的降低。一些制造业企业可以依据此原则,接近市场、节省运费、减少损失。而对于服务业来说,银行、邮局、医院、学校、商场等,由于对市场反应比较敏感,更应靠近目标市场。

2. 原材料供应地

设施位于或临近原材料产地一般由三个因素决定。一是必要性,如采矿业、农场、林场和渔业等,这是由资源的位置决定的。二是易损坏性,如从事新鲜水果或蔬菜的制冷保鲜或罐头生产、奶产品的加工等行业的企业,必须考虑原料的易腐蚀性。三是运输成本,对于那些原材料在加工过程中体积会缩小进而使产品或材料运输成本减少的行业,靠近产地也很有必要,如钢铁冶炼、造纸、蔗糖生产等。

3. 运输条件

当设施由于特殊的原因不能接近原材料或目标市场时,交通便利的运输条件就显得非常重要。根据产品、零部件及原材料的运输特点,设施应临近铁路、港口或高速公路等运输条件较好的地区。

4. 与协作厂家的相对位置

由于产业链的关系,许多企业与其上下游企业的关系密切。外协关系复杂的企业应尽量接近外协厂家,或使核心企业与周围企业处于尽量接近的地域内。

5. 劳动力资源

劳动力资源需要考虑的因素是:劳动力的成本和可得性、地区的薪资水平、劳动力的生产率及其对工作的态度等。现在很多地方出现"用工荒",劳动力资源成为企业发展的重要制约因素。

6. 基础设施条件

基础设施主要是指企业生产运营所需的水、电、气等资源的供应条件,还包括"三废"的处理状况等。

7. 气候条件

根据产品的特点,选位有时需要考虑温度、湿度、气压 气候因素对企业生产运营的影响。

8. 政策、法规条件

有些地区为了鼓励在当地投资建厂,可能会在一些政策、法规上赋予投资方一些优惠待遇,如经济特区、经济开发区等。

(二)定址因素

地点因素更复杂,每个企业特点不同,影响因素差别更大,最主要的影响因素包括以下几个方面。

1. 可扩展的条件

在当今市场需求多变、竞争激烈和科技发展迅速的环境下,企业未来的发展存在很多不确定性。因此,在开始建厂时,企业应当考虑长期的发展规划,在空间上留有一定的余地。

2. 场所面积和成本

一般来讲,在特定的区域,场所面积与建设成本成正比关系。但地域不同,用地价格差异颇大,建设成本也就不同。

服务业由于要求接近客户群体,一般把交通流量和便利性作为最先考虑的因素。服务业大多选址在城市的繁华或交通便利的地段、居民区附近,且店面不大。制造业一般不会选在繁华的闹市,因为其地价昂贵,还有环保等问题,所以常定址在城市的郊区,甚至在农村。

3. 周边环境

企业定址应考虑所选位置能否为职工提供住房、娱乐、生活服务、交通、医疗和子女教育等良好的条件。

4. 地质水文条件

企业建设地点要有良好的地质条件,能满足建筑设计的要求。地面要平整,土壤要有足够的承载能力,地下水位在建筑物基础地面以下。

此外,还有一些其他因素,如环保要求、公众态度、政府的社会发展规划、人口构成和收入水平等。需要指出的是,不同企业对设施选址有不同的要求。在具体选址过程中,每个企业都应该具体问题具体分析。

管理行动

京东"亚洲一号"选址

京东是我国有代表性的自营物流电子商务企业,该企业2012年制定了"亚洲一号"的大物流运营策略,准备在全国建立起覆盖面广、设施完善的智能物流配送体系,将物品的运输、仓储、包装、装卸搬运、流通加工与信息处理一体化集成。"亚洲一号"的一期项目已于2014年10月在上海投入使用。此后,京东陆续在武汉、广州等地建立了大型的物流配送中心。京东上海"亚洲一号"配送中心项目选址的考虑因素如下。

1. 环境因素

配送中心建设充分考虑了上海地区的地理优势,可以有效辐射华东地区,同时联通山东、江苏、浙江、安徽与福建等地区。

2. 交通因素

上海是我国最大的港口,可以作为海运与内陆铁路运输、公路运输的连接点,方便企业采用多式联运的运输方式,从而实现门到门的配送,大幅度提高配送效率。

3. 成本因素

物流配送中心的选址一般地处城市的郊区,上海的"亚洲一号"在上海嘉定区兴邦路,地处郊区,配送中心建设成本相对较低。

4. 基础设施建设

上海周边的公共设施和基础设施发达,交通便利,方便货物的集散和提高商品流通质量。

制造业与服务业选址是有一定差别的。首先,在选址的区域范围上,制造业选择的地域广,服务业选择的区域要小得多,针对性更强一些。其次,选址的依据和侧重点不同,制造业更多地关注成本,而服务业更多地关注收入。制造业成本往往随着地区的不同而有很大的差异,而服务业的成本在一定市场范围内变动很小。对于特定的服务企业而言,选址更多的是影响收入。表3-1列出了制造业与服务业企业选址影响因素的主要差异。

表3-1 制造业与服务业选址影响因素的差异性

制造业	服务业
关注成本	关注收入
运输模式与成本	服务对象的统计数据(如年龄、收入和受教育程度)
能源的可得性与成本	人口区域规划
劳动力成本及可得性、技能水平	交通的便利性与方式
硬件建设成本	接近顾客的程度

对于服务业而言,选择良好的地理位置等于成功了一半。有汽车服务连锁店在总结其成功经验时,明确提出:分店的成功原因,第一是地点,第二是地点,第三还是地点。

三、设施选址的步骤

设施选址一般分为四个阶段,分别叙述如下。

(一)准备阶段

了解基本情况,收集掌握以下资料:
(1)企业生产的产品或提供服务的品种及数量;
(2)要进行的生产、储存、维修、管理等方面的作业;
(3)设施的组成、主要作业单位的概略面积及总面积草图;
(4)预计市场及流通渠道;资源需要量(包括原料、材料、动力、燃料、水等)、质量要求与供应渠道;
(5)产生的废物及其估算数量;
(6)概略运输量及运输方式的要求;需要的职工概略人数及技能等级要求;
(7)外部协作条件;获取信息的方便程度等。

(二)地区选择阶段

掌握地区的基本信息,进行选址决策。它包括:
(1)走访行业主管部门和地区规划部门;
(2)收集并了解有关行业规则、地区规划对设施布点的要求和政策,报告本设施的生产(服务)性质、建设规模和场址要求,征询选址意见;
(3)对可供选择的若干地区,进行有关社会经济环境、资源条件、运输条件、气候条件等情况的调查研究,收集有关资料;
(4)进行备选地区方案的分析比较,提出一个合适的初步意见。

(三)地点选择阶段

掌握本地区基本信息,进行具体地点选择。它包括:
(1)从当地城市建设部门取得备选地点的地形图和城市规划图,征询关于地点选择的意见;
(2)从当地气象、地质、地震等部门取得有关气温、气压、湿度、降雨及降雪量、日照、风向、风力、地质、地形、洪水、地震等历史统计资料;
(3)进行地质水文的初步勘察和测量,取得有关勘测资料;
(4)收集当地有关交通、供水、供电、通信、供热、排水设施的资料,并交涉有关交通运输线路、公用管线的连接问题;
(5)收集当地有关运输费用、施工费用、建筑造价、税费等资料;
(6)对各种资料和实际情况进行核对、分析和数据的核算,经过比较,选定一个合适的场址方案。

(四)编制报告阶段

提出场址的可行性选择报告,供决策部门审批。它包括:
(1)场址选择的依据,如批准文件等;
(2)建设地区的概况及自然条件;
(3)设施规模及概略技术经济指标,包括占地估算面积、职工估算人数、概略运输量、原材料及建筑材料需求量等;

(4)对选定的场址进行综合评价,对自然条件、建设费及经营费、经济效益、环境影响等因素进行比较,得出综合结论;

(5)提供当地有关部门的意见;

(6)附件,包括场址位置、备用地、交通线路、各类管线走向等以及设施初步总平面布置图。

四、设施选址方法

设施选址的方法很多,如因素评分法、重心法、线性规划法、层次分析法、系统仿真法以及计算机辅助分析技术等。

(一)因素评分法

因素评分法是在评估选址时常用的一种方法。由于在评估方案时,有许多定量定性的因素都需要考虑,而每一种因素的重要性又不相同,为了可以进行综合比较,就需要在考虑各种因素后得到一个综合评分,然后根据综合评分对方案进行比较。该方法的主要步骤如下:

(1)列出所有选址应该考虑的相关因素;

(2)赋予每个因素一个权重,以此显示所有其他因素的相对重要性,各因素权重之和为1;

(3)对所有因素确定一个统一的分值范围(如1~10,1~100);

(4)对每一个方案的每一个因素进行评分;

(5)将每个因素的得分与其权重相乘,并将所得的积相加,得出每个方案的总分;

(6)比较各方案的总得分,选择总分最高的方案。

例 3-1

一家电企业因业务发展需要,决定建一新厂,提出 A、B、C 三个备选厂址,根据选址目标,选择了土地资源、资源供应条件、基础设施条件、市场潜力、劳动力条件等指标,并对所选方案进行评价,评价结果如表 3-2 所示。

表 3-2 选址因素评价表

影响因素	权重	得分			加权得分		
		地点 A	地点 B	地点 C	地点 A	地点 B	地点 C
资源供应	0.25	70	80	60	17.5	20	15
基础设施	0.20	90	80	90	18	16	18
市场潜力	0.20	90	70	80	18	14	16
劳动力	0.15	80	80	60	12	12	9
土地资源	0.10	75	95	75	7.5	9.5	7.5
政策法规	0.10	95	75	70	9.5	7.5	7.0
合计	1.00				82.5	79	72.5

显然,地点 A 的得分最高,企业应选择地点 A 作为分厂的地址。

(二)重心法

重心法常用于在成本中运输费用占很大比重的情形。重心法是确定物流中心位置的一种方法,如销售中心、中间仓库或分销仓库、超市的配送中心等,用以追求物流成本最低。重心法假设在同一运输方式下,运输数量不变,运输单价相同,物流成本是距离和运量的函数。

重心法的主要步骤如下:

(1)建立坐标体系,确定各地点在坐标体系中的相对位置;

(2)运用计算公式,计算出重心的横、纵坐标值,并在坐标体系中找到其相应的位置。

一般的计算公式如下:

$$D_x = \frac{\sum d_{ix} Q_i}{\sum Q_i}$$

$$D_y = \frac{\sum d_{iy} Q_i}{\sum Q_i}$$

式中,D_x 为重心的横坐标值;D_y 为重心的纵坐标值;d_{ix} 为第 i 地点的横坐标值;d_{iy} 为第 i 地点的纵坐标值;Q_i 为第 i 地点运往目的地的运输量。

例 3-2

某物流公司拟建一物流中心负责向四个工厂进行物料供应配送,各工厂的具体位置与年物料配送量如下图 3-1 和表 3-3 所示,请利用重心法确定物流公司内的物流中心位置。

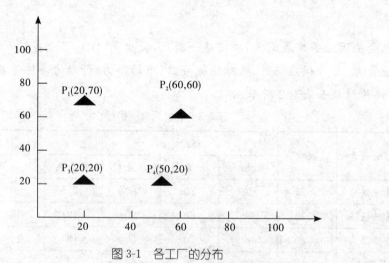

图 3-1 各工厂的分布

表 3-3 各工厂的具体位置地理坐标与年物料配送量

工厂及其地理位置坐标	P₁		P₂		P₃		P₄	
	X₁	Y₁	X₂	Y₂	X₃	Y₃	X₄	Y₄
	20	70	60	60	20	20	50	20
年配送量(吨)	2000		1200		1000		2500	

解:根据各工厂的地理位置坐标和年配送量,可以得到物流中心的地理坐标数据。

$$D_x = \frac{\sum d_{ix}Q_i}{\sum Q_i} = \frac{20 \times 2000 + 60 \times 1200 + 20 \times 1000 + 50 \times 2500}{2000 + 1200 + 1000 + 2500} = 35.4$$

$$D_y = \frac{\sum d_{iy}Q_i}{\sum Q_i} = \frac{70 \times 2000 + 60 \times 1200 + 20 \times 1000 + 20 \times 2500}{2000 + 1200 + 1000 + 2500} = 42.1$$

该物流中心地址选在坐标为(35.3,42.1)的位置。

上述的重心法也称为"精确重心法",它假设运输费率是不变的,而现实中运输费率是随距离、运输量而变化的。迭代重心法就是为了克服精确重心法的缺陷而提出来的。

迭代重心法假设在同一运输方式下,运输数量不变,运输单价 c_i 随运输距离而变化,总运输费用 C 可表示为:

$$C = \sum_{i=1}^{n} c_i Q_i d_i$$

d_i 为配送中心到第 i 点的直线距离,用公式表示如下:

$$d_i = \sqrt{(D_x - d_{ix})^2 + (D_x - d_{iy})^2}$$

此时,重心的横、纵坐标值(D_x, D_y)的求解公式如下:

$$D_x = \frac{\sum c_i d_{ix} Q_i / d_i}{\sum c_i Q_i / d_i}$$

$$D_y = \frac{\sum c_i d_{iy} Q_i / d_i}{\sum c_i Q_i / d_i}$$

不能直接求解,需以精确重心法的计算结果为初始解,通过迭代获得最终结果。具体迭代步骤如下:

(1)利用精确重心法公式,求得初始解(D_x^0, D_y^0);

(2)将初始解代入距离公式,求得 d_i,并求得总费用 C_0;

(3)将 d_i 代入,求得第一次迭代的解(D_x^1, D_y^1);

(4)重复步骤(2),求得 d_i 新值,计算总费用 C_1,比较 C_0 和 C_1 的大小,若 $C_1 < C_0$ 则继续迭代,若 $C_1 \geq C_0$,则结束运算,(D_x^0, D_y^0)即为所求最优解。

(5)重复步骤(3)、(2),直到 $C_{n+1} \geq C_n$,则(D_x^n, D_y^n)即最优解(n 为迭代次数)。

迭代重心法在迭代次数较多时,计算工作量比较大,计算成本也比较大。

在实际中,因各种限制因素,重心法计算出来的总运输成本最小的位置往往不具备建厂条件,所以它的实际意义在于能为选址人员提供一定的参考。

(三)线性规划法

某些大型企业,如啤酒公司、食品公司、运输公司、石油化工公司等,通常拥有多个生产厂、多个仓库和多个销售点,这类系统的选址决策往往和生产能力决策结合在一起,按照生产成本和运输成本最低的原则来布局,这被称为"多点布局"。解决多点布局问题的有效方法就是建立线性规划模型。

设 x_{ij} 为第 j 个销售区域对第 i 个工厂的产品需求量，c_{ij} 为工厂 i 生产单位产品并运到销售区域 j 的总费用；a_i 为工厂的生产能力；b_j 为销售区域的总需求量；m 为工厂数，n 为销售区域数量，Z 为总费用。则该问题的线性规划模型为：

$$Z = \sum_{i=1}^{m} \sum_{j=1}^{n} c_{ij} x_{ij}$$

$$\sum_{j=1}^{n} x_{ij} = a_i (i=1,2,\cdots,m) (生产能力约束)$$

$$\sum_{i=1}^{m} x_{ij} = b_j (j=1,2,\cdots,n) (需求约束)$$

$$x_{ij} \geq 0 (非负约束)$$

例 3-3

某家电制造公司现有两个分销配送中心 F_1 及 F_2，供应四个城市销售区域市场 S_1、S_2、S_3、S_4，由于销售量不断增加必须另设一个新配送中心，现通过定性分析，可选择的地点为 F_3、F_4。各配送中心以千台为单位的产品储存费用及各个配送中心至各销售城市的运输费用如表 3-4 所示。试问在可供选择的地点 F_3 及 F_4 中，选择哪一个地址为好？

表 3-4　某家电制造公司的配送中心储存费用及运输费用

从＼至	运输费用（万元/千台）				年配送量（千台）	仓储费用（万元/千台）
	S_1	S_2	S_3	S_4		
F_1	5	3	2	3	0.7	1.5
F_2	6.5	5	3.5	1.5	0.55	1.8
F_3	1.5	0.5	1.7	6.5	1.25	2.0
F_4	3.8	5	8	7.5	1.25	1.6
年销售量（千台）	0.4	0.8	0.7	0.6		

解： 为了计算方便，我们不同时考虑两个配送中心。分别假设 F_3、F_4 被选中。

具体步骤如下：

(1) 假设配送中心设在 F_3 处，该问题的解答如表 3-5 所示。

表 3-5　配送中心设在 F_3 的储运总费用

从＼至	S_1	S_2	S_3	S_4	年配送量（千台）
F_1	6.5	4.5	0.7③3.5	4.5	0.7
F_2	8.3	6.8	5.3	0.55②3.3	0.55
F_3	0.4④3.5	0.8①2.5	3.7	0.05⑤8.5	1.25
年销售量（千台）	0.4	0.8	0.7	0.6	

① 表 3-5 中 F_3－S_2 单位组合费用最少为 2.5 万元，但需求量为 0.8，就将 F_3 的 0.8 千台分配给 S_2，还有 0.45 千台的剩余产量。由于 S_2 的需求量已全部满足，这一列可以不再考虑。

② 其余组合中 F_2-S_4 单位费用最少者为 3.3 万元，需求量为 0.6 千台，可把 F_2 的 0.55 千台分配给 S_4。这时，S_4 的需求还有 0.05 千台未满足，F_2 分拨完毕，这一行不用再考虑。

③ 其余组合中单位费用最少者为 F_1-S_3，需求量为 0.7 千台，可把 F_1 的 0.7 千台分配给 S_3。F_1 的存货已全部分配完毕。

④ 其余组合中单位费用最少者为 F_3-S_1，需求量为 0.4 千台，可把 F_3 的 0.4 千台分配给 S_1。这时，S_1 得到满足，F_3 的存货还剩 0.05 千台。

⑤ 其余组合中单位费用最少者为 F_3-S_4，需求量还有 0.05 千台未满足，可把 F_3 尚剩余的 0.05 千台分配给 S_4。这时，S_4 的需求全部得到满足。

这样，可得到配送中心设在 F_3 处的总费用为：

$Z(F_3) = 0.4 \times 3.5 + 0.8 \times 2.5 + 0.7 \times 3.5 + 0.55 \times 3.3 + 0.05 \times 8.5 = 8.99$（万元）

(2) 假设配送中心设在 F_4 处，该问题的解答如表 3-6 所示。

表 3-6 配送中心设在 F_4 的储运总费用

从\至	S_1	S_2	S_3	S_4	年配送量（千台）
F_1	6.5	4.5	0.7②3.5	4.5	0.7
F_2	8.3	6.8	5.3	0.55①3.3	0.55
F_4	0.4③5.4	0.8④6.6	9.6	0.05⑤9.1	1.25
年销售量（千台）	0.4	0.8	0.7	0.6	

这样可得到配送中心设在 F_4 处的总费用为：

$Z(F_4) = 0.4 \times 5.4 + 0.8 \times 6.6 + 0.7 \times 3.5 + 0.55 \times 3.3 + 0.05 \times 9.1 = 9.71$（万元）

比较而言，选 F_3 储运总费用最低，应选 F_3 为配送中心选点地址。

(四) 引力模型

在服务业选址中，市场因素是主要的选址决策变量。对顾客的吸引力，是服务业区位优势的体现。因此，为了能够体现服务业这一决策特征，一个很有用的选址模型——引力模型，可以用来进行服务业设施选址决策。

1. 引力

某一服务设施的引力大小，可以用下式表示：

$A_{ij} = S_j / T_{ij}^{\lambda}$

式中：S_j 为设施 j 的大小（规模）（$j=1,2,\cdots,n$）；

T_{ij} 为消费者 i 到设施 j 的时间（或距离）（$i=1,2,\cdots,m$）；

λ 为经验的参数，反映顾客的行走时间效应（大的购物中心为 2，便利店为 10 或更大）。

2. 顾客概率

设施引力决定了服务业设施吸引顾客的能力，由于存在竞争，为了表示某一服务业设施吸引顾客的能力，可采用顾客概率的概念，用下式表示：

$P_{ij} = A_{ij} / \sum_{j=1}^{n} A_{ij}$

顾客概率越大,说明设施的吸引力越大,该设施越具有区位优势。

3. 年平均销售额

顾客是潜在的消费者,对于服务业设施,区位优势最终体现于顾客在该设施的消费量的大小上,因此,可以用年平均销售量作为该设施的区位优势的最终指标,用下式表示:

$$E_j = \sum_{i=1}^{m} P_{ij} C_i B_i$$

式中:C_i 为地区消费者的数量;

B_i 为地区的消费者对产品的年平均消费预算;

m 为统计地区数。

从经济性的角度看,如果某一服务设施年平均销售量越大,则越有区位优势,可以作为备选对象。在此基础上,再参考其他的选址因素,可以选择一个最佳的方案。

管理行动

海底捞的智能选址

对餐饮来说选址是至关重要的,而门店选址也并不是简单选位置,而是要将时间、空间、网点、交通便利程度、竞争对手情况等因素整合起来进行综合评估,是选一个综合解决方案。

在门店选址的问题上,海底捞一直从一线城市及省会城市向二三线城市逐步扩散,而每个门店的选择硬性要求有两点。一是"周边3千米之内人口数量在20万以上",二是"周边1~2千米有大型品牌商业中心或购物中心"。参考这个标准不难发现,海底捞的门店选址首先考量的要素是客流量,也就是说,通过足够的人流量保证消费的可能。但其实这种选址标准还处于主要依靠经验来判断的初级阶段,面临着很大的失误风险。

近年来,海底捞尝试通过云计算、人工智能的方法更为科学地进行选址。海底捞通过阿里云开发的人工智能平台,解决了以往凭经验选址带来的"坏店"问题。阿里云通过算法及高德数据,帮助海底捞进行数字化选址,不仅选当下对的位置,还助力获客引流。其优势在于以下三点。一是数据时效性。地理信息采集的效率滞后、不准确、成本高、耗时长,最终效果也难以量化,无法保障成功率。阿里智能选址基于高德地图,调用的是实时地理数据,确保了数据的有效性,让企业选当下对的位置。二是可基于选址位置进行该位置辐射范围内的消费者画像洞察,对选品和门店营销推广活动提出可行性建议。三是能针对企业的潜在客流进行智能挖掘,精准锁定目标用户,为门店引入客流。

第二节 设施布置决策

设施布置是指在一个给定的空间范围内,对多个工作单元进行位置安排。已确定的空间范围可以是工厂车间、超级市场、医院、餐馆等。设施布置合理与否,将会对企业生产运营的成本和效率等产生一定的影响。

一、设施布置的基本问题

设施布置是在设施位置选定之后进行,主要确定组成企业的各个工作单元的平面或立体位置,并相应地确定物料流程、运输方式和运输路线等。设施布置决策要考虑以下几个主要问题。

(一)应包括的工作单元

这个问题取决于企业的产品、工艺设计要求、企业规模、企业的生产专业化水平和协作化水平等多种因素。

(二)每个单元需要多大空间

空间太小可能会影响生产率及工作人员的活动,有时甚至发生人身事故。空间太大则是一种浪费,同样会影响生产率,并且使工作人员之间的距离拉长,产生不必要的疏忽感。

(三)每个单元空间的形状如何

每个单元的空间大小、形状以及结构等问题是紧密相关的。如一个单元包含几台机器,这几台机器应如何排列、占用多大空间等,这些问题需要综合考虑。

(四)每个单元在确定的空间范围内的位置

在设施布置时,要充分分析,综合考虑,合理地确定每个经济活动单元的绝对位置和相对位置。相对位置的重要意义在于它关系物料流动路线是否合理,是否节约运费与时间,以及信息交流是否方便等。

二、设施布置决策的影响因素

(一)企业产品或服务

不管企业的经营目标是什么,企业之间的差异有多大,企业都是通过向社会提供一定的产品或服务来实现价值的。因此,企业在考虑微观组成,即工作单元的构成时,首先必须考虑企业产品或服务的性质和特点。

(二)企业规模

企业规模对企业内部各个工作单元种类的划分、数量的确定、位置的安排有着直接影响。企业规模越大,所需要的工作单元数量越多,工作单元的构成越复杂。

(三)生产专业化与协作化水平

企业采用不同专业化形式,对工艺阶段配备的完整性要求不同,从而带来工作单元构成的不同。企业的协作化水平越高,通过协作取得的零部件、工具、能源等就越多,需要设置的工作单元就越少。

(四) 企业的装备水平

企业的装备水平主要是指企业拥有工装设备的整体技术水平,它直接影响企业工作单元的构成。拥有大量数控设备、加工中心、无人化工厂等高技术装备的企业,其生产单元的构成与位置安排都会比较简洁明了;反之,则会比较复杂。

三、生产单位专业化形式

生产单位专业化形式,影响企业内部的生产分工和协作关系,决定物料流向、物流路线和运输量。按照生产流程的不同类型,生产单位的专业化原则分为工艺专业化和对象专业化。

(一) 工艺专业化形式(Process Focused)

工艺专业化是指按工艺特征设置生产单位,将相同工艺的设备和工人集中在一个区域。它可以完成不同产品上相同工艺内容的加工,如机械加工企业中的车工车间、铣工车间等(如图3-2所示)。工艺专业化的生产单位具有对产品品种变化适应能力强、生产系统可靠性高、工艺管理方便等优点。但由于完成整个产品的生产需要跨越多个生产单位,它又具有加工路线长、运输量大、运输成本高、生产周期长、生产效率低、组织管理工作复杂等缺点。

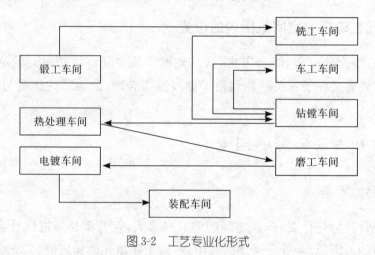

图3-2 工艺专业化形式

(二) 对象专业化形式(Product Focused)

对象专业化形式是指按产品(或零件、部件)设置生产单位,将加工某种产品(或零部件)所需的设备、工人等集中在一个区域内。它可以完成相同产品的全部或大部分的加工任务,如汽车制造公司的齿轮车间、箱体车间等生产单位(如图3-3所示)。对象专业化生产形式的工作专业化程度高,可以采用高效专用设备,提高生产效率,增强生产过程的连续性,缩短生产周期,简化组织管理工作。但对象专业化生产形式只固定生产一种或很少几种产品,因而对品种变化的适应能力差。

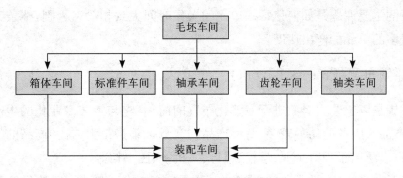

图 3-3　对象专业化形式

以上所描述的是两种不同的专业化形式。实际上,企业存在着许多介于两者之间的混合组织形式,并且大多数企业的生产组织形式实际上属于混合形式。例如,现实中的机械制造企业,有的铸造车间内按工艺专业化原则设置了熔化工段、浇铸工段、配砂工段等,而造型部分又按对象专业化原则建立了床身造型工段、箱体造型工段和杂件造型工段等。又如,按对象专业化原则建立的齿轮车间内,又按工艺专业化原则设置了粗车组、精车组、滚齿机组、插齿机组和磨齿机组等。

上述所述主要是针对制造系统而言的,但在许多情况下,服务系统的运作组织方式也可类比。例如,综合医院的组织方式可看作工艺专业化形式,而牙科诊所则是较典型的产品专业化形式。汽车加油站的洗车作业,也是典型的产品专业化组织形式。服务系统组织的特殊性在于与顾客的接触,这是服务系统设计时必须考虑的另一个因素。有些服务系统与顾客有更多面对面的接触,当服务的复杂性较高而顾客的知识水平较低时,服务必须考虑每位顾客的需要,其结果导致顾客化、小批量,因而更适合工艺专业化的组织方式。但是,当前台服务和后台工作各占一定比例时,混合形式会更好。例如,在银行的营业柜台,顾客和职员有频繁的接触,而在后台则没有接触,因此,后台可增加工作的批量处理和提高自动化。

四、设施布置的基本类型

设施布置有四种基本类型:产品原则布置、工艺原则布置、混合布置、定位布置。

(一)产品原则布置(Product Layout)

产品原则布置是以产品为对象进行专业化布置的简称(它使对象专业化的生产组织方式得以实现)。它适用于提供一种或少数几种标准化极高的产品或服务的企业。

在这种布置的生产运营系统中,工作被分解成一系列标准化的作业,由专门的按照产品或服务的加工路线或加工顺序排列的人员和设备去完成。由于每一加工对象都是同样的加工顺序,它可以使用有固定路线的物料运输设备,往往形成一条线(如图3-4所示)。在制造业企业,这些线通常被称为"生产线"。生产线并不一定是一条直线,可以是L型、O型、S型、U型等多种,或这几种形状的组合。

图 3-4　产品原则布置

这种布置下的主要课题是如何使每一单元的操作时间大致相等。否则,整条生产线的产出速度只能是费时最多的单元的产出速度。

(二)工艺原则布置(Process Layout)

工艺原则布置是以工艺为对象进行专业化布置的简称(它与工艺专业化的生产组织方式相对应)。它适用于产品或服务的品种较多、每种产品的产量都不是很大、各种产品的生产只能断断续续地进行的企业,广泛用于制造企业、学校、银行、飞机场、图书馆等。

在这种生产运营系统中,设备通常是按照其所具有的功能来布置,每种(组)产品都具有不同的作业顺序(如图 3-5 所示)。按照产品所要求的加工顺序,产品从一个部门转移到另一个部门。因为不同的产品流或客流沿不同的路径通过设施,所以其流程模式很复杂。

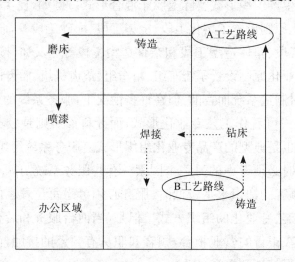

图 3-5　工艺原则布置

工艺原则布置的主要问题是如何决定加工中心(部门)的相对位置,以保证在特定的布置限制下达到设定的决策标准(物料处理成本最小化,相关部门的接近程度最大化,客户通过距离最小化等)。

(三)混合布置(Hybrid Layout)

混合布置是指综合利用产品原则和工艺原则进行的布置。这种布置的主要目的是:在产品产量不足以大到使用产品原则的情况下,尽量根据产品的一定批量、工艺相似性来使产品生产有一定顺序,物料流向有一定秩序,从而减少在制品库存、缩短生产周期。

这种布置常见的方式是单元布置(Cell Layout,CL)。单元布置是以成组技术(Group Technology,GT)为基础的。它通过成组技术确定有相似工艺特征的零件并分成相似零件族,将生产这些相似零件族所需要的设备和人员组成一个工作单元,以便集中生产这些产品(如图 3-6 所示)。在单元布置中,一组机器完成一组(族)相似零件所需要的工艺。因此,同组的所有零件按照相同的路线加工。

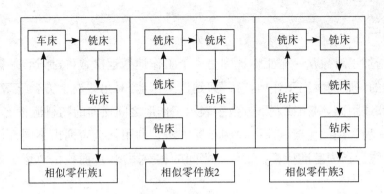

图 3-6　成组制造单元布置

单元布置与产品布置十分类似,但它比产品布置具有更高的柔性,更适合于多品种生产。

(四)定位布置(Fixed Layout)

定位布置是指加工对象位置固定,生产工人和设备都随加工产品所在的某一位置而转移(如图 3-7 所示)。定位布置广泛用于耕种、消防、电影拍摄、桥梁建设、大坝修筑及船舶、飞机制造等方面。

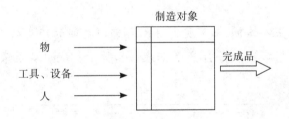

图 3-7　定位布置

定位布置常常面临空间限制问题,因此,这种布置方式应把注意力放在对材料和设备运送时间的控制上,以免堵塞工作场地。在面临空间限制时,企业可以考虑将尽量多的工作安排在远离现场的地方完成。

第三节　设施布置方法

不同类型的设施布置需要采用不同的方法。对于上述四种布置类型,定位布置不需要考虑布置方法的问题,需要做的是制定运作计划以使作业能够更加顺利地得到实施。混合布置实际就是产品原则布置与工艺原则布置的结合,因此,下面主要介绍工艺原则布置和产品原则布置的方法。

一、工艺原则布置方法

工艺原则布置的主要问题是如何决定各加工中心(部门)的相对位置,以满足企业生产(或服务)过程的要求,从而使物料流(客流)畅通,达到运输费用最少、距离最短或服务时间最少的目标。常用的方法有从至表法、物料运量图法、作业相关图法、线性规划法和计算机辅助布置法等。

(一)从至表法

从至表就是指加工对象从一个工作地到另一个工作地搬运次数(或搬运量、搬运距离、搬运时间)的汇总表。表的"列"为发出工作地,"行"为到达工作地,对角线右上方数字表示工作地之间顺向的物料流量之和或距离,对角线左下方数字表示工作地之间逆向的物料流量之和或距离。

从至表法是一种常用的生产和服务设施布置方法。利用从至表列出不同部门、机器和设施的相对位置,以对角线元素为基准计算各工作点之间的相对距离,从而找出总运量最小的布置方案。其具体步骤如下:

步骤一,选择典型零件,制定工艺方案,确定设备;
步骤二,制定设备布置初始方案,统计各设备间移动距离;
步骤三,确定零件在设备间的移动次数和搬运量;
步骤四,用实验法确定最终布置方案。

例 3-4

某工厂有 ABCDE 五个车间,布置见图 3-8,各部门之间的距离从至表见表 3-7,该厂生产四种产品,各产品的工艺路线和每月产量如表 3-8 所示。试用从至表法重新布置各部门的位置。

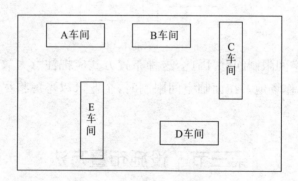

图 3-8 某工厂布置图

表 3-7 距离从至表

单位:米

从 \ 至	A	B	C	D	E
A		27	54	75	39
B	27		27	48	66
C	54	27		39	69
D	75	48	39		48
E	39	66	69	48	

表 3-8 工艺流程表

产品号	工艺路线	每月产量(件)
1	A→B→C→D→E	200
2	A→D→E	900
3	A→B→C→E	400
4	A→C→D→E	650

解：(1)根据工艺流程表得到搬运量从至表(见表 3-9)。

表 3-9 搬运量从至表

单位：件

从＼至	A	B	C	D	E
A		600	650	900	
B			600		
C				850	400
D					1750
E					

(2)将上述表 3-7 与表 3-9 同一格子中对应元素相乘，得到总搬运工作量从至表(见表 3-10)。

表 3-10 总搬运工作量从至表

单位：件·米

从＼至	A	B	C	D	E
A		16200	35100	67500	
B			16200		
C				33150	27600
D					84000
E					

根据上述表中的搬运量—距离分析，发现 D—E 之间的工作量最大，其次是 A—D 之间，且距离远，不合理，应改进。

(二)物料运量图法

设施布置与物流合理化具有密不可分的联系。物料运量图法就是通过流程分析，弄清不同经济单元之间的物流量，确定各单元(部门)的相对位置。它的宗旨就是把相互间物流量大的部门尽量靠近布置。其具体步骤如下：

步骤一，根据各单位间的物流量，初步布置各生产单位的位置；

步骤二，统计各单位间的物料运输量，用运量图表示各单位间的运输量；

步骤三，把相互间物流量大的单位尽量靠近布置。

例 3-5

某制造企业的生产单位主要有 5 个车间组成。

(1)初步对车间的位置进行安排,如图 3-9 所示。

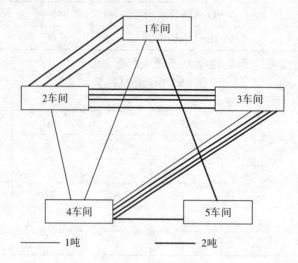

图 3-9 初步布置图

(2)统计 5 个车间物料流量,如图 3-9 所示。

(3)把相互间流量大的单位尽量靠近,如图 3-10 所示。

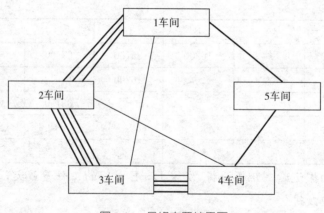

图 3-10 最终布置结果图

(三)作业相关图法

作业相关图法是由默泽(Richard Muther)提出的,它依据各部门之间关系的密切程度来决定相互之间的位置。其主要步骤如下:

一是将关系密切程度划分为 A、E、I、O、U、X 六个等级,见表 3-11;

表 3-11 关系密切程度分类表

代号	A	E	I	O	U	X
密切程度	绝对重要	特别重要	重要	一般	不重要	不予考虑

二是列出导致不同程度关系的原因,见表 3-12;

表 3-12 关系密切原因表

代号	关系密切程度	代号	关系密切程度
1	使用共同的原始记录	6	工作流程连续
2	共用人员	7	做类似的工作
3	共用场地	8	共用设备
4	人员接触频繁	9	其他
5	文件交换频繁		

三是使用上述两种资料,将待布置的部门一一确定出相互关系;

四是根据相互关系重要程度,按重要等级高的部门相邻布置的原则安排出最合理的布置方案。

例 3-6

一个快餐店欲布置生产与服务设施。共分成 6 个部门,计划布置在一个 2×3 的区域内,图 3-11 所示为 6 个部门间的作业关系密切程度。试作出合理布置。

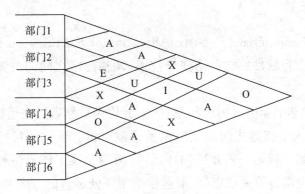

图 3-11 快餐店作业相关图

解:(1)列出关系密切程度(只考虑 A 和 X)。

A:1—2　1—3　2—6　3—5　4—6　5—6

X:1—4　3—6　3—4

(2)根据列表编制主联系簇(如图 3-12 所示)。

原则是:从关系"A"出现最多的部门开始。

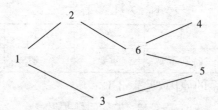

图 3-12 各部门主联系簇示意图

(3) 画出"X"关系联系图(如图 3-13 所示)。

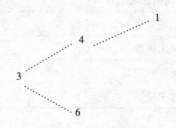

图 3-13 "X"关系联系图

(4) 根据联系簇图和可供使用的区域,用实验法安置所有部门。要注意部门之间关系为"X"的不可相邻布置。如图 3-14 所示。

1	2	4
3	5	6

1	2	6
3	5	4

图 3-14 快餐店各部门布置示意图

(四)计算机辅助布置

计算机辅助布置(Computerized Relative Allocation of Facilities Technique,CRAFT)是一种常用的计算机辅助设施布置软件。它利用搜寻技术,调整部门之间的位置,以使总物料运输成本最低。

CRAFT 软件可用来进行 m×n 的块状布置(m、n 均为自然数),在运行软件前,首先要作一个 m×n 的初始布置,并输入工作地之间的运输量及运输单价。优化的目标是使总运输费用最低。运算原理如下:首先,从第一行第一列开始循环,计算两两交换工作地位置后的运输费用之差,并将此数据保留;其次,在全部计算完成以后,取运输费用降低最多的方案并将所对应的两个工作地交换位置,作为第一次改进后的方案;最后,重复上述步骤,直到运输费用不再降低为止。

CRAFT 被广泛用于大量的布置问题中,如被汽车公司及计算机生产厂、制药厂等采用。

二、产品原则布置方法

产品原则布置不同于工艺原则,不存在设备或工作单元的相对位置的布局,一切都由工艺流程决定,其重点是生产线或流水线的平衡问题。

生产线平衡是指在既定的产品设计、工艺设计条件下,确定生产线的节拍、工作地数量及各工作地应完成的工序或作业的种类和数量,使整个生产线的各个工作地的闲置时间最小化。生产线平衡是一个复杂的过程,需要解决的问题和需要确定的因素有很多。下面介绍生产线平衡的方法。

(一)用一个流程图表示作业的先后顺序关系

流程图由圆圈和箭头组成。圆圈代表单个作业,箭头表示作业先后顺序。

(二)计算生产线的节拍(Cycle Time)

节拍是指生产线上两个相邻完工产品的出产间隔时间,也是各工作地完成一件产品所对应的作业需要的最大时间。其计算公式为:

$r = F_e / N$

式中,r 为节拍;F_e 为计划期有效工作时间;N 为计划期的计划产量。

(三)计算最小工作地数

需要的工作地数量取决于计划期的产量和把基本作业分配到工作地的情况,我们可用下面的公式求出工作地数的理论最小值:

$S_{min} = [\sum_{i=1}^{n} t_i / r]$

式中,S_{min} 为最小工作地数;t_i 为第 i 个工序的作业时间(i=1,2,…,n);[ ]意味向上取整。

(四)分派作业单元,组织工作地

生产线平衡涉及如何把作业分配给各个工作地。一般来说,还没有一种方法可以保证使作业分配达到最佳效果。多采用以下分派原则:保证各工序之间的先后顺序;各工作地分配到的工序作业时间之和 $T_{ei} \leq r$。

当不止一个作业单元满足上述条件时,可采用两种优先准则进行挑选:先分派后续作业数多的作业或先分派位置权重数量最大的作业。一个作业的位置权重数等于该作业及其所有后续作业的时间之和。

(五)计算装配线效率

$\eta = \dfrac{\sum T_{ei}}{S \times r} \times 100\%$

式中,η 为装配线效率;S 为工作地数;T_{ei} 为第 i 个工作地实际的作业时间。

例 3-7

一装配线计划每小时出产 30 件产品,每小时用于生产的时间是 50 分钟。表 3-13 所示是装配工序、每道工序的作业时间及紧前工序等信息。请:(1)画出装配工序先后顺序图;(2)该装配线的节拍是多大;(3)计算最小工作地数;(4)进行装配线平衡。

表 3-13 装配线工序及作业时间

工序	工序作业时间（分钟）	紧前工序
A	0.69	—
B	0.55	A
C	0.21	B
D	0.59	B
E	0.70	B
F	1.10	B
G	0.75	C,D,E
H	0.43	G,F
I	0.29	H

解：(1)画作业流程图(见图3-15)。

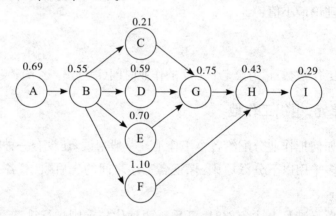

图 3-15 装配线工艺流程图

(2)计算节拍。

r＝50/30＝1.67(分钟/件)

(3)计算最小工作地数。

S_{min}＝[5.31×60/100]＝4(个)

(4)分派工作地(见表3-14)。

表 3-14 工作地分配表

工作地	待分配作业	剩余时间（分钟）	可能的后续作业	选择的作业
1	A	0.98	B	B
	B	0.43	C,D,E,F	C
	C	0.20	D,E,F	—
2	D	1.08	E,F	E
	E	0.38	G,F	—
3	F	0.57	G	—
4	G	0.92	H	H
	H	0.49	I	I
	I	0.20	—	—

(5) 计算装配线效率。

$\eta = (1.61 + 1.46 + 0.57 + 1.61)/(1.67 \times 4) = 78.59\%$

第四节　非制造业的设施布置

非制造业行业种类很多,难以归纳成如制造业的几种基本类型。这里,仅介绍零售服务业布置和办公室布置。

一、办公室布置

当今,办公室工作人员在整个就业人员中所占的比重越来越大,这使得办公室布置的问题显得日益重要。

(一)办公室布置应考虑的因素

办公室布置应重点考虑以下两个因素。

1. 信息传递与交流

信息传递与交流既包括各种书面文件、电子信息的传递,也包括人与人之间的信息传递和交流。对于需要流经多个部门才能完成的信息交流工作,部门之间的空间位置也应是考虑的重要因素。

2. 人员的工作效率

办公室布置会在很大程度上影响人员的工作效率,但也必须根据工作性质的不同、工作目标的不同来考虑什么样的布置更有利于生产率的提高。

(二)办公室布置的主要形式

办公室布置根据行业、工作任务的不同有多种,归纳起来,大致可以分为以下几个模式。

1. 封闭式布置

封闭式布置是比较传统的布置方式。一层办公楼被分割为多个房间,伴之以一堵堵墙、一个个门和长长的走廊。这种布置可以使工作人员有足够的独立性,但是在无形中妨碍了人与人之间的交流,使人产生疏远感,不利于上下级之间的沟通,几乎没有调和改变的余地。

2. 开放式布置

开放式布置是指在一间很大的办公室内,同时容纳一个或若干部门的十几人、几十人甚至上百人共同工作。这种布置方式不仅方便了同事之间的及时交流,还方便了部门领导与一般职员的沟通,在一定程度上起到消除等级隔阂的作用。但这种布置有一个突出的弊端,就是经常互相干扰,人员之间容易闲聊等。

3. 半开放式布置

半开放式布置在开放式办公室布置的基础上,进一步发展起来的用半截屏风将人与人适当隔离开的一种组合式布局方式。这种布置既吸收了开放式办公室的优点,又在一定程度上避免了开放式布置的相互干扰、闲聊等弊端。而且,它还有很大的柔性,可随时根据情况的变化重新调整。

4. "活动中心"式布置

"活动中心"式布置是一种将封闭式布置和开放式布置组合起来使用的新型办公室布置方式。在每个活动中心,有会议室、讨论间、电视电话室、接待处、打字复印室、资料室等进行一项完整工作所需要的各种设备。楼内有若干活动中心,每一项相对独立的工作集中在一个活动中心进行,工作人员根据工作任务的不同,在不同的活动中心之间移动。但每个人仍保留一个小小的传统式办公室。显而易见,这是一种比较特殊的布置形式,较适用于项目型的工作。

上述几种办公室布置形式,都是传统意义上的办公方式。自20世纪90年代以来,随着信息技术的迅猛发展,一种更新型的办公室——"远程"办公,正在从根本上冲击着传统的办公方式。所谓"远程"办公,是指利用信息网络技术,将处于不同地点的人们联系在一起,共同完成工作。远程办公可以降低公司的行政开支,也能打破地理位置的限制,吸纳全球的人才。可以想象,伴随着信息技术的进一步发展和普及,办公方式及办公室布置将会发生更多的变化。

管理行动

以"远程办公"应对疫情时,该如何提升工作效率?

在新冠病毒感染疫情影响下,当员工不得不居家办公时,"远程办公"成了企业解决运作问题的有效尝试。远程办公也并不是一件新鲜事情。在美国硅谷,新一代的科技公司几乎都有远程工作的尝试。企业通过采用远程办公的方式给予员工更多自由,而获得了自由的员工也在用更好的工作成果回报企业。但国内外不少企业在远程办公和管理方面尚缺乏经验,员工在家办公容易受到打扰、工作时间和成果难以衡量等问题仍然困扰着企业。

1. 远程办公突破了传统信任机制

员工在一个固定的场所为企业办公,企业和员工之间通过一系列的规则制度建立了双方认可的高度信任机制,这套机制基本上被所有企业管理层和员工所认可,即使当下出现了像企业微信、钉钉、石墨文档等远程沟通交流、辅助办公的协作性工具,但这些工具依赖的还是这套信任机制,并没有打破这套机制。

2. 远程办公需要重塑管理、改变现有办公习惯

当被迫式的远程办公需求被激发后,从一些企业采取的措施上能看出是在传统工作任务和管理要求之上增加了许多员工负担和要求,而不是改变之前的管理模式。现有的办公习惯一般以天或周为单位,员工以此为基础向领导汇报自己的工作情况和进展,而在远程办公的条件下,依赖于时间要素的管理方式不可行。在员工行为和动作不可控的情况下,依赖于时间要素管理恐怕只能是减弱信任机制,而非重塑信任机制。

二、零售服务业布置

零售服务业布置的目的就是要使零售店铺的单位面积净收益最大。零售服务业布置应以"尽可能提供给顾客更多的商品"为原则。展示率越高,销售和投资回报率越高。在实际布置中,"面积净收益最大"一般表现为:搬运费用最小、产品摆放最多、空间利用率最大等,还要考虑其他人性化的因素。一般而言,零售服务业布置主要考虑三个主要因素:环境条件;空间布置及功能性;徽牌、标志和装饰品。

(一)环境条件

环境条件是指零售服务场所的背景特征,包括照明、温度、音乐、噪音等。这些条件会直接影响雇员的业务表现和工作士气,同时会极大地影响顾客对服务的满意程度、顾客的逗留时间以及顾客的消费态度。

(二)空间布置及其功能性

空间布置及其功能性涉及两个重要方面。

1. 设计顾客行走路线

行走路线设计的目的是要给顾客提供一条路径,使他们尽可能多地看到商品,并沿着这个路径按需要程度安排各项服务。行走路线设计内容包括决定通道的数量和宽度,这影响服务流的方向。另外,零售服务场所还可以布置一些吸引顾客注意力的标记,使顾客沿设想的路径行走。

2. 商品分组和陈列

目前较流行的做法是将顾客们认为相关的物品放在一起,而不是按照商品的物理特性、货架大小、服务条件来摆放商品。

对于商品分组和陈列,市场研究提供了以下几条值得注意的指南:

(1)人们在购物中倾向于以一种环行的方式购物,将利润高的物品沿墙摆放会提高他们购买的可能性;

(2)将能量商品(能决定购买路径的商品)放置在过道两侧;

(3)将即兴购买的商品摆放在靠近出口的收银台附近;

(4)需要顾客排队等候服务的付账区和其他非卖区,应当布置在上层或"死角"等不影响销售的地方;

(5)在百货商店,离入口最近和临近前窗展台处的位置最具有销售能力。

目前,超市等零售商店布置有两种基本形式可供选择。一是矩阵布置,即将商品货架按矩形排列,店内通道直线布置。这种布置花费较少,并可以得到更大的展示空间,适宜于仓储式超市。二是斜角布置,即将商品货架按菱形、三角形或梯形排列,店内主干道按直线布置,次干道及临时通道按"V"字形排列。这种布置视线开阔,顾客进入超市后在主干道上就可以看清通道上方的标志,查找商品比较方便。

(三)徽牌、标志和装饰品

徽牌、标志和装饰品是服务场所中具有极其重要意义的标志物。这些物品和周围环境常常体现了建筑物的风格、零售服务场所的价值取向。

本章要点：企业选址决策在生产运营中具有十分重要的地位，选址影响一个企业的竞争力。本章第一节定义了设施选址的基本问题，分析了设施选址的重要性和影响因素，介绍了设施选址的一般步骤和常用方法。

设施布置是企业选址后的一个重要决策，它将长期影响企业的生产运营活动。本章第二节分析了设施布置的基本问题和影响因素，讨论了设施布置的四种基本类型及其特点；第三节介绍了设施布置的常用方法；第四节讨论了非制造业的设施布置问题。

思考题

1. 影响选址决策的主要因素有哪些？
2. 哪些因素会导致生产服务设施靠近原材料供应地？哪些因素会导致靠近销售市场？
3. 服务业的选址与制造业的选址有哪些不同？
4. 说明生产单位的专业化原则及其特点，并说明其适用条件。
5. 设施布置的基本类型有哪几种？各自有什么特点？
6. 走访一家超级市场并绘出其布置图，谈谈你的观察结果。
7. 为了做到快速响应市场需求，制造业的生产系统布置应进行哪些创新？

练习题

1. 某汽车制造公司决定在南方建一新厂，现在南方三个省初步确定了3个被选厂址A、B、C，经过专家调查和判断，对这3个厂址按5个因素进行评分。结果如表3-15所示。

表3-15 评估因素、权重及得分表

选址因素	权重	备选厂址		
		A	B	C
交通运输	0.25	90	95	80
土地费用	0.10	80	75	95
生活条件	0.25	90	80	80
人口素质	0.20	90	85	80
科技文化条件	0.20	90	80	80

你认为哪个厂址较可取？

2. 一位经理收到一份有关在几个城市择地设立办事处的分析报告，具体数据（最高值为10）如表3-16所示。

表 3-16 评估因素及得分表

因素	位置 A	位置 B	位置 C	因素	位置 A	位置 B	位置 C
商业服务	9	5	5	生活费用	4	7	8
社区服务	7	6	7	税收	5	5	4
不动产成本	3	8	7	运输	6	7	8
建造成本	5	6	5				

(1)如果经理对各因素按相同比重衡量,这些地点将如何排列?

(2)如果已知商业服务和建造成本的比重为其他因素比重的两倍,这些地点将如何排列?

3.某公司拟建一配送中心负责向六家超市进行商品配送,各家超市的具体位置与每天运输量见表3-17所示,请利用重心法确定配送中心位置。

表 3-17 各超市坐标值及每天运量表

超市	超市地图坐标(x,y)	每天运量(吨)
A	(10,5)	3
B	(3,8)	3
C	(4,7)	2
D	(15,10)	6
E	(13,3)	5
F	(1,12)	3

4.某公司现有三个工厂A、B、C,另有两个仓库P、Q用来存放产成品,随时供应用户,每个仓库每月需供应市场2100吨产品。为了更好地为顾客服务,该公司决定再建一个新仓库。经过调查研究和评价,确定X与Y两个地点可建仓库。有关资料见表3-18所示。请根据表中数据为该公司作出科学选择。

表 3-18 工厂生产能力及单位产品运费表

工厂	生产能力(吨)	到各仓库单位产品运费(元/吨)			
		P	Q	X	Y
A	2400	15	27	48	51
B	2400	27	12	24	27
C	1800	45	24	9	15

5.一个制造厂计划在某车间旁增加一侧房,建一条新的生产线,可以生产五种型号的产品:A,B,C,D,E。现有两个布置备选方案,如图3-16所示。五种产品在六个部门间的移动距离和移动次数见表3-19。哪一种布置方案的月运费最小?

4	1	3
2	5	6

1	2	3
4	5	6

图 3-16 新建侧房内生产线设备布置方案

表 3-19 生产线的条件

产品型号	产品工艺路线	月产量(件)	移动方向	设备间的距离(米) 方案A	方案B
A	1—2—3	2000	1—2	15	25
B	4—5—6	2000	1—5	30	10
C	1—5—6	3000	2—3	15	35
D	2—5—6	1000	2—4	20	10
E	2—4—3	3000	2—5	15	15
			3—4	35	25
			4—5	15	25
			5—6	10	10

6. 根据图3-17所列作业的活动关系图,将9个部门安排在一个3×3的区域内,要求把部门5安排在左下角的位置上。

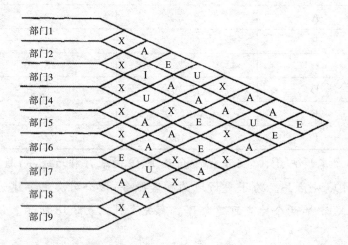

图 3-17 活动关系图

7. 一装配线计划每小时装配200件产品,每小时用于生产的时间是50分钟。表3-20所示是装配工序、每道工序的作业时间及紧前工序等信息。请你完成以下任务:

(1)画出装配工序先后顺序图;
(2)计算该装配线的节拍;
(3)计算每小时装配200件产品的最小工作地数;
(4)进行装配线平衡,使时间损失率最小。

表 3-20 装配线工序及作业时间

工序	工序作业时间(分钟)	紧前工序	工序	工序作业时间(分钟)	紧前工序
A	0.20	—	G	0.12	E、F
B	0.05	—	H	0.05	
C	0.15	—	I	0.05	—

续表

工序	工序作业时间(分钟)	紧前工序	工序	工序作业时间(分钟)	紧前工序
D	0.06	—	J	0.12	H,I,G
E	0.03	A,B	K	0.15	J
F	0.08	C,D	L	0.08	K

8. 一装配线每天要求生产300件产品，每天工作7.5小时。表3-21所示是装配工序、每道工序的作业时间及紧前工序等信息。请你完成下列任务：

(1) 画出装配工序先后顺序图；
(2) 该装配线的节拍是多大；
(3) 计算最小工作地数；
(4) 进行装配线平衡，使时间损失率最小；
(5) 在生产开始之后，市场部门意识到低估了需求，应该将产出增加15%，你将采取什么措施？用定量的方法具体说明。

表3-21 装配线工序及作业时间

作业	A	B	C	D	E	F	G	H	I	J	K	L
作业时间(秒)	70	40	45	10	30	20	60	50	15	25	20	25
紧前工序	—	—	—	A	B	C	D	E	F	G	H,I	J,K

结尾案例

波音为何选择舟山？

2017年5月11日，美国波音公司的首个海外工厂正式落户我国浙江省舟山市，舟山群岛港湾众多、航道纵横，是中国难得的天然深水良港。飞机制造园区位于朱家尖岛，用于飞机完工总装、交付试飞、航空运营、科研培训等产业，拥有10多条航线的舟山民航机场也分布在该园区；零部件制造园区则位于舟山本岛北部的舟山经济开发区，用于航空零部件配套制造产业，与之生产相关企业将在此集聚。

对于波音将首个海外工厂设在中国，民航专家表示，这主要基于市场的考虑，在波音出厂的每4架飞机中，就有1架是交付给中国客户的。

根据波音公司的公开材料显示，波音737约有600万个零部件，飞机制造业带动的相关产业也非常广泛，这也正是多地都在争取波音首个海外工厂落户的重要原因。此前，浙江舟山、天津、陕西西安、辽宁沈阳等都传出过首个海外737完工与交付中心将落户当地的消息。那么，舟山为何在竞争波音首个海外工厂"落户赛"中胜出？波音公司国际总裁马爱仑(Marc Allen)表示，刚刚获批自贸试验区，就是舟山一个明显的优势。而且，舟山群岛新区区位、资源优势独特,同时拥有港口和机场,可直接建造码头,便于相关零部件的海运。

对于选择舟山的原因,民航专家认为还有一点,这就是舟山市政府配合力度比较大。舟山市政府早在2012年,就开始着手和波音公司联系,希望引进波音的首个海外工厂,并通过干线飞机制造,带动通航制造、零部件保税物流及配套产业发展,形成航空产业集群,发展通航运营,对接国际航空产业转移。

波音737的舟山中心是波音公司首次将737生产系统的一部分延伸至海外。该生产中心主要由两个部分组成:一是波音公司与中国商飞合资的737飞机完工中心,二是地处相同位置的波音公司独资的737交付中心。该合资公司将开展737飞机机上娱乐系统、座椅等内饰安装、涂装及飞机维修和维护服务工作;并通过交付中心,将在此完工的737飞机交付给波音在中国的客户。

问题:(1)波音选址主要考虑了哪些影响因素?

(2)试分析波音落户舟山对宁波经济与科技发展会带来哪些影响?

第四章

库存管理

◎ **学习目标**

- 掌握库存的概念及其分类;
- 理解库存的利弊;
- 掌握独立需求的库存控制方法;
- 掌握EOQ模型。

开篇案例

美的一盘货：落地供应链真正协同

随着消费市场发生的商流变化，企业面临的客户需求从大批次变成了小批次、多批量，企业销售端难以快速计划、预测及响应，且原材料成本上升，消费者的要求不断增加，品牌商面临复杂的库存规划、多级库存管理以及复杂的运输、配送和补货需求……数字零售驱动着整个物流及供应链的升级。这些痛点及需求变动所带来的模式变革层层传导到制造业供应链，倒逼美的转型，通过提高效率及网络能力来应对新挑战。

美的从2012年开始启动以T+3实践为核心的业务模式变革，T+3模式由客户下单T、物料准备(T+1)、工厂生产(T+2)、物流发运(T+3)这四个周期组成，每个T都有其相对应的交付流程和交付周期(3天)。美的的初衷是通过对T+3流程的规定，降低库存，更快地满足终端消费者的需求，倒逼柔性化生产，以提高整个运作效率。

在T+3模式下，美的开始进行一盘货仓配一体化物流变革。通俗地说，一盘货就是指把所有库存、物流需求放在一个盘子上，统一进行可视、可控、可调拨的统仓共配，包括下游仓库也进行统一管理。自一盘货战略率先在美的部分事业部试点后，2014年被纳入美的集团"一把手工程"，从决策层、中间协同层及最终机制层等所有层面统一，由集团领导小组，逐渐向整个集团推行。

在变革后，美的在全国的仓库从2200多个减少到2019年的137个，仓库数量下降了95%；将550多万平的仓库面积减少到160多万平，整个仓库面积下降70%；订单交付周期，由45天提前到了20天，而行业整体周期为40余天；库存周转天数从51天到35天。总结来说，美的变革后在库存大幅下降的同时，仓库效率大幅提升。

（资料来源于网络，文字有删改）

第一节 库存管理概述

一、库存及其分类

(一)库存的概念

库存(Inventory or Stock)有时被译为"存贮"或"储备"，是指为了满足未来需求而暂时闲置的资源，也是指企业所有资源的储备。它包括两层含义：一是这种资源处于闲置状态；二是这种资源的闲置是暂时的，在将来是有用的。人、财、物、信息等各方面的资源都有库存问题。《物流术语》(GB/T 18354—2021)将库存定义为：储存作为今后按预定的目的使用而处于备用或非生产状态的物品。广义的库存还包括处于制造加工状态和运输状态的物品。库存的存在主要是由供需双方在时间、空间和数量上的不确定性或者矛盾引起的,不确定是生产运营系统本身的一个特点,库存也就成为必需。

(二)库存的分类

库存可以从不同角度进行分类,以下从四个方面介绍库存的分类。

1. 按库存在生产过程和配送过程中所处的状态分类

库存可以划分为原材料库存、在制品库存、维修库存和成品库存。

原材料库存包括原材料和外购零部件,是指从外部购买的,在工厂内的制作或装配过程中使用的零部件、组件或材料。在制品库存(WIP)包括处在产品生产不同阶段的半成品,是指正在生产线中的所有未完工的部件或产品。原材料进入生产企业后,依次通过不同的工序,每经过一道工序,附加价值都有所增加,从而成为不同水准(以价值衡量)的在制品库存。维修库存包括用于维修与养护的经常消耗的物品或备件,但不包括产成品的维修活动所用的物品或备件。成品库存(FGI)是指准备销售给用户的产品所形成的库存,即完工而尚未售出的产品,它们可以放在不同的储存点,如生产企业内、配送中心、零售点,直至转移到最终消费者手中。

2. 按库存的作用分类

库存可以划分为周转库存、安全库存、在途库存。

周转库存是指由周期性的采购或生产所形成的库存。由于需求和提前期等方面存在着不确定性,企业需要持有周期库存以外的安全库存或缓冲库。安全库存是指为了应付需求、生产周期或供应周期等可能发生的不测变化而设置的一定数量的库存。在途库存是指从一个地方到另一个地方处于运输过程中的物品。在没有到达目的地之前,可以将在途库存看作周转库存的一部分,这是因为在途的物品还不能使用、销售或随时发货。

3. 按物品需求的重复程度分类

库存可以划分为单周期库存和多周期库存。

物品需求可分为单周期需求和多周期需求。单周期需求是指仅发生在比较短的一段时间内的或库存时间不可能太长的需求,也被称为"一次性订货",这种需求的特征是偶发性或物品生命周期短,因而很少重复订货。单周期需求出现在下面两种情况:一种是偶尔发生的对某种物品的需求,如新年贺卡或某些大型活动的纪念章等;另一种是经常发生的某种生命周期短的物品的不定量需求,如鲜鱼、杂志、报纸等。对于单周期需求物品的库存控制称为单周期库存问题,如"圣诞树"问题、"报童"问题都属于单周期库存问题。多周期需求是指在足够长的时间里对某种物品的重复的、连续的需求,库存需要不断地补充。与单周期需求比,多周期需求问题更为普遍。

4. 按需求的相关性分类

库存可以划分为独立需求库存和相关需求库存。

库存管理的出发点是顾客需求,库存的存在就是为了满足顾客的需求。一般来说,产品和服务的需求可以分为独立需求与相关需求。当对某项物料的需求与对其他物料的需求无关时,则称这种需求为"独立需求"。例如,对成品或维修件的需求就是独立需求。当对某项物料的需求与对其他物料项目或最终产品的需求有关时,则称这种需求为"非独立需求",即相关需求。这些需求是计算出来的而不是预测的,例如,制造业中半成品和原材料库存就是相关需求的库存问题。如果某一汽车生产企业计划生产1000辆轿车,那么就需要4000个轮胎,轮胎的需求与汽车的产量相关。

两种需求的特征不同,决定了其管理与控制的机制不同。本章主要探讨独立需求的库存控制机制,相关需求在后续章节介绍。

二、库存的利弊分析

关于库存,有这样一种说法:"库存是一个必要的恶魔。"也就是说,库存有利有弊。因此,库存究竟是大好还是小好,主要取决于哪些因素,会带来什么样的影响和作用,我们有必要加以分析。

(一)库存的作用

库存的作用主要在于能有效地缓解供需矛盾,使生产尽可能均匀,有时甚至还有"奇货可居"的投机功能。具体而言,库存的作用包括以下几项。

1. 稳定作用

外部需求是不均衡的,与生产的均衡性是矛盾的,如果允许有库存,就可以采用MTS生产,用库存来调节需求的不均衡性。库存像水库一样起着稳定作用。

2. 改善服务质量

持有一定量的库存有利于调节供需之间的不平衡,保证企业按时交货、快速交货,能够避免或减少因库存短缺或供货延迟而带来的损失,这些对于企业改善顾客服务质量具有重要作用。

3. 节省订货费用

订货费用是指订货过程中为处理每份订单和发运每批订货而产生的费用。这种费用与订货批量的大小无关。因此,如果通过持有一定量的库存增大订货批量,就可以减少订货次数,从而减少订货费用。

4. 节省作业交换费用

作业交换费用是指生产过程中更换生产批量时调整设备所产生的费用。作业的频繁更换会耗费设备和工人的大量时间,新作业刚开始时也容易出现较多的产品质量问题,这些都会导致成本增加。而通过持有一定量的在制品库存,企业可以加大生产批量,从而减少作业交换次数,节省作业交换费用。

5. 防止生产中断

生产过程各个环节都应有一定量的库存,防止各种意外因素,如设备故障、交货时间的变动等。

(二)库存的弊端

库存也会给企业带来不利的影响,主要包括以下几点。

1. 占用大量资金

库存会占用大量资金,这是不言而喻的。库存中的每一个物品根据其价值的高低都会或多或少地占用资金。一般情况下,库存资金可能占用流动资金的40%左右。

2. 发生库存成本

库存成本是指企业为持有库存所需花费的成本。库存成本包括：占用资金的利息,储藏保管费(仓库费用、搬运费用、管理人员费用等),保险费,库存物资价值损失费(物资丢失或被盗、物资因变旧或发生物理化学变化而使价值降低)等。

3. 掩盖企业生产经营中存在的问题

库存使许多管理问题不能及时暴露,一些问题常常被高库存所掩盖。例如,库存掩盖经常性的产品或零部件的制造质量问题,当废品率和返修率很高时,一种很自然的做法就是加大生产批量和在制品、完成品库存；库存掩盖工人的缺勤、技能训练差、劳动纪律松弛和现场管理混乱问题；库存掩盖供应商的供应质量、交货不及时问题；库存掩盖企业计划安排不当、生产控制不健全问题；等等。总之,生产经营中的诸多问题都有可能用高库存掩盖。正因为如此,在JIT生产方式中,把库存当作"万恶之源",企业通过尽量减少库存来暴露在生产经营中潜藏着的问题,以便从根本上解决问题,从而不断提高生产运营系统的质量。

三、库存成本

与库存有关的成本分为两种,一种随着库存量的增加而增加,另一种随着库存量的增加而减少。正是因为这一对矛盾的相互作用,企业才会产生最佳订货批量问题。下面把在库存决策中涉及的成本列为以下几类。

(一)存储成本(Holding Cost)

存储成本包括存储设施的成本、搬运费、保险费、盗窃损失、过时损失、折旧费、税金以及资金的机会成本。很明显,存储成本高则应保持较低的库存量并经常补充库存。

(二)生产准备成本(Setup Cost)

生产一种新产品包括以下工作：取得原材料,安排特定设备的调试工作,填写单子,确定装卸时间和材料以及转移库中原来的材料。如果从一种产品转到另一种产品不产生成本或没有时间损失,则可以生产很小的批量,这将降低库存,并最终达到节约成本的目的。目前,一个具有挑战性的目标就是,在较小的生产批量下尽量降低生产准备成本(JIT系统的一个根本的目标)。

(三)订购成本(Ordering Cost)

订购成本是指准备购买订单或生产订单所引起的管理和办公费用,包括采购和加工两个方面,和货物订购量无关。例如,准备订单、洽谈、运输、搬运、验收、办公、管理以及机器调整等费用。订购成本与订货批量和次数有关,批量小,订货次数多,订购成本就高。

(四)短缺成本(Shortage Cost)

短缺成本是指因物料出现短缺而产生的停工待料的损失、紧急订货的额外开支(包括加班加点和紧急采购)、未按期交货造成的客户索赔、撤消订货甚至丧失市场等经济损失。其中,缺货包括丧失客户的缺货和非丧失顾客的缺货。非丧失客户的缺货将在下一次订货中来满足顾客,是可延期交货的暂时缺货(Backorder Cost);丧失顾客的缺货是无法补偿的缺货(Stockout Cost),它的成本和订货量成反比例关系,即订货量越多,缺货的可能性越小,缺货成本越低。

以上几项成本相互影响。例如:库存量大可能短缺损失小,但保管费高;要降低保管费就要降低批量,但批量小订货次数增加,订货费用增加。控制库存就是要权衡这些费用,使总费用最低,以实现降低成本的目标。当然,订购时机也是影响库存成本的关键因素。

四、库存管理策略

库存管理策略就是在某种条件下决定何时订货、订购多少数量的办法。实际中经常使用的有ABC策略、连续观测策略、定期观测策略以及JIT策略等。

(一) ABC 策略

ABC策略是一种粗放式的库存管理策略。任何一个库存系统都必须指明何时发出订单,订购数量为多少。然而,大多数库存系统要订购的物资种类非常多,因此,对每一种物资采用模型进行控制有些不切实际。为了有效地解决这一问题,企业可以采用ABC分类法,把物资按价值分布将任何库存区分为三个不同部分:A类物资、B类物资和C类物资。A类物资,数量约占库存物资总数的10%、金额占库存总金额的70%左右的物资;B类物资,数量约占库存物资总数的20%、金额占库存总金额的20%左右的物资;C类物资,数量约占库存物资总数的70%、金额占库存总金额的10%左右的物资。

ABC分类的结果并不唯一,分类的目标是把重要的物资与不重要的物资分离开来。具体的划分取决于具体的库存问题及企业相关人员有多少时间可以用来对库存进行管理(时间多的话,企业可以适当增多A、B两类物资的数量)。将物资进行ABC分类,其目的在于根据分类结果对每类物资采取适宜的控制措施。

(二) 连续观测策略(Q系统)

连续观测策略也称为"定量控制系统"或"再订货点系统"(Reorder Point System,ROP)。其工作原理是:连续不断地监测库存水平的变化,当库存水平降到再订货点ROP时,就按照预先确定好的量Q进行订货,经过一段时间(订货周期LT),新货到达,库存得到补充(如图4-1所示)。这种系统适用于重要物资的库存控制,银行事务如用户存、取款就是典型范例。

为了减少管理工作量,企业可采用双仓系统。双仓系统是将同一种物资分放两仓(两个容器),其中一个使用完之后,库存控制系统就发出订货,在发出订货后,企业就开始使用另一仓物资,直到到货,再将物资按两仓存放。

连续观测系统的两个重要控制参数是每次订货量Q和再订货点ROP。每次订货量Q可选择经济订货批量(EOQ),但也可能是价格折扣的最小量,或是容器的容量等。

再订货点一般为:订货提前期内的需求期望+安全库存。有关安全库存在本章稍后讨论。

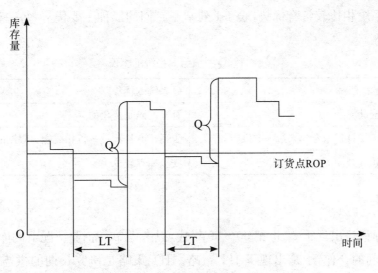

图 4-1　连续观测库存控制系统

(三)定期观测策略(P 系统)

定期观测策略也称为"定期检查法"或"订货间隔期法"。这种系统的工作原理是，按照预先规定的间隔 T 定期检查库存，并随即提出订货，将库存补充到目标库存量 S。在这种系统中，库存水平被周期性地观测，每两次观测之间的时间间隔是固定的。但是，由于需求是一个随机变量，两次观测之间的需求量是变化的，从而每次的订货量也是变化的(如图 4-2 所示)。这是定量控制与定期控制的最主要区别。小杂货店的管理者就常用这种方法定期检查货架和储藏室。

定期观测系统的两个主要控制参数为订货间隔期 T 和目标库存量 S。T 可以是任何方便的间隔，如每 10 天，或每个周五，也可以选择经济订货周期。

目标库存量 S 的确定必须考虑能够满足订货间隔期 T 和订货提前期 LT 期间的库存需求。因为这种系统有可能在刚订完货时由于大批量的需求而使库存降至零，这种情况只有到下一个订货期才能被发现，而新的订货要等一个 LT 之后才能到达。因此，有可能在整个(T+LT)内发生缺货，目标库存及安全库存(SS)都要保证在(T+LT)内不发生缺货。

$$S = \overline{D}_{T+LT} + SS$$

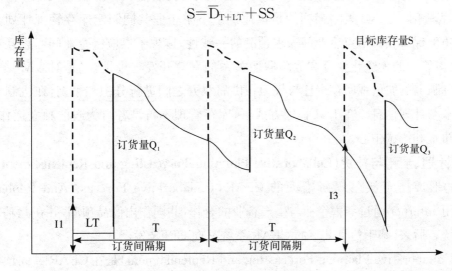

图 4-2　定期观测库存控制系统

Q系统与P系统相比较各有优势,表4-1列举了它们的三种主要优势,每一种系统的优势恰是另一种系统的劣势。

表4-1 Q系统与P系统的比较

P系统的优势	Q系统的优势
固定补充间隔	补充间隔是变化的
可以将若干订货组合起来给一个供应商	更适合有订购批量折扣或能力限制的情况
没必要连续观测	安全库存较少

(四)JIT策略

以上几种库存策略出现于20世纪50—60年代,只考虑单一企业情况下的库存,但随着经济的发展,要求企业之间的合作,于是出现了JIT策略。JIT策略是研究长期的供需关系,是一种长期的订货策略,对于这种策略来说,订货量、库存最低水平、订货周期都是没有多大意义的,JIT的关键在于按时供给,从协作方面获利以弥补成本方面的损失。

(五)供应链环境下的库存管理策略

在供应链管理环境下库存管理出现了新的策略:供应商管理库存VMI,联合库存管理JMI,协同计划、预测与补货。

1. 供应商管理库存(Vendor Mangement Inventory, VMI)

VMI策略是一种以用户和供应商双方都获得最低成本为目的的,在一个共同协议下由供应商管理库存,并不断监督协议执行情况和修正协议内容,使库存管理得到持续地改进的合作性策略。VMI策略的主要思想是供应商在用户的允许下设立库存,确定库存水平和补给策略,行使对库存的控制权。它体现了供应链的集成化管理思想,适应市场变化的要求,是一种新的、有代表性的库存管理思想。

2. 联合库存管理(Jointly Management Inventory, JMI)

JMI策略是一种在VMI策略的基础上发展起来的上游企业和下游企业权力责任平衡和风险共担的库存管理策略。JMI策略强调的是供应链上下游企业共同制定库存管理计划,相互协调,从供应链的角度保持相邻节点企业间需求预测的一致性,体现了供应链企业间互惠互利和合作的关系,注重供应管理的无缝化整合和战略联盟关系的有效开发与维护,它是对VMI策略的优化。JMI策略在机制上更加重视库存责任与权力在供需双方之间进行分担和平衡,在机制上强调供需双方共享需求与计划信息。在JMI管理方式下,库存管理不再是各自为政的独立运作过程,而是供需连接的纽带和协调中心。

3. 协同计划、预测与补货(Collaborative Planning, Forecasting and Replenishment, CPFR)

CPFR的形成始于沃尔玛所推动的CFAR(Collaborative Forecast And Replenishment),CFAR是利用Internet通过零售企业与生产企业的合作,共同作出商品预测,并在此基础上实行连续补货的系统。后来,基于信息共享的CFAR系统又向CPFR发展。

CPFR(Collaborative Planning Forecasting and Replenishment)是在CFAR共同预测和补货的

基础上,进一步推动共同计划的制定,即不仅合作企业实行共同预测和补货,还将原来属于各企业内部事务的计划工作(如生产计划、库存计划、配送计划、销售规划等)交给供应链各企业共同参与,利用互联网实现跨越供应链的成员合作,更好地预测,计划和执行货物流通。CPFR是一种协同式的供应链库存管理技术,它在降低销售商的存货量的同时,增加了供应商的销售额。

在实际的库存管理中,不能说哪一种策略好,哪一种策略坏,针对不同的情况库存管理策略的使用也不同,一般情况下,主要看两个方面:成本和对顾客的服务水平。

管理行动

飞力达打造汽车及零部件 VMI 基地

全球某著名汽车品牌计划在未来几年内推出几十款全新产品,面对众多的产品线和复杂的供应链网络,飞力达为该企业主要生产基地提供一体化柔性供应链服务。

飞力达根据客户的需求,通过制定专业的供应链解决方案,为客户打造了以汽车主机厂、汽车零部件厂商为主要客户群的 VMI 基地。主营业务包括零部件仓储、JIT 配送、Milk-Run 取货、干线集货运输、零部件组装加工以及其他供应链增值服务等,为客户提供全程可视的智慧化仓储服务。

第二节　独立需求库存控制

独立需求库存问题和相关需求库存问题是两类不同的库存问题。后者将在第六章专门介绍,本章只介绍前者。由于只受市场因素的影响,独立需求发生的特点是:需求"期"(即需求发生的时间)和"量"(即需求量)都不确定,企业为了满足市场的需求,只能通过库存量的涨落调节需求的不确定性。独立需求库存管理包括单周期库存基本模型和多周期库存管理模型。

一、单周期库存控制模型

单周期需求库存问题,也称为"一次性订货问题"。在该模型下,库存控制的关键在于确定订货批量。对于单周期库存问题,订货量就等于预测需求量。由于预测误差的存在,根据预测确定的订货量和实际需求量可能不一致。如果实际需求量大于订货量,就会失去潜在的销售机会,导致机会损失,产生缺货损失成本;如果实际需求量小于订货量,多余的订货物品就将可能以低于成本的价格出售,甚至可能报废,产生超储成本。显然,最理想的情况是订货量等于实际需求量。

为了确定最佳订货量,企业需要考虑各种由订货引起的费用。因为只发出一次订货,所以订货费用为沉没成本,与决策无关。库存费用也可视为沉没成本,因为单周期物品的实际需求是偶发性或物品生命周期短的,所以即使有库存,费用的变化也不大。因此,只有机会损失成本和超储成本才对最佳订货量起着决定性的作用。确定最佳订货量可采用期望损失最小法、期望利润最大法或边际分析法等。

(一)期望损失最小法

期望损失最小法就是比较不同订货量下的期望损失,取期望损失最小的订货量作为最佳订货量。这里的期望损失包括缺货损失和超储损失。

已知库存物品的单位成本为C,单位售价为P,实际需求量为d。若在预定的时间卖不出去,则售价只能降为S(S<C),单位超储损失为C_o=C−S;若需求大于订购量,则单位缺货损失(机会成本)C_u=P−C。设订货量为Q时的期望损失为$E_L(Q)$,实际需求可以近似地用离散分布表示,p(d)为需求量d的分布率,则$E_L(Q)$可通过下式计算:

$$E_L(Q) = \sum_{d>Q} C_U(d-Q)p(d) + \sum_{d<Q} C_O(Q-d)p(d)$$

使$E_L(Q)$最小的Q^*即为最佳订货量。

例 4-1

某商场按历史数据预测中秋月饼的需求分布率如表4-1所示,已知每盒月饼的进价为C=50元,售价P=80元。若在1个月内卖不出去,则每盒月饼只能按S=30元卖出。求该商店应进多少盒月饼为好。

表4-1 某商场月饼的需求分布率

需求 d(盒)	0	100	200	300	400	500
分布率 p(d)	0.05	0.15	0.20	0.25	0.20	0.15

解:每盒超储损失C_o=C−S=20(元);每盒缺货损失C_u=P−C=30(元);若订货量Q=300,则:

$E_L(Q)$=[30×(400−300)×0.20+30×(500−300)×0.15]+
[20×(300−0)×0.05+20×(300−100)×0.15+20×(300−200)×0.20]
=2800(元)

当Q取其他值时,可按同样方法算出$E_L(Q)$,计算结果如表4-2所示。

表4-2 期望损失计算表

订货量 Q(盒)	0	100	200	300	400	500
期望损失 $E_L(Q)$(元)	8550	5800	3800	2800	3050	4300

由表4-2可以得出,最佳订货量为300盒。

(二)期望利润最大法

期望利润最大法是比较不同订货量下的期望利润,取期望利润最大的订货量作为最佳订货量。已知库存物品的单位成本为C,单位售价为P,实际需求量为d。若订货量Q≤d,则单位物品

利润为 $P-C=C_U$;若订货量 $Q>d$,则有 $Q-d$ 的物品在预定的时间卖不出去,单价只能降为 $S(S<C)$;设订货量为 Q 时的期望利润为 $E_P(Q)$,则

$$E_P(Q)=\sum_{d\leq Q}[C_U d-C_O(Q-d)]p(d)+\sum_{d>Q}C_U Qp(d)$$

使 $E_P(Q)$ 最大的 Q^* 即为最佳订货量。

例 4-2

根据例 4-1 的资料,试用期望利润最大法求最佳订货量。

解:当订货量 Q=300 时,则:

$E_P(Q)=[30\times 0-20\times(300-0)]\times 0.05+[30\times 100-20\times(300-100)]\times 0.15+$
$[30\times 200-20\times(300-200)]\times 0.20+30\times 300\times 0.25+30\times 300\times 0.20+30\times$
300×0.15
$=5750(元)$

当 Q 取其他值时,可按同样方法算出 $E_P(Q)$,计算结果如表 4-3 所示。

表 4-3 期望利润计算表

订货量 Q(盒)	0	100	200	300	400	500
期望损失 $E_P(Q)$(元)	0	2750	4750	5750	5500	4250

由表 4-3 可以得出最佳订货量为 300 盒,与期望损失最小法的结果相同。

(三)边际分析法

边际分析法的基本思想是在对未来需求进行预测的基础上,对期望收益与期望损失进行估算,然后分析追加一件订货所带来的期望收益和损失。如果追加 1 个单位订货,使得期望收益大于期望损失,那么应该在原有订货的基础上继续追加 1 个单位订货;如果 Q 为最佳订货量,则追加单位订货的期望收益等于期望损失。

假定原计划订货量为 Q,P(Q)为需求量大于 Q 的概率,则追加一个单位订货的期望收益为 $P(Q)C_u$,期望损失为 $(1-P(Q))C_O$,如果满足以下条件:

$P(Q)C_u>(1-P(Q))C_O$

则继续追加一个单位订货。随着订货量的增加,则 P(Q)随之下降。在某一点 Q^* 上,可以使

$P(Q^*)C_u=(1-P(Q^*))C_O$

此时的 $P(Q^*)$ 称为临界概率,Q^* 即为最佳订货量。

$$P(D^*)=\frac{C_O}{C_O+C_U}$$

当实际需求大于订货量 Q 的概率 P(Q)等于 $P(Q^*)$ 时,Q 就是最佳的订货量。若不存在一个 Q,使得 $P(Q)=P(Q^*)$ 成立,则满足条件 $P(Q)>P(Q^*)$ 且 $P(Q)-P(Q^*)$ 最小的 Q 就是最佳订货量。

例 4-3

某批发商准备订购一批圣诞树,单位订购成本为 2 元,售价为 6 元。未售出的树只能按 1 元出售。节日期间圣诞树的概率分布如表 4-4 所示(批发商的订货量必须是 10 的倍数)。试求该批发商的最佳订货量。

表 4-4 圣诞树需求量的概率分布

需求量	10	20	30	40	50	60
分布率 p(d)	0.10	0.10	0.20	0.35	0.15	0.10
P(d)	1.0	0.90	0.80	0.60	0.25	0.10

解:$C_o = C - S = 2 - 1 = 1(元)$,$C_u = P - C = 6 - 2 = 4(元)$

$P(Q^*) = C_o/(C_o + C_u) = 1/(1 + 4) = 0.20$

查表 4-4,实际需求大于 50 棵的概率为 0.25,可以得出最佳订购量为 50 棵。

二、多周期库存控制模型

对于多周期库存,本节主要介绍经济订货批量模型、经济生产批量模型和价格折扣模型。

(一)经济订货批量模型(EOQ 模型)

经济订货批量模型在 1913 年由 F. W. Harris 提出,主要为了寻求生产准备成本(Setup Cost)与库存成本(Inventory Holding Cost)之间的均衡。生产准备成本就是每次进行设备调整所造成的成本,它和每次批量生产的数量是无关的,而库存成本指的是库存保管成本。

该模型的意义在于,它最早将数学模型用于科学管理,即第一次用数学方法试图解决管理问题。EOQ 模型有如下假定条件:

生产是瞬时完成的,无能力约束,即生产能力足够大;
交货是瞬时完成的,不考虑交货提前期问题;
市场需求是确定的,市场没有不确定性因素;
市场需求是恒定的,市场需求是常数;
生产准备成本伴随生产发生,与生产批量无关,也叫固定成本;
所有产品均可单个地分析,即产品是可分离的,也就是生产量不需要同时考虑多种产品的影响,产品不共享资源或者共享的资源无限大。

另外,此模型的隐含假设是:生产的可变成本是恒定的,且不允许缺货。

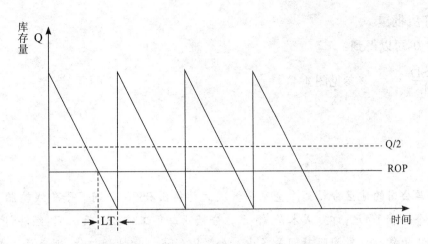

图 4-3　经济订货批量假设下的库存量变化

在以上假设条件下,库存量变化如图 4-3 所示。从图中可看出,系统的最大库存量为 Q,最小库存量为 0,不存在缺货。库存按固定需求率减少。当库存量降到订货点 ROP 时,就按固定订货量 Q 发出订货。经过一固定订货提前期(Lead Time,LT),新的一批订货 Q 到达(订货刚好在库存变为 0 时到达),库存量即达到 Q,显然,平均库存量为 Q/2。

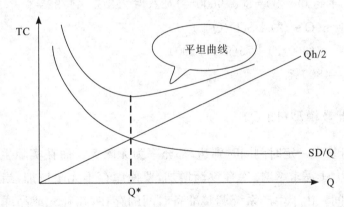

图 4-4　经济订货批量

D 为年总需求,S 为每次订货的生产准备成本,h 是单位产品单位时间上的库存成本,P 为产品单价,Q 为批量,决策变量。则 EOQ 模型分析如下。

1. 库存成本

平均库存水平＝Q/2

单位时间库存成本＝hQ/2

2. 设备调整成本

单位时间订货次数＝D/Q

单位时间的调整成本＝SD/Q

3. 生产成本＝DP

4. 单位时间内总成本

T(Q)＝hQ/2＋SD/Q＋DP

5. 最优订货批量

$T'(Q^*)=0$,可以得到:

$$Q^*=\sqrt{\frac{2SD}{h}} \quad \text{(参见图 4-4)}$$

例 4-4

一家轮胎公司的地区分销商希望每个批次大约售出 9600 个钢带子午线轮胎。年单位库存成本是每个轮胎 16 元,订货成本是 75 元。分销商每年工作 288 天。问:经济订货批量是多少?每年订几次货?订货间隔时间是多少?如果以经济订货批量订货,则年总成本是多少?

解:$D=9600$ 个/年,$h=16$ 元/个·年,$S=75$ 元

$$Q^*=\sqrt{\frac{2SD}{h}}=\sqrt{\frac{2\times 75 \times 9600}{16}}=300 \text{ 个}$$

年订货次数:$D/Q^* = 9600/300 = 32$

订货间隔期:1 年的 $Q^*/D = 300/9600 = 1/32$,即 288 天 × 1/32 = 9 天

总成本:$T(Q) = h(Q^*/2) + S(D/Q^*)$
$\qquad\qquad = 16(300/2) + 75(9600/300)$
$\qquad\qquad = 4800$ 元

(二)经济生产批量模型(EPQ)

EOQ 假设整批订货在一定时刻同时到达,补充率为无限大。而在实际生产中,产品是逐渐生产出来的。当生产率大于需求率时,库存逐渐增加,要使库存不无限增加,当库存达到一定量时,应该停止生产一段时间。由于生产系统调整准备时间的存在,在补充成品库存的生产中,也有一个一次生产多少最经济的问题,这就是经济生产批量问题。其模型也叫经济生产批量模型(EPQ)。

图 4-5 描述了 EPQ 模型下库存量随时间变化的过程。图中,p 为生产率(单位时间产量);d 为需求率(单位时间出库量),$d<p$;t_p 为生产时间;LT 为生产提前期;ROP 为订货点;I_{max} 为最大库存量;Q 为生产批量。

总成本 $TC = \frac{1}{2}I_{max} \cdot h + \frac{D}{Q} \cdot S + PD = \frac{p-d}{2p} \cdot Q \cdot h + \frac{D}{Q} \cdot S + PD$

最佳订货量 $Q^* = \sqrt{\frac{2SDp}{(p-d)h}} = \sqrt{\frac{2SD}{\left(1-\frac{d}{p}\right)h}}$

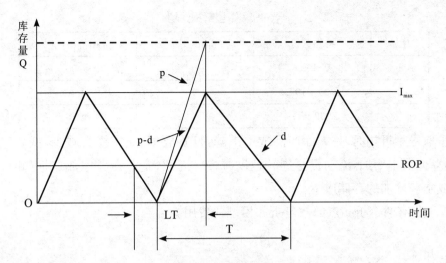

图4-5 经济生产批量模型下库存量变化

例4-5

某纺织厂生产牛仔衣面料,生产能力是2500米/天;已知市场需求均匀、稳定,每年(按250天计算)市场需求量为180000米,每次生产的调整准备费为175元,单位维持库存费用是0.40元/米·年,求:

(1)工厂的经济生产批量EPQ是多少?
(2)每次开工,工厂需要持续生产多少天才能完成任务?
(3)最高库存水平是多少?(假设第一次生产前的库存为零)

解:(1)经济生产批量。

$$EPQ = \sqrt{\frac{2DS}{h(1-d/p)}} = \sqrt{\frac{2 \times 180000 \times 175}{0.4 \times [1-180000/(2500 \times 250)]}} = 14873(米)$$

(2)生产持续时间。

$$T = \frac{Q}{p} = \frac{14873}{2500} = 5.95(天)$$

(3)平均日需求。

$$\bar{d} = D/250 = 180000/250 = 720(米/天)$$

在开工的5.95天中,工厂共生产了14873米的面料,与此同时,工厂还销售了$5.95 \times 720 = 4284$米的面料,因此,在完工的时候的库存就是最大库存,为$14873 - 4284 = 10589$米。

$$I_{max} = Q(1-d/p) = 14873(1-720/2500) = 10590 米(计算误差)。$$

(三)数量折扣模型

为了增加销售,许多企业给他们的顾客提供数量折扣。而当顾客购买的产品数量较多时,企业会以较低的价格卖给他们。常见的数量折扣计划见表4-5。

表 4-5 数量折扣计划

序号	折扣数量	折扣(%)	折扣价格(元)
1	0~999	0	5.00
2	1000~1999	4	4.8
3	2000以上	5	4.75

当顾客争取数量折扣时,一方面产品成本下降,订货成本、缺货损失减少,抵御涨价的能力增强;另一方面存储成本增加,流动资金周转速度减慢。因此,企业在考虑数量折扣时,就需要权衡减少的产品成本和增加的存储成本。

图 4-6 所示为有两个折扣点的数量折扣模型的费用。

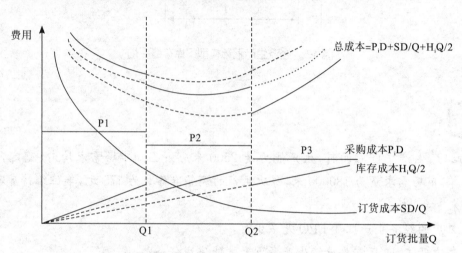

图 4-6 数量折扣模型中的成本曲线

例 4-6

某公司销售玩具汽车,对其实行数量折扣计划见表 4-5。若每次订货成本为 49 元,年需求为 5000 辆玩具汽车,存储成本为商品成本的 20%,则总库存成本最小的订货数量是多少?

解: 第一步,对表 4-1 中的每个折扣计算相应的 Q^* 值,如下所示:

$$Q_1^* = \sqrt{\frac{2 \times 5000 \times 49}{0.2 \times 5.00}} = 700 \text{(辆)}$$

$$Q_2^* = \sqrt{\frac{2 \times 5000 \times 49}{0.2 \times 4.80}} = 714 \text{(辆)}$$

$$Q_3^* = \sqrt{\frac{2 \times 5000 \times 49}{0.2 \times 4.75}} = 718 \text{(辆)}$$

第二步,将在允许折扣范围以下的 Q^* 值向上调整。Q_1^* 在 0~999 之间,不需调整。Q_2^* 不在允许范围 1000~1999 内,所以必须调整到 1000。同理,Q_3^* 要调整到 2000。

第三步,将调整后的订货数量代入总成本公式计算每个订货数量的总成本,如表 4-6 所示。

第四步,选择总成本最低的那个订货数量。从表4-6中可以看出,订货数量为1000辆可使总成本最小。但是,我们还应看到订货2000辆的总成本只比订购1000辆大一点。因此,若第三个折扣成本再降一点,这一订货数量也许会使总库存成本最小。

表4-6 各种价格条件下的库存成本

折扣数目	单价	订货数量	年产品成本	年订货成本	年存储成本	总计
1	￥5.00	700	￥25,000	￥350	￥350	￥25,700
2	￥4.80	1,000	￥24,000	￥245	￥480	￥24,725
3	￥4.75	2,000	￥23,750	￥122.5	￥950	￥24,882.5

以上讨论的是非连续价格函数下最佳订货量。在连续价格函数(当订货量达到或超过折扣限量时,在订货批量范围区间的订货量可按折扣优惠价格计价——分段计价)下,总成本曲线如图4-7所示。

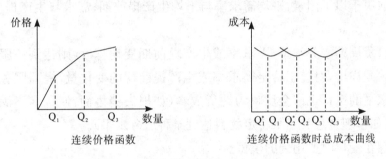

图4-7 连续价格函数及总成本曲线

(四)何时以经济订货批量再订货

EOQ模型回答了订多少货的问题,而何时订货则是根据数量确定再订货点(ROP)的一个函数模型,即一旦库存持有数量降至某一事先确定的数量,就会发生再订货。

再订货数量取决于4个因素:需求率d(通常基于预测);生产提前期LT;需求范围与生产提前期的变化量;管理者可以接受的缺货风险程度。

如果需求与生产提前期都是常数,则:

$$\text{ROP} = d \times \text{LT} \tag{1}$$

一旦需求或LT发生变化,就有缺货可能,为此需设立安全库存,再订货点则为:

$$\text{ROP} = \text{订货提前期内的需求期望} + \text{安全库存} \tag{2}$$
$$\qquad\qquad\quad (\text{DE}) \qquad\qquad\quad (\text{SS})$$

由于持有安全库存需要支付现金成本,管理者必须仔细权衡持有安全库存的成本与遭遇缺货风险的损失。随着缺货风险的降低,客户服务水平会相应上升。对订货周期服务水平的定义是:生产提前期内的需求不超过供给的可能性。因此,95%的服务水平表示,生产提前期内需求不超过供给的可能性为95%。缺货风险是服务水平的补充概念;95%的客户服务水平表示缺货风险为5%。用公式表示为:

$$\text{服务水平} = 1 - \text{缺货风险}$$

图 4-8 表明了生产提前期内需求基于正态分布的再订货点、服务水平及缺货风险之关系。

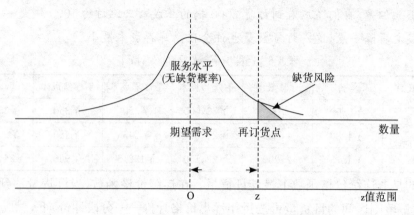

图 4-8　生产提前期内需求基于正态分布的再订货点

安全库存量取决于以下因素：平均需求率与平均生产提前期；需求与生产提前期变化量；想要达到的服务水平。

对于特定的订货周期服务水平，需求率或生产提前期变动越大，则达到该服务水平所需的安全库存量也越大。同样地，对应于特定需求率或生产提前期的变化量，提高服务水平需要增加安全库存量。服务水平的选择也许会反映为缺货成本（如损失销售额、使顾客不满等），还有可能只是一个政策变化（如管理者想关于某特定物料达到某种服务水平）。

以下为几个存在变化时要用到的模型。

在提前期内需求符合正态分布，则(2)式改写为：

$$\mathrm{ROP} = D_E + Z\sigma_{dLT} \tag{3}$$

如果生产提前期的需求数据不充分，(3)式就不能使用。但我们可以利用实际数据来确定需求与生产提前期是否可变，这个变化与 σ_{dLT} 有关。则出现以下公式：

如果只有需求可变，则 $\sigma_{dLT}=\sqrt{LT}\sigma_d$，再订货点为

$$\mathrm{ROP} = \bar{d} \times LT + Z\sqrt{LT}\sigma_d \tag{4}$$

式中：$\bar{d}$——平均日或周需求；

σ_d——每日或每周需求的标准差；

如果只有生产提前期可变，那么 $\sigma_{dLT}=d\,\sigma_{LT}$，再订货点为：

$$\mathrm{ROP} = d \times \overline{LT} + Z\,d\sigma_{LT} \tag{5}$$

式中：d——日或周需求；

LT——生产提前期平均天数或周数；

σ_{LT}——生产提前期天数或周数的标准差；

如果需求与生产提前期均可改变，那么 $\sigma_{dLT}=\sqrt{LT\sigma_d^2 + \bar{d}^2\sigma_{LT}^2}$

再订货点为：

$$\mathrm{ROP} = \bar{d} \times \overline{LT} + Z\sqrt{LT\sigma_d^2 + \bar{d}^2\sigma_{LT}^2} \tag{6}$$

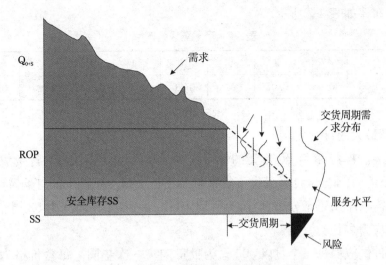

图 4-9 生产提前期需求

三个再订货点公式的第一部分都是期望需求,即日需求与生产提前期乘积;第二部分是 Z 乘以生产提前期需求的标准差。只有需求可变的公式(4),假定日需求符合正态分布,并具有相同的均值与标准差(如图4-9)。整个生产提前期的标准差来自日(或周)需求变化量之和,再求平方根。

本章要点:好的库存管理往往是运作良好的组织的标志。为使持有库存的成本与提供合理顾客服务水平的成本达到平衡,企业必须对库存水平进行认真地计划。成功的库存管理需要一个能够追踪库存事项的系统、准确的需求与生产提前期信息、对有关库存成本的现实评价、为库存品种分类并确定控制强度的一个优化系统等。

本章讨论了独立需求库存控制模型,包括单周期库存模型、经济订货批量、经济生产批量、数量折扣等,它们提出了订货量的问题;而再订货点模型提出了订货时间的问题,它在应付需求率或生产提前期可变的情况时特别有用。再订货点模型考虑了服务水平与安全库存问题。

思考题:

1. 企业为什么要持有库存?
2. 库存系统一般涉及哪些费用?哪些费用随库存量增加而上升,哪些费用随库存量增加而减少?
3. 简述几种库存策略,并进行初步比较。
4. 服务水平的含义是什么?
5. 简述 ABC 分类法的工作原理与分类的具体方法。
6. P 系统与 Q 系统相比哪个安全库存量较大?为什么?
7. EOQ 模型有哪些假设条件?它如何在生产实际中应用?
8. 某设备公司每年要按单价 4 元购入 54000 套轴承组合件。单位维持库存费用为每件轴承 9 元,每次订货费用为 20 元。试求经济订货批量和年订货次数。
9. 某时令产品在适销季节到来前一个月,批发单价为 16.25 元,零售时单价为 26.95 元。如果时令产品销售完了,则当时是不能补充的。这时卖不出去的产品单价为 14.95 元。根据往年情况,该产品需求分布律如表4-7所示。

表4-7 产品需求分布律

需求 d(打)	6	7	8	9	10	11	12	13	14	15
分布律 p(d)	0.03	0.05	0.07	0.15	0.20	0.20	0.15	0.07	0.05	0.03

求使期望利润最大的订货量。

10. 某公司组装监视器,每年以60元的价格购买3600个单色阴极管,订货成本为13元,单个年持有成本为价格的20%。试计算最优订货批量及在最优订货条件下的订购及库存成本之和。

11. 某产品的需求服从正态分布,均值为每周40个。一年工作时间为52周。如果EOQ=400个,问订货间隔期应为多长?

12. 某汽车配件供应商每三个月以500盒为批量购买一次垫圈。每盒价格为12.5元,每次订货费用为15元,单位维持库存费用为单价的20%。试以经济效益为标准评价订货策略。

13. 某公司是生产计算机硬盘的专业企业。该公司年工作日为250天,市场对其硬盘的需求率为100个/天。硬盘的生产率为300个/天,年库存成本为4元/个,进行1次设备调整的费用为80元/次。求:(1)经济生产批量;(2)每年生产次数;(3)最高库存水平;(4)1个周期内的生产时间和纯消耗时间的长度。

14. 某产品每年需求量为5000件,一次订货费用为250元。每年的仓储成本为产品成本的20%,每件产品的成本为275元,每年生产时间为250天,生产准备时间为8天,需求标准差每天为2件。要求这种产品的服务水平为95%。求:(1)用EOQ公司计算订货量;(2)计算订货点ROP;(3)如果使用的是一个连续检查库存控制系统,试说明计算结果。

结尾案例

戴尔公司的库存管理(成功型案例)

戴尔公司在全球拥有员工超过75000名,每年的销售额达到580亿美元。戴尔公司的商业模式是绕开零售商,直接通过电话或网络销售其产品。这种模式减少了供应链的节点及与节点有相关的延迟和成本。

在戴尔公司的供应链中,顾客一旦下了订单(通过电话或网络),戴尔公司会对其进行信用检查,并对顾客要求的电脑配置作技术可行性检查,整个过程大概需要2~3天时间。如果通过了初期的审核,订单就会被传送给美国田纳西州奥斯丁的装配工厂,在那里产品在8小时内完成组装、检查和包装。

戴尔公司几乎没什么零部件库存。因为现在电脑技术发展速度非常迅猛,所以任何的库存都可能成为很大的不利因素——有些零件每周会贬值0.5%~2%。另外,戴尔公司的许多供应商都在东南亚,它们将货物运往奥斯丁一般需要7(空运)~30天(水运和陆路运输)。为了消除这些不利因素,戴尔公司的供应商将货物储存在名为"循环库"(配送中心)的小仓库中,而这个配送中心距离戴尔公司的装配工厂只有几千米远。配送中心需要15分钟时间来确认所需的配件和1小时15分钟的运输时间。

戴尔公司在自己的工厂几乎没有什么库存,它会从供应商的循环库中每隔几小时取一次货物,而戴尔公司供应商会给这些小仓库补货(一周三次)。然而,戴尔公司供应商的储存成本最终也会作为零件价格的一部分转嫁给戴尔公司,并最终反映在电脑的价格上。为了继续保持在市场上的价格竞争优势,戴尔公司尽力帮助其供应商降低库存和库存成本。戴尔公司与它的供应商签订了 VMI 协议。在 VMI 系统中,供应商决定订货量和补货时间。戴尔公司的供应商以成批的方式来送货(减少订货成本),并使用连续检查控制系统,每次的订货量为 Q,而订货点为 R,其中 R 是已订购货物和安全存货之和。

订货量的确定是基于长期的数据和预测,它会保持在一个常量。戴尔公司会为它的供应商设定库存目标——通常是10天的库存,并且会跟踪供应商对目标的完成情况,然后将信息反馈给供应商,使得供应商可以进行相应的调整。

问题讨论:
1. 戴尔公司采取了哪些库存控制策略?
2. 在戴尔公司的连续检查控制系统中,为什么会将订货量保持为常量?

第五章

综合生产计划

◎ **学习目标**

- 理解生产计划层次体系;
- 掌握综合生产计划、主生产计划、物料需求计划的含义;
- 了解需求预测的主要方法;
- 掌握综合生产计划的主要目标及策略;
- 了解主生产计划编制的主要内容;
- 掌握生产能力的含义、类别;
- 了解生产能力的计算及变动策略;
- 了解服务能力计划的特点。

开篇案例

芜湖航天特种电缆厂生产计划与调度问题

芜湖航天特种电缆厂（以下简称芜湖航厂）成立于2000年，是专业研制、生产和销售军用特种电线电缆的股份制企业。

企业产品以各类精细特种电线电缆见长，现已具备年产各类特种电线电缆及附属产品近2万千米的产能规模和配套的检测与试验能力。主导产品已形成以氟塑料绝缘和硅橡胶绝缘的各类综合电缆、特种电缆以及轻型防波套等为代表的30多个系列、500多个品种、近10000种规格的产品。各类产品分别具有耐高低温、耐高压、耐恶劣环境、耐核辐射、耐盐雾、高弹性、柔软、异形、可长期储存、集成度高等特点，尤其适用于特殊环境下高标准、高要求的使用场合。

在目前的市场环境下，芜湖航厂普遍采用"以销定产"的生产方式，直接根据"先到先服务"原则来制定生产计划。此外，该电缆厂属于中小型企业，生产组织较不健全，管理人员的专业知识不足；部门内的工作分工不明确，尤其是生产部门的计划与调度没有做到很好地配合，经常出现生产计划未及时实施，生产进度未及时反馈等情况造成的生产混乱现象。激烈的市场竞争和客户需求的多变性导致产品需求不平衡，订单调整频繁，订单制造型企业经常处在"计划赶不上变化"的状况，企业难以提高资源利用程度与订单满意度。针对电缆厂的生产计划问题，最重要的就是做好计划的调控工作，增强企业快速响应市场需求的应变能力，兼顾计划与能力的平衡。

（资料来源于网络，文字有删改）

　　计划是管理的重要职能之一。没有计划，企业内一切的活动都会陷入混乱。在现代企业中，企业内部分工精细，协作严密，任何一部分活动都不可能离开其他部分而单独进行。尤其是生产运营活动，需要调配多种资源，在合适的时间，按合适的量，提供合适的产品和服务，这更加离不开周密的计划。因此，计划是生产运营管理中的一个重要部分。

第一节　生产计划及其层次体系

一、企业不同计划及其相互关系

生产计划的对象通常有三类：单个产品或零部件项目、产品或零件族和产品类。传统的确定生产计划对象的方法是以设备的台套能力为对象，也就是以生产能力来安排生产计划，现代生产运营管理以市场需求及其满足的要求为对象，也就是以产品来安排生产计划。

企业生产计划与控制的层次系统如图5-1所示。图中矩形框表示作计划、作决策；圆角矩形框表示计划的结果；椭圆形框表示已知的信息或限制。

第五章 综合生产计划

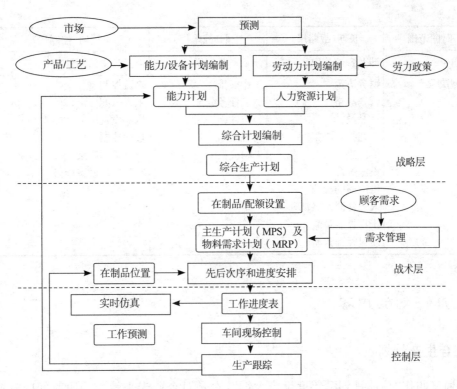

图 5-1 计划与控制的层次系统

企业在进行生产计划时,首先面对的是市场需求,受到营销参数的影响,对市场需求进行预测,根据市场需求预测的结果制定设备的生产能力计划和劳动力能力的计划,得到能力计划和人力资源计划,对能力计划和人力资源计划进行综合得到综合计划,之后需要确定主生产计划(MPS);其次,进行排程,得到排程计划;最后,进行现场控制,如果发现实际和计划存在差异,则需要对计划进行调整。如果问题不大,则可以在先后次序和进度安排上进行调整;如果问题比较严重,则需要对之前的计划进行全面的调整。

从图 5-1 中可以看出,生产计划与控制的层次可以分为战略层计划、战术层计划和控制层计划三个层次。每个层次的计划有不同的特点,决策的内容也不相同,如表 5-1 所示。考虑到生产运营管理的内容,战略层的主要内容就是工艺技术、设施选址、工厂控制策略和质量保证策略等,战术层的主要内容是 MPS,控制层的主要内容是排程问题。从表中可以看出,从战略层到控制层,计划期越来越短,计划的时间越来越细,覆盖的空间范围越来越小,计划内容越来越详细,计划中的不确定性越来越小。

表 5-1 基于时间范围的生产计划

时间范围	长期(战略层)	中期(战术层)	短期(控制层)
计划期	1年至10年	1周至1年	1小时至1周
计划的时间单位	粗(年)	中(月、季度)	细(工作日、班次、小时)
空间范围	企业	工厂	车间、工段、班组
详细程度	高度综合	综合	详细
不确定性	高	中	低

续表

时间范围	长期(战略层)	中期(战术层)	短期(控制层)
特点	涉及资源获取	涉及资源利用	涉及日常活动处理
典型决策	财务决策 营销战略 产品设计 工艺技术决策 能力决策 设施选址 供应商的契约 人力资源发展规划 工厂控制策略 质量保证策略	工作安排 员工任务分配 预防性维护 销售促销 采购决策	物流控制 工人分配 机器设置决策 过程控制 质量条例决策 紧急情况设备维修

二、生产计划的内容

(一)综合生产计划

综合计划又叫作"总体计划""年度生产大纲",它是对企业未来较长一段时间内资源和需求之间的平衡所作的概括性设想,是企业根据所拥有的生产能力和需求预测对企业未来较长一段时间内的产出内容、产出量、劳动力水平、库存等问题所作的决策性描述。

综合计划问题可以描述为:在已知计划期内,每一时间段 t 的需求预测量为 D_t;以最小化生产计划期内的成本为目标,确定时间段 $t=1,2,\cdots,T$ 的产量 P_t、库存量 I_t 和劳动力水平 W_t。

综合计划的对象是产品类(产品系列),产品类是具有相同/相似的需求特性的一类产品。计划期一般 1~2 年,计划的特点是根据市场需求预测制定的,决策变量主要有生产率、人力规模和库存水平。综合计划的目标是充分利用生产能力,满足预测的需求,生产率均衡稳定,控制库存,降低成本。

生产计划对不同类型的企业的作用不同。由于处理流程型企业的生产计划一般是面向库存、基于预测,具有生产设备昂贵、生产连续、能力可核定、备货生产等特点,综合计划的作用就比较关键;而制造装配型企业的能力难核定,一般采用订货生产的生产方式,因此,综合计划只起到指导作用。

(二)主生产计划

主生产计划(Master Production Schedule,MPS)是对企业生产计划大纲的细化,是详细陈述在可用资源的条件下何时要生产出多少物品的计划,用以协调生产需求与可用资源之间的差距,是展开 MRP 和 CRP 运算的主要依据。MPS 起着承上启下、从宏观计划向微观计划过渡的作用。

MPS 要确定每一具体的最终产品在每一具体时间段内的生产数量。这里的最终产品,主要指对企业来说最终完成、要出厂的完成品,它可以是直接用于消费的产品,也可以是其他企业的部件或配件。这里的具体时间段,通常是以周为单位,在有些情况下,也可以是旬、日或月。

图 5-2 是某汽车厂综合生产计划和相应的主生产计划的一个例子。从该例中可以明显地看出这两种计划之间的区别与关系。综合生产计划是关于总量的计划,不涉及具体产品型号。而主生产计划是综合计划的具体化,它涉及各型号产品在具体时段内的具体产量。

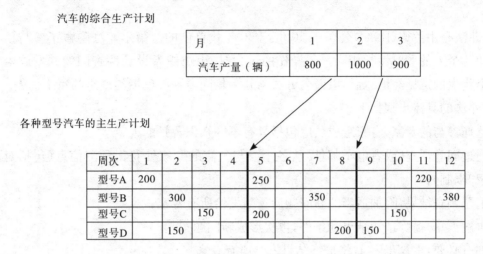

图 5-2　某汽车厂综合生产计划与主生产计划

第二节　需求与能力

一、需求预测

生产计划的编制是由客户订单和对市场的预测来确定的。预测是对未来发生情况的预计和推测。生产预测是对产品类在未来的需求水平和需求趋势所作的估计,目的是为制定已有产品的生产计划提供未来需求的资料,包括生产能力、营销、生产和库存、人力资源、采购等方面的资料。因此,预测在计划的制定过程中起着非常重要的作用。

在企业的中期生产计划中,预测的基本问题是为计划的编制预报顾客的需求。

(一)预测的规律

预测极少准确无误;预测总是动态的、变化的;不但预测的方法是变化的,预测的结果也是变化的,没有固定的最优的预测方法。

预测的时间跨度越长,预测的偏差越大。能够对需求变化迅速作出反应、柔性大的企业只需进行短期预测,在与那些反应慢而必须进行长期预测的企业竞争时获得利润更多。

(二)预测的步骤

明确预测目的;确定一个预测跨度;选择预测方法;收集并分析相应的数据;进行预测;对预测的过程进行监控。

(三)预测的方法

预测大致有三种方法:定性预测、定量预测和综合方法预测。

1. 定性预测

定性预测方法主要是根据人的主观判断(经验)来作出预测,常常无法对这些主观判断进行精确地数学描述。定性预测主要有德尔菲法、类比法、集体讨论法、市场调研法等,这里仅介绍德尔菲法。

德尔菲法是由兰德(Rand)公司于20世纪50年代首创的。德尔菲法隐藏了参与预测的成员的身份,使每个人的重要性都相同。其操作的过程是:由组织者设计调查问卷并发放给每个与会代表,各个代表的意见经汇总后,以匿名方式与新一轮问卷一起反馈给全组的每个代表。

德尔菲法的具体步骤如下:

(1)选择参与的专家,专家组成员应包括具有不同知识背景的人;

(2)通过问卷调查(或者电子邮件)从各个参与预测的专家处获得预测信息(包括对预测所假设的前提和限制);

(3)汇总调查结果,附加适当的新问题后重新发给所有专家;

(4)再次汇总,提炼预测结果和条件,再次形成新问题;

(5)如有必要,重复步骤4,将最终结果发给所有专家。

经过上述预测,德尔菲法通常能得到满意的结果。该方法所需的时间取决于专家组成员数目、进行预测所需的工作量以及各个专家的反馈速度。

2. 定量预测

定量预测方法涉及历史数据的收集或者相关数学模型的建立,利用建立的数学模型通过自变量进行预测,主要有时间序列模型和因果模型。

时间序列分析力求以历史数据为基础预测未来。一个时间序列可以分解成趋势、季节、周期、随机4种成分,如图5-3所示。

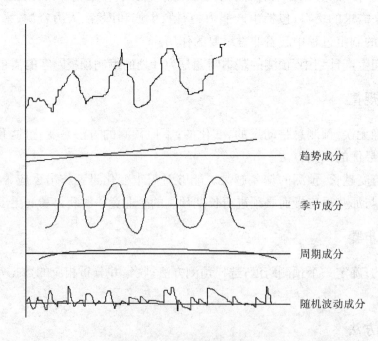

图5-3 时间序列及其构成

趋势成分:数据长期变化趋势。

季节性成分:数据短期有规律地波动,一般指在一年内按通常的频率围绕趋势作上下有规律的波动。

周期成分:数据长期有规律地波动,在较长时间里(一年以上)围绕趋势作有规律的上下波动。有的甚至需要数十年的数据才能描绘出这种周期。

随机波动:随机波动由许多不可控因素引起,没有规律。

常见的时间序列模型有移动平均法、指数平滑法等。各模型的复杂程度是不相同的。企业选用哪一种预测模型取决于:预测的时间范围、能获得的相关数据、所需的预测精度、预测预算的规模、合格的预测人员,此外还需考虑其他一些问题,如企业的柔性程度(企业对变化的快速反应能力越强,预测模型所需的精度就越低)和不良预测所带来的后果。

(1)移动平均法。

移动平均法是用一组最近的实际数据值来预测未来一期或几期内企业产品的需求量、企业生产量等的一种常用方法。移动平均法适用于即期预测,当产品需求既不快速增长也不快速下降,且不存在季节性因素时,移动平均法能有效地消除预测中的随机波动的有效的方法。移动平均法根据预测时使用的各元素的权重不同,分为简单移动平均和加权移动平均。

①简单移动平均法。

简单移动平均的各元素的权重都相等。简单的移动平均的计算公式如下:

$$F_t=(A_{t-1}+A_{t-2}+A_{t-3}+\cdots+A_{t-n})/n$$

式中,F_t 表示对 t 期的预测值;

n 表示移动平均的时期数;

$A_{t-1},A_{t-2},\cdots,A_{t-n}$ 分别表示 t－1 期、t－2 期…前 t－n 期的实际值。

②加权移动平均法。

加权移动平均给固定跨越期限内的每个变量值以一定的权重。其原理是:历史各期产品需求的数据信息对预测未来期内的需求量的作用是不一样的。除了以 n 为周期的周期性变化外,远离目标期的变量值的影响力相对较低,故应给予较低的权重。

加权移动平均法的计算公式如下:

$$F_t=w_1A_{t-1}+w_2A_{t-2}\cdots+w_nA_{t-n}$$

式中,n 表示预测的时期数;

w_i 表示第 i 期实际销售额的权重,$i=1,2,\cdots,n$,$w_1+w_2+\cdots+w_n=1$

在运用加权平均法时,权重的选择是一个应该注意的问题。经验法和试算法是选择权重的最简单的方法。一般而言,用近期的数据预示未来的情况更准确,因而该项权重应大些。如果数据是季节性的,则权重也应是季节性的。

(2)指数平滑法。

指数平滑法是生产预测常用的一种方法。在所有预测方法中,指数平滑是用得最多的一种。简单的全期平均法是对时间数列的过去数据一个不漏地全部加以同等利用;移动平均法不考虑较远期的数据,并在加权移动平均法中给予近期资料更大的权重;指数平滑法则兼容了全期平均和移动平均所长,不舍弃过去的数据,但是仅给予逐渐减弱的影响程度,即随着数据的远离,赋予逐渐收敛为零的权数。

基本的指数平滑预测公式如下：

$$F_t = aA_{t-1} + (1-a)F_{t-1}$$

式中，F_t 表示 t 期的预测值；

A_{t-1} 表示 t－1 期的实际值；

F_{t-1} 表示 t－1 期的预测值；

α 为平滑系数（0≤α≤1）。

平滑系数 α 决定了预测对偏差调整的快慢。α 值越接近于 0，预测对偏差的调整就越慢（即预测对时间序列作了更大程度的平滑）。相反，α 值越趋于 1，预测对偏差的调整就越迅速，同时，平滑效果就越差。通常，α 在 0.05～0.5 之间，当时间序列比较稳定时，选择较小的平滑系数；发生明显变化时，就选择较大的平滑系数。

例 5-1

设某电脑销售商近两年笔记本电脑的销售量见表 5-2，现用各种时间序列预测法对未来销售量进行预测。

表 5-2 笔记本电脑的实际月销售量

单位：台

2021年	1月	2月	3月	4月	5月	6月	7月	8月	9月	10月	11月	12月
销售量	96	90	96	108	138	132	120	108	102	90	90	96
2022年	1月	2月	3月	4月	5月	6月	7月	8月	9月	10月	11月	12月
销售量	120	102	108	132	157	144	132	132	114	102	102	96

使用简单预测法：2022 年下半年起各月的预测销售量见表 5-3。

表 5-3 简单预测的预测结果

单位：台

时间(t)	2022年					2023年
	7月	8月	9月	10月	11月	12月	1月
实际值(A_t)	132	132	114	102	102	96	…
预测值(F_t)		132	132	114	102	102	96
预测误差（$|A_t-F_t|$）		0	18	12	0	6	…

使用移动平均法：取移动期数 n＝3 期，则第 n 期的移动平均值即预测值为：

$$F_t = (A_{t-1} + A_{t-2} + A_{t-3})/3$$

以 10 月预测值为例，它应当是 7、8、9 三个月的实际销量的平均值，可计算如下：

$$F_{10} = \frac{132+132+114}{3} = 126$$

计算结果见表 5-4。

表 5-4 移动平均法的预测结果

单位:台

年　　月	时间(t)	实际值(A_t)	三期移动平均值(预测值(F_t))	预测误差($|A_t-F_t|$)
2022 年 7 月	1	132	…	…
8 月	2	132	…	…
9 月	3	114	…	…
10 月	4	102	126	24
11 月	5	102	116	14
12 月	6	96	106	10
2001 年 1 月	7	…	100	…

使用指数平滑法:若取平滑系数 α＝0.1,则可计算 2022 年 9 月的预测值为:

$$F_9=0.1\times132+(1-0.1)\times132=132$$

注意,t 期预测值是在 t－1 期预测值基础上计算而得的,但起算月份没有上期预测值,只能以上期实际值视为预测值计算,10 月份的预测值为:

$$F_{10}=0.1\times114+(1-0.1)\times132=130.2$$

预测结果见表 5-5。

表 5-5 指数平滑法的预测结果

单位:台

年　　月	时间(t)	实际值(A_t)	预测值(F_t) α＝0.1	预测误差($|A_t-F_t|$)	预测值(F_t) α＝0.5	预测误差($|A_t-F_t|$)
2022 年 7 月	1	132	…	…	…	…
8 月	2	132	132	0	132	0
9 月	3	114	132	18	132	18
10 月	4	102	130	28	123	21
11 月	5	102	127	25	113	11
12 月	6	96	123	27	108	12
2023 年 1 月	7	…	120	…	102	…

注:表中预测值为取整数值。

(3)因果预测。

因果预测模型通常要考虑与预测值有关的因素及它们之间的因果关系,由此及彼建立相关的统计模型用于分析预测值的变化轨迹。最常用的量化因果预测模型为线性回归分析。

线性回归模型的主要目标是确定回归直线,回归直线就是这样一条直线:已知数据点到该直线距离的平方和最小,即具有最小二乘解。最小二乘法回归模型如下:

$$y=a+bx$$

式中,y 表示预测值(因变量);

x 表示自变量;

a 表示 y 轴截距;

b 表示回归线斜率。

回归直线模型的系数 a 和 b 可以用以下两个公式求解:

$$b = \frac{n\sum xy - \sum y \sum x}{n\sum x^2 - (\sum x)^2}$$

$$a = \bar{y} - b\bar{x}$$

式中,n 表示所观察的数据个数。

例 5-2

设某保健品公司的销售额与广告费用支出有因果关系,广告费用支出多则销售额增加。现有 9 个月的广告费用与销售额的统计资料如表 5-6,若下月拟投入广告费 30 万元,试预测销售额。

表 5-6 月销售额与广告费用支出

单位:万元

月 份	1	2	3	4	5	6	7	8	9
广告费用支出(x)	36	12	12	20	16	28	8	24	16
销售量(y)	184	72	80	88	108	136	56	148	120

先将所给数据描点作图,并判断是否可以用线性回归模型(即判断这些数据是否散布在一条直线附近。图 5-4 表明,广告费用支出与销售额基本呈线性关系),然后计算相关参数,计算结果见表 5-7。

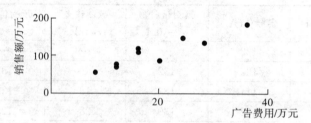

图 5-4 月销售额与广告费用支出的关系

表 5-7 模型求解计算表

月 份	x	y	xy	x^2	y^2
1	36	184	6624	1296	33856
2	12	72	864	144	5184
3	12	80	960	144	6400
4	20	88	1760	400	7744
5	16	108	1728	256	11664
6	28	136	3808	784	18496
7	8	56	448	64	3136
8	24	148	3552	576	21904
9	16	120	1920	256	14400
∑	172	992	21664	3920	122784

由公式可求出模型的系数：

$$b = \frac{n\sum xy - \sum x \sum y}{n\sum x^2 - (\sum x)^2} = \frac{9 \times 21664 - 172 \times 992}{9 \times 3920 - (172)^2} = 4.275$$

$$a = \bar{y} - \bar{b}x = \frac{992 - 4.275 \times 172}{9} = 28.522$$

故得模型为：

$$y = 28.522 + 4.275x$$

下月广告投入为 30 万元，这预测的销售额为

$$y = 28.522 + 4.275 \times 30 = 156.77 \text{ 万元}$$

3. 综合方法预测

协同规划、预测及补货(Collaborative Planning, Forecasting, and Replenishing, CPFR)是一个基于网络的，用来调整需求预测、生产及购买计划、供应链中交易伙伴之间库存补给的工具。CPFR 被用来将一个多层供应链的多成员整合起来，包括生产商、零售商以及分销商，运用 CPFR 理想的协作点是零售商水平的需求预测。CPFR 沿供应链逆流而上，相继被用于同步预测、生产及补给计划。

CPFR 的目标是通过共享的网络服务器交换经过选择的内部信息，以提供可靠、长期的关于未来的供应链需求的观点。CPFR 使用一种循环、交互的方法来使大家对供应链需求预测产生相同的意见。它由下面的五步组成。

第一步：建立一项前期合作协议。明确协作所要达到的目标、所必需的资源以及在涉及明确分享敏感的公司信息时所必需的先决条件是信任。

第二步：联合业务计划。成员共同设计一张时间表来确定计划活动的顺序和频率，并按照该时间表行事。

第三步：实施需求预测。通过对销售点信息的共享，企业可以使卖主和零售商制定更为精确、及时的预期(与外销仓库的撤销和总的商店订单相比)。考虑到预测频率及可能需要预测的产品的巨大数量，一种简单的预测程序，如移动平均方法通常会在 CPFR 当中使用。这些简单的技术通常与专家对促销和定价的知识结合使用，以相应地修改预测值。

第四步：分享预测。零售商(订单预测)及卖主(销售额预测)随后将他们对于一系列产品的最新的预测数据放到一个共享、专用的服务器上。

第五步：库存补充。一旦就预测量达成了一致，订单需求便成了实际的订单，这时补货过程就开始了。这些步骤以不同的次数不断地循环往复，这是根据交易伙伴之间的单个产品及事件的日程安排来确定的。

二、生产能力

企业的生产计划受制于生产能力。如果产品的市场容量足够大，则企业可最大限度地发挥生产能力以安排生产计划，但很难超越生产能力的限制。

生产能力是指在一定时期内(通常是一年)，企业的全部生产性固定资产，在先进合理的技术

组织条件下，经过综合平衡后，所能生产的一定种类和一定质量的产品的最大数量，或者能够加工处理的一定原材料的最大数量。

在不同的生产运营系统中，生产能力有不同的表示方法。如果只生产一种产品或只提供一种服务，则生产能力可以产品、服务的总量表示，如钢铁厂、水泥厂都可以产品吨位表示。如果生产不同的产品/服务，总量不能反映产品结构的变化，可选择代表性产品（标准产品）表示其他产品，通过确定一个折算系数将其他产品折算成标准产品，折算系数通过比较其他产品与标准产品占用生产能力的差异（如时间定额）求得。有些生产单位用单一原料生产多种产品，此时用原料处理量计量生产能力更加简单清晰，如炼油厂以加工处理原油的数量（吨）衡量生产能力。在许多情况下，生产能力用产出量表示很不方便或不够确切。如产品/服务项目组合经常变动，或产出不能储存而导致生产能力空放等，则以投入量表示生产能力，如医院用病床数、航空公司以座位数、零售商店以营业面积计量生产能力。在服务业中，以投入量表示生产能力的情况比较多。

根据生产能力实际应用的功能不同，要区别以下概念。

(一)设计能力

设计能力指企业基本建设设计任务书和技术文件中规定的生产能力。它是按照工厂设计中规定的企业产品方案、技术装备和各种设计参数计算出来的应该达到的最大年产量。它通常要在企业建成正式投产并经过一段时期熟悉和掌握生产技术的过程后才能达到。

(二)查定能力

查定能力指企业经过一段时间运行后，生产条件可能有较大的变化，如产品方向调整、工艺设备改进、组织管理变革等，使得原来的设计生产能力已不再符合实际，因而通过查定重新确定实际生产能力。

(三)计划能力

计划能力也称"现实能力"，是根据计划期内的组织与技术条件确定的可能达到的生产能力。计划能力通常以查定能力为基础，考虑到计划期内原材料条件的变化、技术组织措施的实施等因素对生产能力的影响加以调整而得。

显然，以上三种生产能力各有不同用途。当企业确定生产规模，编制长远规划和扩建、改建方案，采取重大技术组织措施时，应以设计能力为参考，以查定能力为依据；当企业编制年度生产运营计划时，应以计划能力为依据。

生产能力的理论计算方法随企业类型而异。在制造企业中，一般先计算单台设备的生产能力，再自下而上依此计算生产线、车间和工厂的生产能力。

对于大量生产企业，流水线的生产能力可按下式计算：

$$P = \frac{T_e}{r}$$

式中，P 表示流水线的生产能力；

T_e 表示计划期有效工作时间；

r 表示流水线节拍。

对于成批生产企业,单台设备的生产能力 P 计算公式如下:

$$P = T_e q = \frac{T_e}{t}$$

式中,q 表示设备产量定额;

t 表示设备台时定额。

上述两式中,计划期有效工作时间为制度工作时间扣除计划维修停工时间后,实际可以工作的时间如下:

$$T_e = T_0 - d = T_0(1 - \theta) = T_0 \eta$$

式中,T_0 表示计划期设备制度工作时间;

d 表示设备计划修理停工时间;

θ 表示设备计划修理停工率;

η 表示设备制度工作时间计划利用率。

按面积计算的生产能力如下:

$$P = Ag$$

式中,A 表示生产面积;

g 表示生产面积的平均产量。

例 5-3

设某机床配套加工 4 种零件 A、B、C、D,三班制工作,计划年度制度工作时间为 250 天,计划修理停工率 10%,加工各种零件的台时定额与产量比重见表 5-8。

表 5-8 某种机床生产能力计算

产品名称	产量比重	台时定额/(小时/件)	生产量/件
A	0.25	12	135
B	0.20	18	108
C	0.40	7	216
D	0.15	4	81
合计	1.00	10	540

4 种零件配套生产,每种零件的综合台时消耗如下。

$$12 \times 0.25 + 18 \times 0.20 + 7 \times 0.40 + 4 \times 0.15 = 10(h)$$

配套生产能力如下。

$$\frac{250 \times (1-0.1) \times 24 \text{ 件}}{10} = 540 \text{ 件}$$

在有多台同类设备时,同类设备的生产能力应为单台设备生产能力之和。车间通常由若干不同功能的设备或多条生产线组成,而不同功能设备或不同生产线的生产能力常常是不平衡的。此时,车间综合生产能力有两种计算方法:一种以瓶颈设备和瓶颈生产线能力为车间生产能力,这是因为瓶颈设备和瓶颈生产线能力是车间生产能力的限制性环节;另一种以关键设备和关键装配线为准计算车间生产能力,理由是关键设备和关键装配线代表车间主导生产环节,低于此能力的设备或生产线则通过内部或外部的组织技术措施加以提高,如挖掘生产潜力、组织外部协作等。究竟采用何种方法视具体情况而定。

同样,工厂综合生产能力的计算也有两种方法:一种以瓶颈车间生产能力为工厂生产能力;另一种以基本生产车间或关键车间生产能力为工厂生产能力,低于生产能力的车间通过内部或外部组织技术措施提高,以达到综合平衡。

可见,企业生产能力,首先取决于生产运营系统建立时资源的配置与设计,如设备的规模与数量、厂区的布置、人员的配备等。对于已经建立的生产运营系统,其生产能力主要受以下因素的影响:产品与服务项目的结构与组合;工艺因素,如技术水平、设备改造等;人力资源,如职工工作态度与技能、熟练程度、激励机制等;管理因素,如生产顺序与进度的安排,原材料采购质量,设备维修策略,质量管理体系等;外部因素,如市场对产品质量的要求,环境污染控制等。

这里特别需要说明的是学习曲线对生产能力的影响。

学习曲线又称"熟练曲线",是指在大批量生产过程中,用来表示单台(件)产品工时的消耗和连续累计产量之间关系的一种变化曲线。累计产量的增加意味着操作者生产制造熟练程度的提高,产品单台(件)工时消耗必然呈现下降趋势,这样就形成了一条工时递减的函数曲线。1936年,美国康奈尔大学莱特博士提出了学习曲线的理论,开始用于航空工业预测制造费用,后来推广到其他领域。

莱特用一个对数线性方程描述了学习曲线:

$$Y = KX^{-a}$$

式中,Y 为学习效果,以生产第 X 台(件)产品的制造工时表示;

K 为生产第 1 台(件)产品的制造工时;

X 为累计生产的台(件)数;

α 为学习系数。

学习曲线的图形见图 5-5。

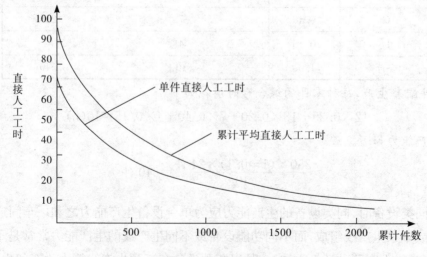

图 5-5 学习曲线图

对上式两边取对数,可得:

$$\lg Y = \lg K - a\lg X$$

画在对数纸上,成截距为 K、斜率为 α 的直线见图 5-6。

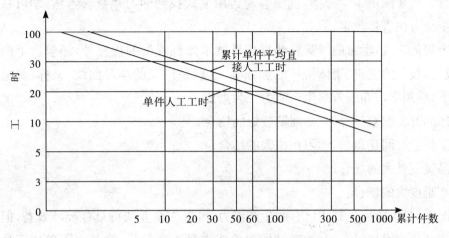

图 5-6 用对数表示的学习曲线

学习曲线的特点是累计产量每增加一倍,累计平均工时便降低一个固定的百分数。例如,对一条 95% 的学习曲线,生产第一件产品若需 10h,生产第 2 件产品便降到 9.5h,生产第 4 件产品的工时只需 9h,生产第 128 件产品则平均只需 7h。可以推算,从生产第 n_1 件产品到 n_2 件产品,平均生产时间如下。

$$\bar{Y} = K \frac{\left[\left(n_2 + \frac{1}{2}\right)^{1-\alpha} - \left(n_1 - \frac{1}{2}\right)^{1-\alpha}\right]}{(1-\alpha)(n_2 - n_1 + 1)}$$

例 5-4

若生产第一件产品的工时为 10h,学习曲线为 95%,问生产前 100 件产品的平均工时为多少?

先求 α,因为 $Y = KX^{-\alpha}$

当 $X = 2, Y = 9.5$

$$9.5 = (10) \times (2)^{-\alpha}$$
$$\lg 9.5 = \lg 10 - \alpha \lg 2$$
$$\alpha = \frac{\lg 10 - \lg 9.5}{\lg 2} = 0.074$$

前 100 件产品的平均生产时间为如下:

$$\bar{Y} = 10 \frac{\left[\left(100 + \frac{1}{2}\right)^{0.926} - \left(1 - \frac{1}{2}\right)^{0.926}\right]}{0.926 \times 100} = 7.66h$$

生产某种产品的产量每增加一倍时,所需累计单件工时就降低到原来的一定百分数,这个百分数叫作"学习率"。学习率 C 与学习系数 α 存在以下关系。

$$a = -\frac{\lg C}{\lg 2}$$

一般在应用中,学习系数 α 并不知道,但学习率 C 可通过各种方法测定,如根据历史资料的积累和经验估计。只要测定了学习率,就很容易运用上式找到学习系数。当然,学习系数也可根据莱特公式用统计方法直接测定。

对于一个集体来说,学习曲线除反映操作者技术熟练程度的提高外,还包含了产品设计的进步、设备的改良、技术的完善、集体协作的加强等,这就是广义的学习曲线,又称"制造进步函数"。在下列场合下,应用学习曲线考察生产能力尤为重要:

一是新产品开发频繁、产品生命周期较短的场合;

二是手工作业时间比重长、学习作用大的场合;

三是产品重复性大的场合;

四是生产难度大的场合。

一般情况下,最大限度地利用已有的生产能力,可以为企业获得最佳经济效益,但也并不总是这样。当生产产出率增加时,一开始产品的单位成本呈下降趋势,这是由于单位产品分摊的固定费用减少,显现出生产的规模效益;但当超过一定极限值时,产出率的增加反而使单位产品成本增加,这可能是由设备故障增加、生产协调困难、工人过度疲劳等原因引起的。因此,在一定条件下,每个生产单位通常有一个单位产品成本最低、效益最佳的理想运行水平。找到最佳运行水平对合理利用生产能力有重要作用。

第三节　综合计划的制定

一、综合计划的主要目标及制定策略

综合计划是企业的整体计划,要实现企业的整体经营目标。综合计划的主要目标有:成本最小或利润最大;顾客服务最大化(最大限度地满足顾客要求);最小库存投资;生产速率的稳定性(变动最小);人员水平变动最小;设施、设备充分利用。这些目标之间有时相悖,如当产品需求随季节波动时,要想保持稳定的产出速率,也需要同时保持较大的库存;最大限度地满足顾客快速、按时交货的服务要求,需要增加库存来实现,等等。因此,在制定综合计划时,需要权衡上述这些目标因素,进行适当折中,同时考虑一些非定量因素。

在进行综合计划决策时,需对影响因素进行分析。构成综合计划的环境因素有内部和外部因素,如图 5-7 所示。一般来说,外部环境是在生产计划人员直接控制之外的,但在一些企业中,可能有管理产品的需求。需求管理有两种方法:一是定价与促销;二是补偿性产品。通过市场营销与生产紧密结合,促销活动与降价能够在需求发展缓慢的时期刺激需求。相反,当需求强劲时,促销活动可以减少,价格也可以上涨,从而使公司有能力提供的产品与服务的收益最大化。补偿性产品适用于存在较大周期性需求波动的企业。

企业的内部因素在可控性方面存在着差异:当前生产能力在短期内通常不会变化,工会协议经常限制着对劳动力的调配,生产能力不能总是增长,高层管理可能限制库存占用资金等。但是,

这些因素在管理时总存在着灵活性,生产计划人员可以采用一种生产计划策略或几种生产计划策略的组合。

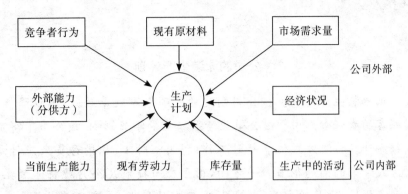

图 5-7　生产计划系统所需投入

综合计划策略主要有三种,需要均衡劳动力水平、工作时间、库存和积压的订单。

(一) 追赶策略

在计划期内通过改变劳动力数量或产出率与需求相适应,即通过改变劳动力数量来与需求相适应时,仅取决于一种反应型方案——劳动力的改变。追赶策略有时被称为"能力策略",指运用雇佣和解聘手段来保持劳动力在正常工作时间里的生产能力与需求量相等。追赶策略具有以下优点:没有库存投资、没有加班或空闲工时。但是,它也有一些缺陷,其中包括不断调整劳动力数量的费用、员工对企业潜在的疏远感以及因劳动力的经常性变动而产生的生产率和质量方面的损失。

通过调整产出率来使需求相适应时,企业应用的是与改变劳动力数量不同的方案,这种方案有时被称为"利用率策略"。劳动力的利用程度在加班、空闲工时以及休假时都不相同。转包,包括高峰期的短期求助,是适应需求变化的另一条途径。

(二) 平稳策略

平稳策略是指在计划期内保持稳定的劳动力数量或稳定的产出率,用浮动的库存、订单的积压和减少销售来消化缺货与剩余产品。平稳策略有时也被称为"库存策略"。虽然雇员会从稳定的工作时间中受益,但平稳策略可能会造成顾客服务水平降低、库存成本增加,甚至会导致库存产品过时而不得不废弃库存产品。

(三) 混合策略

运用单一的追赶策略或平稳策略都可能无法得到满意的结果。若将两种策略结合,则有可能有所改进。采用混合策略时,劳动力数量(或产出率)既不十分稳定,又不与需求严格匹配。换言之,一个流程的最佳策略是混合策略。无论是某一单纯策略还是某种程度的混合策略,都应该对组织的环境和计划目标作出反映。

管理行动

A公司的泳装生产计划

A公司是一家泳装生产厂商。该公司制定的一项人事改革政策,不仅降低了成本,同时增强了员工对顾客的责任心。由于该公司业绩很容易受季节影响,该公司不得不在夏季将产品量的3/4销往海外。传统方式依靠超时工作、聘用临时工、积聚存货来应付需求量的大幅上升。但这种方式带来的问题很多。一方面,由于公司提前几个月就将泳装生产出来,款式不能适应需求的变化情况;另一方面,在繁忙期,顾客抱怨增多、产品需求量告急,这些都使得管理人员大为烦恼。

A公司的解决办法是在维持工人正常的平均每周42小时工作的同时,相应改变生产计划,从每年8～11月中旬改为每周工作52小时。等到生产高峰期结束,从12月到第二年4月为每周工作30小时。在时间宽松的条件下,进行款式设计和正常生产。

这种灵活的调度使该公司的生产占用资金降低了40%,同时使高峰期生产能力提高了1倍。由于产品质量得到保证,该公司获得了价格竞争优势,因而销路拓宽,扩大了海外市场。

二、综合计划的制定程序

图5-8表示一个综合计划的制定程序。

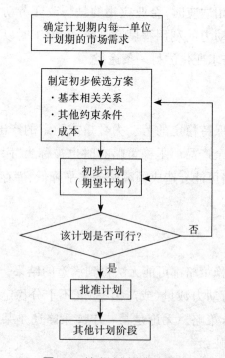

图5-8 综合计划的制定程序

(一)确定计划期内每一单位计划期的市场需求

市场需求通常是以产品的数量来表示的,需求的来源包括:对产品的未来需求预测;现有订单;未来的库存计划;来自流通环节(批发商)或零售环节的信息(指未发出订单之前给的信息)等。

(二)制定初步候选方案,考虑相关关系、约束条件和成本

1. 基本相关关系

在评价、审视初步候选方案时,有两个基本关系需要考虑:第一,在给定时间段内的人员关系式;第二,库存水平与生产量的关系式。两个关系式的基本表述如下。

本期人员数 ＝ 上期人员数 ＋ 本期初聘用人员数 － 本期初解聘人员数

本期末库存量 ＝ 上期末库存量 ＋ 本期生产量 － 本期需求量

2. 其他约束条件

除上述两个基本关系式以外,还需要考虑其他一些约束条件,包括物理性的约束条件和政策性的约束条件。前者指一个组织的设施空间限制、生产能力限制等问题。例如,某工厂的培训设施有限,一个计划期内所新聘的人员有上限;设备能力决定了每月的最大产出量;仓库面积决定了库存量的上限;等等。后者指一个组织经营管理方针上的限制,例如,企业规定订单积压的期限;一个月的最大加班时数;外协量的占比以及最小安全库存;等等。

综合计划必须满足上述这些约束条件,但应该注意的是,满足上述约束条件的计划并不就是最优计划,这是因为在该约束条件范围内可得出多个方案,且多个方案的经营结果可能是截然不同的。

3. 成本

制定综合计划时所要考虑的成本主要包括以下几点。

(1)正式人员的人员成本。包括正常工资和正式人员各种福利待遇。

(2)加班成本。

(3)聘用和解聘费用。聘用费用包括招聘广告费、面试费、培训费,以及新职工的非熟练引起的生产率下降、质量低下所带来的成本等。解聘费用包括最后面谈费、解聘津贴等。

(4)库存成本。仅指随库存投资而变化的那些成本,包括资金占用成本、各种仓储成本、库存品的自然和非自然损耗(丢失、腐败等)、保险费用等。

(5)订单积压成本和库存缺货成本。订单积压会产生合同延期罚款,还可能失去潜在机会成本。

(三)制定可行的综合计划

这是一个反复的过程,如图5-8所示。首先需要制定一个初步计划,该计划要确定每一计划单位(如月或季)内的生产速率、库存水平和允许订单积压量、外协量以及人员水平(包括新聘、解聘和加班)。该计划只是一个期望的、理想的计划,尚未考虑其他约束条件,也未按照企业的经营目标、经营方针来严格检查,如果通过对这些因素的考虑,证明该计划是不可行的或不可接受的,那

么必须修改该计划或重新制定,反复进行,直至该计划可被接受。

(四)批准综合计划

综合计划通常由各有关部门负责人组成的专门委员会来审查综合计划,提出建议,以处理其中相悖的若干目标。计划的确定不一定要委员会全体成员的一致同意,但计划一旦确定,就需要每个部门都尽力使之得以实现。

三、制定综合计划的优化方法

综合计划的制定方法有多种,这里介绍几种常用的优化方法。

(一)图解法

企业的计划人员通过直觉和经验得出进度计划,并将进度计划用图解的形式表示出来,先应用于管理实践,取得经验,对计划进一步改进,再用于实践,如此反复。虽然不一定能得到最优解,但是一定可以得到可行的、令人满意的结果,并且结果简单直观。

例 5-5

某公司对未来6个月的产品月需求作了如表 5-9 的预测,日需求量是期望需求除以月工作天数。

表 5-9 产品需求预测

月份	1	2	3	4	5	6	合计
期望需求	900	700	800	1200	1500	1100	6200
生产日数	22	18	21	21	22	20	124
每日需求(计算)	41	39	38	57	68	55	

图 5-9 描述了平均预测需求与需求预测之间的差异。图中虚线表明了满足平均需求所要求的生产率,计算如下:

$$平均需求 = \frac{总期望需求}{生产天数} = \frac{6200}{124} = 50(件/天)$$

根据前面描述的一些满足预测需求的策略,该公司可以考虑采用以下几种方案。方案一,适当配置人员以产生一个与平均需求量一致的生产率。方案二,提供一个稳定的生产率,如每天40个单位,将过剩需求转包给其他生产厂家供应。方案三,将加班与转包结合起来共同应付需求的变动。以下是对这三种策略的分析。

假定分析这些计划的相关成本如表 5-10 所示。

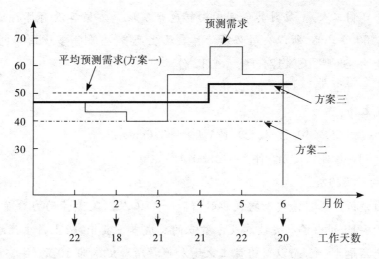

图 5-9 综合计划的三种方案

表 5-10 成本信息

库存成本	5 元/单位/月
转包成本	10 元/单位
正常生产工资率	5 元/小时(40 元/日)
加班工资率	7 元/小时(8 小时以上)
生产单位产品的工时	1.6 小时/单位
提高生产率的成本(培训和新聘)	10 元/单位
降低生产率的成本(暂时解聘)	15 元/单位

1.方案一的分析。这个方案是假定1~6月份维持一个固定的劳动力水平,我们假定每天生产50个单位产品,无加班工作或停产,没有后备存货,没有转包。在1~3月份需求较缓时,公司增加库存;而4~6月份,需求量上升,公司逐步销尽存货。因此该方案主要是计算库存成本,计算过程如表5-11所示。假设计划开始与结束时的库存量均为0。

表 5-11 方案一的库存成本分析

月份	产量 (50单位/天)	预测需求量	月库存变动量	期末库存	库存成本(元) 5×(月初库存+月末库存)/2
1	1100	900	+200	200	500
2	900	700	+200	400	1500
3	1050	800	+250	650	2625
4	1050	1200	−150	500	2875
5	1100	1500	−400	100	1500
6	1000	1100	−100	0	250
				1850	9250

每天生产50单位产品所需劳动力 = 50单位×1.6小时/单位÷8小时/人天 = 10名工人
正常生产成本 = 10人×40元/人天×124天 = 49600元
总成本 = 58850元

2.方案二的分析。方案二也需要维持一稳定的劳动力数量,但所需劳动力能满足最低需求水平(3月份)的生产即可。如每天生产38件,则需要7.6个工人(可以考虑用7个全日制工人和一个非全日制工人）。每月其余需求由转包来实现。方案二没有库存成本。由于综合计划要求生产6200件产品，所以公司必须计算自己生产多少，剩下多少由转包来完成。

公司完成量 = 38件/天×124天 = 4712件

转包量 = 6200 − 4712 = 1488件

方案二的成本为：

职工工资 = 7.6人×40元/人天×124天 = 37696元

转包 = 1488件×10元/件 = 14880元

总成本 = 52576元

3. 方案三的分析。根据需要新聘或暂时解聘一些工人以改变劳动力数量，使得生产能力与需求平衡。表5-12列出了有关计算及方案三的总成本。其中，较上月生产水平减少产量所费成本每单位产品是15元，而以新聘员工来增加产量所费成本为10元/件。

表5-12 方案三的库存成本分析

月份	预测需求量	基本生产成本 （需求量×1.6×5）	增产时额外成本 （新增员工）	减产时额外成本 （暂时裁员）	总成本（元）
1	900	7200	—	—	7200
2	700	5600	—	3000(=200×15)	8600
3	800	6400	1000(=100×10)	—	7400
4	1200	9600	4000(=400×10)	—	13600
5	1500	12000	3000(=300×10)	—	15000
6	1100	8800	—	6000(=400×15)	14800
		49600	8000	9000	66600

表5-13给出了三个方案的总成本比较。可以看出方案二是成本最低的，因而是最佳方案。

表5-13 三个方案的比较

单位:元

成本	方案一 （10个工人）	方案二 （7.6个工人加转包）	方案三 （根据需要增减工人）
库存	9250	0	0
工资	49600	37696	49600
超时报酬	0	0	0
聘用	0	0	8000
暂时解聘	0	0	9000
转包	0	14880	0
总成本	58850	52576	66600

当然，类似这样的问题还可以考虑其他许多可行策略，包括采用加班工作等组合方式。管理者需要考虑各种成本以提出有效的系统方法，而数学模型就提供了这样的方法。

(二)表上作业法

表上作业法又称"运输表法"。这种方法的基本假设是:每一单位计划期内正常生产能力、加班生产能力以及外协量均有一定限制;每一单位计划期的预测需求量是已知的;全部成本都与产量呈线性关系。在这些假设之下,表上作业法可给出整个计划内每一单位计划期的最优生产计划。当问题的规模较大时,可以利用计算机软件来求解。

这种方法可以分别考虑两种情况:允许生产任务积压和不允许积压。这里介绍不允许任务积压情况下的计算方法。

首先需要画出一张表格,表示出每一单位计划期的生产能力计划、需求量、初始库存量以及可能发生的成本。表5-14是一个包括4个单位计划期的图表法模型的表格。

表5-14 图表法模型

计划方案		计划期				未用生产能力	全部生产能力
		1	2	3	4		
单位计划期	期初库存	0	h	$2h$	$3h$		I_0
1	正常生产	r	$r+h$	$r+2h$	$r+3h$		R_1
	加班生产	c	$c+h$	$c+2h$	$c+3h$		OT_1
	外协	s	$s+h$	$s+2h$	$s+3h$		S_1
2	正常生产		r	$r+h$	$r+2h$		R_2
	加班生产		c	$c+h$	$c+2h$		OT_2
	外协		s	$s+h$	$s+2h$		S_2
3	正常生产			r	$r+h$		R_3
	加班生产			c	$c+h$		OT_3
	外协			s	$s+h$		S_3
4	正常生产				r		R_4
	加班生产				c		OT_4
	外协				s		S_4
需求		D_1	D_2	D_3	D_4+I_4		

h:单位计划期内单位产品的库存成本　　I_4:所期望的第4期期末库存

r:单位产品的正常生产成本　　R_t:t期的正常生产能力

c:单位产品的加班生产成本　　OT_t:t期的加班生产能力

s:单位产品的外协成本　　S_t:t期的外协生产能力

I_0:第1期期初库存　　D_t:t期的需求量

下面对表5-14中的一些元素作解释。首先,每一行表示一个计划方案,例如,第一行表示期初库存,它可以用来满足4个单位计划期内任一期的需求。第二行是第一期内正常工作时间的生产量,它也可以用来满足4个单位计划期内任一期的需求。接下来的两行是该期加班生产量和外协量,以下类推。其次,每一列表示一个计划所覆盖的计划期,此外还有尚未使用的生产能力和总生产能力。再次,表中每一个单元格的右上角表示单位产品的相应成本,包括生产成本和库存成本。

例如,在第一单位计划期,正常时间的生产成本是r,如果在第1计划期生产出来的产品准备第2期再销售,成本为r+h,这是因为又发生了一个月的库存成本。第1期生产的产品如第3期销售,成本为r+2h,依此类推。空的单元格表示生产任务不得积压(即不能在后几期生产前几期的需求产品)。很明显,成本最低的方案是当期生产当期销售。但是,由于生产能力的限制,这一点并不是总可以做到的。最后,第一期的期初库存费用为零是因为它是前一个计划期决策方案的函数,又在本计划期内考虑。

由于不允许任务积压,我们利用该表手算可求得最优解,具体步骤如下:

步骤一,将总生产能力列的生产能力数字放到"未用生产能力"一列;

步骤二,在第1列(即第1单位计划期)寻找成本最低的单元;

步骤三,尽可能将生产任务分配到该单元,但不得超出该单元所在行的未使用生产能力和该所在列的需求;

步骤四,在该行的未使用生产能力中减掉所占用的部分,(注意剩余的未使用生产能力绝不可能是负数,如果负数是无法避免的,说明在该生产能力的约束条件下无可行解,必须增加生产能力),如果该列仍然有需求尚未满足,则重复步骤2—4,直至需求全部满足;

步骤五,在其后的各单位计划期重复步骤2—4,注意在完成一列后再继续下一列(不要几列同时考虑)。

使用这种方法时应时刻记住一个原则:一行内各单元记入量的总和应等于该行的总生产能力,而一列内各单元记入的总和应等于该列的需求。只有遵循这条原则才能保证总生产能力未被超过和全部需求得以满足。

例 5-6

某企业生产产品A,该产品的需求预测数据、各计划期的生产能力及各种成本数据见表5-15,若不允许任务积压和库存缺货,不考虑期初与期末库存量,试用运输表法编制A产品的生产计划,并列表汇总。

表5-15 A产品需求及生产数据

需求	1季度	2季度	3季度	4季度
数量(台)	600	650	700	600
正常生产能力(台)	400	400	400	400
加班生产能力(台)	50	50	50	50
外协能力(台)	200	200	200	200
正常生产成本	5(元/单位产品)			
加班生产成本	6(元/单位产品)			
外协成本	7(元/单位产品)			
存储成本	1元(单位产品每季度)			

注:图5-10为该问题用运输表法的解,A产品的生产计划汇总为表5-16。

表 5-16 A产品的生产计划汇总

季度	正常生产	加班生产	外协	调节库存
1	400	50	200	
2	400	50	200	
3	400	50	200	
4	400	50	150	

表 5-17 用运输表法求解的 A 产品综合计划

单位：台

计划方案		计划期				未用生产能力	全部生产能力
		1	2	3	4		
单位计划期	期初库存	0.0	1.0	2.0	3.0		
1	正常生产	5 400	6	7	8	0	400
	加班生产	6 50	7	8	9	0	50
	外协	7 150	8	9 50	10	0	200
2	正常生产		5 400	6	7	0	400
	加班生产		6 50	7	8	0	50
	外协		7 200	8	9	0	200
3	正常生产			5 400	6	0	400
	加班生产			6 50	7	0	50
	外协			7 200	8	0	200
4	正常生产				5 400	0	400
	加班生产				6 50	0	50
	外协				7 150	50	200

(三)线性规划法

上面讨论的图表法实际上是线性规划法的一种特殊形式。在给定的目标函数和一系列线性约束条件下,建立制定生产计划的线性规划模型可求出最优生产计划方案。这样的线性规划模型可处理有大量变量和约束条件的问题,并不仅限于图表法只以能力计划为约束条件,它可以决定最优库存水平、任务积压量、外协量、生产量(正常)、加班生产所需的临时聘用和解聘等多个问题。这种模型的主要局限性在于,各个变量之间的全部关系都必须是线性的,决策变量的最优值可能不是整数。

假定一个简单的生产系统,有三种生产方法:正常生产、加班生产和外协,产品可存储,但是不允许缺货。则该生产系统的进度计划模型可以表示为:

$$\text{Min } Z = \sum_{i=1}^{m}\sum_{j=1}^{n}\sum_{k=1}^{T} c_{ijk} x_{ijk}$$

s.t

$$\sum_{k=1}^{T} x_{ijk} \leq p_{ij}, i=1,2,\cdots,m; j=1,2,\cdots,n$$

$$\sum_{i=1}^{m}\sum_{j=1}^{k} x_{ijk} = D_k, k=1,2,\cdots,T$$

$$x_{ijk} \geq 0, i=1,2,\cdots,m; j=1,2,\cdots,n; k=1,2,\cdots,T$$

其中,

x_{ijk} 表示第 j 期中使用第 i 种生产方式的产品在第 k 期的销售量;

c_{ijk} 表示第 j 期中使用第 i 种生产方式在第 k 期的产品的单位成本,包括制造和库存成本;

p_{ij} 表示第 j 期中第 i 种生产方式的生产能力;

D_k 表示第 k 期的需求量。

四、服务业的综合计划

服务业编制综合计划的原理、方法与制造业相似,但它也有自己的特点,这与制造业和服务业的差异有关。

服务业的需求变动更频繁,且准确预测的难度大,有时顾客需要即时服务,如果要求得不到满足,顾客就会去别的地方。这为服务提供者预测需求带来了更加沉重的负担。因此,服务提供者必须特别注意计划服务能力水平。

服务与消费同时进行,服务提供者无法用库存调节生产能力,因而不得不更多地依靠短期调节措施,如雇用临时工、调整班次、加班加点等。

某些服务内容个性化强、差别大,这使得对服务能力计量具有较大的不确定性。如银行出纳员被要求从事多种多样的交易和信息服务工作,为他们的服务能力建立恰当的测量标准非常困难。

从事服务业的职工适应不同工作的能力较强,企业可以通过培养多面手等方式灵活调配人力资源,以调节各环节服务能力的余缺。

第四节　主生产计划的制定

一、主生产计划的制定程序及其约束条件

主生产计划(Master Production Schedule，MPS)，又叫"主生产进程"，主要是用来确定某一种具体的最终产品在某一具体时间段内的生产量。最终产品主要指对于企业来说最终完成的产成品，可以是直接用于消费的消费品，也可以作为其他企业的部件或配件。主生产计划的对象是产品，而在订货装配生产方式中，对象为进入最后装配阶段的部件和关键零件。主生产计划是生产计划系统的核心，计划期一般为季度或月。它是制造功能与市场营销功能的界面，按产品结构从总体上核算关键设备的生产负荷。

MPS的制定程序如图 5-11 所示。MPS从综合计划开始，对综合计划进行分解和细化。MPS的制定是一个反复试行的过程。当一个计划制定出来以后，需要对比现有的资源和能力(设备能力、劳动力能力等)，如果超出资源限制，就要修改原计划，直到得到合适的计划为止，或者得到不可能满足资源条件的结论。在第二种情况下，需要对综合计划进行修改或者对资源进行调整。该计划最终需要送到决策机构审批，作为物料需求计划的输入来制定 MRP。

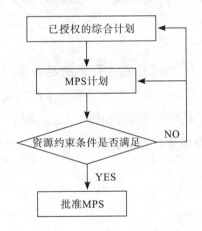

图 5-10　MPS的制定程序

MPS的制定要满足两个基本的约束条件：一个约束条件是，MPS所确定的生产总量必须等于综合计划所确定的生产总量；另一个约束条件是，在决定产品批量和生产时间时必须考虑资源的约束。

二、主生产计划的计划对象和制造环境

一般来说，MPS是对最终项目完成日期和数量的一种声明，处理的是最终物料项。但是最终物料项的数量比较多或者比较昂贵，因此，通常 MPS要求对最少的项目进行排产，这与制造环境有关，如图 5-12 所示。MPS主要是确定某一种具体的最终产品在某一具体时间段内的生产量，要区别总装进度(Final Assemble Schedule，简称 FAS)。FAS是指从收到合同订单开始，检查库存、组装、测试检验、包装到发货的进度。MPS和 FAS的区别主要有以下几点：

FAS在接到客户订单后才安排,考虑材料及生产能力的限制;
FAS安排从在库的MPS项目到最终产成品的生产;
MPS安排产成品组件的生产,FAS安排可出货的产成品的生产;
MPS计划期涵盖数月,FAS只涵盖数天或周;
MPS根据客户的需求预测和已知客户的订单,FAS只根据实际的客户订单。

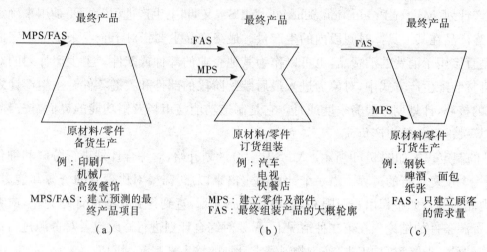

图5-11 不同制造环境下的MPS和FAS计划对象

(一)备货生产

备货生产是先将产品生产出来,然后依靠库存来满足需求,它是根据对市场需求预测和安全库存及期初库存来制订主生产计划的。备货生产通常是生产流通领域内直接销售的产品,MPS和FAS的计划对象都是A型产品结构中的顶层,如图5-12(a)所示。对于产品系列下有多种具体产品的情况,要根据市场分析来估计各类产品占产品系列总量的百分比。此时,MPS的计划对象是具体产品。

(二)订货组装

订货组装是把很多装配好的结构零件进行组装,由于期望交货期比实际交货期要短,生产必须在预测顾客订单时开始。大量最终产品的制造使得最终预测变得非常困难,并且储存最终产品也有相当风险。由此订货组装试图维持柔性,只生产基本零件和组件,一般在接到最终订单时才开始进行最终产品的装配。

订货组装的好处是,不同的最终产品只需要相当少的次组件和零件就可以完成,这样可大量减少产品库存。最终产品实际上是模块化产品,即产品有多种搭配选择时,基本的次组件则可能不多,此时,MPS的计划对象是相当于X型产品结构中的"腰部"的材料,即通用件、基本件和可选件,而顶部的产品则是FAS的计划对象,如图5-12(b)所示。

例如:一个最终产品由4个部件和1个零件组成,每个部件分别有4种、2种、4种、3种不同类型,零件有5种类型,则最终产品有480($4 \times 2 \times 4 \times 3 \times 5$)种。这时如果MPS以最终产品为对象,则共有480种计划对象;而以相应的组件为计划对象,则只有18($4+2+4+3+5$)种。

(三)订货生产和订货工程

订货生产和订货工程的最终产品一般就是标准定型产品或按订货要求设计的产品,也就是产品结构0层的最终产品。对钢材这类的订货生产,同一型号的钢坯可轧制出多样的钢材,这时主生产计划的计划对象可以放在按钢号区分的钢坯上(相当于T型或V型结构的低层),以减少计划的物料数量。而最终组装计划则是品种很多的钢材的组装。订货生产和订货工程计划对象如图5-12(c)所示。

三、MPS的编制原则

主生产计划是根据企业的能力确定要做的事情,通过均衡地安排生产,实现生产规划的目标,使企业在客户服务水平、库存周转率和生产率方面都能得到提高,并及时更新、保持计划的切实可行性和有效性。主生产计划中不能有超越可用物料和可能能力的项目。在编制主生产计划时,应遵循以下基本原则。

(一)最少项目原则

用最少的项目数进行主生产计划的安排。如果MPS中的项目数过多,就会使预测和管理都变得困难。

(二)独立具体原则

要列出实际的、具体的可构造项目,而不是一些项目组或计划清单项目。

(三)关键项目原则

列出对生产能力、财务指标或关键材料有重大影响的项目。

(四)全面代表原则

计划的项目应尽可能全面代表企业的生产产品。

(五)适当裕量原则

留有适当余地,并考虑预防性维修设备的时间。

(六)适当稳定原则

在有效的期限内应保持适当稳定。

四、MPS的时间范围

主生产计划中的柔性问题主要取决于以下几个因素:生产提前期,明确说明的最终产品所需零部件的供应,客户和供应商之间的关系,生产能力过剩的数量,管理人员进行计划修改的意愿。

MPS的时间范围是指计划的时间跨度,即计划的展望期,其目的是在整个生产系统中维持一个合理的控制流程。如果不建立和遵循一些操作规则，那么整个生产系统将会非常混乱，而且充斥着过期的订单，需要不断地催查，从而影响 MRP 系统运行的效率。管理者将 MPS 的时间跨度划分为一些时间段，这些时间段使得客户有机会在不同层次上作出改变(这里的客户也可能是公司内部的市场部门)。由于需求的预测存在不确定性，所以需要在计划期内对计划进行调整，但是如果计划总是进行调整，势必对系统的整体运作、协调会有很大的影响。因此，为了反映需求的不确定性和计划的稳定性、指导性，一般把 MPS 的时间跨度分为确认区间和暂定区间。

MPS 的时间跨度中有两个时间栏：需求时间栏和计划时间栏，如图 5-12 所示。

需求时间栏(Demand Time Fence, DTF)：在 DTF 之前不能再有新的需求，否则会来不及交货。MPS 只考虑订单而不考虑预测，修改必须经过仔细分析及授权。

计划时间栏(Planning Time Fence, PTF)：在 DTF 和 PTF 之间，新的订单还会进来，若某期预测大于订单，则表示尚有订单会进来，MPS 考虑预测；若订单大于预测，则表示预测低估，MPS 取订单量。在 PTF 之后，MPS 只考虑预测量。

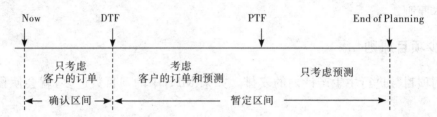

图 5-12 MPS 的时间栏

DTF 之前的时间段为 MPS 的计划冻结期，即 MPS 处于冻结状态(Frozen)，DTF 和 PTF 之间的时间段 MPS 处于适度稳定状态(Moderately Firm)，PTF 之后的时间段 MPS 处于柔性状态(Flexible)，灵活性比较强。如图 5-13 所示。

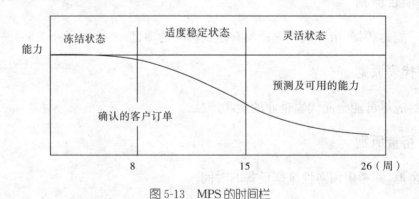

图 5-13 MPS 的时间栏

五、MPS 的计算逻辑

MPS 的编制有三个基本步骤：初步计划、粗能力计划、修订批准 MPS。

MPS 的需求来源主要有七个方面：顾客订单、批发商和经销商订单、服务备件需求—存货满足、预测的需求、安全存货、季节性存货、公司内部各工厂之间的协作等。

(一)相关原始参数的确定

在制定主生产计划时,应以时间分段记录来说明主生产计划量、销售预测、预计可用库存量和可供销售量之间的关系。制定主生产计划的结果是形成主生产计划报表,报表由表头和表体构成。表头是进行主生产计划计算所需的重要原始参数,包括物料名称、物料编号、现有库存量、提前期、需求时界、计划时界、安全库存量、批量等,如表 5-18 所列。报表主体则是主生产计划的计算主体,要根据主生产计划的计算逻辑分别确定预计可用库存量、净需求量、计划产出量和可供销售量等信息。此外,编制主生产计划还需要预测量和实际订单量的信息,如表 5-19 所列,这是制定主生产计划的最重要的输入。

表 5-18 相关原始参数

参数名称	参数值	参数名称	参数值
物料号	LA001	提前期(周)	1
物料名	灯具	需求时界(周)	3
现有库存量	15	计划时界(周)	8
安全库存量	5	计划日期	08/04/01
批量	60	计划员	AM

表 5-19 预测和合同量

	期间(周)									
	1	2	3	4	5	6	7	8	9	10
预测量	20	20	20	20	20	20	20	20	20	20
合同量	25	18	23	16	28	15	24	18	20	18

↑ 需求时界点　　　　　　　　　　↑ 计划时界点

主生产计划的编制过程与本书第六章物料需求计划的编制过程基本一致,只是关注的信息不太一样。对主生产计划而言,比较关心产品的可供销售量,而物料需求计划则关心物料的可用库存量。计算过程是先根据预测量和合同量确定毛需求,再根据毛需求和现有库存量及计划接受量计算净需求,从而确定何时投入、何时产出、投入多少、产出多少。下面依此说明主生产计划的相关计算逻辑。

(二)计算毛需求(Gross Requirement, GR)

毛需求不是预测信息,而是生产信息。毛需求有时段性。它的确定没有固定的模式,因系统和企业的实际需求而定。其中用得较多的是考虑每阶段所在的时段,在需求时界内,毛需求等于实际顾客合同量;在计划时界内,毛需求取预测量和合同量中的最大值;在计划时界以外,毛需求则取预测值。

由表 5-21 可得毛需求的计算结果如表 5-20。

表 5-20　毛需求计算结果

	期间(周)									
	1	2	3	4	5	6	7	8	9	10
预测量	20	20	20	20	20	20	20	20	20	20
合同量	25	18	23	16	28	15	24	18	20	18
毛需求	25	18	23	20	28	20	24	20	20	20

(三) 确定在途量 (Scheduled Receipts, SR)

在途量表示已经订购或已经生产，预计在期间 t 到货的物料量。计算净需求量和预计可用库存量时应考虑在途量。在途量的到达日期可根据已核发的订单日期及提前期来确定，在实际中，可以在计划期间任一期到达。

(四) 计算净需求 (Net Requirement, NR)

净需求的确定要根据该产品的毛需求、现有库存量、在途量和安全库存量来计算。计算逻辑如下。

净需求 = 毛需求 − 预计到货量 − 上期可用库存量 + 安全库存

当计算结果为负值时，净需求为零。表 5-21 显示了净需求的计算结果。

表 5-21　主生产计划计算结果

		期间(周)									
	期初	1	2	3	4	5	6	7	8	9	10
预测量		20	20	20	20	20	20	20	20	20	20
合同量		25	18	23	16	28	15	24	18	20	18
毛需求		25	18	23	20	28	20	24	20	20	20
在途量			20								
预计可用库存量	15	10	52	29	9	41	21	57	37	17	57
净需求		0	13	0	0	24	0	8	0	0	8
计划订单产出量			60			60		60			60
计划订单投入量		60			60		60			60	
可供销售量		10	3	0	0	17	0	0	0	0	0

(五) 确定计划订单的产出 (Planned Order Receipts, PORC)

如果某一期间有净需求，就要求在该期必须获得等于或超过净需求的物料量，这就是计划订单产出。产出量的确定通常要考虑订货的经济批量因素，因此，计划订单产出量应为批量的整数倍。在本例中，批量为 60，因第 2 期净需求为 13 单位，故只要有一个批量的产出即能满足净需求，如果净需求为 75 单位，则计划订单产出应为 2 个批量。

(六) 确定计划订单的投入 (Planned Order Release, POR)

订单的下达到交货通常有个周期，这就是所谓的提前期，计划订单的下达(投入)时段用产出日期减去计划订单的提前期。如第 2 周有 60 单位的计划订单产出量,因考虑到提前期为 1 周,故该计划订单应在第 1 周下达(投入)。

(七)计算预计可用库存量(Projected Available Balance, PAB)

可用库存量是指在现有库存中,扣除预留给其他用途的已分配量,可以用于需求计算的那部分库存,它和现有库存不是一个概念。其计算逻辑如下:

预计可用库存量 = 上期可用库存量 + 本期在途量 + 本期计划产出量 — 本期毛需求

若预计可用库存量为负值,则表示订单将被推迟。计算结果如表 5-22 所示。

(八)可供销售量(Available to Promise, ATP)

可供销售量的信息主要为销售部门提供决策信息,向客户承诺订单交货期,它是销售人员同临时来的客户洽谈供货条件时的重要依据。在某个计划产出时段范围内,计划产出量超出下一次出现计划产出量之前各时段合同量之和的数量,是可以随时向客户出售的,这部分数量称为可供销售量。在 MPS 报表中出现在第一期及所有包含 MPS 的期间。

在第一期中:

ATP = 在库量 + 该期计划产出量 — 已到期和已逾期的客户订单量

在第一期之后的任何有计划产出量的期间:

ATP = 该期计划产出量 – 该期到下一个有 MPS 计划数量期间之前一期的所有合同量总和

若某一期间计算出来的可供销售量为负数,则表示业务员已超量接受订单。计算结果见表 5-21。

六、MPS 的评价和维护

生产计划在制定的各个阶段都将与生产能力作平衡,图 5-14 显示了在生产计划各个阶段所对应的能力和需求的平衡分析。

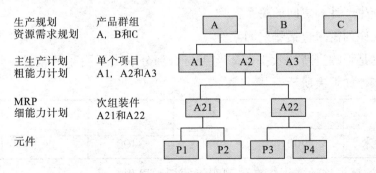

图 5-14　生产计划各个阶段所对应的能力计划

在比较实际可用的能力和计划需求的能力之后,就可以得出目前的生产能力是否满足需求的结论,当出现实际能力和需求的能力即负荷不匹配时,可以修改主生产计划,如取消部分订单、延迟部分订单或将部分订单外包出去。一旦时间栏设定,一般不作改动,尤其是需求时间栏不要轻易改动,原因是时间栏表明修改计划的困难程度和代价。但是,在现实情况下的确有需要修改的时候:某用户变更或取消订单;可利用的生产能力发生变化;无法提供原计划的材料,不得不停止生产;供方失约;出现过多的废品。

在主生产计划制定后,经过粗能力计划就可以确认能力是否满足实际需求,最终确定是否同意或否定初步的主生产计划。如果同意主生产计划,则利用主生产计划来继续生成后续的物料需求计划;如果否定主生产计划,则要对能力和 MPS 进行调整。调整的方法有:改变预计的负荷量或改变生产能力。企业可以采取重新安排订单、拖延(暂缓)订单、终止订单、将订单拆零、改变产品组合等措施来改变预计的负荷量。对于能力的改变,企业可以通过改变产品的生产工艺、申请加班、外协加工、雇用临时工等措施来增加能力。

本章要点:生产运营计划是根据需求和企业生产运营能力的限制,对一个生产运营系统的产出品种、产出速度、产出时间、劳动力和设备配置以及库存等问题所预先进行的考虑和安排。本章主要介绍计划的概念、主要内容,需求预测的方法和生产能力的核算,详细阐述综合生产计划和主生产计划编制的内容、基本策略、编制方法及计算逻辑,这些都是物料需求计划与生产作业计划的基础。

尽管本章主要讨论制造环境下的综合计划,但这对服务业同样适用。不管何种产业或是采用何种计划方法,最主要的问题在于落实计划。

思考题

1. 企业的计划层次如何划分,各种层次之间有何关系?
2. 什么是综合生产计划?综合生产计划与企业其他计划之间的关系是什么?
3. 简述制定综合生产计划可以使用的策略。
4. 试比较追踪策略和平稳策略。
5. 制定综合生产计划需要考虑的相关成本除原材料成本、劳动力成本、库存成本、加班成本外,还要考虑哪些成本?
6. 简述预测与生产计划之间的关系。
7. 典型的时间序列需求包括哪些因素?
8. 某医院考虑是否购进新的救护车。购买与否部分取决于明年的救护车行驶的千米数。过去 5 年行驶的千米数如下表所示。

年份	1	2	3	4	5
里程数/千米	3000	4000	3400	3800	3700

(1) 使用 2 年的简单移动平均法来预测明年的行驶里程数。

(2) 计算(1)中的平均绝对偏差。

(3) 使用加权的 2 年移动平均数法预测明年的里程数,权重为 0.4、0.6(其中 0.6 是较近年份的权重)。计算平均绝对偏差。

(4) 使用指数平滑法预测明年的行驶里程数,其中第 1 年的预测值为 3000 千米,$\alpha = 0.6$。

9. 什么是服务业企业的综合生产计划?

10. 主生产计划的对象与综合生产计划的对象有何不同？

11. 某公司生产多种娱乐和休闲产品，生产经理作了一份需求预测。

月份	3	4	5	6	7	8	9	总计
预测	50	44	55	60	50	40	51	350

已知生产基本数据如下：

正常生产成本	80元/单位
加班生产成本	120元/单位
正常生产能力	40单位/月
加班生产能力	8单位/月
转包成本	140元/单位
转包生产能力	12单位/月
存货成本	10元/单位
延迟交货成本	20元/单位
期初存货	0单位
	5名工人

遵照以下各方针规划综合生产计划，并为每个计划计算总成本。哪一个计划的总成本最低？

(1) 正常生产。需要时辅以存货、加班和转包，不允许延迟交货。

(2) 采用均衡策略。针对需求变化综合运用延迟交货、转包和存货。

12. 某公司要制定未来6个月产品群组的年度生产计划，已知6个月的需求预测量和每月实际工作天数如表5-22所列，每天正常工作时间为8h。该产品群组的期初库存量为600单位，安全库存量为400单位。相关成本数据如表5-23所列，需要说明的是，在考虑分包成本时，仅考虑边际成本，即假如材料成本为每件100元，分包成本为每件120元，那么在考虑实际分包成本时，要将分包成本减去材料本身的成本，就得到所谓的边际成本。

试用分别用追赶策略、平稳策略、加班策略和外包策略制定综合生产计划。

表5-22 每月需求预测与工作天数

月	预测量	每月工作天数
1	1800	22
2	1500	19
3	1100	21
4	900	21
5	1100	22
6	1600	20
总计	8000	125

表 5-23 成本数据

成本类型	成本值
招聘成本	200 元/人
解聘成本	250 元/人
库存成本	1.5 元/件月
缺货成本	5 元/件月
材料成本	100 元/件
分包成本	20 元/件
单位产品加工时间	5h/件
正常人工成本	4 元/h
加班人工成本	6 元/h

13. 简述德尔菲预测方法的步骤。

14. 如果本周的需求是 102 个单位,且预测下一周的需求为 105 个单位,那么下一周使用 α 为 0.3 的指数平滑方法作出的预测是多少?

15. 简述学习曲线与生产能力的关系。

16. 假设学习率是 80%。如果生产第 4 个产品耗时 100 小时,那么第 16 个单位产品的生产需要多长时间?

17. 你认为简单移动平均、加权移动平均、指数平滑法、线性回归分析当中的哪一种预测技术最为精确?为什么?

18. 简述协同规划、预测及补货(CPFR)预测方法的步骤。

结尾案例

日产汽车公司的生产计划系统

日产汽车公司的整车生产计划系统,如图 5-15 所示,它由内销产品生产计划和出口产品生产计划构成,下面以内销产品生产计划为中心加以说明。

首先,"中期生产计划"是一年或半年的生产计划,例如,"蓝鸟"车型的生产总量计划,按照公司的利润计划和销售计划编制。

其次是"三个月生产计划"。这也是工厂方面在把握销售实绩和库存状况的同时,考虑到新技术、设备、人员、零部件厂的体制,以滚动的方式每月编制并修订的,也叫作"基本日程 NO.1"。但是,输入数据加上了来自销售商的预测订货。因为订货不是确定了的,所以每月都要进行修正。

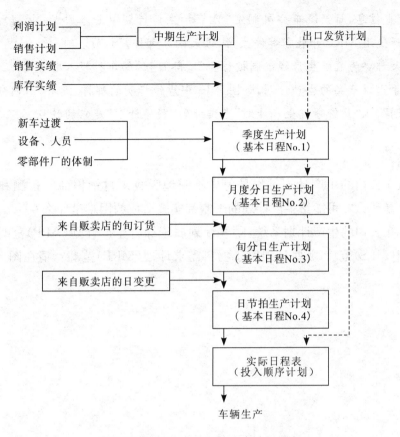

图 5-15　日产汽车公司的生产计划系统

另外，生产不一定只会按与当月预计销售量平衡的数量进行。例如，虽然汽车畅销的月份是 3 月（年度末的人事调动时期）和 7 月（发奖月），但是在前一个月，除了当月的预计销售量外，还必须生产为了下月销售的库存车。这种政策性库存也被编入"基本日程 No.1"中。

将三个月生产计划中最初一个月（也就是下个月）的生产计划用该月的劳动天数除出来的就是下面表示的"月度分日生产计划"（基本日程 No.2）。例如，制定一天生产多少辆"蓝鸟"车型的总分配额计划，并根据它决定勤务体制。这就决定了人工（以由总作业时间得来的工作量为单位，一个人工指一个人在一天规定的作业时间里的完成量）总数（总工时）和加班体制，把劳动人员分配到各工作日中去。这个计划一经确定，在当月就不能改变。这是因为要保证"基本日程 NO.1"中的总量数。

以上生产计划主要是以日产汽车公司预测信息为基础的计划。

在下一个步骤中，开始是来自销售商（贩卖店）的信息起重要作用，这就是"来自贩卖店的旬订货"，包括车颜色在内的最终规格（最后项目）的信息，同时包含了销售商的销售预测和实际订货信息。旬订货对三个月预测订货具有修正的意义，与基本日程 No.2 和 No.3 没有太大的出入。

根据旬订货制定"旬内分日生产计划"（基本日程 No.3）。

"来自贩卖店的日变更"信息，就是来自贩卖店的日订货，是修正旬订货信息的数据。对于旬订货，一般车种可以变更 2～5 成，也有车种可以无限制地变更。发出日变更要在该规格的汽车下线四天之前。

按照日变更信息,日产汽车公司制定"日节拍生产计划"(基本日程 No.4)。针对日生产计划方面,日产使用 MRP 开展零部件生产,每天向零部件厂订货。

最后,每天都要为装配生产线编制被称为"实际日程"的车种投入顺序计划。

此外,关于出口产品的生产计划,如图 5-15 中虚线标明的那样,没有"旬内分日生产计划"和"日生产计划",从"月份分日生产计划"直接跳到"顺序计划"是它的特点。

(资料来源于网络,文字有删改)

问题讨论:

1. 日产汽车公司的生产计划过程是怎样不断地吸收来自销售商的预测和订货信息的?这样做的优点是什么?可能给生产计划的编制和实施造成的困难是什么?

2. 日产汽车公司的生产计划系统,哪些计划属于综合生产计划(APP)范畴,哪些计划属于主生产计划(MPS)范畴,哪些计划属于物料需求计划(MRP)范畴?请在图 5-15 中标出它们的分界。

第六章

物料需求计划

◎ 学习目标

- 理解MRP的基本思想;
- 了解独立需求库存理论的局限性;
- 掌握MRP的输入、输出;
- 掌握MRP的生成过程;
- 了解MRPII的特点;
- 了解ERP的演变及实施。

开篇案例

美的集团MRP II的实施

美的集团始建于1968年,从最初的塑料生产企业到后来的家电生产商再到拥有家电、机器人、智能供应链的多产品、跨行业的科技集团,可以说美的近年来的发展做到了从"中国制造"到"中国智造",堪称中国制造企业转型升级的典型样本。但回顾过往,美的在2009—2011年间出现了"增收不增利"的局面,在IT系统建成之前,材料品种多,进库、出库、调拨的频繁操作也使得仓库的管理工作量十分大,人工误差导致库存数量的不准也影响到生产发料,停工待产现象经常发生,从而影响交货不及时。在种种压力面前,公司开始考虑对企业管理进行全面改革。

美的集团于2011年开始运用MRPII系统,在IT系统建设方面,美的通过对企业经营管理各环节进行深入地价值分析来确定数字化项目的实施方案及步骤,首先实现数字透明,然后实现数字驱动。通过大数据应用不断提升运营效率,美的借助量化的数据实现了生产管理的专业化和标准化,并最终提升了生产运行效率。

有了上述实施保证,管理信息系统的应用就有了基础,应用成效也显而易见,MES系统平台有效固化了业务流程和管理标准,支撑了精益管理的集团化和扁平化。公司通过全流程可视化和数字促进了任务流动,通过拉式生产系统实现了JIT,将制造综合效率提升了33%,原材料、在制品库存降低了90%。原来一条普通空调生产线的换型时间为45分钟,一次组装合格率为97%,信息化品质控制点有6个,工人数量为160人,机器人数量为0。与之相比,有了IT系统的生产线换型时间降至3分钟,一次组装合格率达到99.9%,信息化品质控制点升至108个,工人数量降至51人,机器人数量升至68台。美的集团表示,美的家用空调用工人数在历史最高时曾达到5万人,2015年减少至2.8万人,2018年进一步减少到1.6万人;机器人数量则从2011年的50台上升至2015年的562台,2018年已上升到1500台。美的集团计划到2024年机器人产能达到每年7.5万台。此外,智能制造技术可以实现柔性化生产,转型时间的缩短可以让工厂生产多批次、小批量的订单,以满足个性化定制的需求。

正如公司高层领导所认为的,推行MRPII实际上是一个全面推进管理现代化、科学化的过程,在一定意义上讲,这是美的集团在国内国际市场日趋激烈的竞争中转型升级的一次管理革命。

(资料来源于网络,文字有删改)

物料需求计划(Materials Requirement Planning,MRP)是指在产品生产中对构成产品的各种物料的需要量与需要时间所做的计划。正如上一章所说,主生产计划(MPS)确定后,生产管理部门下一步要做的事,是保证生产MPS所规定的最终产品所需的全部物料(原材料、零部件、组件等)以及其他资源能在需要的时候及时供应。如果仍然沿用处理独立需求的方法去解决这些相关需求问题就显得苍白无力,而物料需求计划(MRP)正是解决相关性需求的计划。

MRP 是 20 世纪 60 年代初在美国出现的,随后又有了较大的发展。现在 MRP 已经从一个需求计算器变成具有全球多点应用的集成的实时系统。在 20 世纪 40—60 年代,美国生产管理进行了变革,将过去的以产品为中心的生产方式改为以零部件为中心的生产方式,即根据市场需求和预测,事先将零部件生产出来存在库中,一旦接受订货,立即将零部件组装起来迅速完成订货。这种生产方式灵活、适应性强,但也出现了一些问题,有时零件多,占用流动资金多;有时零件少(缺货),影响交货。当时,对零件的需求量主要靠手工计算,由于产品结构复杂,很难准确反映,如果情况变化大,控制就更难了,到了 20 世纪 60 年代,计算机在企业中运用普及,MRP 也就产生了。

最初,MRP 只是一种需求计算器,是开环的,没有信息反馈,也谈不上控制。后来,加上从供应商和生产现场取得的信息反馈,形成了闭环 MRP 系统,这时的 MRP 成为生产计划与控制系统。20 世纪 80 年代发展起来的制造资源计划(Manufacturing Resource Planning,MRPII),不仅涉及物料,还涉及生产能力和一切制造资源,是一种广泛的资源协调系统。它代表了一种新的生产管理思想,是一种新的组织生产的方式。20 世纪 90 年代初,美国加特纳公司(Gartner Group Inc.)首先提出企业资源计划(Enterprise Resourced Planning,ERP)的概念。ERP 已经超出单个企业的范围,涉及供应链和客户关系管理。ERP 的概念现在仍在不断发展中。

随着电子计算机的广泛应用,MRP 已经在我国的很多企业中得到应用,因此研究 MRP 的有关概念及方法,无论是对应用国外现有的 MRP 软件,还是结合本企业的特点自行开发 MRP 系统,都有十分重要的意义。本章主要讨论 MRP 的基本原理、系统组成、运行逻辑及发展历程。

第一节　MRP 的基本原理

正如第四章所述,企业生产运营系统对物料的需求可以划分为两种——独立需求与相关性需求。相关性需求概念的提出,为生产库存的控制奠定了理论基础。物料需求计划技术就是建立对相关性需求物料进行订货与控制的一套计划与控制原理。

一、MRP 的基本思想

MRP 的目标是保证按时供应用户所需的产品,及时取得生产所需要的原材料及零部件,在保证尽可能低的库存水平下计划生产活动、交货进度及采购活动,使各车间生产的零部件、外购配套件与装配的要求在时间上和数量上精确衔接。

MRP 的基本思想是,围绕物料转化组织制造资源,实现按需要准时生产。

对于加工装配式生产来说,如果确定了产品出产数量和出产时间,就可按产品的结构确定产品的所有零件和部件的数量,并可按各种零件和部件的生产周期,反推出产时间和投入时间。物料在转化的过程中,需要不同的制造资源(机器设备、场地、工具、工艺装备、人力和资金等),有了各种物料的投入产出时间和数量,就可以确定制造资源的需要数量和需要时间,从而可以围绕物料的转化过程来组织制造资源,实现按需要准时生产。

按照 MRP 的基本思想,从产品销售到原材料采购,从自制零件的加工到外协零件的供应,从工具和工艺装备的准备到设备维修,从人员的安排到资金的筹措与运用,都要围绕物料的转化进行，从而形成一整套新的方法体系，它涉及企业的每一个部门、每一项活动。因此，我们说MRP是一种新的生产方式。

为什么要以物料转换为中心来组织生产呢？在生产过程中，物料不断地改变形态和性质。从原材料逐步转变为产品，企业很大一部分流动资金被物料占用。同时，企业的固定资金主要为设备所占有。因此，管好设备和物料，对于提高企业的经济效益有举足轻重的作用。

以物料为中心组织生产体现了为顾客服务的宗旨。物料的最终形态是产品，它是顾客所需要的东西，物料的转化最终是为了提供使顾客满意的产品。因此围绕物料转化组织生产是按需定产理念的体现。要生产什么样的产品，决定了需要什么样的设备和工具，以及决定了需要什么样的人员。以物料为中心可以把企业内各种活动有目的地组织起来。以设备或其他制造资源为中心组织生产，则会陷入盲目性。既然最终是要按期给顾客提供合格的产品，在围绕物料转化组织生产的过程中，上道工序应该按下道工序的要求进行生产，前一生产阶段应该为后一生产阶段服务，而不是相反。MRP正是按这样的方式来完成各种生产作业计划的编制的。

MRP既是一种管理理念、生产方式，也是一种方法技术、一个信息系统；既是一种库存控制方式，也是一种时间进度安排方法。但无论怎样，MRP的核心思想是围绕物料转化组织制造资源，实现按需要准时生产。

二、独立需求库存理论的局限性

如前所述，MRP要解决的问题是合理编制与MPS规定的最终产品相关联的物料的生产和采购计划。由于企业中相关需求物料的种类和数量相当繁多，而且不同的零部件之间具有多层"母子关系"，这种相关需求物料的计划和管理比独立需求要复杂得多。很多年来，企业对这种相关需求物料的管理采用的是与独立需求相同的管理方法——再订货点法。所谓再订货点法，就是人们所熟悉的采用统计方法确定订货批量和再订货点，每当库存降到再订货点时，就按照既定的批量再订购（生产）一批的方法。其实质是基于"库存补充"的原则，目的是在需求不确定的情况下，保证供应而将所有的库存都留有一定的储备。再订货点方法实际上是处理独立需求库存的一种方法，用于处理相关需求实际上是有很大局限性的。

这种局限性主要在于以下三点。

一是独立需求库存理论假定需求是连续的、均衡的，但对于相关需求而言，因生产往往是成批进行的，故需求是断续的、不均衡的。

二是独立需求库存理论假定需求是独立的，但相关需求是取决于最终产品的。这种相关关系是由物料清单所决定的，何时需要多少则是由最终产品的生产计划决定的。

三是独立需求库存理论依据历史数据或市场预测来决定库存和订货的时间与量，相关需求则是以确定的生产计划为依据。

因此，用再订货点法来处理相关需求问题，是一种很不合理、很不经济、效率极低的方法，容易引发以下一些问题。

一是库存的盲目性。由于库存需求不稳定，对需求情况不了解，盲目维持一定的库存会导致不必要的库存积压。

二是高库存与低服务水平共存。对需求情况不了解，仅靠高库存来维持、提高服务水平是不可取的。虽然说库存越高服务水平也越高,但当服务水平达到95%时,只要服务水平略有提高,库存量就会大幅度增加,也就是说,通过库存量来提高服务水平的边际效用急剧衰减。

三是形成"块状"需求。采用订货点的条件是需求均匀。但是,在实际生产运营过程中,因生产往往是成批进行的,故相关性需求是断续的、不均衡的,呈现出"块状"与突发性,若采用再订货点法处理相关需求,则会加剧需求的不均衡性,如图6-1所示。

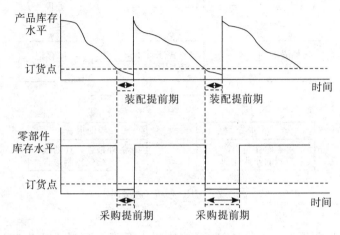

图6-1 订货点法

在对于最终产品需求率为均匀的条件下,采用再订货点法会造成对原材料、零部件的需求不均匀而呈"块状"分布,"块状"需求与"锯齿状"需求相比,平均库存水平提高了近1倍,因而效率低下,很不经济。相关需求的时段性和成批性决定了再订货点法的局限性,即再订货点法不能有效地解决相关需求问题,容易造成库存积压,占用资金大量增加,产品成本也随之增高,影响企业的竞争力。于是,人们提出了MRP,它可以确定零部件、毛坯和原材料的需求数量与时间,消除盲目性,实现低库存与高服务水平并存。

三、MRP的系统结构

MRP系统利用物料需求之间的关系,即产品结构中物料的从属与数量关系,来确定需要量与需要时间,以及投产或采购的批量与进度日程的计划。

经过对物料需求计划过程的科学总结,人们归纳出了一套严密的计划逻辑,即"制造业的方程式"。它们可用如下的一组问题加以表述:要生产什么?要用到什么?已经有了什么?还缺什么以及什么时候下达订单?

第一个问题指的是产品的需求,也就是出产计划,应由销售合同或产品出产计划来提供答案。第二个问题是关于产品结构的问题,应由描述产品结构的资料来回答。第三个问题指的是对现有的库存量的查询,要求提供库存中现有多少物料能满足计划的需求量。第四个问题是物料需求计划的编制问题,它要求充分利用库存物料来满足计划需求,当库存不够满足需求的情况下,对不足的部分制定需求计划,包括提出订单的时间计划。这四个问题是任何工业企业,不论产品类型、生产规模和工艺过程如何,都必须回答的基本问题。

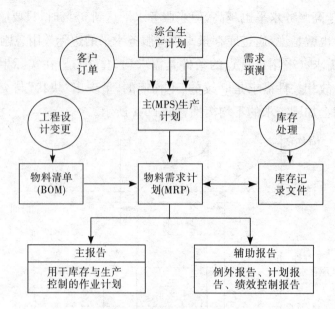

图 6-2　MRP 系统的基本组成

依据上述的制造业方程式，一个 MRP 系统的输入要素主要是由主生产计划、物料清单和库存记录文件这三部分组成，输出的是主报告和辅助报告。图 6-2 表示了 MRP 系统的组成。下面对 MRP 系统输入和输出分别加以讨论。

(一) MRP 系统的输入

1. 主生产计划(MPS)

主生产计划是分时段的独立需求计划，是确定每一个具体的最终产品在每一个具体时间周期内的出产数量和出产时间的计划。它详细规定生产什么、什么时段需要、需要多少。主生产计划根据客户合同和市场预测，把经营计划或生产大纲中的产品系列具体化，以成为展开物料需求计划的主要依据，起到从综合生产计划向具体计划过渡的作用，同时起到沟通内外信息的作用。因主生产计划是外部需求与内部制造之间的接口，MRP 系统所产生的各种计划都要依据主生产计划来制定，在 MRP 系统中起着主控的作用。一方面，主生产计划代表了对客户的承诺；另一方面，不同的最终产品所需要的生产运营能力也各不相同，因此主生产计划的制定必须综合考虑营销、生产和采购等多方面的相关因素，并经常更新。

2. 物料清单

物料清单(Bill Of Materials, BOM)，又称"产品结构文件"，是对完整的最终产品的描述，它表明了产品结构的有关信息，不仅列出了构成最终产品的所有原材料、零部件和组件，还描述了这些构件之间的从属关系和时间、数量关系。

产品结构一般会以不同层次的形式展开，分别反映原材料和各部件之间的层次关系。一般最高层称为 0 层，代表最终产品项，第一层代表组成最终产品项的部件，第二层为组成第一层部件的组件，以此类推，最底层为零件或原材料。上下相邻两层物料为母子项关系，子项物料的需要量是根据母项物料的需要量确定的。各种产品由于结构复杂程度不同，产品结构层次数也不相同。产品结构树是一种常用的、比较直观的表示产品结构信息的方法。

图 6-3 所示为产品 A 的产品结构树。产品 A 由 2 个单位的零件 B 和 3 个单位的零件 C 组成。零件 B 由 1 个单位的零件 D 和 4 个单位的零件 E 组成，零件 C 由 2 个单位的零件 F、5 个单位的零件 G 和 4 个单位的零件 H 组成。

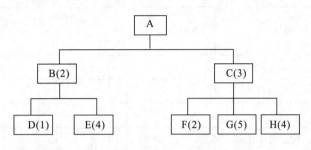

图 6-3 产品 A 的产品结构树

一种零部件或原材料可能出现在产品结构树的不同层次上，需要注意的是，在产品结构清单中，有些部件、组件和零件是自己生产的，有些可能是外购的。如果是外购件，则不需要按外购件的组成再进一步分解。

物料清单是联系和沟通企业各项业务的纽带，是运行 MRP 系统的主要文件。凡用到产品物料数据的各个业务部门都要依据统一的物料清单进行工作，如生产计划、物料供应、成本核算、设计工艺以及销售等部门都要利用物料清单来计划和组织各自的业务活动。正是物料清单的应用体现了企业信息系统的数据共享和信息集成。物料清单是企业共享的管理文件，必须保证数据和信息的准确性，否则，物料需求计划的可靠性和可执行性会极大地降低。

3. 库存记录文件

库存记录文件就是记录 MRP 系统的所有物料项库存情况的文件，记录了 MRP 系统关于订什么、订多少、何时发出订单等关键信息。库存记录文件按照时间和区间存储各物料项的状态信息，包括需求总量、预期收货量、期望持有量以及各物料项的其他细节，诸如供应商、生产提前期和订货批量等，包括因收发而形成的库存变化、订单取消及类似事件。

数据资料可分为两类。一类是固定数据，又称"主数据"，包括物料的代码、名称、材质、单价、供应来源（自制或外购）、供应提前期、批量政策、保险储备量、库存类别（按资金占用量划分的 ABC 分类）等。这类数据说明物料的基本特征在一定时期内不会变动。另一类是变动数据，包括物料的现有库存量、最小储备量、最大储备量、预留库存量、预计到货量等。这类数据随时间推移而变动，需要经常加以维护，即根据最近的出入库数字和报废报失等情况，及时进行账目更新，保持账物卡一致。表 6-1 描述了 MRP 系统中的库存记录文件所包含的项目。

表6-1 MRP系统中的库存记录文件

物料主数据	物料号		物料描述		提前期		标准成本		安全库存	
	订单数量		准备时间		生产周期		上年使用量		物料类别	
	允许废品率		切割数据		指针		其他			
库存状态	储位		控制平衡	时段						合计
				1	2	3	4	5	6	7	8	
	毛需求											
	计划收货											
	现有库存											
	计划订单下达											
辅助数据	订单详情情况										
	等待处理措施										
	盘点人员										
	跟踪情况										

MRP系统结合库存记录文件从产品结构树的顶端开始向下分析,逐层展开计算BOM中的各层零部件或原材料的需求。库存记录数据的准确性对MRP系统的成功运行有着极为重要的作用,是衡量MRP系统实施绩效的一项重要指标。因此,必须建立专门的管理制度并严格执行制度,做好数据的记录和维护更新工作。

(二)MRP系统的输出

MRP系统能够向管理者提供许多信息,通常分为两类:主报告和辅助报告。

1. 主报告

生产、库存的计划与控制是主报告的重要组成部分,通常包括下列内容。

(1)计划订单:它指明了未来订单的数量和发出订单的时间以及对预计入库量、入库时间的调整。

(2)下达订单:它授权执行计划订单。

(3)变更订单:它包括预计日期、订货数量的改变和订单的取消。

2. 辅助报告

业绩控制、计划工作与异常报告是辅助报告的主要内容。

(1)业绩控制报告:它用来评价系统运作状况,帮助管理者衡量实际运行情况与计划的偏离程度。

(2)计划报告:它有助于管理者预测未来的存货需求。

(3)异常报告:它能唤起员工对重大异常情况的关注,如到货延迟、残次品率过高、报告失误等问题。

第二节 MRP 的处理逻辑

一、MRP 的计算项目

计算的目的在于使生产既能正常进行又没有不必要的存货。任何计划都包含两种基本的决策变量,即数量和时间期限,物料需求计划也同样。具体地说,物料需求计划中共有 6 个计划项目。

(一)总需要量(Gross Requirement, GR)

总需要量,或称"毛需要量"。它是指为满足母项物料的生产而要求该物料提供的数量。这种需要量是分时间周期(周)提出的。必须说明的是,总需要量来自该项物料的直接母项,而不是按最终成品的需要量。零层物料,即最终产品的总需要量就是主生产计划的产品产量。

(二)计划到货量(Scheduled Receipts, SR)

这是指已经投产或已经发出的订单,预计可在计划周期内到货入库的物料数量。

(三)可用库存量(Projected On-Hand Inventory, POH)

这是指在满足总需要量后尚有剩余可供下个周期使用的存货量。习惯上,用周期末的库存量代表。即从现有库存中,扣除了预留给其他用途的已分配量,可以用于下一时段净需求计算的那部分库存。每期的可用库存量按下式计算。

$$可用库存量 = 上期可用库存 + 本期计划到货量 - 本期总需要量$$

(四)净需要量(Net Requirement, NR)

当可用库存量不够满足该期总需要量时,短缺部分就转为净需要量。净需要量的确定要根据该产品的毛需求、现有库存量、在途量和安全库存量来计算。计算逻辑如下:

$$净需要量 = 毛需求量 - 计划到货量 - 上期可用库存量 + 安全库存$$

当计算结果为负数时,则净需要量取零。

(五)计划订货入库量(Planned Receipts, PR)

这是指向生产部门或供应部门下达的订货任务量。如果某一期间有净需求,就要求在该期必须获得等于或超过净需求的物料量,即计划订单产出。在实际生产或供应时,需考虑经济性和计划周期等因素对净需要量加以调整。按批量规则将净需要量调整成的生产批量或采购批量就是计划订货入库量。具体批量规则将在后面的章节中进行详细介绍。

(六)计划发出订货量(Planned Order Release, POR)

计划发出订货量是指投入生产或提出采购的数量,实际上要说明订单的发出时间或开始生产时间。计划发出订货量在数量上一般等于计划订货量,只是将时间从交货时间反推一个提前期,以得到投入的时间。这里的提前期是指物料在所处的生产阶段中所需要的制造周期,如部件的提前期是部件装配的生产周期,零件的提前期则是机械加工的生产周期等。

二、MRP 的计算逻辑

物料需求计划的计算过程是按产品结构层次,由上而下,逐层进行的。图 6-4 表示物料需求计划的计算过程。

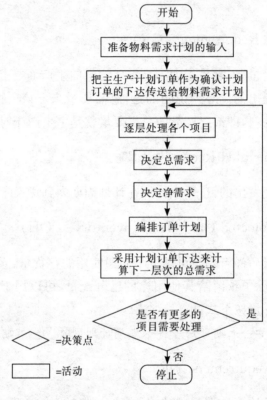

图 6-4 MRP 的计算过程

由图 6-4 可知,MRP 运行的程序如下:

通过主生产计划获得在某时间段所需的最终产品项列表;

通过物料清单展开组成最终产品项的每个物料项目所需的物料和零件的需求;

通过库存记录文件得到库存现有的及已下达订单的物料项目和数量;

物料需求计划程序通过对不同时段的库存记录文件和物料清单文件的不断查询来计算所需的每个物料项目的需求量;

由主生产计划直接展开得到的每个物料项目的需求为总需求量,在求出各物品总需求量的基础上,根据现有的库存状况及已下达订单的数量调整得到净需求,通过净需求及根据每个物料项目所需的提前期倒推出计划订单下达的时间表。

算完一个时间周期的需求计划后,将时间推进一个周期,按上述循环计算下一时间周期内的各项需要量。整个计划期的时间需求计划都计算完后,转入下一项产品的需求计算,直至该层级所有产品都计算完毕为止。该层物料计算完后,转入下一层物料的计算,按同样的循环一层层地计算下去,直至全部的物料都计算完毕为止。

在计算中,有两点必须注意。一是要注意是否有同一物料在几个层级上都存在。对这种物料,在没有到达最低层级时只计算总需要量,把计算结果暂存起来,只有到达最低层级时才计算全部的需要量项目。二是应把所有成品的通用零部件合并起来,将总需要量汇总成全部产品对该物料的总需要量,以后按汇总的总需要量计算其余的计算项目。下面举例说明 MRP 计划的计算过程。

例 6-1

某厂要生产产品 X,是由 2 个部件 A、3 个部件 B 和 1 个零件 G 组成的。部件 A 是由 1 个零件 E 和 2 个零件 F 组成的,部件 B 是由 2 个零件 E 和 2 个零件 G 组成的。具体产品 X 的结构树如图 6-5 所示。表 6-2 是产品 X 的主生产计划,获得这些零部件所需的提前期、现有库存量如表 6-3 所示。试为该厂制定每项物料在计划期内的物料需求计划。

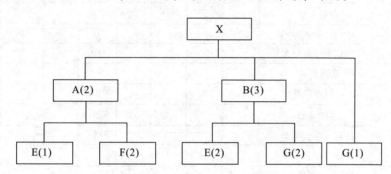

图 6-5　产品 X 的产品结构树

表 6-2　某厂的主生产计划

物料项目	8 周	9 周	10 周	11 周	12 周
X	100			120	

表 6-3　产品 X 的零部件的提前期

物料项目	提前期(周)	可用库存量
X	1	25
A	2	5
B	2	15
E	3	30
F	2	20
G	1	10

表 6-4　在第 8 周交货的 100 个产品 X 的物料需求计划

项目		周次								
		1	2	3	4	5	6	7	8	9
X (LT=1)	毛需要量								100	
	可用库存量25							25	0	
	净需要量								75	
	计划订单入库量								75	
	计划发出订货量							75		
A (LT=2)	毛需要量							150		
	可用库存量5						5	0		
	净需要量							145		
	计划订单入库量							145		
	计划发出订货量					145				
B (LT=2)	毛需要量							225		
	可用库存量15						15	0		
	净需要量							210		
	计划订单入库量							210		
	计划发出订货量					210				
E (LT=3)	毛需要量					565				
	可用库存量15				30	0				
	净需要量					535				
	计划订单入库量					535				
	计划发出订货量		535							
F (LT=2)	毛需要量					290				
	可用库存量20				20	0				
	净需要量					270				
	计划订单入库量					270				
	计划发出订货量				270					
G (LT=1)	毛需要量					420				
	可用库存量10				10	0		0		
	净需要量					410		75		
	计划订单入库量					410		75		
	计划发出订货量				410		75			

解　根据图 6-5 的计算逻辑,可将产品 X 的物料需求计划的生成过程表示为表 6-4 所示的处理过程。为简明起见,表 6-4 中只表示了满足第 8 周主生产计划的物料需求计划。该表所示为物料需求计划工作表的一般形式,下面结合表 6-4 说明这些物料需求计划的制定过程。

根据主生产计划,产品 X 在第 8 周需要出产 100 件,即毛需要量为 100 件,由于有可用库存量为 25,净需要量为 75。本例中没有给出具体批量规则,可以将净需要量直接定为计划订单入库量。由于 X 的提前期为 1 周,投入时间为第 7 周,计划发出的订货量就等于计划订单入库量。下一步是根据物料清单,求出 X 的子项物料,即 A、B、G 的总需要量。由图 6-5 可知,1个X由2个A、3个B和1个G所组成,因此,A的毛需要量为75×2=150,B的毛需要量为75×3=225,根据可用库存量和提前期,可以计算各项需要量,G的毛需要量为75×1=75,但是G尚未到达最低层级,暂不计算各项需要量。至此,完成了零层物料的全部计算项目,进入下一层级的物料需求计算。在下一层级的物料需求计算中,可以看出零件E是A和B都需要的子项,因此,E的总需要量为145+145×2=565,期初库存为30,净需要量为535,提前期为3周,投入时间为5-3=2(周)。余各子项物料的需要量按同样方法也可以求出。

三、制定 MRP 需考虑的其他问题

除了了解输入、输出、处理过程及计算方法外,管理者还需要了解安全库存、批量规模选择和提前期等因素对于MRP系统的影响。

(一)安全库存

从理论上讲,相关需求的存货系统(MRP系统)不需要设置最终产品安全库存。但是,在实际生产过程中会产生一些意外情况,诸如,瓶颈工序或残次品率剧增会造成后续工序或程序缺货,到货延迟、制造或装配时间超过预期的生产周期会形成缺货。在这种情况下,企业使用安全库存有助于维持平滑生产,但要为各种各样的零部件设置安全库存,就会使问题变得过于复杂。

为了有效应付这些问题,管理者首先要识别可能发生变化的活动或业务,确定变化范围。如果生产提前期可变,则可用安全时间代替安全库存,以充分考虑和安排好订货的到达与完成。当数量可变时,管理者必须权衡需求与持有额外存货的成本之间的利弊关系。通常,管理者会选择持有最终产品(MPS决定的产品)和外购件的安全库存,这样既可以应付BOM顶层顾客订单的波动,又可以预防BOM低层的供应商的不可靠性。

(二)提前期

提前期又称为"生产周期",需要分两种情况来考虑。对于外购件,提前期是指从订单发出直至物料进入仓库的时间长度。对于这类物料来说,如果所制定的提前期比实际所需的时间长,则会导致库存费用的增加;反过来,如果提前期太短,则会导致缺货的发生,产生催促费用等。对于企业内的自加工件来说,提前期包括加工时间、作业交换时间、物料在不同工序间移动所需的时间以及等待时间等因素。精确的生产提前期往往非常重要,对于零部件或物料计划到货期较短的情况尤其如此。

(三)批量规则

MRP计划中每项物料的订货量都是为了满足母项物料的需要,即保证物料之间的关系。这个特点对批量的确定提出了必要的基本条件或基本假设。归结起来,满足这种相关性需求的批量确定方法应遵循下列假设:第一,在计划期内,各时间周期的物料需要量确定而已知,而且必须满足;第二,订货批量可以而且只能覆盖一个或几个周期的需要量,不能把一个周期内的需要量拆开,再分成几批去订货;第三,满足当期需求的批量直接发送用户,不入库储存,因此不发生保管

成本。

MRP系统中常用批量规则有以下几种。

1. 固定订货量法

固定订货量法为物料的订货规定了一个固定的订货批量,每次订购或生产这种物料时都按这个批量订货。订货数量可凭经验及某些生产条件决定。如考虑生产设备的可利用能力、工模具的寿命、仓库的可用面积等。固定批量又常取最小批量,即物料的最小订货批量;若净需要量小于该最小批量,则将批量增加到最小批量,以保证订货的经济性;若净需要量超过最小批量,则按净需要量订货,以保证计划的需求。

2. 直接批量法

直接批量法将净需要量定为计划订货量。这是最简单的一种批量确定方法,且能大大降低库存保管成本。但缺点是会因订货频繁而产生较大的订购成本或生产成本。

3. 固定订货间隔期法

固定订货间隔期法是预先设定一个固定的订货间隔期,如每隔3周订一次货,然后将此间隔期内的净需要量合成一批去订货,到货的时间就在期初的那一周。间隔期的选择常与企业编制计划的间隔期相适应。如取季、月、周等。同时,也应考虑物料的价值分别设定几种间隔期,如对价值高的物料,订货间隔期取得短些,以降低库存资金占用和及时供应需求;对价值低的物料则取得长些,以简化管理而又不增加过多的库存资金。

4. 最小总成本法

这是一种动态的批量确定技术。最小总成本法是通过比较不同批量的持有成本与订购(调整)成本,保证库存总成本最低的批量确定方法。最小总成本法的原理是:若将若干期净需要量合成一批订货,则需要比较一下合批订货所节省的订购成本与提前到货所增加的保管成本是增加还是减少;若节省的订购成本大于增加的保管成本,则合批有利,可继续将下一周期的需要量并入,以进一步减少订购成本;若节省的订购成本小于增加的保管成本,则说明合批不利,应减少订货批量。因此,当合批后所节省的订购成本正好与库存量增加所增加的保管成本相等时,该订货批量下的库存量就是判定合批是否有利的临界库存量。需要注意的是,库存量是存货数量与存库时间的乘积。

设临界库存量为E,一次订购成本为C_0,一年的保管费用率为i,物料单价为P,则临界库存量按下式计算:

$$E(iP) = C_0$$

$$E = \frac{C_0}{iP}$$

为确定与临界库存量一致的订货批量,需要在计划期内尝试各种订货批量,并求解各批量的库存量,最接近临界库存量的就是最优批量规模。在此加以审视的订货规模均基于累积需求。例6—2说明了最小总成本法的计算过程。

例 6-2

以表 6-5 中给出的净需要量数据为例,假设 A 物料的订购成本是 80 元,单价为 47.5 元,保管费率为 0.02,试确定在计划期内的订货安排,即确定订货的时间与每次订货的数量。

表 6-5 A 物料的各期净需要量

周期	1	2	3	4	5	6	7	8
净需要量	60	40	20	2	30	0	70	50

解 先计算临界库存量

$$E = \frac{80}{47.5 \times 0.02} = 84.21$$

其次,按照临界库存量检查每种批量合并的经济性,计算过程列于表 6-6 中。

表 6-6 最小总成本法的计算示例

周期(1)	净需要量(2)	累计批量(3)	库存周期(4)	库存量Σ(2×4)	备注
1	60	60	0	0	
2	40	100	1	40	
3	20	120	2	80	
4	2	122	3	86	停止合批
5	30	30	0	0	
6	0	30	0	0	
7	70	100	2	140	停止合批
8	50	50	0	0	

对累积库存量的计算表明,第 1 期应该订购 122 单位,之后在第 5 期应该再订购 140 单位。关于第 1 期批量规模的考虑符合累积需求,最佳批量规模一经确定,累积需求就设为零,从下一期开始重新累计。因此,批量规模 122 覆盖了最初 4 期,第 5 期更新开始累积需求。下一个批量规模覆盖到了第 7 期,于是第 8 期重新开始累积累求,此时的批量规模至少为 50 单位。

有必要指出,只有处于产品结构最底层的物料才考虑批量选择问题。中间层次的物料(部件、组件)应直接把母项提出的需要量作为订购批量,否则会打乱多层的需求计划,使物料批量如滚雪球似的扩大,而且计算次数的增加也易引起错误。另外,在计划订货量转成计划投入量时,需考虑某些实际因素对计划订货量进行调整,得到应有的计划投入量。需考虑的因素有:不良品的存在、工艺或包装要求的批量和下料方式(如一定规格的板材每张板可裁料的数量)等。

综合而言,在选取批量规模技术时,必须考虑需求性质(一致性)、持有成本与订货成本的相对重要性以及其他影响订货的因素,没有哪个方法适用于所有条件。

四、MRP 的生成

MRP 系统的一个重要功能是,能根据新发生的情况及时对计划进行修订,使计划始终走在生产的前面,指导生产的进行。在通行的 MRP 系统中,有两种更新方式:重新生成方式和净变更方式。

(一)重新生成方式

重新生成方式是 MRP 系统中常见的一种计划更新方式,根据这种方式,系统要从零层的产品需求量开始,逐层往下,对各层中每项物料的需求量都重新进行计算。更新的间隔期一般为 1~2 周,采用批处理方式。这意味着在两次批处理之间发生的所有变化,如主生产计划的变化、产品结构的变化、计划因素的变化等都要积攒起来,等到下批处理时一起处理。

重新生成方式的计算工作量大。从经济上考虑应按一定的间隔期,如 1~2 周,定期进行为宜。它适用于比较稳定的生产环境和计划修改不太频繁的场合。

(二)净变更方式

若生产环境很不稳定(如客户订货时有变化、主生产计划常需修改、产品设计经常改动等),系统应有较强的适应变化的能力,此时重新生成方式就不太适用。为了能在较短周期内更新计划,净变更方式产生了。净变更的更新方式并不对所有的物料需求都重新进行计算,而只对那些有变化的项目进行重新计算和作新的计划安排。这就可使计划的工作量大大减少,计划更新的频次加快,从而增强了系统的适应能力。

净变更式的另一个重要特点是,更新计划与文件的维护融为一体,即在对编制计划所需数据资料文件进行更新的同时,随即进行计划的更新。净变更方式中的 MRP 计划不是一份份定期编制的计划,而是在计划实施过程中不断修改着的计划。这要求系统具有这样的功能:能随着计划的实施对物料的状态自动进行平衡。

但净变更方式也有不足之处,主要是处理过程往往采用人机交互方式,按项目分解,需要多次查询库存记录,因而数据处理的效率较低,成本较高,也易于出错。净变更方式的另一个缺点是,系统对变化的反应显得过分敏感,因而使计划失去权威性,也会使基层管理人员因不断修正已经进行的作业而感到困难。显然,净变更方式适用于计划变动频繁、生产环境不稳定的情况。

第三节 MRPII 和 ERP

一、从 MRP 到 MRPII

MRP 系统于 20 世纪 60 年代初在美国问世,到 20 世纪 80 年代已形成为一种综合计划管理系统的通用软件包,在世界各国的制造企业得到广泛应用,其间经历了三个发展阶段:基本 MRP 系统(即物料需求计划系统)、闭环 MRP 系统、制造资源计划系统(简称为 MRPII 系统)。下面简要介绍后两种 MRP 系统的概况。

(一)闭环 MRP 系统

早期的 MRP 系统是为产品零部件配套服务的库存控制系统,主要是解决产品订货所需要的物料项目、数量和供货时间等问题。它假定:生产计划是可行的,即假定设备、人力和资金充足,能够保证生产计划的实现;物料采购计划可行,即有足够的供货能力和运输能力保证完成物料供应。实际上,企业的能力资源和物料资源总是有限的,这往往会导致生产计划无法执行。

因此,要想使 MRP 系统正常运行,首先要有一个现实可行的主生产计划。而主生产计划的切实可行,除了要反映市场需求和合同订单以外,还必须满足企业的生产能力约束条件。正如上一章所述,在制定主生产计划时,必须考虑与生产能力的平衡。同理,在制定 MRP 时,也要制定能力需求计划(Capacity Requirement Planning,CRP),同各个工作中心的能力进行平衡。只有在采取了措施做到能力与资源满足负荷需求时,才开始执行计划,尽力做到下达的计划基本上是可行的。也就是说,在上一节所述的 MRP 的提示信息得到后,在根据这些提示信息下达生产或采购指令之前,先要进行能力平衡。

要保证实现计划就要控制计划,执行 MRP 时要用调度单或派工单来控制加工的优先级,用请购单和采购单控制采购的优先级。这样,MRP 系统进一步发展,由原来的基本 MRP 系统扩展为包含能力需求计划和生产作业控制等功能在内的闭环 MRP 系统,其逻辑流程如图 6-6 所示。

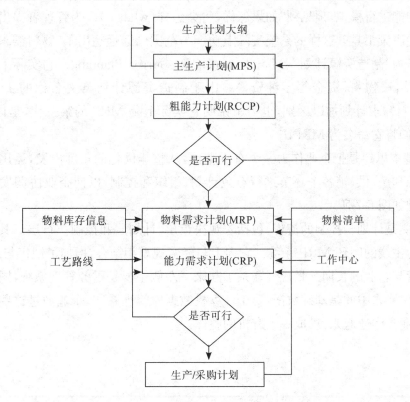

图 6-6　闭环 MRP 系统的逻辑流程图

闭环 MRP 系统的"闭环"实际上有两重含义:一方面,它不单纯考虑物料需求计划,还将与之有关的能力需求、车间生产作业计划和采购等方面考虑进去,使整个问题形成"闭环";另一方面,从控制论的观点,计划制定与实施之后,需要取得反馈信息,以便修改计划与实行控制,这样又形成"闭环"。只有这样的闭环系统,才能把计划的稳定性、灵活性和适用性统一起来。因此,与 MRP 主要作为零部件计划制定系统相比,闭环的 MRP 则成为一个完整的生产计划与控制系统。

(二)制造资源计划系统

当MRP在企业中成功地应用之后,人们很自然地联想到,既然库存记录足够精确,为什么不可以根据它来计算费用呢?既然MRP得出的是真正需要制造和需要购买的元件,为什么不能依据它作为采购方面的依据呢?因此,一些企业提出,希望MRP系统能同时反映财务信息,这是因为企业的经济效益最终是要用货币形式来表达的。企业希望财会部门能同步地从MRP系统获得货币信息,例如,把产品销售计划用金额来表示,以说明销售收入;对物料赋以货币属性,以计算成本并方便报价;用金额表示能力和采购计划,以编制预算;用金额表示库存量,以反映资金占用情况,等等。此外,货币信息所反映的情况还必须符合企业长远经营目标,满足销售和利润计划的要求,也就是说,在系统的执行层要反映成本发生,同时又要把企业的经营规划和销售与生产规划作为系统的宏观层纳入系统中来。到20世纪80年代初,随着计算机技术的发展,MRP系统进一步与企业的财务、经营和技术等方面的管理职能直接连接,产生了一种新的综合计划管理系统。

在新的综合计划管理系统中,人们把计算机模拟功能纳入进来,使管理人员能够通过对计划、工艺和成本等功能进行模拟,预见到"如果怎样,将会怎样(what if)",为管理者提出预见性和寻求合理解决方案的决策工具。这样的系统实际上功能与范围已远远超出了"物料需求计划"的范围,因此被人们命名为"制造资源计划"(Manufacturing Resources Planning),它实际上涵盖了进行生产制造活动的设备、物料、资金等多种资源。由于制造资源计划英文名称的头三个字母也是MRP,为了与物料需求计划加以区别,也为了说明它实际上是MRP的第二代,是以MRP为中心发展起来的,人们将它命名为MRPII。

MRPII的基本思想是把企业作为一个有机整体,从整体优化的角度出发,运用科学方法对企业各种制造资源和产、供、销各个环节进行有效计划、组织和控制,以使企业协调发展。MRPII的工作逻辑和原理如图6-7所示。

在图中,右侧是计划与控制的流程,包括宏观决策层、计划层和控制执行层。其中主要部分就是以生产管理为主线的闭环MRP系统。它向上与经营规划相结合,增加了销售与运作的规划,使日常的生产经营与企业的长期远景规划联系了起来。左侧主要是财务管理系统,图中只列出了应收账、总账和应付账。中间是基础数据,属于计算机数据库管理系统,企业通过这些数据信息的集成,将各部门的业务沟通起来,组成一个有机的整体。

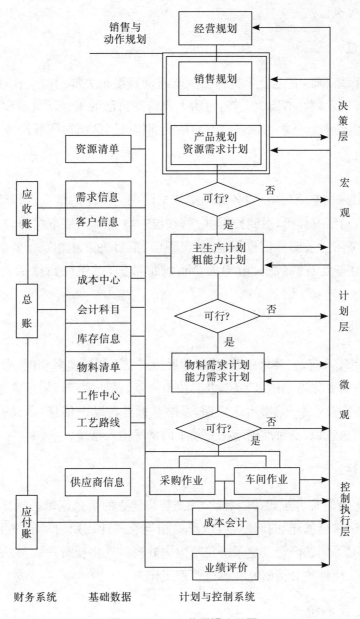

图 6-7 MRPII 的逻辑流程图

二、MRPII 的特点

MRPII 的特点可从 6 个方面来说明,每一个特点都含有管理模式的变革和人员素质或行为规范的变革。

(一)计划的一贯性和可行性

MRP II 是一种计划主导型的管理模式,计划层次从宏观到微观,从战略到战术,由粗到细逐层细化,但始终保持与企业经营战略目标一致。"一个计划(One Plan)"是 MRPII 的原则精神,它把通常的三级计划管理统一起来,编制计划集中在厂级职能部门,车间班组只是执行计划、调度和反馈信息。计划下达前反复进行能力平衡,并根据反馈信息及时调整,处理好供需矛盾,保证计划的一贯性、有效性和可执行性。

(二)管理系统性

MRPII 是一种系统工程,它把企业所有与生产经营直接相关部门的工作联系成一个整体,每个部门都从系统整体出发做好本岗位工作,每个人都清楚自己的工作同其他职能的关系。只有在"一个计划"下系统才能运行,条框分割各行其是的局面将被团队精神所取代。

(三)数据共享性

MRPII 是一种管理信息系统,企业各部门都依据同一数据库的信息进行管理,任何一种数据变动都能及时地反映给所有部门,做到数据共享,在统一数据库支持下按照规范化的处理程序进行管理和决策,这改变了过去那种信息不通、情况不明、盲目决策和相互矛盾的现象。为此,企业应要求员工用严肃的态度对待数据,由专人负责维护数据,以保证数据的及时性、准确性和完整性。

(四)动态应变性

MRPII 是一个闭环系统,它要求跟踪、控制和反馈瞬息万变的实际情况,管理人员可随时根据企业内外部环境条件的变化迅速作出响应,及时决策调整,保证生产计划正常进行。利用 MRPII,企业可以保持较低的库存水平,缩短生产周期,及时掌握各种动态信息,因而有较强的应变能力。企业全员必须树立信息意识,及时准确地把变动了的情况输入系统。

(五)模拟预见性

MRPII 是生产经营管理客观规律的反映,按照规律建立的信息逻辑必然具有模拟功能。它可以解决"如果怎样……将会怎样"的问题,可以预见相当长的计划期内可能发生的问题,事先采取措施消除隐患,而不是等问题已经发生了再花精力去处理。这将使管理人员从忙忙碌碌的事务堆里解脱出来,致力于实质性地分析研究和改进管理工作。

(六)物流、资金流的统一

MRPII 包括成本会计和财务功能,可以由生产经营活动直接产生财务数字,把实物形态的物料流动直接转换为价值形态的资金流动,保证生产和财会数据一致。财会部门可通过及时得到资金信息来控制成本,通过资金流动状况分析物流和生产作业情况,随时分析企业的经济效益,参与决策,指导经营和生产活动。同时,MRPII 要求全体员工牢牢树立成本意识,把降低成本作为一项经常性的任务。

三、MRPII 的集成管理模式

企业作为社会经济的细胞,是一个有机整体,它的各项活动相互关联、相互依存、相互作用,通过建立一个统一的系统,从而有效地运行。在以往,一个企业内往往有多个系统,如生产系统、财务系统、销售系统、供应系统和技术系统等。各个系统独立运行,缺乏协调性,相互关系并不密切。

在各个系统发生联系时,常常互相扯皮,在出了问题时,又互相埋怨。

由于 MRPII 能够提供一个完整而详细的计划,使企业内部各个子系统协调一致,形成一个整体,这就使得 MRPII 不仅可作为生产和库存的控制系统,还可成为企业的整体管理系统,使得各部门的关系更加密切,消除重复工作和不一致性,提高整体的效率。从这个意义上来说,MRPII 统一了企业的生产经营活动,为企业进行集成化管理提供了一个有力的手段。

下面就让我们来看一下 MRPII 是如何改变企业各个部门生产经营活动的。

(一)市场销售

MRPII 是企业的总体计划,它为市场部门和生产部门提供了从未有过的联合机会。市场部门不但负有向 MRPII 系统提供输入的责任,而且可把 MRPII 系统作为极好的工具。只有当市场部门了解生产部门能够生产什么和正在生产什么,而生产部门也了解市场需要生产什么的时候,企业才能生产出更多适销对路的产品并投放到市场上。

市场部门对于保持主生产计划的有效性有着直接的责任。在制定主生产计划的时候,由市场部门提供的预测数据和客户订单是首先要考虑的信息。在对主生产计划进行维护的常规活动中,市场部门的工作也非常重要。这里的关键是通过及时的信息交流,保持主生产计划的有效性,从而确保主生产计划作为市场部门和生产部门协调工作的基础。

(二)生产管理

过去,生产部门没有科学的管理工具,生产部门经常受到市场销售部门、财务会计、技术等部门的批评。反过来,生产部门也对其他部门不满。这些抱怨主要起因于企业内部条件和外部环境的不断变化,生产难以按预定的生产作业计划进行。因此,一方面,生产计划部门无法提供给其他职能部门所需的准确信息;另一方面,第一线的生产管理人员也不相信计划,认为计划只是"理想化"的东西,永远跟不上变化。有了 MRPII 以后,计划的完整性、周密性和应变性大大加强,这使调度工作大为简化,工作质量得到提高。总之,从 MRPII 得到的最大好处在于从经验管理走向科学管理,这使生产部门的工作走向正规化。

(三)采购管理

采购人员有一个最难处理的问题,被称为"提前期综合征",它是指一方面供方要求提早订货,另一方面本企业不能提早确定所需物料的数量和交货期。这种状况促使采购人员只能早订货和多订货。企业采用 MRPII 后,采购部门有可能做到按时、按量地供应各种物料。并且,由于 MRPII 的计划期可以长达 1~2 年,产品所需的外购物料能提前相当长时间告诉采购部门,并能准确地提供各种物料的"期"和"量"方面的要求,避免盲目多订货和早订货。同时,由于 MRPII 不是笼统地提供一个需求的总量,而是要求按计划分期分批地交货,这也为供方组织均衡生产创造了条件。

(四)财务管理

企业通过采用 MRPII 可使不同部门共用数据。事实上,一些财务报告在生产报告的基础上是很容易作出的。例如,只要将生产计划中的产品单位转化为货币单位,就构成了经营计划;将实际销售、生产、库存与计划数相比较就会得出控制报告。当生产计划发生变更时,马上就可以反映到经营计划上,从而帮助决策者迅速了解生产计划变更在财务上的影响。

(五) 技术管理

过去,技术部门并未从企业整体经营的角度来考虑自己的工作,似乎超脱于生产活动以外。但是,对于MRPII这样的系统来讲,技术部门提供的是系统赖以运行的基本数据,而不是参考性的信息。这就要求产品的物料清单必须正确,加工路线必须正确,且不能有含糊之处。同时,修改设计和工艺文件也要经过严格的手续,避免造成混乱。

四、企业资源计划系统(ERP)

(一)ERP系统概述

到了20世纪90年代,全球经济一体化的发展促进了企业经营的全球化,而国际互联网的迅猛发展又极大地推动了这两者的发展浪潮,原有的MRPII系统的功能已不能满足企业全范围管理信息系统的需要,于是产生了新一代的更高层次的ERP(Enterprise Resourced Planning)系统。ERP系统除了有传统的MRPII系统的功能外,还集成了企业其他管理功能,如质量管理、实验室管理、设备维修管理、仓库管理、运输管理、项目管理、商情信息管理、电子商务管理、金融投资管理等,成为一种覆盖整个企业的全面的,既管企业内部信息,又管企业外部信息的范围更广的管理信息系统。图6-8是德国SAP公司的ERP产品R/3的示意图,从该图可以看出ERP所囊括的范围。

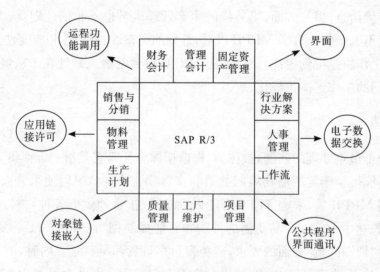

图6-8 SAP R/3应用模块结构示意图

ERP的基本思想是将企业的制造流程视为一条连接供应商、制造商、分销商和顾客的供应链,强调对供应链的整体管理,使制造过程更有效,使企业流程更加紧密地集成到一起,从而缩短从顾客订货到交货的时间,快速地满足市场需求。ERP跨出了对企业内部制造资源的管理,这是ERP

对 MRPII 最主要的改进。

具体来说,ERP 的创新主要表现在以下几个方面。

1. 适用范围更广

ERP 不仅着眼于供应链上各个环节的管理信息,还可以同时满足多种生产类型企业的需要。ERP 汇合了离散型生产和流程型生产的特点,扩大了软件可应用的范围,ERP 不仅能支持离散型制造业、连续型生产企业和服务型企业,还能满足企业多元化经营的要求。

2. 采用计算机技术新的成就

如图形用户界面技术(GUI)、SQL 结构查询语言、关系数据库管理系统(RDBMS)、面向对象技术(OOT)、第四代语言/计算机辅助软件工程(4GL/CASE)、客户机服务器和分布式数据处理系统、不同平台的互操作等。在软件设计上扩大了用户自定义的灵活性和可配置性,如定义运行参数、字段规范、工作流程、报表格式、菜单组合和屏幕显示内容等。

3. 重新组合企业业务和信息流程

为了缩短交货期,供应链中的几个重要环节——供应商和协作单位、分销商,在 ERP 系统中实现了信息集成。所有环节相互了解彼此的需求,沟通信息,协调运作。

4. 支持跨国经营

ERP 系统运用完善的组织架构,可以支持多国家的地区、多工厂、多语种、多币制的跨国经营需求。

ERP 是整个企业的信息管理系统,企业的经营、财务、生产和销售等都在 ERP 下运行。ERP 虽已有以上创新,但 ERP 在生产排程方面功能有限,不能满足企业详细排程的需求。而 APS 作为独立的生产计划模块,能够解决生产排程和生产调度问题,成为 ERP 的补充。APS 系统是通过综合考虑产能、工装、设备、人力、班次、工作日历、模具、委外资源、加工批次等约束,主要解决在有限产能条件下,交期产能精准预测、工序生产与物料供应最优详细计划的问题。APS 系统不仅可以制定合理优化的详细生产计划,还可以将实绩与计划结合,接受 MES 制造执行系统或者其他工序完工反馈信息,从而彻底解决工序生产计划与物料需求计划难做的问题。

(二)ERP 系统的实施

ERP 系统由于具有高度功能整合的特点,所以对提高企业管理效率和效益帮助很大。但是,到目前为止,虽然已经有相当多的企业试用 ERP 管理模式,但并不是都取得了成功。原因可能出自以下两个方面。第一,ERP 系统未能被很好地实施。ERP 系统的成功运行不会通过引入现成的 ERP 软件就直接出现,需要企业多个部门、全体人员的多方面努力。第二,公司的经营管理环境没有给 ERP 系统提供明显的超越其他系统的优势。

成功运用 ERP 系统的首要条件是有效、规范地输入数据。ERP 系统的运行思想是通过"计划—执行—反馈评估"来获得最佳控制和企业可行条件下最大化的经济效益。正确的计划与控制是建立在信息准确、完整及执行反馈全面、及时的基础上的,因此,ERP 系统的先进性与效益是由信息的正确性、完整性,实时信息的及时性、全面性决定的。准确、及时的数据是成功实施 ERP 系统的关键。

成功实施ERP系统的第二个重要条件是管理人员的支持。如上所述，ERP系统不只是一种计划和控制的方法，而且是一种全新的管理模式，从多个方面改变了企业的生产经营活动。ERP系统的实施必然要求各个管理部门、各层管理人员改变长期形成的工作习惯，还有可能对某些部门和某些管理人员的既有权力、地位和既得利益提出挑战。因此，ERP系统可能会遭到某些部门和人员的反对。此外，ERP系统的实施与企业的各个部门都相关，必须有最高管理层的理解和支持，从企业最高管理层进行协调和推动。企业高层管理人员把ERP项目视为单纯的信息系统建设项目是ERP系统实施失败的直接原因之一。

第三个条件是充分的用户培训。ERP系统的运行需要来自技术、生产、库存、销售、财务等多个部门的多种数据支撑，并且数据需要随时更新，而数据的输入与更新需要靠各个部门的广大员工。为此，广大员工必须认识到及时、正确的数据对整个系统运行的重要意义，员工必须具有相应的技能并能够胜任工作。更重要的是，员工必须提高工作责任心。否则，员工在输入数据时因漫不经心而输入错误的数据，或因责任心不强而拖延数据的更新，就有可能引起整个系统计算结果出错。

(三)ERP系统的发展趋势——ERPII

Gartner公司在2000年，也就是ERP概念提出10年之后，再一次提出一个全新的概念——ERPII。Gartner给ERPII的定义是：ERPII是通过支持、优化企业内部和企业之间的协同运作和财务过程，以创造客户和股东价值的一种商务战略和一套面向具体行业领域的应用系统。为了与ERP对企业内部管理的关注相区别，Gartner公司在描述ERPII时，引入了"协同商务"的概念。协同商务是指企业内部人员、企业与业务伙伴、企业与客户之间的电子化业务的交互过程。其特征在于：一方面，企业正在由纵向、高度集成、注重内部功能优化的大而全模式向更灵活、更专注于核心竞争力的实体模式转化，从而可以在整个供应链和价值网络中优化经济和组织结构；另一方面，企业基于因特网的B2B和B2C的电子商务应用，正在由单一的销售、采购行为转向从消费者到生产者、从供应商到生产者的协同商务过程。在协同商务中，企业之间的竞争不仅取决于自身的管理水平和竞争力，更对企业与协作伙伴之间的信息协作提出极高的要求。

本章要点：从20世纪70年代以来，MRP已经从简单地确定时间计划发展为先进的生产方式的代表，该生产方式将组织中的各主要职能紧密地结合起来。在MRP的发展和应用中，其缺点也被充分地认识到了。这主要是因为MRP的运行环境是一个动态的、经常出现跳跃的系统，而MRP在系统中试图处理的东西太多了。然而，由于MRP出色的数据处理能力及同企业的密切关系，MRP还是被越来越多的企业所采用。本章全面地阐述了MRP的基本思想，从系统的观点详细地介绍MRP系统的输入、输出、处理逻辑和处理过程以及应用MRP时应该考虑的问题。同时，详细介绍了MRP的扩展，包括制造资源计划(MRPII)和企业资源计划(ERP)。

思考题

1. 与传统的计划方式相比，MRP制定计划的思路发生了一种什么样的本质性改变？
2. 为什么说MRP的制定不需要参考历史数据？制定MRP的关键性要素是什么？

3. 物料需求计划(MRP)的基本思想是什么?

4. 传统的订货点方法要解决什么问题?有何缺点?

5. 什么是相关需求库存理论?

6. 解释 MRP 系统中的各计算项目,说明它们的含义和计算方法。

7. 比较重新生成式与净变更式更新方式的不同特点和适用场合。

8. 简述确定 MRP 中的三个计划因子要考虑的主要因素。这些因素之间是否还具有相互作用?

9. 闭环 MRP 系统包括哪些子系统?它们之间具有什么关系?

10. 简要说明 MRPII 系统如何发展了基本 MRP 系统的功能,并讨论在制造企业建立 MRP 系统的迫切性和必要性。

11. 某冰淇淋厂推出新款奶油雪糕,此类型的雪糕由两根冰糕棍、牛奶和橙味香精做成,并且每个雪糕在包装时需要包装纸一张;在出厂时,需要用纸盒再次包装,且每盒装 12 个包装过的雪糕。试画出产品结构树。

12. A 由 3 件 B、1 件 C 和 2 件 D 组成;B 由 2 件 E 和 1 件 D 组成,C 由 1 件 D 和 2 件 E 组成,E 由 1 件 F 制成。若 B、C、E、F 的提前期为 1 周,A 与 D 的提前期为 2 周。假设 A、B、F 用直接批量法确定批量;C、D 和 E 的批量分别固定为 50、50 和 200 件。C、E 和 F 的期初库存量分别为 10、50 和 150 件,其他货品的期初库存量都为零。已订货的计划到货日程为:第 5 周收到 10 件 D,第 4 周收到 500 件 E 和 500 件 F。如果在第 8 周需要 50 件 A。试确定所需要各种物料的计划任务量和下达任务的时间。

13. MRP 与传统的订货点法有什么区别?

14. 试述 BOM 的特点和作用。

15. 简述提前期的作用和类型。

16. ERP 体现了哪些先进管理思想?

结尾案例

豫达汽车配件有限公司的 MRP

豫达汽车配件有限公司(以下简称"豫达汽车")是一家年产值在 2000 万元左右的民营企业,主要生产中低档乘用车灯具,包括各种照明灯和信号灯,公司的主要客户是三四线城市的汽车修理站。

公司自成立之初就将产品质量放在首位,正是由于公司的良好信誉,豫达汽车的配件不用赊销。更让同行望尘莫及的是,公司生产的灯具 80% 是面向订单的。

认识到管理和技术创新对于公司生存发展的重要意义,豫远汽车在 2018 年 6 月筹措了 500 万元资金用于 ERP 系统的建设。经过半年来的设计、开发,豫达汽车的 ERP 系统已于 2019 年正式上线运行。配合 ERP 系统的建设与上线运行,公司对组织机构进行了前所未有的改革,实现了组织机构的扁平化。同时,公司对主要管理流程进行了再制和优化。

自ERP系统上线运行以来,物料需求计划模块一直没有实现预期的功能,对预期到货的管理仍然需要人工干预。系统对物料信息变动的反应要么太过敏感,要么太过迟缓,缺少时间窗口意识。此外,缺少对某些信息变更授权的明确规定,时不时会出现主管领导以命令形式要求更改系统物料信息的情况。

(资料来源:马风才,《运营管理(第五版)》,机械工业出版社,2019年8月,第272页。)

思考题:

1. 为了对有关物料因企业内部或外部原因而发生的变化作出响应,ERP系统中的物料需求计划应具备什么功能?

2. 结合豫达汽车配件有限公司的例子,设计ERP系统中物料需求计划响应物料变化的管理方案。

第七章

作业计划与控制

◎ **学习目标**

- 理解作业计划和排序的含义;
- 掌握优先调度规则;
- 掌握常用的作业排序方法;
- 掌握生产调度和生产进度控制的含义和内容;
- 了解服务作业排序的方法。

开篇案例

荣事达生产作业计划的控制

荣事达集团是年产值近100亿元的老牌大型家电企业,其主导产品洗衣机销量曾连续多年全国第一,拥有全亚洲最大的洗衣机生产基地。20世纪90年代,荣事达集团确定了多元化发展战略,包括投资多元化、产品多元化、地域多元化有机结合。荣事达集团先后成立了中美合资公司、中日合资公司以及十余家中资公司,产品涵盖洗衣机、冰箱、微波炉、电视机、空调、塑料模具、浴霸等。

在生产作业计划的控制方面,荣事达集团做到了各个部门各司其职。市场部的主要职能是:竞争对手资料收集、全国媒体资料收集、市场分析、促销方案策划、方案监督实施、品牌传播等。办事处的设立原则是:在重点城市设立办事处,协助省级总代理开发和管理市场。直销部主要负责合肥市场的直销。分销部负责代理商的开发、维护以及安徽省的深度分销。大客户部主要负责全国的工程机业务。每个部门、每个员工都有一套详尽的绩效考核体系,同时提供有竞争力的薪资体系以及清晰明了的晋升制度,这让每位员工的工作积极性空前高涨,组织系统运作良好。

公司对所有人员定期举行"全员品牌管理(TBM)"培训,增强员工的工作技能及对企业价值观的认同感,增强企业凝聚力。在产品价格上,公司采用"顺价销售、刚性价格"策略,设定合理的通路,扩大各环节利润空间,保证经销商的积极性,同时,严格地控制价格,保证市场的繁荣和稳定。公司借助于安利、完美等专业的直销公司,在进行直销时很好地安排公司的生产计划,从而真正做到了零库存,使市场竞争力得到很好的提升。

企业在生产计划确定后,为了便于组织执行,要进一步编制生产作业计划。生产作业计划是生产计划的继续,是企业生产计划的具体执行计划,是协调企业日常生产活动的中心环节。生产作业计划根据年度生产计划规定的产品品种、数量及大致的交货期的要求对每个生产单位(车间、工段、班组等)在每个具体时期(月、旬、班、小时等)内的生产任务作出详细规定,通过MRP确定各车间的零部件投入出产计划,将全厂性的生产计划转化成车间生产作业计划,将车间的生产任务变成各个班组、各个工作地的任务。每个工作地生产作业计划的完成,保证了厂级生产作业计划的完成,而厂级生产作业计划的完成,又保证了车间生产作业计划的完成,从而保证了全厂生产计划的完成。但是,单靠计划和作业计划并不能保证生产任务的按期完成,还必须实行生产控制。因此,本章将首先介绍排序问题的基本概念,然后介绍生产作业排序、生产作业控制,最后介绍服务业作业计划与控制。

第一节　作业计划与控制概述

一、基本概念

在生产运营管理中，经常用到"编制作业计划""排序""派工""控制""调度""赶工"等术语。

一般来说，作业排序只确定工件在机器上的加工顺序（这里所讲的加工顺序是指不同零件在相同机床上加工的先后次序，与后面提到的加工路线是两个不同的概念，加工路线是由零件的加工工艺顺序决定的，指的是工艺路线），而编制作业计划不仅要确定工件的加工顺序，还包括确定每个工件的开始时间和完成时间，这实际上是规定了每个工人计划期内所承担的生产任务，只有这样才能指导工人的生产活动。当各台机器上工件的加工顺序确定后，就可以安排所有工件的计划，这样初始可行的作业计划就编制好了，因此，排序问题一旦解决，生产作业计划也就确定了。人们常常不加区别地使用"排序"与"编制作业计划"这两个术语。在本章里，讲排序的时候相应的作业计划是最早时间作业计划。只有在需要的时候，才将这两个术语区别使用。

排序涉及两个基本概念，即工件等待和机器空闲。工件等待是指工件在某道工序完成后，下道工序的机器还在加工其他工件，这时要等待一段时间才能开始加工；而机器空闲是指机器已完成对某个工件的加工，随后加工的工件还未到，机器所处的空闲状态。

派工是指按作业计划的要求，将具体的生产任务安排到具体的机器上并交给相应的操作工人负责，属于我们经常说的调度范围；而调度是在加工制造发生之后，发现实际进度已经偏离计划而采取的调配资源的行动，依据是在加工制造活动之前编制的作业计划，属于控制的范围；控制是指监控实际生产过程，并使生产过程和计划保证一致；而赶工是在实际进度已经落后于计划进度时采取的追赶进度的行动，也属于调度的范围。如火车时刻表是事先确定的一种作业计划，各列火车都应按该计划来执行；在实际执行过程，工作人员需要监控所有火车运行情况，根据运行信息采取相应措施以确保计划的完成，这种通过监控采取预防措施的过程就是控制；实际运行情况偏离了计划所采取的措施就是调度（即"调度是一种现场控制"）；采取加快运行速度的方法来赶上计划就是赶工。

除此之外，还有一些名词术语由于最初主要应用于加工制造业，而随着排序在其他各行各业的应用，其原有的意义便发生了变化。在加工制造业中，一般使用机器、工件、加工路线、工序和加工时间来描述一个排序作业的任务。即假定有 n 个工件要按一定的加工路线经过 m 台机器加工，其中加工路线是由工件加工的工艺过程决定的，是工件加工在技术上的约束，是工件所需要的加工工序的顺序（不同于工件在机器上的加工顺序），而排序就是确定这 n 个工件在 m 台机器上加工的先后顺序。但现在对于这些名词的理解已不仅仅局限于制造业，如"机器"的意义已经扩展到"服务者"，"工件"泛指"服务对象"，"工序"则指"服务活动"，"加工时间"则是"服务时间"。如计算机网络的服务器（机器）同时接到多个电邮请求（工件），处理后发到请求的用户信箱；多艘轮船（工件）同时要停靠码头（机器）；维修工人（机器）维修多个机器设备（工件）等。

二、作业排序问题的假设、分类与表示法

为了便于分析研究,建立数学模型,有必要对排序问题作出下列假设条件:

一个工件不能同时在几个不同的机器上加工;工件在加工过程中采取平行移动方式,即当上一道工序完工后,立即送下道工序加工;不允许中断,当一个工件一旦开始加工,必须一直进行到完工,不得中途停止及插入其他工件;每道工序只在一台机器上完成;工件数、机器数和加工时间已知,加工时间与加工顺序无关;每台机器同时只能加工一个工件。

在下面的讨论中,如不做特别说明,都是遵循以上假设条件的。

排序问题有不同的分类方法。以下介绍常用的几种分类方法。

(一)按机器的种类和数量不同

排序可以分成单台机器的排序和多台机器的排序。

单机排序是指所有的操作任务都在单台机器上完成,为此存在任务的优化排队问题,单机排序有比较成熟的方法;多台并行机的排序更复杂,因而优化问题更突出,很多学者都对多台并行机器的排序问题进行了研究。

(二)按工件加工路线的特征

排序可以分成单件作业(job-shop)排序和流水作业(flow-shop)排序。

单件作业排序假设所有作业都在同样的设备上加工,并有一致的加工设备和加工顺序,研究相对成熟;流水作业排序是最一般的排序类型,不限制作业的操作加工设备,并允许作业加工具有不同的加工路径,工件的加工路线不同是流水作业排序的基本特征。

(三)根据作业的加工特点和按工件到达车间的情况不同

排序可分为静态排序和动态排序。

静态排序是指所有工件都已到达,所有待安排加工的工件均处于待加工状态,因而进行一次调度后,各作业的加工被确定,在以后的加工过程中不再改变;动态排序是指如果工件是陆续到达,作业依次进入待加工状态,各种作业不断进入系统接受加工,同时完成加工的作业又不断离开,还要考虑作业环境中不断出现的动态扰动,如作业加工超时、设备损坏等。因此,动态排序要根据系统作业、设备等的状况,不断地进行排序。实际中排序的类型往往是单件作业排序,并且是动态的。

(四)按目标函数的情况

排序还可以划分为单目标排序与多目标排序。

以往研究的排序问题,大多属于单目标排序,而多目标排序问题则很少研究。例如,同是单台机器的排序,目标是使平均流程时间最短和目标是使误期完工的工件数量最少,实质上是两种不同的排序问题。我们可以对"时间—成本"目标进行讨论,进行双目标排序的研究。

(五)按参数的性质

排序还可以划分为确定型排序与随机型排序。

由机器、工件和目标函数的不同特征以及其他差别构成了多种多样的排序。本章所讨论的排序问题,将用康威(Conway)等人提出的方法来表示。

该方法只用四个参数就可以表示大多数不同的排序问题。四参数表示法如下:

$$n/m/A/B$$

其中,n——工件数;

m——机器数;

A——车间类型,有以下几种情况:

在 A 的位置若标以"F",则代表流水作业排序问题;若标以"P",则表示流水作业排列排序问题,也常被称作"同顺序"排序问题;若标以"G",则表示一般单件作业排序问题;当 m=1 时,则 A 处为空白,对于单台机器的排序问题来说,无所谓加工路线问题,当然也就谈不上是流水作业还是单件作业的问题了;B——目标函数,通常是使值最小。

三、作业排序的目标

合理的作业排序需要在一定的排序目标下进行,作业排序的主要目标有以下几个。

(一)满足交货期的需要

满足交货期的需要是作业排序的基本目标。在现代市场激烈竞争的条件下,能否满足交货期的需要是检验排序成功与否的一个重要标准。在供应链管理环境中,客户往往将交货的可靠性作为评价和选择供应商的一个重要标准。

(二)降低在制品库存,加快流动资金周转速度

排序的目的就是要使加工周期缩短,这在客观上降低了在制品的库存,提高了流动资金的使用效率。

(三)缩短提前期

客户在选择供应商时,往往将提前期作为一个非常重要的标准来对待,尤其是在激烈的市场竞争环境中,基于时间的竞争已经成为企业赢得竞争优势的主要手段。

(四)降低设备的准备时间与准备成本

科学的排序不仅可以达到缩短加工周期的目的,还可以在满足交货时间的前提下,尽量延长设备的连续作业时间,以减少多品种小批量生产使设备频繁调整而产生的时间损失。

四、作业排序的优先调度规则

按什么准则来选择可安排的工序,对作业计划有很大影响。为了得到所希望的作业计划,人

们提出了很多优先调度规则，按优先调度规则挑选工序比随意挑选一道工序的方法更符合计划编制者的要求，同时又不必列出所有可能的作业计划，从而计算量小。这些规则可能很简单，仅需根据一种数据信息对作业进行排序。数据可以是加工时间、交货日期或到达的顺序。其他的规则，尽管也同样简单但可能需要更多的信息，通常需要一个指标，如最小关键比率规则。下面列出了常用的优先调度规则。

FCFS(First Come First Served)规则：按订单送到的先后顺序进行加工；

SPT(Shortest Processing Time)规则：优先选择加工时间最短的工件；

EDD(Earliest Due Date)规则：优先选择完工期限紧的工件，即最早交货期最早加工，将交货期最早的作业放在第一个进行，以此类推；

MWKR(Most Work Remaining)规则：优先选择余下加工时间最长的工件；

LWKR(Least Work Remaining)规则：优先选择余下加工时间最短的工件；

MOPNR(Most Operations Remaining)规则：优先选择余下工序数最多的工件；

SCR(Smallest Critical Ratio)：优先选择关键比率最小的工件。关键比率为工件允许停留时间与工件余下加工时间之比；

RANDOM 规则：随机地挑一个工件。

在以上的几种规则中，SPT 规则可以使工件的平均流程时间最短，从而达到缩短生产周期、降低在制品库存的目的；EDD 规则可使工件最长延误时间缩小，提供更低的总库存水平；FCFS 规则可以实现公平地对待用户的目的；MWKR 规则可以使不同工作量的工件的完工时间尽量接近；LWKR 规则使工作量最小的工件尽快完成。上述规则的选择标准是按照企业追求的不同目标来确定的，在具体实践中，要根据具体情况而定。

迄今为止，人们已经提出了 100 多个优先调度规则，上面仅介绍了其中最常见的 8 种。这 8 种优先规则各有特色。有时，运用一个优先规则还不能唯一地确定下一个应选择的工件，这时可使用多个优先规则的组合。当然，还可以用下面一些作业排序标准，确定优先规则的先后次序：满足顾客或下一道工序作业的交货期；极小化流程时间；极小化在制品库存；极小化设备和人员的闲置时间。

这样的优先调度方法可赋予不同工件不同的优先权，使生成的排序方案按预定目标优化。当然，以上这些优先调度规则的简单性掩饰了排序工作的复杂性。实际上，要将数以百计的工件在数以百计的工作地（机器）上的加工顺序决定下来是一件非常复杂的工作，需要大量的信息和熟练的排序技巧支持。对于每一个准备排序的工件，计划人员都需要两大类信息：有关加工要求和现在的状况。加工要求信息包括预定的完工期、工艺路线、标准的作业交换时间、加工时间和各工序的预计等。现状信息包括工件的现在位置（在某台设备前排序等待或正在被加工），现在完成了多少工序（如果已开始加工），每一道工序的实际到达时间和离去时间，实际加工时间和作业交换时间，各工序所产生的废品（它可以用来估计重新加工量）以及其他的有关信息。优先顺序规则就是利用这些信息的一部分来为每个工作地决定工件的加工顺序，其余的信息可以用来估计工件按照加工路线到达下一个工作地的时间，判断当最初计划使用的机器正在工作时是否可使用替代机器以及是否需要物料搬运设备等。大部分信息是随时改变的，因此，用手工方式获取、处理信息是低效率的。从这个意义上来说，计算机是用来进行有效的、优化的作业排序的必要工具。

第二节 制造业作业计划

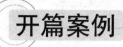

如何提高家具生产排程的效率

家具生产的暴利时代已经过去了,微利是目前家具企业所必须面对的,这是家具行业业内人士的共识。微利要求家具企业内部管理必须良好,即生产管理只有是高效的,才能在激烈市场竞争中占有一席之地。生产排程直接影响设备的利用率和人员的劳动生产率,自然是重中之重了。"插单"在家具生产过程是经常遇到的现象。这要求生产排程要有相当的柔性,否则"插单"就会降低生产效率,增加生产成本。总之,家具市场竞争的大环境、企业内部机制及生产过程所遇到的问题都直接对家具的生产管理提出了要求。

作业排序问题是企业生产作业管理中的重要内容,它同生产作业计划有着十分密切的关系。从某种意义上来说,生产作业计划就是作业排序。

在制造业中,最常见的排序问题是多种零件要在一个或几个工作地上进行加工,每个工作地具有不同特征的工艺设备和相应的工装夹具,每个零件的工艺路线又不一致,这就要求企业根据生产现场的实际情况采取不同的排序规则进行加工顺序排列。本章主要介绍流水作业排序问题(包括 n/1 作业排序问题)。

一、n/1 作业的排序问题——n 个作业单台机床的排序

n/1 作业的排序问题是这样一种情况:有 n 个工件要在同一台设备上进行加工;所有工件都必须经过这台设备的加工;每个工件都要经过两个时间阶段——等待时间和加工时间;排序的目标是使工件加工的平均流程时间最短。这是最常见的一种排序问题,但当加工的零件种类较多时,排序问题就变得十分复杂了。通常情况下,我们在评价作业排序方案时,工件的流程时间、工件加工的延迟时间、时间跨度和平均工件库存数是几个重要的评价标准。而在实际工作中,同时满足这些标准的排序方法是不存在的,我们只能选择其中的一个标准来进行排序。在应用以上介绍过的几种作业排序的优先规则来处理这类问题时,会出现不同的排序结果。

下面通过一个实例来说明 n 个作业单台机床的排序问题。

例 7-1

排序规则的比较(SPT 规则与 EDD 规则)。在一台设备上安排 6 项加工任务,作业时间和交货期已知,如表 7-1 所示。

表 7-1　某 6 项加工任务的作业时间和交货期

单位：天

任务编号	i	1	2	3	4	5	6
作业时间	P(i)	10	2	1	8	4	6
交货期	D(i)	15	4	6	14	10	8

设：i 为任务编号，i=1,2,3,4,…,n；

P(i) 为第 i 项任务的作业时间；　　W(i) 为第 i 项任务的等待时间；

F(i) 为第 i 项任务的完成时间；　　D(i) 为第 i 项任务的交货期；

L(i) 为第 i 项任务的拖期时间；　　K(i) 为实际排序序号；

1. 按最短加工时间(SPT)规则

下面是按最短加工时间(SPT)规则处理的结果，如表 7-2 所示。

这种方法是从加工时间最短的工件开始排序，使平均流程时间 $\overline{F}$ 最短。

表 7-2　按 SPT 规则处理的结果

K(i)	1	2	3	4	5	6	Σ
i	3	2	5	6	4	1	
P(i)	1	2	4	6	8	10	31
W(i)	0	1	3	7	13	21	45
F(i)	1	3	7	13	21	31	76
D(i)	6	4	10	8	14	15	
L(i)	0	0	0	5	7	16	28

总流程时间＝76 天

平均流程时间＝总流程时间/工件数＝76/6＝12.67 天

平均延期交货天数＝延期交货总天数/工件数＝28/6＝4.67 天

时间跨度＝31 天

平均在制品库存数＝总流程时间/时间跨度＝76/31＝2.45 天

2. 按最早交货期(EDD)规则

下面是按最早交货期规则处理的结果，如表 7-3 所示。

这种方法是从交货期最短的工件开始顺序排序，会使最大交货期延迟 Lmax 或最大交货期延误 Tmax 最小。

表 7-3　按 EDD 规则处理的结果

K(i)	1	2	3	4	5	6	Σ
i	2	3	6	5	4	1	
D(i)	4	6	8	10	14	15	
P(i)	2	1	6	4	8	10	31
W(i)	0	2	3	9	13	21	48
F(i)	2	3	9	13	21	31	79
L(i)	0	0	1	3	7	16	27

总流程时间＝79 天

平均流程时间＝总流程时间/工件数＝79/6＝13.17 天

平均延期交货天数＝延期交货总天数/工件数＝27/6＝4.5 天

时间跨度＝31 天

平均在制品库存数＝总流程时间/时间跨度＝79/31＝2.55 天

3.两种优先原则的排序比较表

表7-4 两种优先规则的排序结果比较表

优先原则	等待时间 W(i)	完成时间 F(i)	拖期 L(i)	
			总天数	项目数
1. SPT	45	76	28	3
2. EDD	48	79	27	4

从表7-4可以看出,两种排序规则各有特点。当选用平均流程时间和平均延误时间作为评价的准则时,很容易判断出按 SPT 规则安排订单的加工顺序最优。

在实际的排序中,很难找到一种排序规则在各种标准上都是最好的,经验表明:(1)SPT 规则可使平均流程时间最短,这样既减少了在制品库存,又节约了流动资金,降低了成本;(2)EDD 规则可使任务拖期时间最短,既给顾客提供了更好的服务,也使总库存水平更低。

二、流水作业排序问题

流水作业排序问题的基本特征是每个工件的加工路线都一致。如何在流水生产线上制造不同的零件,这就是流水作业排序问题。我们说加工路线一致,是指工件的流向一致,并不要求每个工件必须经过加工路线上的每台机器。如果某些工件不经某些机器加工,则设相应的加工时间为零。

(一)最长流程时间 F_{max} 的计算

这里所讨论的是 $n/m/P/F_{max}$ 问题,目标函数是使最长流程时间最短,最长流程时间又称作"加工周期",它是从第一个工件在第一台机器开始加工时算起,到最后一个工件在最后一台机器上完成加工时为止所经过的时间。由于假设所有工件的到达时间都为零($r_i=0, i=1,2,\cdots,n$),所以 F_{max} 等于排在末位加工的工件在车间的停留时间,也等于一批工件的最长完工时间 C_{max}。

设 n 个工件的加工顺序为 $S=(S_1,S_2,S_3,\cdots,S_n)$,其中 S_i 为第 i 位加工的工件的代号。以 $C_{k_{S_i}}$ 表示工件 S_i 在机器 M_k 上的完工时间,$P_{S_i}^k$ 表示工件 S_i 在 M_k 上的加工时间,$k=1,2,\cdots,m; i=1,2,\cdots,n$,则 $C_{k_{S_i}}$ 可按以下公式计算:

$$C_{1_{S_i}} = C_{1_{S_{i-1}}} + P_{S_i}^1$$
$$C_{k_{S_i}} = \max\{C_{(k-1)_{S_i}}, C_{k_{S_{i-1}}}\} + P_{S_i}^k \quad (7-1)$$
$$k=2,3,\cdots,m; i=1,2,\cdots,n$$

当 $r_i=0, i=1,2,\cdots,n$ 时

$$F_{max} = C_{m_{S_n}} \quad (7-2)$$

式(7-1)是一个递推公式。当由式(7-1)得出 $C_{m_{S_n}}$ 时,F_{max} 就可以求出。

在熟悉以上计算公式之后,可直接在加工时间矩阵上从左向右计算完工时间。下面以例7-2说明。

例 7-2

有一个 $7/4/p/F_{max}$ 问题,加工时间如表 7-5 所示。当按顺序 $S=(6,1,5,7,2,4,3)$ 加工时,求 F_{max}。

表 7-5 加工时间矩阵

i	1	2	3	4	5	6	7
P_{i1}	4	2	3	1	4	2	3
P_{i2}	4	5	6	7	4	5	5
P_{i3}	5	8	7	5	5	5	1
P_{i4}	4	2	4	3	3	1	3

解:按顺序 $S=(6,1,5,7,2,4,3)$ 列出加工时间矩阵,如表 7-6 所示。

表 7-6 顺序 S 下的加工时间矩阵

i	6	1	5	7	2	4	3
P_{i1}	2^2	4^6	4^{10}	3^{13}	2^{15}	1^{16}	3^{19}
P_{i2}	5^7	4^{11}	4^{15}	5^{20}	5^{25}	7^{32}	6^{38}
P_{i3}	5^{12}	5^{17}	5^{22}	1^{23}	8^{31}	5^{36}	7^{45}
P_{i4}	1^{13}	4^{21}	3^{25}	3^{28}	2^{33}	3^{39}	4^{49}

按式(7-1)进行递推,将每个工件的完工时间标在其加工时间的右上角。对于第一行第一列,只需把加工时间的数值作为完工时间标在加工时间的右上角。对于第一行的其他元素,只需从左到右依次将前一列右上角的数字加上计算列的加工时间,将结果填在计算列加工时间的右上角。对于从第二行到第 m 行,与第一列的算法相同。只要把上一行右上角的数字和本行的加工时间相加,将结果填在加工时间的右上角;从第 2 列到第 n 列,则要从本行前一列右上角和本列上一行的右上角数字中取大者,再和本列加工时间相加,将结果填在本列加工时间的右上角。这样计算下去,最后一行的最后一列右上角数字,即为 C_{m_n},也是 F_{max}。计算结果如表 7-9 所示。本例 $F_{max}=49$。

(二) n/2 作业的排序问题——n 个作业两台机床的排序

n/2 作业的排序问题描述如下:n 个工件必须在这 2 台设备上进行加工;所有工件都必须先经过设备 M_1 的加工,再经过设备 M_2 的加工;排序的目标是使总的完成时间最短。对于这种排序问题($n/2/F/F_{max}$ 问题),S. M. Johnson 于 1954 年提出了一个有效算法,即著名的 Johnson 算法。为了叙述方便,以 a_i 表示 J_i 在 M_1 上的加工时间,以 b_i 表示 J_i 在 M_2 上的加工时间。每个工件都按 $M_1 \rightarrow M_2$ 的路线加工。Johnson 算法建立在 Johnson 法则的基础之上。

Johnson 法则为:如果

$$\min(a_i, b_j) < \min(a_j, b_i) \tag{7-3}$$

则 J_i 应该排在 J_j 之前。如果中间为等号,则工件 i 既可排在工件 j 之前,也可以排在它之后。

Johnson 算法步骤如下:

第一步,从加工时间矩阵中找出最短的加工时间。

第七章 作业计划与控制

第二步,若最短的加工时间出现在 M_1 上,则对应的工件尽可能往前排;如最短加工时间出现在 M_2 上,则对应工件尽可能往后排。然后,从加工时间矩阵中划去已排序工件的加工时间。若最短加工时间有多个,则任挑一个。

第三步,若所有工件都已排序,停止。否则,转回第一步。

例 7-3

求表 7-7 所示的 $5/2/F/F_{max}$ 问题的最优解。

表 7-7 工件加工时间表

工件	加工时间 t_{ij}	
	机器 1	机器 2
J_1	7	6
J_2	4	6
J_3	5	9
J_4	8	10
J_5	4	3

用约翰逊算法求解如下:

第一步,从表 7-7 中,找出最小值 $t_{22}=3$,它出现在机器 2 上,故相应的工件(工件 5)应排在倒数第 1 位。

第二步,从表 7-7 中删除已安排的第 5 个工件及其加工时间,余下的加工时间中最小值为 $t_{21}=4$,它出现在机器 1 上,相应的工件应尽可能往前排,于是排在第 1 位。

第三步,划去工件 2 的加工时间,继续按 Johnson 算法安排余下工件的加工顺序,得到最优加工顺序为:$J_2-J_3-J_4-J_1-J_5$。

第四步,按 $J_2-J_3-J_4-J_1-J_5$ 顺序列出加工时间表,求得最优顺序下的 $F_{max}=38$,如表 7-8 所示。

表 7-8 新顺序下加工时间表

工件	作业时间 t_{ij}	
	机器 1	机器 2
J_2	4^4	6^{10}
J_3	5^9	9^{19}
J_4	8^{17}	10^{29}
J_1	7^{24}	6^{35}
J_5	4^{28}	3^{38}

实际上我们也可以将 Johnson 算法做一些改变,改变后的算法按以下步骤进行:

将所有 $t_{i1} \leqslant t_{i2}$ 的工件按 t_{i1} 值不减的顺序排成一个序列 A;

将所有 $t_{i1} > t_{i2}$ 的工件按 t_{i2} 值不增的顺序排成一个序列 B;

将 A 放到 B 之前,就构成了最优加工顺序。

按改进后的算法对例 7-3 求解,如表 7-9 所示。序列 A 为 (J_2,J_3,J_4),序列 B 为 (J_1,J_5),构

成最优顺序为 $J_2-J_3-J_4-J_1-J_5$,与 Johnson 算法结果一致。

表 7-9 改进算法

工件	加工时间 t_{ij}	
	机器 1	机器 2
J_1	7	6
J_2	4	6
J_3	5	9
J_4	8	10
J_5	4	3

当我们从应用 Johnson 法则求得的最优顺序中任意去掉一些工件时,余下的工件仍构成最优顺序。但是,工件的加工顺序不能颠倒,否则不一定是最优顺序。同时,还要指出,Johnson 法则只是一个充分条件,不是必要条件。不符合这个法则的加工顺序,也可能是最优顺序。

(三) n/m 作业的排序问题——n 项作业在 m 台机床上的排序

n 个工件、m 台设备的排序是一个复杂的排序问题。如果 n 个工件在 m 台设备上进行加工,且每个工件都要经过所有的设备,这样即使是一个小规模的生产车间,其备选的排序方案也会多得惊人,达到 $(n!)\times m$ 种。用分支定界法可以保证得到一般 $n/m/P/F_{max}$ 问题的最优解。由于分支定界法是一种列举法,对于实际生产中规模较大的问题求解,计算量非常大,所以采用计算机模拟是一种合理的选择,也是唯一的选择。当然在考虑生产排序的过程中,还需要考虑经济性。

为了解决生产实际中的排序问题,人们提出了各种启发式算法。启发式算法以小的计算量得到足够好的结果,因而比较实用。下面介绍用 Palmer 法、关键工件法和仿约翰逊算法,求一般 $n/m/P/F_{max}$ 问题近优解的启发式算法。

1. Palmer 法

1965 年,D. S. Palmer 提出了按斜度指标排列工件的启发式算法,该方法被称为 Palmer 法。工件的斜度指标可按下式计算:

$$\lambda_i = \sum_{k=1}^{m}[k-(m+1)/2]\times p_{ik} \qquad i=1,2,\cdots,n \tag{7-4}$$

式中,m 为机器数;p_{ik} 为工件 i 在 M_k 上的加工时间。

按照各工件 λ_i 不增的顺序排列工件,可得出令人满意的顺序。

例 7-4

有一个 $4/3/F/F_{max}$ 问题,加工时间如表 7-13 所示,用 Palmer 法求解。

表 7-10 加工时间矩阵

i	1	2	3	4
P_{i1}	1	2	6	3
P_{i2}	8	4	2	9
P_{i3}	4	5	8	2

解：对于本例，式(7-4)变成：$\lambda_i = \sum_{k=1}^{m} [k-(3+1)/2] \times p_{ik}$　　$i=1,2,3,4$

$\lambda_i = -P_{i1} + P_{i3}$ 于是，$\lambda_1 = -P_{11} + P_{13} = -1 + 4 = 3$

$\lambda_2 = -P_{21} + P_{23} = -2 + 5 = 3$

$\lambda_3 = -P_{31} + P_{33} = -6 + 8 = 2$

$\lambda_4 = -P_{41} + P_{43} = -3 + 2 = -1$

按 λ_i 不增的顺序排列工件，得到加工顺序(1,2,3,4)和(2,1,3,4)，恰好这两个顺序都是最优顺序。如不是这样，则从中挑选较优者。在最优顺序下，$F_{max}=28$。

2. 关键工件法

关键工件法是华中科技大学陈荣秋教授在1983年提出的一种启发式算法，其步骤如下。

(1) 计算每个工件的总加工时间 $P_i = \sum_j P_{ij}$，找出加工时间最长的工件 C(j=m)，将其作为关键工件。

(2) 对于余下的工件，若 $P_{i1} \leq P_{im}$，则按 P_{i1} 不减的顺序排成一个序列 S_a；若 $P_{i1} > P_{im}$，则按 P_{im} 不增的顺序排成一个序列 S_b。

(3) 顺序(S_a, C, S_b)即为所求顺序。

用关键工件法求例7-4的近优解。

由表7-10可知，总加工时间最长的是工件3；

$P_{i1} \leq P_{i3}$ 的工件为 1 和 2，按 P_{i1} 不减的顺序排成 $S_a=(1,2)$，$P_{i1} > P_{i3}$ 的工件为工件4，$S_b=(4)$；

得到最优加工顺序为(1,2,3,4)。

3. 约翰逊算法

若 n 个工件均按相同次序经过机器1、2、3，在符合下列条件下，可应用约翰逊算法，其条件如下。

$$\min\{t_{i1}\} \geq \max\{t_{i2}\}$$

或

$$\min\{t_{i3}\} \geq \max\{t_{i2}\}$$

两者有一个相符合时即可用约翰逊算法排序。其步骤如下：

第一步，令

$t'_{i1} = t_{i1} + t_{i2}$，

$t'_{i2} = t_{i2} + t_{i3}$；

第二步，将三部机器视为两部机器按约翰逊算法排序。

例 7-5

有四个工件，依次在三部机器上加工，加工时间如表7-11所示。

用约翰逊算法排序步骤：

第一步，依表7-11，查得

$$\min\{t_{i1}\} = 3, \max\{t_{i2}\} = 3$$

表7-11 工件加工时间表

工件	M_1	M_2	M_3
J_1	15	3	4
J_2	8	1	10
J_3	6	5	5
J_4	12	6	7

符合 $\min\{t_{i1}\} \geq \max\{t_{i2}\}$

第二步,计算 $t'_{i1} \geq t'_{i2}$,见表7-12。

表7-12 t_{i1}、t_{i2} 计算表

工件	M_1' $t'_{i1}=t_{i1}+t_{i2}$	M_2' $t'_{i2}=t_{i2}+t_{i3}$
J_1	18	7
J_2	9	11
J_3	11	10
J_4	18	13

第三步,按约翰逊算法,得最佳排序为:$J_2-J_4-J_3-J_1$。

第四步,按最佳排序 $J_2-J_4-J_3-J_1$,重排表7-12,得到表7-13。

表7-13 最佳排序下工件加工时间表

工件	M_1	M_2	M_3
J_4	8^8	1^9	10^{19}
J_1	12^{20}	6^{26}	7^{33}
J_3	6^{26}	5^{31}	5^{38}
J_2	15^{41}	3^{44}	4^{48}

按表7-13计算得出通过时间为48小时。

三、相同零件、不同移动方式下加工周期的计算

排序问题针对的是不同零件,如果n个零件相同,则没有排序问题。但零件在加工过程中采取的移动方式不同,会导致一批零件的加工周期不同。因此,有必要计算零件在不同移动方式下的加工周期。

零件在加工过程中可以采用三种典型的移动方式,即顺序移动、平行移动方式和平行顺序移动。

(一)顺序移动方式

一批零件在上道工序全部加工完毕后才整批地转移到下道工序继续加工,这就是顺序移动方式。采用顺序移动方式,一批零件的加工周期 $T_顺$ 为:

$$T_顺 = n \times \sum_{i=1}^{m} t_i - (n-1)\sum_{i=1}^{m-1} \min(t_j, t_{j+1})$$

式中,n为零件加工批量;t_i 为第i工序的单件工序时间;m为零件加工的工序数。

例 7-6

如图 7-1 所示,已知 n=4,t_1=15 分钟,t_2=9 分钟,t_3=21 分钟,t_4=15 分钟,则 $T_顺$=4×(15+9+21+15)=240 分钟。

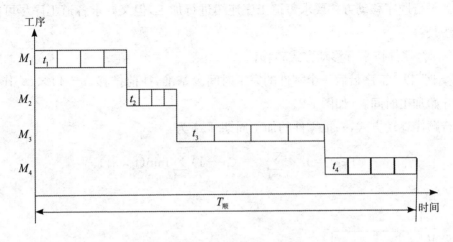

图 7-1　顺序移动方式

(二)平行移动方式

每个零件在前道工序加工完毕后,立即转移到后道工序去继续加工,形成前后工序交叉作业。这就是平行移动方式。采用平行移动方式一批零件的加工周期 $T_平$ 为:

$$T_顺 = \sum_{i=1}^{m} t_i + (n-1)t_L$$

式中,t_L 为最长的单件工序时间,其余符号同前。

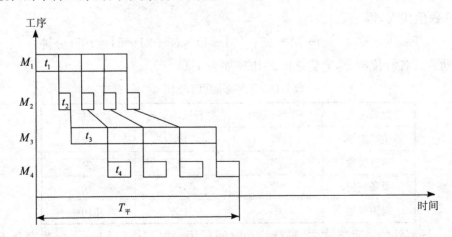

图 7-2　平行移动方式

将例 7-6 中单件工序时间代入,可求得 $T_平$,如图 7-2 所示。

$$T_平=(15+9+21+15)+(4-1)×21=123(分钟)$$

(三)平行顺序移动方式

顺序移动方式零件运输次数减少,设备利用充分,管理简单,但加工周期长;平行移动方式加工周期短,但运输频繁,设备空闲时间多而零碎,不便利用。为了综合两者的优点,可采用平行顺序移动方式。平行顺序移动方式要求每道工序连续进行加工,但又要求各道工序尽可能平行地加工。具体做法是:

当 $t_i < t_{i+1}$ 时,零件按平行移动方式转移;

当 $t_i \geq t_{i+1}$ 时,以 i 工序最后一个零件的完工时间为基准,往前推移 $(n-1) \times t_{i+1}$ 作为零件在(i+1)工序的开始加工时间。(如图 7-3)

采用平行顺序移动方式,一批零件的加工周期 $T_{平顺}$ 为:

$$T_{平顺} = n \times \sum_{i=1}^{m} t_i - (n-1) \sum_{i=1}^{m} \min(t_j, t_{j+1})$$

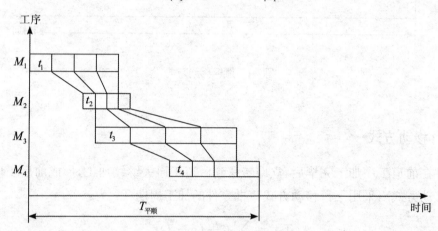

图 7-3 平行顺序移动方式

将例 7-6 数值代入,得

$$T_{平顺} = 4 \times (15+9+21+15) - (4-1) \times (9+21+5) = 105(分钟)$$

三种移动方式各有优缺点,它们之间的比较如表 7-14 所示。

表 7-14 三种移动方式的比较

比较项目	平行移动	平行顺序移动	顺序移动
生产周期	短	中	长
运输次数	多	中	少
设备利用	差	好	好
组织管理	中	复杂	简单

总之,在一批零件的移动方式中,平行移动时间最短,顺序移动最长,平行顺序介于两者之间。在应用时要根据具体条件,考虑下列因素。

一是企业的生产类型。单件小批企业多采用顺序移动方式,大量大批生产,特别是组织流水线生产时,宜采用平行移动方式或平行顺序移动方式。

二是生产任务的缓急。生产任务急,应采用平行移动方式或平行顺序移动方式,以争取时间满足交货需要。

三是劳动量的大小和零件的重轻。工序劳动量不大及重量较轻的零件,宜采用顺序移动方式,工序劳动量大及重量较重的零件,宜采用平行移动方式或平顺移动方式。

四是企业内部生产单位专业化形式。对象专业化的生产单位,宜采用平行或平行顺序移动方式;而工艺专业化的生产单位,宜采用顺序移动方式。

五是改变加工对象时,调整设备所需的劳动量。如果调整设备所需的劳动量很大,则不宜采用平行移动方式。如果改变加工对象时,不需要调整设备或调整设备所需时间很少,则宜采用平行移动方式。

第三节　制造业作业控制

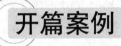

某柴油机修理厂的生产控制系统

某柴油机修理厂在各种柴油机发动机修理方面一直处于行业领先地位。但近几个月来,许多老客户都在抱怨修理价格太高、服务较差,并存在批量修理转向其他厂家的现象。为此,工厂邀请了一个咨询机构对生产系统进行了一次调研。该咨询机构在调研报告中披露了该公司在生产控制系统中存在的问题,主要反映在下列几个方面。

一是在修件库存高,所有车间生产区都堆满了修理件和加工件。

二是在生产过程中,安排的急活、临时的任务太多,严重影响了正常生产任务完成。

三是因为加工件没有形成配套生产,计划没有分解到各工序,所以生产任务的安排极其繁琐。

四是生产部门人员安排职责不到位,计划安排没按最优的顺序,此外,工作人员还承担转运、交接的任务,并缺少相关记录。

五是由于没有相应的记录,无法统计具体型号的机型修理完工时间,计划没有根据,所以计划时常更改,同时无法确定交货期,出现加班赶任务的问题。

六是售后服务部门与生产部门发生矛盾时,由于没有统筹安排,出厂的柴油机出现质量问题后,售后服务部门为缩小"三包"损失,常常拿走用于正常生产的配件,导致生产计划的混乱。

七是由于没有详细记录,所有的生产数据都缺乏真实性,生产周期确定不了,销售部门没有可靠数据来源,而是凭预估情况与顾客随意签订交货期。

八是从车间的生产管理人员到生产管理部门,已经习惯于口头传达各种生产指令,将各种文字性的生产计划安排当成象征性工作,从不对照生产计划安排与实际进度的差距。

针对以上情况,你若是厂领导,会有什么好的改进措施?

制造业生产作业控制是指对生产运营全过程进行监督、检查、调节和控制。它是生产与运作管理的重要职能之一,是实现生产运营主生产计划和生产作业计划的手段。前面所讲的主生产计划和生产作业计划仅仅是对生产运营过程事前的"预测性"安排,在计划执行过程中,注定会出现一些预想不到的情况,管理者必须及时监督、检查,发现出现的偏差,并进行必要的调节和校正,也就是对生产系统实行实时控制,以确保计划的实现。

一、生产作业控制的原因和条件

在介绍生产作业控制的内容及控制方法前,在此先阐述实行生产作业控制的原因和实施作业控制的条件。

(一)实行生产作业控制的原因

生产计划和生产作业计划都是生产活动发生之前制定的,尽管在制定计划时充分考虑了现有的生产能力,但在计划实施过程中,由于以下几点,实施情况往往与计划要求偏离。

1. 加工时间估计不准确

对于单件小批量生产类型,很多任务都是第一次碰到,在计划时很难将每道工序的加工时间估计得很准确。而加工时间是编制作业计划的依据,加工时间估计不准确,作业计划也就不准确,实施中就会出现偏离计划的情况。

2. 随机因素的影响

即使加工时间的估计是精确的,但很多随机因素也会引起偏离计划的情况出现。如工人劳动态度和劳动技能的差别、人员缺勤、设备故障、原材料的差异等,这些都会造成实际进度与计划要求不一致。

3. 加工路线的多样性

调度人员在决定按哪种加工路线加工时,往往有多种加工路线可供选择,不同的加工路线会使完成时间产生偏离。

4. 企业环境的动态性

尽管制定了准确的计划,但若来了更有吸引力的新任务,或者关键岗位的职工离职,或者物资不能按时到达,或者工厂发生意外事故等,这些都使得实际生产难以按计划进行。

当实际情况与计划发生偏离,就要采取措施修正。要么使实际进度符合计划要求,要么修改计划以适应新的情况。这就是生产控制问题。

(二)实施生产控制的条件

实施生产控制有三个条件。

1. 要有一个标准

标准就是生产计划与生产作业计划。没有标准就无法衡量实际情况是否发生偏离。生产计划规定的产品出产期,MRP系统生成的零部件投入出产计划,通过排序方法得出的车间生产作业计划,都是实行生产控制的标准。

2. 要取得实际生产进度与计划偏离的信息

控制离不开信息,只有取得实际生产进度偏离计划的信息,才知道两者发生了不一致。计算机辅助生产管理信息系统能有效地提供实际生产与计划偏离的信息。通过生产作业统计模块,管理者每天都可以取得各个零部件的实际加工进度和每台机床负荷情况的信息。

3. 要能采取纠正偏差的行动

纠正偏差是通过调度来实行的。

二、生产作业控制的内容

生产作业控制的主要内容包括生产进度控制、生产调度和在制品控制等工作。

(一)生产进度控制

生产进度控制的主要任务,是按照预先制定的作业计划,检查各种零部件的投入和出产时间、数量以及配套性,保证产品能准时装配出厂,是从投产准备到制成品入库为止的全生产过程所进行的控制,一般包括投入进度控制、出产进度控制和工序控制。生产作业控制的核心是进度控制。

1. 投入进度控制

投入进度控制是指对产品(或零部件)开始投入的日期、数量以及对原材料、毛坯、零部件投入提前期等进行控制,以便符合计划要求。它还包括检查各个生产环节、各种原材料、毛坯、零部件是否按标准提前投入,设备、人力、技术等项目的投入生产是否符合计划日期。没有投入就没有产出,进度计划完不成常常与投入进度失控有关,投入进度是进度控制的第一环节。针对不同的企业生产类型,投入进度控制的方法也不同。对于大量大批生产,可根据投产指令、投料单、投料进度表、投产日报等进行控制;对于成批和单件生产,投入进度控制较大量大批生产更复杂,一方面要控制投入的品种、批量和成套性,另一方面要控制投入提前期(可利用投产计划表、配套计划表、加工线路单等工具)。

2. 出产进度控制

出产进度控制是指对产品(或零部件)的出产日期、出产提前期、出产量、出产均衡性和成套性的控制,是保证按时、按量完成计划,保证生产过程各个环节之间紧密衔接、各零部件出产成套和均衡生产的有效手段。出产进度的控制,通常是把计划进度同实际出产进度同列在一张表上比较来进行。而不同的生产类型有各个不同的控制方法。对于大量大批生产,企业主要用生产日报(班组的生产记录、班组和车间的生产统计日报等)同出产日历进度计划表进行比较来控制每日出产进度、累计出产进度和一定时间内生产均衡程度;对于成批生产,企业主要是根据零件轮番标准生产计划、出产提前期、零部件日历进度表、零部件成套进度表和成批出产日历装配进度表等来进行控制;对于单件小批生产,企业则主要根据各项订货合同所规定的交货期进行控制,通常是直接利用作业计划图表,在计划进度线下用不同颜色画上实际的进度线即可。

3. 工序进度控制

工序进度控制主要是指对产品(零、部件)在生产过程中经过每道加工工序的进度所进行的控制。在成批、单件生产条件下,由于品种多、工序不固定,各品种(零、部件)加工进度所需用设备经常发生冲突,即使作业计划安排得很好,能按时投产,但往往投产后,生产执行过程中一出现干扰因素,原来计划就会被打乱。因此,对成批或单件生产只控制投入进度和出产进度是不够的,还必须加强工序进度的控制。

(二)生产调度

生产调度的任务是按照作业计划的要求,及时、准确、全面地掌握生产过程的情况,对企业生产活动进行有效组织、指挥、监督和控制加强进度管理,不断克服不平衡和不均衡的现象,并且通过各种信息的收集和处理,积极预防生产事故和生产失调现象的发生,使生产过程中的各个环节能协调一致地工作,以保证作业计划的全面完成。

1. 生产调度工作的主要内容

(1)检查生产作业计划执行情况。按照作业计划组织日常生产活动,经常检查计划的执行情况,掌握在制品在各工艺阶段的投入和出产。解决生产中出现的各种问题,特别要抓好关键产品、关键零部件、关键工序、关键设备的安排与检查。

(2)检查、督促和协调各生产部门做好生产前的作业准备工作。如图纸、工装、工艺文件的准备,材料毛坯的准备,外购件准备,仪器仪表的准备,设备及运输工具的准备等。调度部门必须经常检查各项作业准备工作的进展情况,督促生产单位和有关部门按时完成,发现问题及时协调予以解决。

(3)根据生产需要,合理调配生产资源,保证各个生产环节、各道工序协调、均衡地生产。对轮班、昼夜、周、旬或月计划完成情况做好统计和分析工作。

(4)组织好厂级和车间的生产调度会议,协调车间之间及工段(班组)之间的生产进度和衔接,研究和制定克服生产中薄弱环节的措施,并组织有关部门予以解决。

2. 做好调度工作应遵行的原则

(1)计划性原则:以计划为依据,均衡、全面地完成计划。

(2)统一性原则:高度的集中统一指挥。

(3)预见性原则:以预防为主,防患于未然。事先预防,事先控制。抓早、抓紧、抓细、抓实。早布置、早检查、早监督、早控制。

(4)及时性原则:具有当机立断的作风,敢于负责的精神。

(5)群众性原则:深入实际,深入第一线。在分配任务时,讲形势、交任务、指关键;在处理问题时,民主、倾听群众意见;在调度决定前,尽可能经过群众酝酿。

3. 调度工作制度

生产调度应建立日常工作制度。

(1)调度值班制度。生产调度是对生产全过程进行调度。因此,厂级调度室应实行昼夜值班制,二十四小时指挥不中断。值班人员掌握生产信息,及时处理生产中临时发生的问题,并将当班的生产情况、出现的问题、采取的措施及执行的情况写成调度日记,或记入其他存储器内,向下一班值班人员交代,并向值班主管汇报。

(2)调度会议制度。生产调度部门应每周召开一次生产调度会议,由主管调度的生产科长主持,各车间、科室的调度人员参加,一般来说,上旬重点落实产品短线零件和成套欠缺件;中旬重点检查成套件;下旬抓产品完成以及下月生产准备。调度会议应着重解决生产中横向的衔接协作关系,会前应做好调查研究,收集整理信息,准备解决问题的措施和方案,以便在会议上能很快形成一致意见,作出决策。调度会议一时难以解决的问题,应提交厂生产会议解决。

(3)调度报告制度。各级调度人员应定期或经常将生产情况,口头或书面向上级调度部门汇报,生产调度部门应通过编写生产日报等形式,向厂长及相关负责人报告生产情况、存在的问题和拟采取的措施。

(三)在制品控制

在制品控制是指对生产过程各个环节中尚未完工的毛坯、零件、部件和产品账目、所在位置和数量的控制。对在制品进行合理控制,对组织均衡生产、保证产品质量、加速资金周转、降低产品成本、提高经济效益有重要意义。

在制品控制工作的主要任务是:在整个生产过程中,保持实现均衡和配套生产所必需的在制品数量,严格控制在制品的储备量和在各个生产环节之间的流转动态,以缩短生产周期,加速流动资金的周转。车间在制品控制取决于车间生产类型和生产组织形式。在大量大批生产条件下,在制品数量比较稳定,实现制定有标准定额,在生产中的流转有一定的顺序和规律,因此,通常采用轮班任务报告,并结合统计台账来控制在制品的数量和移动。在单件小批生产条件下,由于产品品种和批量经常变化,在制品数量的稳定性很差,通常采用加工路线单或工票等凭证,结合统计台账来控制在制品。

三、生产作业控制的方法

为了准确了解生产情况,及时发现生产与实际的差异,有预见性地掌握生产发展的趋势,就要使用一些科学的方法进行生产作业控制。随着MRPII系统的出现,作业控制的方法也在不断地革新,投入/产出的控制方法和优先控制方法逐渐应用在企业的作业控制中。作业控制的方法不断推陈出新,如漏斗模型控制和约束理论的控制方法,都是作业控制方法的现代发展。

(一)优先控制方法

MRPII系统的主要功能是设置和更新各种零件在车间生产过程中的订货期(完工要求),管理人员根据MRPII提出的计划,安排零件在生产中的次序。当有若干种零部件需要同时经某一台机床进行加工时,就必须根据交货期信息确定有关零件的优先权,在"作业计划"一节中已经介绍了确定优先权的多种方法,但是现在还没有适用于一般情况的算法,最常用的是临界比率法。

临界比率法是零部件与计划交货期之间的间隔与零部件到完工时的间隔之比,根据临界比率可以确定哪些零件滞后于计划,哪些零件超前于计划。若临界比率大于1,则说明零件超前于计划要求的交货期;若临界比率等于1,则说明零件正好符合计划要求的交货期;若临界比率小于1,则说明零件滞后于计划要求。因此,临界比率越小,该批零件加工越紧迫,应该将生产资源优先安排在这批零件上。

(二)投入/产出控制方法

如果待加工的工件数量过多,就有可能在后面的生产中产生积压,造成生产的停滞;如果工件产出太多,下一道工序就要有相当长的等待时间,这意味着生产周期的延长和生产资源的浪费,投入/产出控制方法的作用就在于控制在车间里排队等待加工件的数量,并由此控制工序生产周期。投入/产出方法的实施可以保证整个生产过程的平稳进行,没有过多的积压和等待加工时间。

投入/产出控制方法的着眼点在于对生产工序的两头,即对工序中的投入量和产出量进行控制,主要内容包括:一方面,将实际投入的数量和计划应当投入的数量进行比较,控制投入某一道工序的零部件数量;另一方面,比较实际产出与计划规定产出的数量,控制从某一道工序流出的零件数量。

采取措施的目的是及时修正因延期或停顿而产生的偏差,使新投入某一道工序加工的零件数量不要过多地超过从该工序加工结束待运出零件的数量。当然,对于不同的工序而言,投入的含义是不同的。投入/产出控制方法可以控制第一道工序的投入,以后每道工序的投入其实就是上一道工序的产出,因此,投入量实际就是控制上一道工序的输出量。

(三)漏斗模型

从存量控制的思想出发,20世纪90年代,德国汉诺威大学的Bechte和Wiendall等人提出了"漏斗模型"(Funnel Model)。所谓漏斗,是为了方便地研究生产系统而作出的一种形象化描述。一台机床、一个班组、一个车间乃至一个工厂,都可以看作一个漏斗。作为漏斗的输入,它可以是上道工序转来的加工任务,也可以是来自用户的订货;作为"漏斗"的输出,它可以是某工序完成的加工任务,也可以是企业制成的产品。而"漏斗"中的液体,则表示累积的任务或在制品。液体的量则表示在制品量,如图7-4所示。

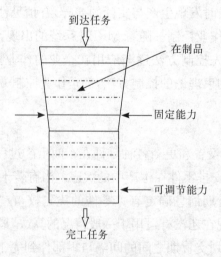

图7-4 漏斗模型图

漏斗模型通过分析生产系统工序通过时间和在制品占用量的关系,形成了完整的基于负荷导向的作业控制理论和方法。漏斗模型很适合用于多品种中小批量生产系统计划与控制。图7-4中漏斗的开口大小表示生产能力,它是可以调整的,液面高低表示累积任务量的大小。图7-5为输入输出图。该图包括输入曲线和输出曲线,它们分别描述工件的到达情况和完成情况。横坐标为时间,通常以日为单位;纵坐标为工作负荷,通常以小时表示。曲线的垂直段表示某天到达或完成的一个或多个工件所包含的工作量;水平段表示相邻两个到达或完成的任务之间的时间间隔。如果运输时间不变,输入曲线与上道工序的输出曲线相对应。输入曲线和输出曲线表示在一定观察期内任务到达的累积情况和任务完成的累积情况,它们可以从过去任何一天开始构造到现在。实际上,几周时间已足够。两条曲线任一时刻垂直方向的距离表示该时刻在制品占用量(以工作量表示),两条曲线的水平距离表示相应工作任务在该工作地停留的时间。通过对生产负荷的控制调整产出的进度,检测产出的时间,同时对产出进行更正,这有效地提高了管理效率。

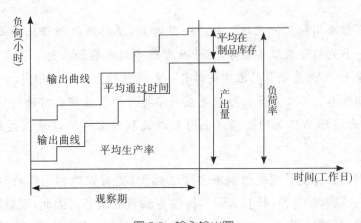

图7-5 输入输出图

由于管理所侧重的方面不同,漏斗模型在进行作业控制的时候又可以分为3种基本的形式。

1. 监控车间生产过程

在这种形式中,企业可以利用漏斗模型对整个生产系统进行整体和动态的监控,而不仅仅是传统意义上的对某道工序进行监控,能够从整体上把握整个生产过程的进程。生产系统监控主要包括两方面内容。一是编制监测流程图,监测生产任务从计划到加工结束期间全过程的情况,进而提高整个生产过程中的管理效率。二是建立相应的生产监控和诊断系统,对各个工序的工作情况,进行定期跟踪,计算相关指标,根据实际指标和计划指标之间的偏差对生产进行调整。这种调整是渐进的、动态的,调整到最优为止。

2. 按交货期作出加工任务的计划并且进行控制

这是建立在现代的柔性制造理论基础上的方法。传统的作业控制理论认为,特定时间、特定工序的加工能力是一定的,因此在安排计划时尽量将工作排满就可以了。然而,现代柔性制造理论认为,加工能力应该而且能够进行经常性的调整。适时调整加工能力可以有效地降低库存和在制品的数量,缩短生产周期,保证交货时间。因此,企业在下达生产任务时,可以利用缓冲时间,找出某道工序所要求的变化范围,确定投料时间,使工序能力始终处于最佳状态。

3. 根据生产的实际负荷控制生产的投入指令

按照负荷导向型的计划,依负荷释放任务,根据现有的生产任务和加工能力确定任务和原材料的投放数量。第一,根据生产任务的紧急程度进行安排;第二,确定允许投入物料的界限和时间安排；第三，根据交货期的要求，对所有的加工任务进行排序，由于计划提前期是管理人员预先设定的参数，因此对交货期界限以外的任务暂不安排加工，防止过早投料；第四，根据排序结果，对交货期紧急的任务优先安排，同时保证与生产任务相关工序的负荷不超过负荷界限。

第四节　服务业作业计划与控制

开篇案例

　　李先生是某通信公司的客户经理。最近一段时间，他接连收到好几个用户的投诉，表示虽然公司采取了一系列措施来改善服务，但营业厅服务仍不尽如人意。营业厅营业时间一般是从上午9点到晚上7点，营业员的班次安排与一般人员的上班时间相同，中午12点左右，大部分营业员在午间休息。各项业务的办理是在一字排开的营业柜台前进行的，没有任何帮助排队的设施，时常出现场面混乱的情况。公司可以采取什么样的措施来缓解目前的混乱局面呢？

　　服务业作业计划的目标就是要通过服务系统的排程，更有效地利用现有容量，使顾客需求与服务能力相匹配，减少顾客的等待时间，为顾客提供更满意的服务。因此，安排服务业作业计划实际上就是解决服务排序问题。同制造业企业一样，服务业企业也存在作业控制的问题。

一、服务业作业排序与制造业作业排序的主要区别

　　服务业的作业排序是指对顾客、劳动力与设备等进行时间进度安排，使顾客流与服务能力相吻合和适应。

　　由于服务业与制造业的差异，服务业作业排序与制造业作业排序有着很大的区别。首先，制造业作业排序的侧重点是物料，并且产品可以存储，服务业作业排序的侧重点是人员配备；其次，服务系统没有服务存储；最后，服务业作业劳动含量高，劳动力需求波动大。例如，医院可能使用复杂的排程系统来安排医疗服务工作，而这种系统一点也不逊色于生产车间使用的生产作业排序系统。医院很少使用生产车间中的优先规则（如先到先服务）来对待急症患者。但是，在服务能力能够满足需求的情况下，医院也可以像生产车间一样安排服务的先后顺序。

　　服务业与制造业作业排序不同的根本原因在于，服务不能储存，无法预先生产出来。具体地说，主要有以下几个因素。

（一）所提供产品的类型

　　服务生产过程有顾客参与，作业排序对顾客有直接影响，顾客成为服务的一部分；而在制造业中，生产作业排序对产品的使用者或消费者无直接影响。

(二)排序内容

在服务业中,作业排序要确定服务交易的时间和地点;而在制造业中,作业排序仅需确定产品生产的操作步骤。

(三)过程控制

在服务业中,用户参与服务过程,并且对全部操作时间施加影响;而在制造业中,用户仅与最终产品和交货时间相关。

(四)人员规模

在顾客服务中,服务的输出与劳动力的最佳规模之间的关系很难确定;而在制造业中,两者之间有紧密联系。因此,最优的作业排序可被计算出来。

由服务业组织所提供的服务可以分为两大类:顾客化服务和标准化服务。大多数服务业组织为客户提供顾客化服务。作业排序的方法包括典型的"一次一个""先到先服务"方式及基于操作时间或服务人员的可利用性的预约式作业排序。这些简单的方法对于小规模的作业排序是非常适宜的。但在大规模的作业排序问题中,如银行或医院,它们既要与所服务的顾客直接接触,又有许多设备设施与顾客相分离,因此作业排序问题极为复杂。顾客化服务的作业排序实际上是顾客参与决策的过程,在某种程度上,顾客也是作业排序过程中的一部分,且常常作为驱动者。

与顾客化服务相比,标准化服务如交通运输业等,更多地与设备、工具相连。在交通运输业中,到达与出发的时间表广为张贴,几乎不考虑个别顾客的要求。这种排序时间表一般按照已计划好的需求路线来设计,并根据乘客乘坐交通工具的方式、假期安排、习惯或其他所期望的方式作一些调整。邮件分发、垃圾回收及街道清洁等服务的作业排序,是根据最大限度地有效使用工具设备的目的来安排路径计划的。路径计划对于航班的作业排序来说也是非常重要的。此外,航班的作业排序还需要考虑补充燃料、现有机组人员数量、飞机容量以及顾客需求等问题。大多数航班作业排序通过仿真模型来进行,通过考虑实际情况中的所有变量来进行决策。

二、服务业作业排序方法

在服务业中,由于无法利用库存来对应需求的不确定性,服务作业的组织和排序更困难,对绩效的影响也更大。一般来说,服务业作业有两种基本的排序方式:将顾客需求分配到服务能力的不同时间段内;将服务人员安排到顾客需求的不同时间段内。

(一)安排顾客需求

这是指根据不同时间内可利用的服务能力来为顾客排序。在这种方式下,服务能力保持一定,而顾客需求被适当安排,以提供准时服务和充分利用能力。通常有三种方法被使用:预约、预订和积压。

1. 预约

预约系统可给予顾客特定的服务时间。这种方法的优点在于及时的顾客服务和服务人员的高效率。医院、律师事务所和汽车修理厂是使用预约系统提供服务的典型例子。采用预约方式易出现的一个问题是,如果已预约的顾客因排序出错而需等待较长时间时,顾客会很恼火。这个问题可以通过为每位顾客安排充足的时间,而不仅仅用相等的时间间隔来解决。另一个可能出现的问题是,如果有很多顾客迟到,或临时取消预约,预约系统的运作绩效也会受到很大影响。

2. 预订

预定系统类似于预约系统,但它通常被用于顾客接受服务时需占据或使用相关的服务设施的情况。例如,顾客预订旅馆房间、火车或飞机座位。预订系统的主要优点在于,它给予了服务管理者一段提前期来计划设施的充分利用。预订方式通常要求预付一定钱款,这样可减少"临时取消预约"的情况出现。例如,许多旅馆在预约房间时需要预付一天的住宿费等。

3. 排队等待

一种不太准确的顾客排序方法是允许需求积压,让顾客排队等待。例如,餐馆、银行、零售商店、理发店等,通常使用这种方式。在排队等待方式中,顾客到达服务系统后不知道何时轮到服务提供者为他服务,在提出服务要求后就等待着。各种优先规则可用来决定服务顺序,通常的规则是先到先服务。在一些特殊情况下,也允许某些顾客有特殊优先权。采用排队等待服务方式的一个重要问题是,应尽量使顾客等待时间缩短。例如,研究顾客的到达规律,采取相应的服务方法。

(二)安排服务人员——人员班次计划

服务作业排序的另一种方法是将服务人员安排到顾客需求的不同时间段内。当需要快速响应顾客需求且需求总量大致可以预测时,通常使用这种方法。在这种情况下,企业可通过适当安排服务人员来调整服务能力,从而最大限度地满足不同时间段内的不同服务需求。

1. 人员班次安排问题的背景

人员班次安排问题普遍存在于工业企业和服务行业,典型的例子有:护士、警察的工作日及休息日的安排;一天营业14小时、一周7天都营业的商店的人员安排;日运行20小时、一年365天都运营的交通运输公司的司机安排等。通常,流程式生产需要一周7天、每天24小时都有人值班。按规定,每名职工每周应有2天休息时间,平均每天工作时间亦不能超过8小时,这就产生了人员班次安排问题。从管理者的要求出发,希望降低成本,提高服务水平,即安排尽可能少的员工来满足生产和服务的需要。员工则希望满足自己的休息要求。如,休息日最好安排在周末,以便与家人团聚;每周的双休日可以连在一起以便充分利用休息时间。如何兼顾管理者与员工的要求,合理安排员工的工作班次,做到在满足生产需要和职工休息的前提下,使职工数量最少,这就是人员班次安排所要解决的问题。如果人员的排班问题解决不好,既影响服务效率,也会造成服务资源的浪费。

2. 人员班次问题的常用术语

为了便于叙述,所有给职工安排班次的企业、部门、单位,统称为"部门",所有被安排的对象称为"工人"。

安排人员班次计划,一般以周为时间单位。在人员班次安排问题中,常采取周一至周日或周日至周六两种表示方法。本书采取周一至周日的表示法。一周内有5天工作日和2天休息日。每

第七章 作业计划与控制

天工作班次可由一个班次、两个班次或三个班次组成。单班次人员班次问题是指,每天仅安排一个班次的问题(简称"单班次问题"),多班次人员班次问题是指每天安排多个班次的问题(简称"多班次问题")。如果说某工人在哪天工作,实际是指他在那天的某个班次工作。每个工人每天只能被分配一个班次,不同天可以被分配到不同种类的班次,如白班、晚班、夜班等。工人不被安排工作的天称为休息日,连续两个休息日成为双休日。周末休息是指在两个周末日连续休息,即星期六和星期日休息。

3. 单班次问题

单班次问题指的是每天只有一个班次工人当班,不存在换班的情况。它具有以下几个特点。

(1)单班次问题是最简单,也是最基本的班次问题,一般比较容易找到求解方法。

(2)单班次问题的模型可作为某些特殊的多班次问题的合理近似。例如,有些多班次问题允许工人固定班次种类,每种班次的工人看成独立的一组,按照单班次的方法求解。

(3)求解单班次问题的思想和方法,虽然不能直接应用于求解一般的人员班次安排问题,但对于我们建立求解一般的人员班次问题的方法能提供一些有益的启示。对单班次问题的研究是更一般、更复杂的人员班次安排问题研究和发展的奠基石。

一般来说,类似于制造业企业的生产计划,服务业企业也要首先制定全年、每个月以至每周的人员需求计划,然后在此基础上,通过作业排序方法把这样的人员计划转换成为每一个人的日常排班计划。

下面主要介绍单班次的、连续休息日的服务人员排序问题的启发式算法。具体步骤如下。

①从每周的人员需求量中找出服务人员需求量总和最少的连续两天。如果服务人员需求量最少的连续两天的情况有多种,如星期一和星期二、星期四和星期五,那么可以任选其中一种情况。

②指定第一位员工在步骤一确定的两天内休息,在其他的五天内工作。在第一位员工工作的五天内的服务人员需求量中减去1。

③重复步骤一和步骤二,直到将所有服务人员的工作日与休息日安排完毕。

例 7-7

有一家服务机构,共有工作人员10名,每周7天都营业,根据历史资料估计每天的工作人员的需求量数据如表7-15所示。

表7-15 1周内各天的工作人员需求表

星期	周一	周二	周三	周四	周五	周六	周日
需求人员数	8	7	6	5	10	6	5

该服务机构的领导需要对这10名工作人员安排工作日,以确保在不影响顾客服务水平的情况下,使这10名员工每周都能得到连续两天的休息日,并且尽可能安排在周末休息。另外,该服务机构还想了解根据目前的客户需求,现有的工作人员数量能否满足需求,是否存在人员不足或冗员的情况。

按照以上介绍的求解步骤,首先假设这10名工作人员的代号为A,B,C,D,E,F,G,H,I,

J。根据表7-15所列的数据可知,人员需求量总和最小的连续两天为周三和周四、周六和周日,可任选一组确定为A的休息日。由于排序的原则是尽量将员工的休息日安排在周末,因此,选择周六和周日为A的休息日,A的工作日为周一到周五。安排完A的工作日和休息日后,剩余各天的工作人员需求量为将上表中除周六和周日两天外的各需求量减去1,得到表7-16中的第二行。在表7-16的第二行,工作人员需求量总和最少的连续两天为周三和周四,确定B的休息日为周三和周四,工作日为周一、周二、周五至周日。安排完B的工作日和休息日后,剩余各天的工作人员需求量为将表7-16中第二行中除周三和周四之外的需求量减去1,得到第三行。以此类推,直至安排完所有其他工作人员的休息日和工作日,具体排序过程及结果如表7-16所示。

表7-16　某服务机构工作人员排班过程及结果

	星期一	星期二	星期三	星期四	星期五	星期六	星期日
A	8	7	6	5	10	6 *	5 *
B	7	6	5 *	4 *	9	6	5
C	6	5	5	4	8	5 *	4 *
D	5	4	4 *	3 *	7	5	4
E	4	3	4	3	6	4 *	3 *
F	3	2	3 *	2 *	5	4	3
G	2 *	1 *	3	2	4	3	2
H	2	1	2	1	3	2 *	1 *
I	1	0	1 *	0 *	2	2	1
J	0 *	0 *	1	0	1	1	0

注：*代表该工作人员在该天休息,其余5天工作

在以上排序中,工作人员可经过一个周期后再进行轮换,如张三在这一周期为A,下一周期为B,这样可以保证所有人都均等地享受在周末休息的机会。另外,需要说明的是,我们以上讲的例子并不是唯一最优的排序,这只是单班次人员的排序问题。在实际工作中,还存在着许多班次的服务型企业,有的服务型企业是一天24小时工作,对于这种企业的人员排序问题的解决是十分困难的,在此不展开论述,请读者参考相关文献。

三、服务业作业控制

服务业的作业控制主要通过处理顾客参与程度与服务效率之间的关系、左右顾客需求类型以及处理非均匀需求等策略来实现。

(一)处理顾客参与程度与服务效率之间的关系

该策略可以通过以下途径来实施。

1. 通过服务标准化减少服务品种

顾客需求的多样性会造成服务品种无限多,而服务品种增加会降低服务效率,服务标准化可

使有限的服务满足不同的需求。

2. 利用自动化减少同顾客的接触

银行的自动取款机、商店的自动售货机等,通过自动化操作限制同顾客的接触从而降低了劳动力成本。

3. 将部分操作与顾客分离

提高效率的常用策略是将不需要顾客接触的操作与顾客分离。如酒店的服务员在顾客出门时清扫房间。这样做可以避免打扰顾客,提高清扫的效率。还有一种策略是设置前台和后台,前台直接与顾客打交道,后台专门从事生产运营,不与顾客直接接触。例如,饭馆的前台服务员接待顾客,为顾客提供点菜服务,后台厨师专门炒菜,不与顾客直接打交道,这样做的好处是既可改善服务质量,又可提高效率。此外,前台可以建在交通方便的地点,这样可以吸引更多的顾客,以顾客为导向。相反,后台可以集中建在较为偏僻、地价便宜的地方,以效率为导向。

4. 设置一定量的库存

虽然服务本身是没有库存的,但企业通过调节库存来改善服务质量及效率。例如,批发和零售服务可以通过调节产品库存来改善服务质量和效率。

(二)影响顾客需求类型的策略

1. 固定时间表

对于处于服务特征矩阵中的服务企业,如果完全按照顾客的需要来安排服务,则会造成巨大的浪费。例如,随时都有顾客要出门乘车,如果满足顾客随时乘车的要求,则需要大量运输工具。客运部门可采用固定时间表来满足顾客的需要,让顾客按固定时间表行动,这样既可以满足绝大多数顾客的需求,又可以减少运输能力的浪费。固定时间表策略和产品系列化策略一样,可以兼顾顾客的需要和企业的生产能力。

2. 预约系统

对于处于服务特征矩阵上半部的服务业,由于顾客化程度高,服务提供者为了正确处理服务能力与需求的关系,可采用预约系统,使顾客的需求得到满足。如病人通过预约系统挂号,满足了看病的需要,又不致因排队而浪费时间,还使得医生的时间得到充分利用。

3. 推迟交货

由于服务能力有限,无论采用什么策略,都会有一些顾客的要求得不到及时满足,这就会出现推迟交货的情况。如家用电器突然出现故障需要修理。如果维修站无任务排队,则可及时修理;如果有任务排队,则需要安排一定的优先顺序,修理任务就要推迟。

4. 为低峰时的需求提供优惠

如果按照最高负荷配置服务设施,则投资将很多。为了使有限的服务设施得到充分利用,服务提供者可以采用转移需求的策略。对低峰时的需求提供价格优惠,如峰谷电价就是采用了这种策略。

(三)处理非均匀需求的策略

各种转移需求的办法只能缓解需求的不均匀性。因此,需要采取各种处理非均匀需求的策略。

1. 改善人员班次安排

很多服务是每周 7 天、每天 24 小时进行的。其中有些时间是负荷高峰,有些时间是负荷低谷。完全按高峰负荷安排人员,会造成人力资源的浪费;完全按低谷负荷安排人员,又会导致供不应求,流失顾客。因此,通过对每周和每天的负荷进行预测,在不同的班次或时间段安排数量不同的服务人员,这样既保证了服务水平,又减少了人员数量。人员班次安排问题将在本章第三节讨论。

2. 利用半时工作人员

在不能采用库存调节的情况下,企业可以采用半时工作人员,以减少全时工作固定人员的数量。对一天内需求变化大的服务业或者是季节性波动大的服务业,都可以雇佣半时工作人员。在服务业采用半时工作人员来适应服务负荷的变化,如同制造业采用库存调节生产一样。

3. 让顾客自己选择服务水平

设置不同的服务价格和服务水平供顾客选择,这样可满足顾客的不同需求。如邮寄信件,可采用平信或特快专递。若顾客希望缩短邮寄时间,就得多花邮费。

4. 利用外单位的设施和设备

为了减少设施和设备的投资,服务提供者可以借用其他单位的设施和设备,或者采用半时方式使用其他单位的设施和设备,如机场可以将运输货物的任务交给运输公司去做。

5. 雇佣多技能员工

相对于单技能员工,多技能员工具有更大的服务柔性。当负荷不均匀时,多技能员工可以到任何高负荷的地方工作,从而较容易地做到负荷能力平衡。

6. 顾客自我服务

如果能做到顾客自我服务,则需求一旦出现,服务能力也就有了,不会出现能力与需求不平衡的情况。例如,顾客自己给汽车加油,在超级市场自助购物等。

7. 采用生产线方法

如麦当劳采用生产线方法来满足顾客需求。在前台,顾客仍可按菜单点他们所需的食物。在后台,服务人员则采用流水线生产方式加工不同的元件(食品),然后按订单型生产(make-to-order)方式,将不同的元件(食品)组合起来,供顾客消费。这种生产方式效率非常高,可做到低成本、高效率和及时服务。麦当劳是将制造业方法用于服务业的一个成功例子。

本章要点:作业排序问题是制造业企业与服务业企业生产作业管理的一项重要的内容,它同生产作业计划有着十分密切的关系。从某种意义上来说,生产作业计划就是作业排序,这一点我们在本章有所说明。有效的作业排序计划可以减少用户的排队等待时间,缩短企业的交货提前期,降低在制品库存,加快库存周转速度;最重要的是可以提高用户的满意度,增加用户的价值,在当今供应链管理的环境中,意义更为突出。本章讨论的重点是制造业作业排序、作业控制以及服务业人员班次计划,具体安排是:第一节介绍关于排序的基本概念,作业排序的概念、排序问题的分类等;第二节主要讨论了制造业作业计划,包括作业排序目标、作业排序的优先规则和几种排序问题的解法;第三节阐述了制造业作业控制的原因、内容和方法;第四节介绍了服务业服务人员排序的问题和方法及服务业作业协调控制。

思考题

1. 简述作业计划与排序的区别。
2. 简述作业排序的目标。
3. 简述本章介绍的几种优先调度规则。
4. 比较相同零件的三种移动方式。
5. 简述关键工件法和仿约翰逊算法。
6. 实行生产作业控制的原因是什么?
7. 简述生产作业控制的方法。
8. 什么是生产调度和生产进度控制?
9. 服务业作业排序与制造业作业排序的主要区别是什么?
10. 服务业影响需求的策略包括哪些?
11. 服务业处理非均匀需求有哪些策略?请与制造业进行比较。
12. 提供顾客化服务和提供标准化服务的企业,在服务作业排序上有什么不同考虑,举例说明。

练习题

1. 试用本章介绍的以下五种调度规则(FCFS、EDD、STP、MWKR、RANDOM),求下列五个工件单机进度计划问题。

工件	1	2	3	4	5
作业时间 t_i	3	7	1	5	4
交货期 d_i	8	10	9	6	2

2. 一个车间有一台加工中心,现有5个产品需加工,如下表所示。试用 SPT、EDD 两种预先规则,求平均流程时间最短的作业顺序及平均在制品库存数。

产品	作业时间(小时)	预定所需要的交付时间(小时)
A	11	61
B	29	45
C	31	31
D	1	33
E	2	32

3. 用(Johnson)算法求以下 8/2/F/Fmax 问题的最优解。

i	1	2	3	4	5	6	7	8
a_i	9	7	10	8	2	1	5	4
b_i	6	2	3	1	5	8	7	4

4. 有 7 个作业必须全部进行 A 和 B 两种作业,顺序是先 A 后 B。用约翰逊规则决定各作业

的顺序,并求出 F_{max}。(单位:小时)

工件	1	2	3	4	5	6	7
工序 A	10	8	7	6	1	12	3
工序 B	6	9	4	13	2	11	5

5. 用 Palmer 法、关键工件法和 CDS 法求以下 5/4/P/Fmax 的最优解,并比较三种方法的结果。

i	1	2	3	4	5
P_{i1}	4	8	2	5	9
P_{i2}	2	3	6	4	1
P_{i3}	5	7	3	8	4
P_{i4}	6	2	16	7	8

6. 邮局包裹服务部每周 7 天都营业,为使所需工人数最少且每个工人有连续两天(周末优先)休息时间,根据历史资料估计每天的工作人员的需求量。请用下列资料建立该计划。

日期	星期一	星期二	星期三	星期四	星期五	星期六	星期天
人员需求量	6	4	8	9	10	3	2

结尾案例

TOC 理论与生产计划

TOC(Theory of Constraints),中文译为"瓶颈理论",也被称为"制约理论"或"约束理论",由以色列物理学家高德拉特(Eliyahu M. Goldratt)博士创立,与精益生产、六西格玛并称为全球三大管理理论。其核心观点为立足于企业系统,通过聚焦于瓶颈的改善,实现系统各环节同步、整体改善的目标。

TOC 认为任何系统至少存在着一个制约因素/瓶颈,否则它就可能有无限的产出。因此,要提高一个系统的产出,必须打破系统的瓶颈。任何系统都可以想象成由一连串的环所构成,环与环相扣,这个系统的强度就取决于最薄弱的一环,而不是其最强的一环。相同的道理,我们也可以将我们的企业或机构视为一条链条,每一个部门是这个链条其中的一环。如果我们想达成预期的目标,就必须从最弱的一环,也就是从瓶颈下手,以得到显著改善。换句话说,如果这个瓶颈决定一个企业或组织达成目标的速率,我们必须从克服该瓶颈着手,只有这样才可以更快速的步伐在短时间内显著地提高系统的产出。系统最终的产出将受到系统内最薄弱环节的限制。换言之,任何一个链条的牢固程度取决于它最薄弱的环节。

TOC有一套思考的方法和持续改善的程序,称为五大核心步骤(Five Focusing Steps),这五大核心步骤是:第一步,找出(Identify)系统中的瓶颈;第二步,最大限度利用(Exploit)瓶颈,即决定如何挖尽瓶颈;第三步,使企业的所有其他活动服从于第二步的决定,即迁就瓶颈;第四步,打破(Elevate)瓶颈,提升瓶颈的产能,使瓶颈转移到别处;第五步,重返(Repeat)第一步,找出新的瓶颈,别让惰性成了瓶颈,即持续改善。

例如:一家水饺店,虽然只生产和销售一种水饺,但是销路很好,并且供不应求。但关店后,一些没卖完的半成品(面和馅)就要报废。每天水饺店营业12小时,上午7点到晚上7点。每份水饺(12个)卖6元,其中原料3元。小店的营运费15000元每月(含工资、租金和水电等)。每天1班12小时,员工隔天轮休,小店天天营业。除店长、收款台和服务环节外,制作流程每班有5个员工,以手工和常规设备进行生产,不过手工是该店特色所在,一般人难以在短期内学会某些特别的技能。

整个小店每天卖出水饺300份,利润多少?按TOC的计算法:

利润=有效产出−营运费=(6−3)元×300份×30天−15000元=12000元

我们为小店制定一个改善的目标:不通过大的投资,短期内把利润提高一倍(利润翻番,但不能扩大店面,也没有容量增加设备人力,且不能24小时营业,因为晚上7点到第二天7点一般没生意可做)。现按照"五大核心步骤"进行分析和改善。

1. 找出瓶颈

我们测出每个工序岗位的小时产能(份)。很显然,包饺子工序是制约因素(也称为瓶颈)。不会错。

2. 挖尽瓶颈

你不难发现:按照每小时32份的瓶颈产能,一天可以产出384份,因为做多少就可以卖多少。但只销售300份。问题在哪?有一个原因是很显然的,该岗位员工需要有时间吃饭、上卫生间和短暂休息,以及开工准备和收工工作。这些时间是多少呢?经测算是1.5小时。工人休息是必要的,不过若有人顶班的话,1.5小时就补回来了。谁能顶班?只能有劳店长了,店长正好有这项技能,而且店长也有条件腾出1.5小时的时间做临时替补。

这样,我们挖出了制约因素的潜能,但事实上这样做也只销售到345份。因为即便12小时都不缺人,还是会产生工位缺料问题,原因在于前面的工位会出现问题,如和面会出现一小会的产出不足。或者备馅,由于时多时少的,也可能使下道工序出现停工。至此,我们多销售了45份,增加的利润是(6−3)×45×30=4050元。

3. 迁就瓶颈

要迁就瓶颈,帮助它把潜能挖尽,因此,要有措施消除瓶颈缺料的情况。常用的方法就是在瓶颈前安排一个工作堆,通常我们称这个工作堆为"缓冲(Buffer)"。这样,即使前面工序出现暂时停工,瓶颈也不会停工。

当我们在瓶颈前设立了缓冲后,瓶颈前的工序除了要满足瓶颈生产需求以外,还要准备缓冲。因此,前面工序的产能就必须大于瓶颈,否则就无法为缓冲备料。有了缓冲,我们的每天销售就达到384份,比345份又多出了39份,可增加利润(6−3)×39×30=3510元。

4. 打破瓶颈

如果再投资一条"流水线",产品也能完全卖出,则当然可以多赚钱。不过如此投资是有条件的,需要场地、合格的人员、有效的管理,而且虽然利润增加了,但投资回报率未必增加。

因此在作出新的投资决策以前,我们还是得先考虑制约因素。有什么办法呢?如果我们能改变工艺,把瓶颈的部分工作交给其他人来做,使瓶颈的每小时产出更多,那么会怎样呢?

为了提高瓶颈(包饺子工序)生产率,达到每小时36份,要求把瓶颈工作分出来。现增设一个前置工序,交由备馅工序来做。因为备馅工序做瓶颈工作不如原来由瓶颈做那样熟练,所以花的时间比较多,备馅和前置工序相加,每小时产出从50份降为40份。

整个系统一天的有效产出增加了:(6-3×95%)4份×12小时×30天=4536元

至此我们应用了"五大核心步骤"中的前四步,令每月的纯利增加了:4050+5062+4536=13108元。

(资料来源于网络,文字有删改)

案例思考题:

1. 考虑瓶颈的生产计划管理具有哪些特点?
2. 请列举其他基于约束理论的改善案例。

第八章

现代质量管理

◎ **学习目标**

- 理解质量和质量管理的含义；
- 掌握全面质量管理的概念、特点和基本工作方法；
- 了解质量管理的七大原则；
- 了解质量控制的常用方法；
- 掌握过程能力的计算；
- 理解ISO9000的由来；
- 掌握ISO9000族标准的构成；
- 了解ISO9000质量认证的主要内容；
- 了解卓越绩效模式和6σ管理的主要内容。

开篇案例

江淮汽车的质量创新实践

经过半个多世纪的发展,江淮汽车从一家弱小的地方车企,发展成为一家集全系列商用车、乘用车及动力总成研产销于一体、以"先进节能汽车、新能源汽车、智能网联汽车"并举,涵盖汽车出行、金融服务等众多领域的综合型汽车企业集团,形成了自己独有的企业文化体系,打造了"视品质为生命,以品质塑品牌,坚定不移地走质量效益型道路"的质量文化,荣获"全国质量奖""亚洲质量卓越奖"等。

为了持续整合质量管理体系,提升企业管理效率,江淮汽车先后导入 ISO 9001、ISO10012、IATF16949 等体系,进行多体系融合。

江淮汽车加大智能制造投入,强化过程管控能力,提升过程能力指数。特别是下大力气推进关键特殊工序的质量在线自动检测控制,针对环保、油耗等重点,积极改进工艺和提升管理水平。以江淮蔚来智能工厂制造为代表,江淮汽车建造了中国第一个全铝合金车身高端新能源汽车制造基地,规划年产 10 万台纯电动汽车。基地通过应用全球最先进的制造技术,实现了冲压生产无人化、涂装无人化、焊装整体自动化率达到 98%,尤其是通过工业互联网、大数据、云计算等技术实现了自动排产、自动能源管理、自动质量检测,满足了客户定制化生产等需求,被誉为"中国制造 2025 样板工厂"。

江淮汽车持续开展群众性质量活动,积极组织丰富多彩、适合广大员工参与的质量活动,如 TQM 知识竞赛、计量知识竞答、员工技能大赛、六西格玛攻关项目等活动,激发全员的创新激情,发动全员改进质量,提升全员的质量管理技能和意识。江淮汽车引进国内外先进的管理思想,积极推进运用六西格玛管理等,创建了黑带大师工作室。

(资料来源于网络,文字有删改)

质量、成本、时间、柔性等是企业参与市场竞争的关键因素,其中质量更是居首位的因素。质量管理是生产运营管理的重要组成部分。世界质量管理大师约瑟夫·朱兰(Joseph Juran)提出:21 世纪是高科技发展的质量世纪。党的十九大首次将"质量第一""质量强国""质量变革"等重大命题纳入会议报告,明确了"质量强国建设"的新使命。

"质量"是大家每天都可能说到或听到的,它跟我们的日常生活和工作息息相关。"生活处于质量堤坝后面",这句话高度概括了质量的重要性以及它与我们的美好生活之间的关系,但质量管理又不是纯粹的技术和方法问题,它涉及了更多因素。著名的质量管理专家费根堡姆(Feigenbaum)认为:"质量是一种道德规范,应把追求卓越视为光荣。"

第一节 质量与质量管理

一、质量的概念

(一)质量的定义

质量是一个逐渐形成的概念,随着社会经济和科学技术的发展,它也在不断充实、完善和发展。质量的内涵极其丰富,从不同的角度有不同的阐释,主要有以下几种代表性的观点。

1. 质量就是符合规格(Conform to Design Specification)

这是基于制造者角度来理解质量,它以符合标准的程度作为衡量依据。"符合设计规格"的产品就是合格的产品,就具有好的质量,符合的程度反映了产品质量的一致性。

2. 质量就是适用性(Fitness for Use)

前文所提及的朱兰将质量定义为"适用性",即"产品使用过程中成功地满足用户目标的程度"。这是基于使用者角度来理解质量,它以适合使用者需求的程度作为衡量的依据,认为"顾客满意的产品具有好的质量"。

3. 广义的质量

综合各种定义,国际标准化组织(ISO)提出了广义"质量"的定义,在《质量管理体系——基础和术语》ISO9000:2015idt GB/T19000-2016 中将"质量"定义为:客体的一组固有特性满足要求的程度。

其中,"客体"是指可感知或可想象到的任何事物,如产品、服务、过程、人员、组织、体系、资源等。客体可能是物质的(如一台发动机、一张纸、一颗钻石)、非物质的(如转换率、一个项目计划)或想象的(如组织未来的状态)。"特性"是指"可区分的特征",它可以是固有的或赋予的、定性的或定量的。"固有的"(其反义是"赋予的"),是指在某事或某物中本来就有的,尤其是永久的特性。"要求"是指:明示的、通常隐含的或必须履行的需求或期望。"明示的"可以理解为规定的要求。而"通常隐含的"则是组织、顾客或其他相关方的惯例或一般做法,所考虑的需求或期望是不言而喻的。"必须履行的"是指法律法规的要求及强制性标准的要求。"要求"可由不同的相关方提出,可以是多方面的,特定要求可使用修饰词表示,如产品要求、质量管理要求、顾客要求等。

在理解"质量"术语时,要注意以下几点。

(1)质量的广义性:质量不仅指产品质量,还可指服务、过程、组织、人员等的质量。

(2)质量的时效性:由于组织的顾客和其他相关方对组织的产品、过程和体系的需求和期望是不断变化的,例如,原先被顾客认为质量好的产品会因顾客要求的提高而不再受到顾客的欢迎。因此,组织应不断地调整对质量的要求。

(3)质量的相对性:组织的顾客和相关方对同一产品的不同功能可提出不同的需求,也可对同一产品的同一功能提出不同的需求。需求不同,质量要求也就不同,但只要满足需求,就应该认为质量是好的。

(4)质量的经济性:质量要求汇集了价值的表现,物美价廉实际上反映了人们的价值取向,物有所值就是质量有经济性的表征。虽然顾客和组织关注质量的角度是不同的,但对经济性的考虑是一样的。高质量意味着以较少的投入,获得较大效益的产品。即在质量相同的情况下,耗费资源价值量越小的,经济性就越好,反之就越差。

(二)质量特性

特性指的是"可区分的特征"。质量特性是指"与要求有关的客体的固有特性",赋予客体的特性(如客体的价格)不是它们的质量特性。按 ISO9000 标准,质量的固有特性有各种类别:物理的(如机械的、电的、化学的或生物学的特性)、感官的(如嗅觉、触觉、味觉、视觉、听觉)、行为的(如礼貌、诚实、正直)、时间的(如准时性、可靠性、可用性、连续性)、人因工效的(如生理的或有关人身安全的特性)、功能的(如最高时速)。产品质量特性和服务质量特性在一定程度上有所不同。

1.产品质量特性

通常根据以下几个方面来判定产品的质量水平。

(1)性能。

性能是指产品的主要特性,即产品满足一定使用要求所具有的各项功能达到的技术水平和等级。它往往通过各种技术性能指标来表示。如汽车的速度、油耗等,手表的计时准确性、防水性、防震性等。

(2)附加功能。

附加功能是指为使顾客更加方便、舒适等而增加的产品功能,如电视机和空调的遥控器。

(3)可靠性。

可靠性是指在规定时间内和规定条件下,完成规定功能的能力。可靠性可反映产品性能的持久性、精度的稳定性和零部件的耐用性。可靠性通常用出现故障的平均时间(MTBF)、单位时间的故障率以及其他标准来衡量。高可靠性对于飞机、隧道、机电产品等若发生质量事故会造成巨大损失或危及人身、社会安全的产品来说非常重要。

与产品可靠性相关的还有产品的维修性,维修性是指产品在规定时间内和规定条件下、按规定的程序和方法维修时保持或恢复到规定功能的能力。我们通常将可靠性和维修性合在一起,称为"可信性",它指在需要时完成规定功能的能力。

(4)耐用性。

耐用性是指产品的预期使用寿命。例如,一个灯泡在灯丝烧坏时,整个产品都得被更换;又如一辆汽车出故障时,消费者必须评估是换一辆新车还是进行修理。

(5)安全性。

安全性是指产品在流通和使用过程中保证安全的程度。安全性要求极其严格,被视为关键特性且需要绝对保障。

(6)美学性。

美学性是指产品外观具有吸引力和艺术性。外观泛指产品的造型、款式、色彩、包装等,包括外部和内部设计。

当然,对于不同的产品,由于用途、使用环境、消费者偏好等的差别,人们会有不同的质量要求。

2. 服务质量特性

服务质量与产品质量不同,具有感知性,与服务对象的感觉有关。服务质量的质量特性主要包括有形性、可靠性、响应性、保证性和移情性。

有形性是指实际设施、设备、人员等外表特性。它包括:拥有先进的设备、服务设施有吸引力、员工穿着得体整洁、公司的设施与提供的服务相匹配等。

可靠性是指执行已承诺服务的可信赖性和准确性的能力。即按照约定,准确、及时、无误地提供服务。它包括:公司向顾客承诺的事情都能完成、会准时地提供承诺的服务、公司会保持相关服务记录的正确性等。

响应性,即为顾客快速提供服务的主动程度。它包括:告诉顾客提供服务的确切时间、提供及时的服务、员工总是愿意提供帮助、员工不会因工作忙而不立即回应顾客的请求等。

保证性是指员工的知识和礼貌以及传播信任和信心的能力。即员工的行为能够增强顾客对企业的信心,同时让顾客感到安全。

移情性,即设身处地为顾客着想并对顾客给予个性化的关怀。例如,员工把顾客需求放在心上、员工会给顾客个性化的关注、员工了解顾客需求等。

3. 魅力质量特性

日本质量管理专家狩野纪昭通过大量的研究发现,质量特性与顾客满意之间并非都是简单的线性关系,不同的质量特性对于顾客满意有着不同的作用。狩野纪昭根据不同类型的质量特性与顾客满意之间的关系建立了狩野质量模型,也称"卡诺模型"(Kano Model),如图8-1所示。该模型将质量特性分成以下几类。

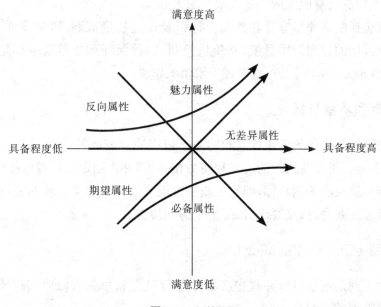

图 8-1 卡诺模型

(1)必备(基本)特性。

顾客认为产品"必须有"的属性或功能。如果此特性做得很好,用户并不会有什么感觉,但没有此特性用户会非常不满意。

(2)期望特性。

如果产品的期望特性越多,用户就会越满意;而期望特性越少,用户则越不满意。期望特性不像必备特性那样苛刻。期望特性要求产品或服务比较优秀,但并不是必须的。有些期望需求甚至连顾客自己都弄不清楚,但是顾客希望得到的。

(3)魅力特性。

如果产品没有此特性,用户并不关心;而产品拥有此特性时,用户会非常满意。当顾客对一些产品或服务没有表达出明确的需求时,企业提供给顾客一些完全出乎意料的产品属性或服务行为,使顾客产生惊喜,顾客就会表现出非常满意,从而提高顾客的忠诚度。这类需求往往代表顾客的潜在需求,企业的做法就是去寻找发掘这样的需求,以领先于对手。

(4)无差异特性。

此特性不管做多做少,用户都不会在意。

(5)反向特性。

如果产品中有此特性,用户会不满意,做得越多越不满意。

在上述几种特性中,必备特性比魅力特性更容易决定。另外,随着时间的流逝,由于竞争的结果,魅力特性会逐渐演变为必备特性。

二、质量管理的概念

随着人们对质量的认识的不断扩展,对质量管理的认识也逐渐发展。ISO9000-2015标准将质量管理定义为"在质量方面指挥和控制组织的协调的活动"。其中,"组织"是指为实现目标,由职责、权限和相互关系构成自身职能的一个人或一组人。

质量管理通常包括制定质量方针和质量目标以及通过质量策划、质量保证、质量控制和质量改进实现这些质量目标的过程。质量策划、质量控制、质量保证和质量改进都是质量管理的重要组成部分。根据ISO9000-2015标准,给出如下术语的定义。

(一)质量方针和质量目标

质量方针是由组织最高管理者正式发布的关于组织质量方面的宗旨和方向。通常,质量方针与组织的总方针相一致,可以与组织的愿景和使命相一致,并为制定质量目标提供框架。

质量目标是指与质量有关的目标,即有关质量方面要实现的结果。质量目标通常依据组织的质量方针制定。目标既要先进,又要可行,便于实施和检查。

(二)质量策划(Quality Planning)

质量策划致力于制定质量目标并规定必要的运行过程和相关资源以实现质量目标。编制质量计划可以是质量策划的一部分。

(三)质量控制(Quality Control)

质量控制致力于满足质量要求。质量控制可以是有关任何方面的,如有效性、效率或可追溯性。

(四)质量保证(Quality Assurance)

质量保证致力于提供质量要求会得到满足的信任。质量保证分内部和外部两种。内部质量保证是组织向自己的管理者提供信任;外部质量保证是组织向顾客或其他相关方提供信任。

(五)质量改进(Quality Improvement):

质量改进致力于增强满足质量要求的能力。成功的组织持续关注改进,质量改进是质量管理的精髓。任何一个组织都应不断地进行质量改进,持续满足不断变化的顾客需求。

(六)质量管理体系(Quality Management System)

质量管理体系是指在管理体系中关于质量的部分。它包括组织建立方针和目标以及在实现目标的过程中相互关联或相互作用的一组要素。管理体系要素规定了组织的结构、岗位和职责、策划、运行、方针、惯例、规则、理念、目标以及实现这些目标的过程。一个管理体系可以针对单一的领域或几个领域,如质量管理、财务管理或环境管理等。

质量管理体系包括组织识别目标以及确定实现预期结果;质量管理体系管理为有关的相关方提供价值并实现结果;质量管理体系能够使最高管理者通过考虑决策的长期和短期影响而优化资源的利用。质量管理体系给出了在提供产品和服务方面,针对预期和非预期的结果确定所采取措施的方法。质量管理体系是通过周期性改进,随着时间的推移而进化的动态系统。

三、质量管理的发展历程

质量管理是伴随着产业革命的兴起而逐步发展起来的,通常认为,现代质量管理的发展历程大体经历了三个阶段,即质量检验阶段、统计质量控制阶段和全面质量管理阶段。

(一)质量检验阶段(20世纪初至20世纪40年代)

在20世纪之前,由于受手工业作坊式小生产经营方式的影响,产品质量基本上依靠操作者的技艺和经验来保证,工人既是操作者又是质量检验者、质量管理者,有人称之为"操作者的质量管理"。

20世纪初,生产力的迅猛发展使得生产过程日益庞杂,生产组织日益完善,整个生产过程分工细化。"操作者的质量管理"容易造成质量标准不一致和工作效率低下,越来越不适应生产力的发展。泰罗提出了科学管理理论,要求按照职能的不同进行合理的分工,并首次将质量检验作为一种管理职能从生产过程中分离出来。企业开始设置产品质量检验部门,由专职检验人员根据产品的技术标准对产品和半成品进行检查。这标志着质量管理步入一个成熟的发展阶段,即质量检验阶段。

这一阶段的中心任务是通过及时把关,保证不合格品不流入下道工序或送到用户手中,这种做法至今在企业中仍不可缺少。但是,这一阶段存在很多不足。首先,质量检验活动只是事后把关的作用。只注重结果,缺乏预防,一旦发现废品,一般很难补救。其次,全数检验不经济。它要求对产品进行 100% 的检验,不但工作量大,而且耗费资源多,增加了产品成本。另外,对于破坏性检验实施全数检验是不现实的。

(二)统计质量控制阶段(20 世纪 40~50 年代)

这一阶段的突出特点是,从单纯依赖事后质量检验发展到工序过程控制,突出了质量的预防性控制,并与事后把关相结合。

早在 20 世纪 20 年代,一些发达国家就相继发布了公差标准,以保证批量产品的互换性和质量的一致性。同时,一些统计学家和质量管理专家也注意到了质量检验的弱点。1924 年,美国贝尔实验室的工程师和数理统计专家休哈特(W. A. Showhart)博士将数理统计方法运用到质量管理中,设计了控制生产过程进行产品缺陷预防的质量管理工具——"休哈特控制图",并在 1931 年出版的《工业产品质量的经济控制》一书中,系统地提出"事先控制、预防废品"的质量管理新思路。1929 年,同属贝尔实验室的道奇(H. F. Doge)和罗米格(H. C. Romig)一起提出适用于破坏性检验场合的"抽样检查表",建立相应的抽样检验方法,解决不能采用全数检验(破坏性检验)和不宜采用全数检验的产品如何进行统计抽样检验的问题。当时,一些企业如通用电气公司、福特汽车公司,由于质量管理采用了休哈特等人提出的统计控制方法而取得了显著成效。但是,由于 20 世纪 30 年代世界经济危机的影响,这些方法未能得到广泛应用。

在第二次世界大战期间,战争对军需品的质量提出了更高的要求,当时的质量检验工作立刻显现出弱点。由于无法预先控制质量,检验工作量大,军火供应常常延误交货期,检验部门成为生产中最薄弱的环节。为此,美国政府大力提倡推广统计质量管理方法。休哈特等用数理统计原理与方法制定的战时质量管理标准,即《质量控制指南》《数据分析用的控制图方法》《生产中质量管理用的控制图》,由国防部门强制推行,成效显著。"二战"后,战时军需品生产公司转入民用品的生产后,仍然采用上述方法,同样取得了良好的效果。这使得其他企业也竞相效仿,并且很快在欧洲等地区推广开来。

在这一阶段,采用了数理统计方法对生产质量进行控制,改变了过去陈旧的检验方式,同时突破了事后检验的局限,强调对生产过程的预防性控制,质量管理由单纯依靠质量检验的事后把关,发展到突出质量的预防性控制与事后检验相结合的生产工序管理,这使质量管理工作向前迈进了一大步。

但这一阶段过分强调数理统计方法,忽视了组织管理和生产者的能动作用,使人们误以为"质量管理就是深奥的统计方法""质量管理是少数数学家和学者的事情",从而让员工对质量管理望而生畏,企业难以调动员工参与质量管理的积极性。因此,这一阶段也被称为"质量管理专家时期"。

(三)全面质量管理阶段(20 世纪 60 年代至今)

进入 20 世纪 60 年代,随着社会生产力的迅速发展,科学技术日新月异,工业生产手段越来越现代化,工业产品的更新换代也越来越频繁。产品性能的高级化、结构的复杂化、品种规格的多样化对产品质量,尤其是可靠性和安全性提出了越来越高的要求。但是,提高产品的可靠性与安全性单纯依靠统计方法对生产过程进行控制是难以解决的,还需要一系列的组织管理工作,要对产品设计、试验、制造、销售和使用的各个环节都进行管理。

这一时期,梅奥的"行为科学"和西蒙的"决策理论"对企业管理产生了重大影响。这些理论都强调企业管理中人的主观能动作用,主张实现"工业民主"。受这些理论思潮的影响,质量管理也相应出现了"依靠工人""自我控制"的"无缺陷运动"和"QC 小组活动"等,这使得质量管理逐步成为一项大家共同参与的管理活动。

此外,自 20 世纪 50 年代末开始,由于"保护消费者权益"活动的产生和发展,这迫使政府制定相关法律法规制止企业生产质量低劣、影响安全、危害健康的产品。企业不但要提供性能符合质量标准的产品,而且要保证产品在正常使用过程中的安全性、可靠性和经济性等。于是,质量保证和质量责任就成了质量管理中的突出问题。这就要求企业必须建立全过程的质量保证体系,对产品质量实施全面管理。

因此,许多企业开始全面质量管理的实践。美国通用电气公司的质量经理阿德曼·费根鲍姆(A. V. Feigenbaum)率先提出全面质量管理(或称为"综合质量管理")的思想。1961 年,他的著作《全面质量管理》出版。该书强调执行质量职能是全体员工的责任,应该使全体员工都具有质量意识和承担质量管理的责任。他指出:"全面质量管理是为了能够在最经济的水平上并考虑到充分满足用户要求的条件下,进行市场研究、设计、生产和服务,把企业各部门的研制质量、维持质量和提高质量的活动构成为一体的有效体系"。全面质量管理的提出符合生产发展和质量管理发展的要求,很快为世界各国的企业所接受,并得到迅速的普及和推行。特别是在日本得到了最大限度的开发和应用,取得了举世瞩目的成绩。

随着科学技术的进一步发展,全面质量管理理论也在不断地发展变化,其思想内容不断地完善与提高,又不断提出新的理论和方法,如零缺陷理论、ISO9000 族标准、六西格玛管理、卓越绩效模式等。

四、全面质量管理的特点及基本工作方法

国际标准化组织将全面质量管理定义为:"以质量为中心,以全员参与为基础,旨在通过让顾客和所有相关方受益而达到长期成功的一种管理途径。"其中的全员参与是指所有部门和各层次人员,全面质量管理以包括质量在内的所有管理目标为对象,并强调高层强有力的领导和对全员教育及培训的必要性。全面质量管理涉及运筹学、系统工程学、价值工程学、生产管理、项目管理、成本管理和组织行为学、概率论,以及数理统计、试验设计、控制、优化、测量、数据处理、计算机、信息和人工智能等多种技术。

(一)全面质量管理的特点

全面质量管理将过程的事后检验,从"把关"为主转变为以"预防、改进"为主;从"管结果"转变为"管因素",发动各部门全员参加,运用科学管理方法和程序,使生产经营所有活动均处于受控状态;在工作中以协调为主,将企业看作一个有机整体。概括起来,全面质量管理就是"三全一多"的管理。

1. 全面的质量管理

全面质量,就是指产品质量、服务质量、过程质量和工作质量等。全面质量管理中的质量是广

义的,不仅局限于产品质量、服务质量,还包括过程质量和工作质量等。任何产品都是由员工设计制造的,如果设计制造过程质量不高,则难以保证产品的质量高。因此,全面质量管理强调过程质量和工作质量的重要性,要求以过程质量、工作质量来保证产品质量。因此,全面质量管理从产品的质量保证入手,通过有效地改善对产品质量有影响的诸多因素,如设计、制造、交货、使用、服务等,达到改善产品质量的目的。

2. 全过程的质量管理

产品质量是产生、形成和实现的过程。所谓"全过程",是相对制造过程而言的,就是要把质量管理活动贯穿于产品质量产生、形成和实现的全过程,具体包括:市场调研、开发设计、采购、生产制造、检验、包装、储存、运输、销售和售后服务等各个环节。企业和服务者通过把产品质量形成全过程的各个环节全面地管理起来,从而形成综合性的质量管理体系。

3. 全员参与的质量管理

产品和服务质量是企业一切工作质量和过程质量的综合反映,企业中每一个部门、每一个单位、每一个员工的工作都必然直接或间接地影响产品和服务的质量。因此,全面质量管理的一个重要特点就是要求企业的全体人员都参与质量管理工作,只有真正调动全体员工的积极性和创造性,树立质量第一的思想,人人关心质量,才能真正保证和提高产品质量。

4. 管理方法的多样化

采用多种多样的管理方法进行质量管理是现代化大生产和科学技术发展的必然要求。随着生产规模的扩大和生产效率的提高,市场对产品的性能、精度和可靠性的要求也大大提高,这使得检验检测的工作量成倍增加,对质量管理也提出了许多新要求,从而促使质量管理工作自觉地利用先进科学技术和科学管理方法,即不仅要运用质量检验、数理统计方法,还要运用组织管理、专业技术等。例如:PDCA循环法、QC新老七种工具、QC小组活动等。不少国家在开展全面质量管理中创造了不少行之有效的方法。

管理行动

专检是最末端、低层次的检验

在质量管理中,常见有三检:自检、互检、专检。专检是设立专人从事的检验工作,如质检员。有的中小型公司配置了好几十人甚至上百人的质检团队,这非但不能说明产品质量好,恰恰说明员工的自检、上下道工序的互检缺失,生产过程能力低下,员工质量意识差。而且,过多的专职检验是非增值的活动,只能导致检验成本上升以及质量成本过剩。从这个角度来说,专检是最末端、低层次的检验。质量工作的使命是去掉专检,当人人都是质检员时,即使没有专业质检员,产品质量也一样好。

(二)全面质量管理的基本方法——PDCA循环

PDCA循环是全面质量管理最重要的一种管理工作方法,也是全面质量管理活动所应遵循的科学工作程序。它是由美国质量管理专家戴明(Deming)总结出来的,因此,又被称为"戴明环"。

1. PDCA 循环及其活动步骤

PDCA 循环实际就是质量管理工作的 4 个阶段,即计划(Plan)阶段、执行(Do)阶段、检查(Check)阶段和处理(Act)阶段。在质量管理过程中,这 4 个阶段周而复始,不断循环。在实际工作中,PDCA 循环的 4 个阶段又可以分为 8 个步骤,如图 8-2 所示。

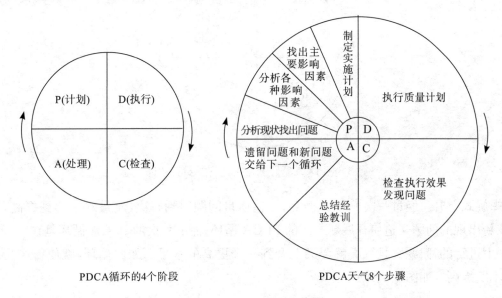

图 8-2　PDCA 循环示意图

(1)第一阶段是制定计划(P 阶段),就是要确定质量目标、质量计划,拟定相应的实施措施。具体可以分为 4 个步骤:

①分析现状,找出存在的质量问题;

②分析造成现有质量问题的各种原因或影响因素;

③在各种原因或影响因素中找出主要原因或影响因素;

④针对影响质量问题的主要原因或影响因素研究解决问题的对策,并制定实施计划,在制定实施计划时应该明确"5W1H",即为什么制定该计划(Why),预期达到什么目标(What),在何处执行(Where),由谁负责执行(Who),什么时间完成(When),怎样执行(How)等。

(2)第二阶段是实施,即 D 阶段,包括 1 个步骤:

按照预定的质量计划执行和实施。

(3)第三阶段是检查,即 C 阶段,包括 1 个步骤:

根据计划和标准检查执行效果,找出存在的问题。

(4)第四阶段是处理,即 A 阶段,就是针对执行结果进行总结和分析,可以分为 2 个步骤。

①总结成功经验和失败教训。将成功经验标准化、制度化,以利于今后遵循;对失败的教训,要有针对性地提出防范措施。

②未解决的问题或新出现的问题交给下一个循环去解决。

2. PDCA 循环的特点

(1)大环套小环,互相衔接,互相促进。如果把企业的整个质量管理工作作为一个大的 PDCA

循环,那么各个部门、各个小组还有各自的PDCA循环。企业就像一个星系,大环带动小环,小环促进大环;上一级带动下一级,下一级促进上一级。这样,质量管理工作就有机地构成一个互相衔接、互相促进的质量管理体系,如图8-3所示。

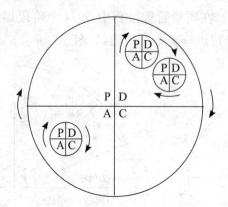

图8-3　PDCA循环的特点之一:大环带小环

(2)螺旋式上升。经过一次PDCA循环,一些质量问题得到解决,质量水平得到提高,遗留下的问题或新出现的问题又迫使开展新一次的PDCA循环;而下一次的PDCA循环是在一个较高的质量水平上进行的,问题一旦解决就会又上升到一个更高的水平。如此循环,就使得产品质量不断改进,不断提高。如图8-4所示。

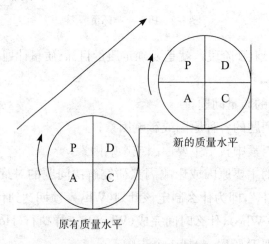

图8-4　PDCA循环的特点之二:螺旋式上升

(3)周而复始,PDCA循环的关键在于A阶段。PDCA循环的四个阶段是相对的,各阶段之间不是截然分开的,而是密切联系,互相推动,互相促进。之所以被称为"PDCA循环",是因为这四个阶段不是运行一次就结束了,而是要周而复始地进行。在PDCA循环的持续运转中,A阶段十分重要,它具有承上启下的作用。

第二节　常用质量管理工具和方法

质量管理工具和方法是质量管理得以发展的推动力,在长期的质量管理实践中,各个国家发明了许多质量管理的工具和方法。下面介绍常用的一些方法和工具。

一、质量管理的"老七种工具"

所谓质量管理的"老七种工具",即调查表、分层法、直方图、散布图、排列图、因果图、控制图,七种方法简介如下。

(一)调查表

调查表,又称"统计分析表"或"检查表",是对有关产品质量的数据进行收集整理和初步分析的常用工具。通过对调查表中数据的简单汇总、求平均值或大致描述数据图形等方式,企业能迅速发现作业中的质量问题,进而分析原因,以便及时采取措施进行解决。

调查表一般是预先设计好的具有特定格式的表格或图形。调查表的具体形式多种多样,主要有缺陷调查表、缺陷位置调查表和过程分布调查表等。

(二)分层法

分层法,又称"分类法",即把收集到的有关产品质量的数据按照一定的标准进行合理的分类。分类标准可以是生产日期、操作人员、使用的设备、操作方法、原材料、检测标准等。这样就能把性质相同、在同一生产条件下收集的数据归在一起,以便使质量问题通过数据分析明显地暴露出来,从而把错综复杂的影响因素分析清楚。分层法一般与调查表结合使用,可利用其他方法进行深入研究。

(三)直方图

直方图是用来反映产品质量分布情况的一种工具,它是由若干宽度相等、高度不等的矩形组成的图形。具体做法是将收集到的数据根据其波动性和统计规律性等分为若干组,矩形的宽等于组距,而高是各组的频数,如图 8-5 所示。通过直方图,我们可以比较直观地看出产品质量特性值的分布状态以及过程质量是否处于受控状态,还可以对总体质量进行判断。

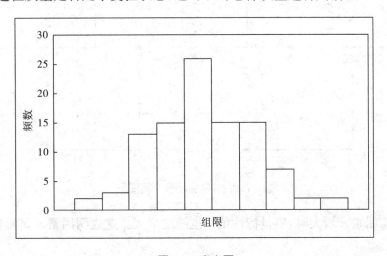

图 8-5 直方图

(四)散布图

散布图,又称"相关图",是一种通过平面直角坐标系内的图形来分析判断产品质量与某种可能影响产品质量的因素之间关系的一种有效方法。在生产过程中,有些因素之间存在着相关关系,但又难以用精确的解析式表达出来。例如,棉纱的拉伸长度与含水量之间的关系,喷漆时油漆的黏度与温度的关系等。这时可以用 y 表示产品质量的某一数值特性,x 表示某一种影响因素的数值大小;然后,设法收集到 y 与 x 的相应数据,一般要求在 30 对以上;最后,把这些对数据在坐标图上描绘出来,就可以通过数据点的分布特征来判断产品质量 y 与因素 x 之间是否存在相关关系,以及何种关系。如图 8-6 中,数据点近似于一条直线,就可以说明钢的硬度与温度存在相关关系。

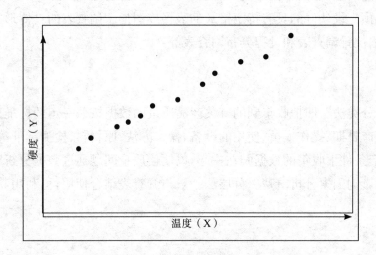

图 8-6 钢的硬度与淬火温度的散布图

图 8-7 所示的是几种常见的散布图图形。

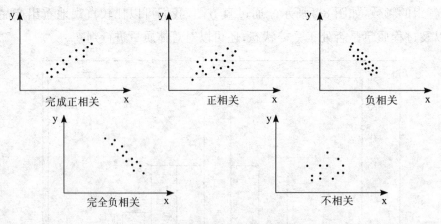

图 8-7 几种常见的散布图图形

完全正相关。因素 x 增大时,质量特性值 y 也随之增大。这表明因素 x 是影响质量的因素,一般认为是唯一的。

正相关。因素 x 增大时,质量特性值 y 也基本随之增大。这表明除因素 x 外,可能还有其他影响质量的因素。

完全负相关。因素 x 增大时,质量特性值 y 随之减小。这表明因素 x 是影响质量的因素,一般认为是唯一的,但其作用是相反的。

负相关。因素 x 增大时,质量特性值 y 基本随之减小。这表明除因素 x 外,可能还有其他作用相反的质量影响因素。

不相关。这表明因素 x 的变化对产品质量特性值 y 不产生任何影响。

(五)排列图

排列图,又称"帕累托图",它是意大利经济学家帕累托(Pareto)根据"关键的少数和次要的多数"规律总结出的用于分析社会财富分布状况的排列图,后来被美国质量管理专家朱兰用于质量管理,成为分析确定影响产品质量主要因素的一种直观的有效工具,如图 8-8 所示。

排列图有两个纵坐标,左边的表示频数,常为绝对数值,如不合格产品的件数、金额;而右边的纵坐标表示频率,常以百分比表示。横坐标表示影响产品质量的各种因素,按频数的大小(即影响程度的高低)从左到右依次排列。各矩形的底边相等,高度表示对应影响因素的频数。对应于右边的纵坐标轴,在各矩形的右边或右边的延长线上描点,各点的纵坐标表示对应因素的累计频率。以原点为起点,依次用曲线连接上述各点,所得到的曲线就是帕累托曲线。

按累计频率可以把影响因素分为 3 类。

1. A 类因素

即累计频率在 0%~80% 之间的因素,通常为 1~2 个,不超过 3 个。A 类因素是影响产品质量的主要因素,应作为质量管理的重点研究对象。

2. B 类因素

即累计频率在 80%~90% 之间的因素,被称为"有影响的因素"。

3. C 类因素

即累计频率在 90%~100% 之间的因素。C 类因素是一般的质量影响因素,被称为"次要因素"。

例 8-2

排列图法的运用。某化工厂对十五台尿素合成塔焊缝缺陷所需工时进行统计分析,如表 8-1 所示。试以排列图法对该问题进行分析。

表 8-1 焊缝缺陷所需工时统计数据

序号	项目	返修工时	频率(%)	累计频率(%)
1	焊缝气孔	150	60.0	60.0
2	夹渣	50	20.0	80.0
3	焊缝成型差	25	10.0	90.0
4	焊道凹陷	14	5.6	95.6
5	其他	11	4.4	100

解:根据统计数据的分析,可以得出如图 8-8 所示的排列图,并确定焊缝气孔和夹渣为主

要因素;焊缝成型差为有影响因素;焊道凹陷和其他为次要因素。

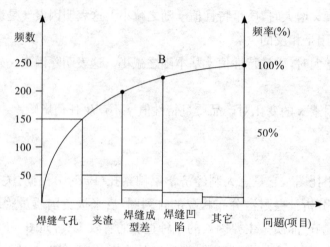

图 8-8　焊缝缺陷所需工时排列图

(六)因果图

因果图,又称"鱼刺图",是日本质量管理专家石川馨提出的一种分析各种质量问题产生原因的有效方法。原材料、设备、操作人员、工艺方法以及环境一般是影响质量的主要因素,而它们往往又是共同作用的,在出现质量问题时往往很难搞清主次,这时就要求对影响质量的因素进行系统分析。首先运用各种手段将影响质量的各种因素全部收集起来;其次发动员工,集思广益,比较原因的主次,即根据质量问题,找出影响质量的大原因、中原因、小原因以及更小原因等;最后根据各种原因之间的隶属关系,用箭线把各种关系标绘在一张图上。箭干标原因,箭头指向结果。主干箭线表示最终的质量问题,主干上的大箭线表示大原因,中箭线表示中原因,依次展开,如图 8-9 所示。企业通过因果图可以直观地就某一质量问题进行原因分析,直至找到应对措施,如图 8-10 所示。

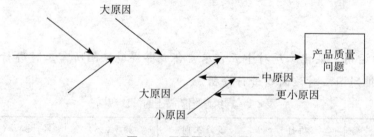

图 8-9　因果图的示意图

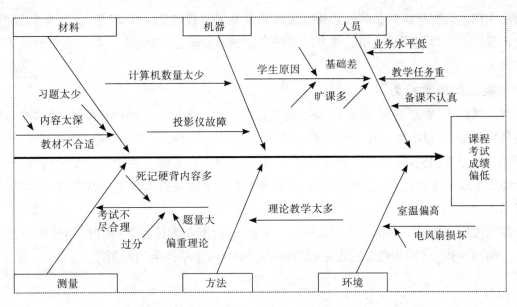

图 8-10　计算机课程考试成绩偏低的因果图

(七) 控制图

前面讲述的 6 种方法有一个共同的特点，即事后把关，而控制图正好相反，它实施预防控制，是过程控制的重要方法之一。

1. 过程质量控制

任何一个过程，其结果都存在一定的差异。生产服务过程存在各种因素影响产品质量，这些因素包括操作人员(Man)、环境(Environment)、机械设备(Machine)、操作方法(Method)、原材料(Material)、测量(Measure)等，简称 5M1E。这些因素在过程中不可能保持完全不变，因此产品质量也不断地变化着。这就是产品质量的波动性。

按性质划分，质量因素可分为偶然因素和异常因素两大类。偶然因素具有随机性，对产品质量波动具有细微的作用。偶然因素始终存在，很难从根本上消除。异常因素又称为"系统因素"，其影响作用比较大。异常因素有时存在，比较容易消除。偶然因素引起偶然波动，偶然波动又称为"正常变动"，它具有随机性。过程中只存在偶然波动的状态称为稳定状态。异常因素引起异常波动，异常波动又称"系统波动"，它具有系统性。当过程中除了偶然波动以外，还存在异常波动的状态称为非稳定状态。

质量具有波动性，但波动性存在一定的统计规律。在过程中只有偶然波动时，通过对产品质量的波动进行大量调查统计，我们可以用有关统计方法来精确地求得波动幅度及概率分布。在质量管理中，计量质量特性最常见的分布是正态分布，计件质量特性最常见的分布是二项分布，计点质量特性最常见的分布是泊松分布。如果质量偏离了分布规律，出现了异常波动，则说明过程中存在异常因素。这时，我们需要对过程进行分析，发现并消除异常因素，从而有效地控制产品质量。

过程质量控制是指将过程质量特性控制在规定的范围内所进行的活动。过程质量控制的目的在于通过控制过程的生产技术条件，努力避免和消除不良因素的影响，使产品质量波动限制在允许的范围内。过程质量控制的概念及方法最早由美国学者休哈特在20世纪20年代提出,并在第二次世界大战后得到广泛应用。该方法对提高企业产品质量,增强企业竞争能力起到了非常重要的作用。

2. 控制图的概念和类别

控制图又称为"管理图"。图8-11是一种有控制界限的图,用来区分引起质量波动的原因是偶然的还是异常的,可以提供异常因素是否存在的信息,从而判断生产过程是否处于受控状态。控制图按用途可分为两类,一类是供分析用,分析生产过程中有关质量特性值的变化情况,看工序是否处于稳定受控状态;另一类是供管理用,主要判断生产过程是否出现了异常情况,以预防生产出不合格品。

控制图通常以样本平均值 $\bar{x}$ 为中心线,以 $(\bar{x} \pm 3\sigma)$ 标准差为控制界,因此,用这样的控制界限作出的控制图叫作"3σ 控制图",这也是休哈特(Shewhart)最早提出的控制图。

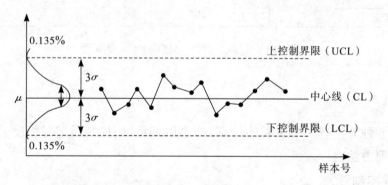

图 8-11　控制图

控制图根据数据的种类不同,基本上可以分为两大类:计量值控制图和计数值控制图。计量值控制图一般适用于以长度、强度、纯度等为控制对象的场合,属于这类的控制图有单值控制图、平均值—极差控制图($\bar{x}$—R 控制图)、中位数—极差控制图($\tilde{x}$—R 控制图)等。计数值控制图以计数值数据的质量特性为控制对象,属于这类的控制图有不合格品率控制图(p 控制图)和不合格品数控制图(p_n 控制图)、缺陷数控制图(c 控制图)和单位缺陷数控制图(u 控制图)等。

控制图的种类和选择,如图8-12所示。控制图一般组合在一起使用,如均值—极差控制图、中位数—极差控制图、单值—极差控制图等。

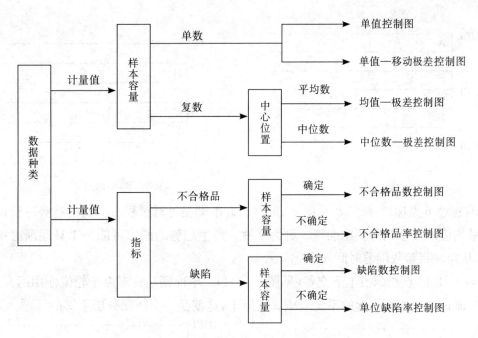

图 8-12 控制图的种类及选择

3. 控制图的应用

控制图的应用就是根据控制图中样本数据点的位置以及变化趋势,分析判断生产工序是否处于受控状态,以便及时发现问题并采取相应措施使过程重新处于受控状态。

(1)受控状态的分析与判断。工序处于受控状态的判断依据有以下两个。

条件1:控制界限内的点子排列随机。

条件2:点子全部在控制界限以内。

如果点子的排列属于下列情况之一,并且满足条件1,那么工序就处于受控状态:①连续25个点子都在控制界限内;②连续25个点子,只有1个在控制界限以外;③连续100个点子,最多只有2个在控制界限以外。

(2)失控状态的分析与判断。经验表明,只要控制图上的点子所处位置或变化趋势出现下列情况之一,就可以认为生产工序处于失控状态:①点子超出控制界限或者在控制界限上;②点子的排列出现非正常的变化趋势(排列不随机)。

国家标准 GB/T 4091—2001《常规控制图》规定了8种判异准则。为了应用这些准则,将控制图等分为6个区域,每个区宽1σ。这6个区的标号分别为A、B、C、C、B、A。其中两个A区、B区及C区都关于中心线CL对称。

准则1:1点落在A区以外(如图8-13.1所示)。在许多应用中,准则1甚至是唯一的判异准则。准则1可对参数μ的变化或参数σ的变化给出信号,变化越大,给出信号越快。准则1还可对过程中的单个失控作出反应,如计算错误、测量误差、原材料不合格、设备故障等。

准则2:连续9点落在中心线同一侧(见图8-13.2)。此准则是为了补充准则1而设计的,以改进控制图的灵敏度。出现准则2的现象,主要是过程平均值μ减小的缘故。

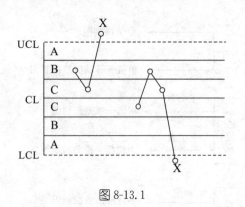

图 8-13.1

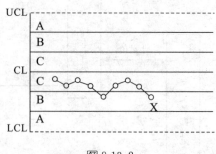

图 8-13.2

准则 3：连续 6 点递增或递减（见图 8-13.3）。此准则是针对过程平均值的趋势进行设计的，它判定过程平均值的较小趋势要比准则 2 更为灵敏。产生趋势的原因可能是工具逐渐磨损、维修逐渐变坏等，从而使得参数随着时间而变化。

准则 4：连续 14 点相邻点上下交替（见图 8-13.4）。本准则是针对由于轮流使用两台设备或两位操作者轮流进行操作而引起的系统效应。实际上，这就是一个数据分层不够的问题。

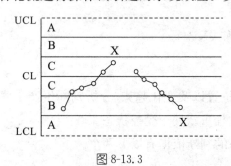

图 8-13.3

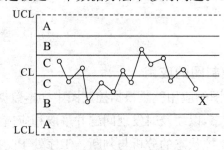

图 8-13.4

准则 5：连续 3 点中有 2 点落在中心线同一侧的 B 区以外（见图 8-13.5）。过程平均值的变化通常可由本准则判定，它对于变异的增加也较灵敏。这里需要说明的是：3 点中的 2 点可以是任何 2 点，至于第 3 点可以在任何处，甚至可以根本不存在。出现准则 5 的现象是由于过程的参数 μ 发生了变化。

准则 6：连续 5 点中有 4 点落在中心线同一侧的 C 区以外（见图 8-13.6）。与准则 5 类似，这第 5 点可在任何处。本准则对于过程平均值的偏移也是较灵敏的，出现本准则的现象也是由于参数 μ 发生了变化。

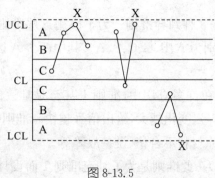

图 8-13.5

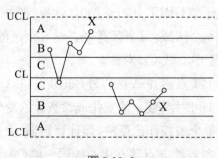

图 8-13.6

准则 7：连续 15 点在 C 区中心线上下（见图 8-13.7）。出现本准则的现象是由于参数 σ 变小。对于这种现象不要被它的良好"外貌"所迷惑，而应该注意到它的非随机性。出现这种现象的原因可能是数据虚假或数据分层不够等。在排除了上述两种可能性之后才能总结现场减少标准差 σ 的先进经验。

准则 8：连续 8 点在中心线两侧，但无一在 C 区中（见图 8-13.8）。出现这种现象的主要原因也是数据分层不够，本准则即为此而设计的。

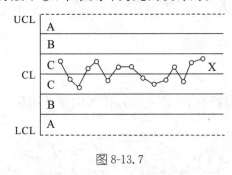
图 8-13.7

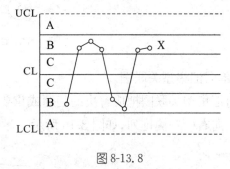
图 8-13.8

二、质量管理的"新七种工具"

20 世纪 80 年代，又逐渐出现了"QC 新七种工具"，即关联图、KJ 法、系统图法、矩阵图法、矩阵数据分析法、决策过程图法和箭头图法。

(一)关联图法

关联图就是把关系复杂而相互纠缠的问题及因素，用箭头连接起来的一种图示分析工具，如图 8-14 所示。关联图法是谋求解决那些有着原因—结果、目的—手段等关系复杂问题的方法，于 20 世纪 60 年代由日本学者在《管理指标间的关联分析》中提出。

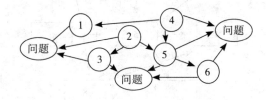

图 8-14　关联图

1. 关联图法的特征

关联图法是一种以群体的方式解决问题的方法，其主要特征有：适用于整理原因非常复杂的问题；容易取得成员的一致意见；从计划阶段一开始就以广阔的视野透视问题；形式自由，有助于更好地把存在的问题和有关因素联系起来；可打破先入为主的观念。

2. 关联图的形式

(1)中央集中型关联图。

中央集中型关联图把应解决的问题或重要项目安排在中央位置，从最近的因素开始，把有关的各因素排列在周围，如图 8-15 所示。

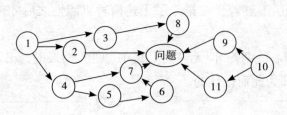

图 8-15　中央集中型关联图

(2) 单向汇集型关联图。

单向汇集型关联图把应解决的问题或重要项目安排在右(或左侧),按各因素的因果关系尽量从左(右)向右(左)侧排列,如图 8-16 所示。

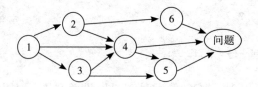

图 8-16　单向汇集型关联图

(3) 关系表示型关联图。

关系表示型关联图用以表示项目之间或因素之间的因果关系,因而,在排列上比较自由灵活,如图 8-17 所示。

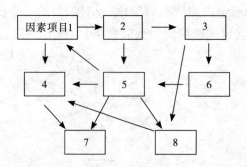

图 8-17　关系表示型关联图

(4) 应用型关联图。

应用型关联图是与系统图、矩阵图等联用的图,如图 8-18 所示。

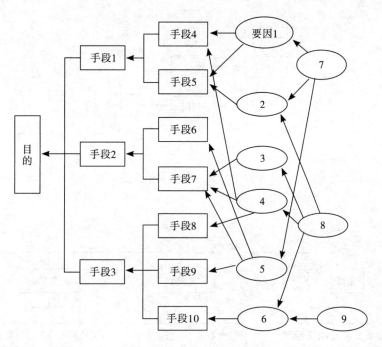

图 8-18　应用型关联图

(二) KJ 法

KJ 法也称为"亲和图法",就是对未来的问题、未知的命题、无经验领域的问题的有关事实、意见或构思等语言资料收集起来,按相互亲和性(相近性)归纳整理资料,从复杂的现象中整理出思路,以便于抓住实质,找出解决问题途径的一种方法。

1. KJ 法的特点

(1) 从混淆的状态中,掌握语言资料,通过整合以便发现问题。

(2) 打破现状,产生新思想。

(3) 掌握问题本质,让有关人员明确认识。

(4) 每个人的意见都被采纳,以增强全员参与意识。

2. 亲和图的类型

(1) 个人亲和图:主要由一人来进行,重点放在资料的组织上。

(2) 团队亲和图:以数人为一组来进行,重点放在策略方针研究上。

(三) 系统图法

系统图法就是把要实现的目的与需要采取的措施或手段,系统地展开,并绘制成图,以明确问题的重点,寻找最佳手段或措施的一种方法。系统图也称为"树图",分为两种类型:一种是对策展开型,将问题对象所构成的要素有系统地展开,使关系明确,即上一级手段成为下一级手段的行动目的,如图 8-19 所示;另一种是构成要素型:目标、目的达成的对策、手段有系统地展开、获得,即最后的要素就是需要实施的方法和手段,如图 8-20 所示。

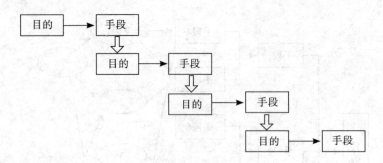

图 8-19 对策展开型系统图

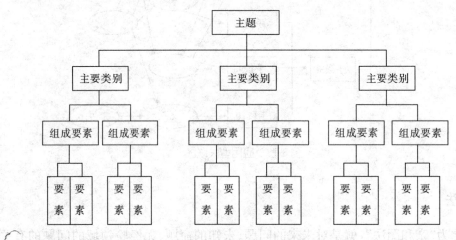

图 8-20 构成要素型系统图

系统图可与因果图结合使用。

(四)矩阵图法

矩阵图法就是从问题事项中,找出成对的因素群,分别排列成行和列,找出行与列的关系或相关程度的大小,探讨问题点的一种方法。矩阵图法利用多元项的思考方式,分析现象、问题与原因三者之间的关联性,组合要素间的各项关系,寻找解决问题的策略,进而探索问题的类型与内容,从而获得解决问题的对策。

矩阵图按矩阵形式可分为 L 型矩阵图、T 型矩阵图、Y 型矩阵图等,如图 8-21 所示。

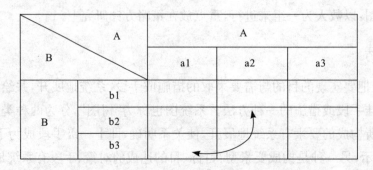

图 8-21.a L 型矩阵图

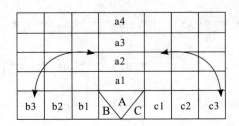

图 8-21.b　T 型矩阵图

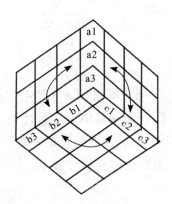

图 8-21.c　Y 型矩阵图

(五)矩阵数据解析法

矩阵图上各元素间的关系如果能用数据定量化表示,就能更准确地整理和分析结果。这种可以用数据表示的矩阵图法,叫作"矩阵数据分析法"。数据矩阵分析法的主要方法为主成分分析法,利用此法可从原始数据获得许多有益的情报。主成分分析法是一种将多个变量化为少数综合变量的一种多元统计方法。

(六)PDPC 法

PDPC(Process Decision Program Chart)法,即过程决策计划图法,指为了完成某个任务或达到某个目标,在制定行动计划或进行方案设计时,预测可能出现的障碍和结果,并相应地提出多种应变计划的一种方法。

PDPC 法的主要步骤如下:

步骤一,确定所要解决的课题,明确起点与最终目标;

步骤二,提出达到理想状态的手段、措施、步骤;

步骤三,对提出的措施,列举出预测的结果及遇到困难时应采取的措施和方案;

步骤四,将各研究措施按紧迫程度、所需工时、实施的可能性及难易程度予以分类,提出解决对策;

步骤五,决定各项措施实施的先后顺序,逐项展开,并用箭头向理想状态方向连接起来;

步骤六,在实施过程中,根据新情况,不断修订 PDPC 图,如图 8-22 所示。

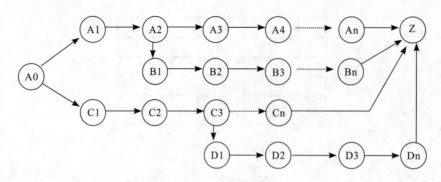

图 8-22 PDPC 图

(七)箭条图法

箭条图是在计划评审技术(PERT)与关键路径法(CPM)中拟定日程计划时所用的网络图。箭条图把所有的作业组织成为一个系统,便于从整体上进行计划与协调。在日程计划及进度管理中应用"箭条图法",能够拟定出极详细的计划,建立最佳的日程计划并管理,使计划能顺利完成。箭条图法因为明确了进度管理的重点,所以可提高管理效率。

三、过程能力

如前所述,因为过程中普遍存在着各种各样影响产品质量的因素,所以产品质量始终存在着波动性。当过程处于稳定状态时,各种影响过程质量的系统性因素已经消除,产品质量特性受5M1E等因素的影响而出现偶然波动。对于处于稳定状态下的过程,过程能力就是产品质量特性波动程度的数量表示,它反映了过程的实际能力。一般情况下,过程能力可用产品质量特性值的方差 σ^2 或标准差 σ 来描述。显然,σ 越大,质量特性值越发散,过程能力越低;σ 越小,过程能力越高。过程能力记为 B。

过程能力受 5M1E 等多种因素的影响。在实际过程中,并不是所有因素都起同样的作用,可能存在一个或几个影响质量的主要因素,这些因素被称为"主导因素"。在对过程进行控制时,就是要抓住影响过程能力的主导因素,并针对主导因素采取措施,以保证和提高产品质量。

过程能力常用过程能力指数(Capability Index)表示。过程能力指数是指过程质量要求(T)与过程能力(B)的比值,常用 C_P 表示,即用公式表示为:

$$C_P = \frac{T}{B} = \frac{T}{6\sigma}$$

作为技术要求满足程度的指标,过程能力指数越大,说明过程能力越能够满足技术要求,产品质量越有保障;反之,过程能力指数越小,产品质量保障能力越低,当过程能力指数小于 1 时,说明过程能力已无法满足技术要求。

在质量特性值的分布中心 μ 与公差中心 M 重合的情况下(如图 8-23 所示),过程能力指数的公式如下:

$$C_P = \frac{T}{B} = \frac{T}{6\sigma} = \frac{T_U - T_L}{6\sigma} \approx \frac{T_U - T_L}{6S}$$

其中,T_U 为公差上限,T_L 为公差下限,S 为样本标准差。

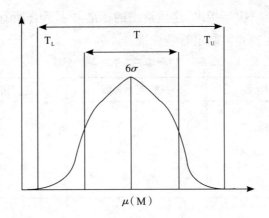

图 8-23 分布中心 μ 与公差中心 M 重合的情况

例 8-3

某零件长度要求为 9.95~10.05 cm，现从加工过程中抽取 100 个样品，测得长度均值为 10 cm，标准差为 0.0125 cm，试计算过程能力指数。

解：分布中心与公差中心重合，因此，过程能力指数为：

$$C_P = \frac{T_U - T_L}{6S} = \frac{10.05 - 9.95}{6 \times 0.0125} = 1.33$$

在质量特性值分布中心 μ 与公差中心 M 不重合的情况下（如图 8-24），需要对 C_P 进行修正。修正后的过程能力指数记为 C_{pk}，其公式如下：

$$C_{pk} = C_P(1-k) \approx \frac{T_U - T_L}{6S}(1-k)$$

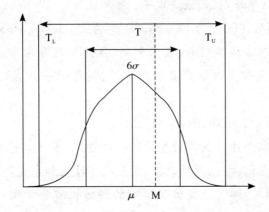

图 8-24 分布中心 μ 与公差中心 M 不重合的情况

其中，k 为修正系数，也称"偏移系数"。

$$k = \frac{|M - \mu|}{(T_U - T_L)/2}$$

过程能力评价的目的是通过对过程能力的评价，确定过程能力指数的合理取值范围，使过程能力既要能满足质量保证的要求，又要符合经济性的要求。表 8-2 给出了利用过程能力指数对过程能力进行判断的一般标准。应当指出,这里给出的标准并不适合所有过程或所有质量特性。某些行业可根据自身的质量控制要求制定行业标准。

表 8-2 过程能力指数的判断标准

过程能力指数	过程能力等级	过程能力判断
$C_P \geq 1.67$	Ⅰ	过剩
$1.67 > C_P \geq 1.33$	Ⅱ	充足
$1.33 > C_P \geq 1.00$	Ⅲ	正常
$1.00 > C_P \geq 0.67$	Ⅳ	不足
$0.67 > C_P$	Ⅴ	严重不足

第三节 先进质量管理模式

20世纪80年代以来,随着全面质量管理在各国的广泛推进与实践,出现了许多质量管理新模式、新方法,其中影响较广泛的是ISO9000质量管理模式、卓越绩效模式、六西格玛管理。

管理行动

莱克电气"LDPQ"质量管理模式

莱克电气股份有限公司构建了"LDPQ(设计预防、量化控制)"质量管理模式。

(1)"L"为"Lexy"的首字母,代表莱克电气。

(2)"DP"意为设计预防,"D"意为 Design;"P"意为 Product / Process / Prevention。

产品质量是设计决定的,品类创新、技术创新、性能卓越非常重要,是公司研发技术能力的体现,质量管理更多的是需要保证产品的可靠性、质量的一致性,降低市场维修率和退货率,获得用户的口碑。

(3)"Q"意为量化控制(Quantitative / Quality)。

质量需要量化管理,零部件和成品的质量标准要量化,生产工艺参数要量化,质量结果需要量化,只有将管理内容量化,才能清楚边界,才能减少歧义和争论,才能进行有效控制。

LDPQ的质量管理模式,鲜明地突出了事前的预防性质量管理和事中的质量量化管理。该模式通过APQP(QFD、MSA、SPC、流程图、DFMEA、PFMEA、六西格玛等)保障了公司产品的功能设计、结构设计、产品性能设计、工艺性设计、检测方法设计等过程质量,促进了新产品开发的一次成功率、可靠性,缩短了设计周期,降低了设计开发成本。

一、ISO9000 族标准

(一) ISO9000 族标准的产生背景

1987 年,在各国专家共同努力的基础上,国际标准化组织(International Organization for Standardization,简称 ISO)正式颁布了 ISO9000 系列标准的第一版(即 1987 年版)。ISO9000 族标准一经颁布,便很快为许多国家所承认,也迅速被各国标准化机构和企业认同和采用,成为 ISO 在国际上应用最广也最为成功的一个范例,出现了风靡世界的"ISO9000 现象"。

ISO9000 族标准的产生和风靡绝不是偶然的,它是现代科学技术和生产力发展的必然结果,是质量管理发展到一定阶段的产物,也是国际贸易发展的必然要求。

从科学技术和生产力发展方面来看,占现代经济相当大比重的高安全性、高可靠性、高价值产品,如果在质量上存在缺陷,不仅会给生产企业带来巨大损失,还将对顾客的经济利益和人身安全造成巨大伤害,甚至影响国家安全、生态环境和人类生存环境。因此,社会和顾客都要求生产企业能建立一套质量管理体系,对产品质量形成全过程的各个环节的相关因素进行控制,长期稳定地生产满足顾客需要的产品。

从质量管理发展方面来看,在经历了 20 世纪初期的"质量检验阶段"和 20 世纪 40 年代的"统计质量控制阶段"之后,从 20 世纪 50 年代开始,由于出现了一大批高安全性、高可靠性、技术密集型和大型复杂产品,仅在制造过程实施质量控制,已不足以保证产品质量。因此,20 世纪 60 年代"全面质量管理"的概念出现了。该理论提出,企业经营的目的是生产出满足顾客需要的产品,为此必须对质量、成本、交货期和服务水平进行全面管理,对产品形成全过程进行管理,还要将质量与成本联系在一起考虑,重视预防不合格和持续改进等。全面质量管理理论很快为各国所接受。随着全面质量管理理论的不断完善,质量管理学科日趋成熟,这就为各国及国际质量管理和质量保证标准的相继产生提供了充分的理论依据和坚实的实践基础。

从国际贸易发展的要求方面看,为了有效开展国际贸易、减少因产品质量问题及产品责任问题而产生的经济争端,不仅产品贸易和技术要国际化,质量管理也要求标准化和国际化,以降低国际贸易成本和提高效率。这就要求各企业的质量管理能够在国际取得一定程度的统一,以共同的标准对企业的技术、管理和人员能力进行规范化,并作为贸易中供需双方认可的依据和评价的规范,ISO9000 标准也就应运而生了。

(二) ISO9000 族标准的发展阶段

ISO9000 族标准的发展到目前为止经历了五个阶段。

1. 1987 版 ISO9000 系列标准

ISO 分别于 1986 年发布了 ISO8402《质量管理和质量保证——术语》和 1987 年发布了 ISO9000《质量管理和质量保证标准——选择和使用指南》、ISO9001《质量体系——设计、开发、生产、安装和服务的质量保证模式》和 ISO9002《质量体系——生产、安装和服务的质量保证模式》、ISO9003《质量体系——最终检验和试验的质量保证模式》、ISO9004《质量管理和质量体系要素——指南》六项国际标准,上述标准被通称为"ISO9000 系列标准",或称为"1987 版 ISO9000 系列国际标准"。

2. 1994版ISO9000族标准

负责制定ISO9000系列标准的ISO/TC176(质量管理和质量保证技术委员会)决定对1987年版的ISO9000系列的六项标准进行修订,1994版ISO8402、ISO9000—1、ISO9001、ISO9002、ISO9003和ISO9004-1等六项国际标准,通称为"1994年版ISO 9000族标准"。这些标准取代了1987年版标准。

1994年发布ISO9000族国际标准修订本时,ISO/TC176提出了"ISO9000族标准"的概念,"ISO9000族标准"是指由ISO/TC176制定的所有国际标准的总称。ISO在发布六项国际标准的同时,已陆续制定和发布了其他十项有关的指南性国际标准。这样,ISO9000族标准就从1987年最初的六项发展到了1994年的十六项。

3. 2000版ISO9000族标准

ISO/TC176于2000年12月15日发布了2000版ISO9000族标准。核心标准包括ISO9000:2000《质量管理体系——基础和术语》、ISO9001:2000《质量管理体系——要求》(此标准取代了1994年版的ISO9001、ISO9002、ISO9003)、ISO9004:2000《质量管理体系——业绩改进指南》、ISO19011:2002《质量和(或)环境管理体系审核指南》

4. 2008版ISO9000族标准

2008年10月31日,ISO/TC176正式发布了2008年版的ISO9000族标准(如表8-3所示),并于2008年12月31日起开始实施。

表8-3 ISO9000:2008族标准主要标准

ISO 9000:2005	质量管理体系——基础和术语
ISO 9001:2008	质量管理体系——要求
ISO 9004:2009	组织持续成功的管理——一种质量管理方法
ISO 19011:2011	管理体系审核指南

5. 2015版ISO9000标准

2009年至2011年,ISO质量体系分技术委员会成立工作组,研究出现的质量管理新概念,如组织的财务资源、质量管理原则、基于风险的管理、知识管理、信息管理的技术和变化的影响等。认为新的ISO9001可以考虑引入新概念。于是,2015年9月15日,国际标准化组织(ISO)发布了ISO9000:2015《质量管理体系——基础和术语》和ISO9001:2015《质量管理体系——要求》,2018年4月发布了ISO 9004:2018《质量管理——组织的质量—实现持续成功指南》,2018年7月发布了ISO 19011:2018《管理体系审核指南》。

(三)2015版ISO9000族标准核心内容介绍

1. GB/T19000—2016/ISO9000:2015《质量管理体系——基础和术语》

标准首先明确了该标准表述的质量管理的概念和原则适用的范围,详细阐述了质量管理七项原则,阐明了ISO9000族标准所对应的138个术语及其使用方法和相互关系。

2. GB/T19000—2016/ISO9001:2015《质量管理体系——要求》

标准规定了对质量管理体系的要求适用于内部和外部评价组织提供满足组织自身要求和顾

客、法律法规要求的产品和服务的能力。标准以质量管理七项原则为基础，采用了以过程为基础的结构模型。

标准从组织环境、领导作用、策划、支持、运行、绩效评价和改进等7个方面规定了质量管理体系要求。

3. ISO9004：2018《质量管理—组织的质量——实现持续成功指南》

该标准是指南性标准，而不是一个用于认证目的要求的标准。是为广大组织超越认证要求，持续保持和提升自己满足顾客及其他相关方的需求和期望的综合能力，以实现长期持续成功，提供了一个良好而系统的框架和指南。

ISO 9001：2015 关注于为一个组织的产品和服务质量提供信任，ISO 9004：2018 则关注于为一个组织所具有的持续成功能力提供信任。

4. ISO19011：2018《管理体系审核指南》

标准提供了关于管理体系审核的指南，对审核方案的管理、管理体系审核的策划和实施以及审核员和审核组的能力和评价提供指导。它适用于需要策划和实施管理体系内部或外部审核或管理审核方案的所有组织。

(四)质量管理七项原则

在 ISO9000：2000 中定义了质量管理八项原则，它们是组织建立质量体系、提高质量水平的基础，可帮助组织获得应对深刻变化的环境所提出的挑战的能力。2015 版 ISO9000 族标准在此基础上进一步凝练整合为七项原则。

1. 以顾客为关注焦点

"质量管理的主要关注点是满足顾客要求并且努力超越顾客期望。"组织只有赢得和保持顾客和其他有关的相关方的信任，才能获得持续成功。与顾客互动的每个方面都提供了为顾客创造更多价值的机会。理解顾客和其他相关方当前和未来的需求有助于组织的持续成功。

2. 领导作用

"各级领导建立统一的宗旨和方向，并且创造全员积极参与的环境，以实现组织的质量目标。"统一的宗旨和方向的建立以及全员的积极参与，能够使组织将战略、方针、过程和资源保持一致，以实现目标。

3. 全员参与

"在整个组织内各级人员的胜任、被授权和积极参与是提高组织创造和提供价值能力的必要条件。"为了有效和高效地管理组织，尊重并使各级人员参与是重要的。认可、授权和能力提升会促进人员积极参与，以实现组织的质量目标。

4. 过程方法

将活动作为相互关联、功能连贯的过程系统来理解和管理时，可更加高效地得到一致的、可预知的结果。质量管理体系是由相互关联的过程所组成的。理解体系是如何产生结果的，能够使组织尽可能地完善体系和绩效。

5. 改进

"成功的组织持续关注改进。"改进对于组织保持当前的绩效水平,对内、外部条件的变化作出反应并创造新的机会都是非常必要的。

6. 循证决策

"基于数据和信息的分析和评价的决策,更有可能产生期望的结果。"决策是一个复杂的过程,并且总是包含一些不确定因素。它经常涉及多种类型和来源的输入及解释,而这些解释可能是主观的。重要的是理解因果关系和可能的非预期后果。对事实、证据和数据的分析可导致决策更加客观、可信。

7. 关系管理

"为了持续成功,组织需要管理与有关的相关方(如供方)的关系。"有关的相关方影响组织的绩效。当组织管理与所有相关方的关系,以尽可能地发挥在组织绩效方面的作用时,持续成功更有可能实现。对供方及合作伙伴的关系网的管理是尤为重要的。

(五)质量认证

1. 质量认证概述

质量认证(Conformity Certification)也叫作"合格评定",是国际上通行的管理产品质量的有效方法。"认证"是"由可以充分信任的第三方证实某一经鉴定的产品或服务符合特定标准或规范性文件的活动"。也就是说,当第二方(需方或买方)对第一方(供方或卖方)提供的产品或服务,无法判断其质量是否合格时,由第三方来判断。第三方既要对第一方负责,又要对第二方负责,做到公开、公正、公平,出具的证明要获得双方的信任。因此,第三方一般由政府部门直接担任,或者由政府认可的部门或组织担任,这些部门或组织就是所谓的"认证机构"。质量认证按认证的对象分为产品质量认证和质量体系认证两类。

产品质量认证是指依据产品标准和相应技术要求,经认证机构确认并通过颁发认证证书和认证标志来证明某一产品符合相应标准和相应技术要求的活动。也就是说,产品质量认证的对象是特定产品,包括服务。认证的依据或者说获准认证的条件是产品(服务)质量要符合指定的标准的要求。

产品质量认证要满足指定质量保证标准要求,证明获准认证的方式是通过颁发产品认证证书。产品质量认证又有两种:一种是合格认证属自愿性认证,是否申请认证,由企业自行决定,企业自愿选择由国家认可的认证机构,不应有部门和地方的限制,此外认证产品的产品标准应达到国际水平的国家标准和行业标准;另一种是安全性产品认证,它通过法律、行政法规或规章规定强制执行认证。

质量体系认证的对象是企业的质量体系,或者说是企业的质量保证能力。企业认证的根据或者说获准认证的条件,是企业的质量体系应符合申请的质量保证标准即 GB/T19001 idt ISO9001 和必要的补充要求。获准认证的证明方式是通过颁发质量体系认证证书,但证书不能在产品上使用。质量体系认证都是自愿性的。

不论是产品质量认证,还是质量体系认证,都是第三方从事的活动,可以确保认证的公正性。

2. 获得ISO9000认证的条件及认证机构的选择

不同认证机构在其上级认可机构的要求下会有不同的具体要求，一般来说，获得ISO9000认证需要达到以下条件：

（1）建立了符合ISO9000族标准要求的文件化的质量管理体系；

（2）质量管理体系至少已运行3个月并被审核判定为有效；

（3）外部审核前至少完成了一次全面有效的内部审核，并可提供有效的证据；

（4）外部审核前至少完成了一次有效的管理评审，并可提供有效的证据；

（5）体系保持持续有效，并同意接受认证机构每年的年审和每3年的复审作为对体系是否得到有效保持的监督；

（6）承诺对认证证书及其使用符合认证机构和认可机构的有关规定。

企业在选择体系认证机构时，一般应考虑四个因素：权威性、价格、顾客是否接受和认证机构的业务范围。此外，产品没有出口的企业选择国内认证机构。产品出口时，如果外商没有要求提供指定的认证机构的认证证书时，则向国内认证机构申请；反之，则向外商指定的认证机构申请。

无论是选择国内的还是国外的认证机构，都应注意选择那些经国家认可的认证机构，识别办法是请该认证机构出示经认可的机构颁发的认可证书。

3. ISO9000认证的一般程序

（1）预评审。若组织需要，认证机构在对组织进行正式的初次审核之前，可以应组织的要求对组织实施预评审，以便确保组织的质量管理体系的适宜性、充分性和有效性，使组织顺利通过认证。

（2）初次审核。初次审核即对组织的认证注册审核。通常按以下步骤进行。

①文件审核，即对组织的质量管理体系文件的适宜性和充分性进行审核，重点是评价组织的体系文件与ISO9001标准的符合情况。

②现场审核，即通过观察、面谈等各种形式对组织实施和保持质量管理体系的有效性进行审核，审核过程将严格覆盖标准的所有要求，审核天数按规定执行。

③年审和复审。年审，即认证机构每年将对获得认证的组织进行年审，年审通常只对标准的部分要求进行抽样审核。复审，即认证机构每3年将对组织进行复审，复审将覆盖标准的全部要求，复审合格后换发新证。

二、卓越绩效模式

卓越绩效模式（Performance Excellence Model）是在20世纪80年代后期创建的一种世界级企业成功的管理模式，其核心是强化组织的顾客满意意识和创新活动，追求卓越的经营绩效。经过多年的发展，卓越绩效模式已成为国际上广泛认同的一种组织综合绩效管理的有效方法/工具，是现阶段TQM的最高表现形式，是全面质量管理的标准化、条理化和具体化。

我国国家标准《卓越绩效评价准则》（GB/T19580—2004）和《卓越绩效评价准则实施指南》（GB/Z 19579—2004）于2004年8月正式发布，并于2012年进行了修订，它标志着我国质量管理进入了一个新的阶段。《卓越绩效评价准则》是我国推行全面质量管理经验的总结，是实施

ISO9000标准的自然进程和必然结果。《卓越绩效评价准则》目前已成为中国质量奖和各地方质量奖的评审标准。而量化评分的方法使得卓越绩效模式更直观,更具有可操作性。

(一)卓越绩效模式的特点

根据GB/T19580—2012的定义,卓越绩效是指通过综合的组织绩效管理方法,为顾客、员工和其他相关方不断创造价值,提高组织整体的绩效和能力,促进组织获得持续发展和成功。卓越绩效模式是世界级成功企业公认的提升企业竞争力的有效方法,也是中国企业在竞争日益激烈的环境中不断提高管理水平、实现卓越经营的努力方向。

卓越绩效模式反映了现代经营管理的先进理念和方法,为国际上许多卓越企业成功经验的总结,其主要特点有以下几个方面。

1. 强调"大质量"的概念

卓越绩效模式作为质量奖的评审标准,但"质量"的概念绝不仅限于产品和服务质量,而扩展到过程质量、工作质量和体系质量、经营质量,追求组织的综合绩效和永续经营的能力。

2. 聚焦企业的经营结果

卓越绩效模式强调结果导向,关注组织的经营绩效,包括产品和服务结果、以顾客为中心的结果、财务结果、资源结果、过程有效性结果、领导结果等,是全面的、综合的结果,以确保顾客、员工、股东、供应商和合作伙伴、社会等五大相关方的利益平衡,以保证组织的协调可持续发展。

3. 强调管理方法的适用性、有效性和成熟度

卓越绩效模式鼓励组织建立和提出具有创造性、适用性和灵活性的方法来满足标准的要求,工具、方法、组织结构等的选择通常依赖于组织的业务类型和规模、组织的关系、组织的发展阶段、人力资源状况等。

4. 强调系统思考和系统整合

系统思考体现在围绕组织的使命、愿景和价值理念体系进行评估,围绕组织战略实现组织行动的协调一致性。卓越绩效模式强调以系统的观点来管理整个组织及关键过程,从而实现组织的绩效模式。卓越绩效模式各个方面的要求,构成了一个系统的框架和协调机制,强调了组织的整体性、一致性和协调性。

5. 强调持续改进

卓越绩效模式不是一个符合性标准,而是一个成熟度标准。它不是规定企业应达到某一个水平,而是引导企业建立一个持续改进的系统,不断完善和趋于成熟,永无止境地追求卓越。因此,卓越绩效模式不但是质量奖审的依据,而且将卓越绩效模式作为一种企业自我评估的管理工具,帮助企业找到改进机会,促进企业的持续改进、逐步成熟。

(二)卓越绩效评价准则框架

卓越绩效模式提供了评价准则,对于任何一个致力于追求卓越的企业,可以采用评价准则不断评价自己的管理业绩,从而走向卓越。卓越绩效评价准则由一套层次清晰的类目、条款所构成,包括7大类目23个评分项,《卓越绩效评价准则实施指南》(GB/Z19579—2012)给出了卓越绩效评价准则框架图,如图 8-25 所示。

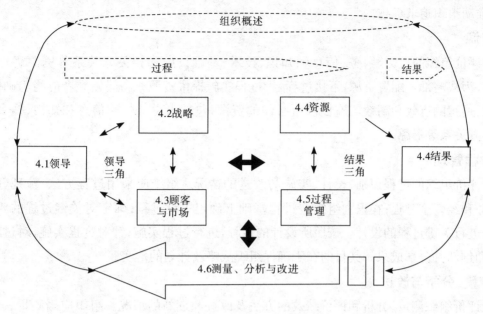

图 8-25　卓越绩效评价准则框架图

卓越绩效评价准则框架从系统的角度,对组织运行的评价准则内容整体关系进行了描述。顶部的组织概述表明,卓越绩效模式的实施应结合组织实际,组织必须理解其竞争环境、组织关系和战略挑战。"领导""战略""顾客与市场"构成"领导作用"三角,是驱动性的,旨在强调领导对战略和顾客与市场的关注;"资源""过程管理""结果"构成"资源、过程、结果"三角,是从动性的,显示利用资源,通过过程管理取得结果。而"测量、分析和改进"是组织运作的基础,链接两个三角的"链条",并推动组织的改进和创新。

(三) 卓越绩效评价准则的主要内容

卓越绩效评价准则包括领导、战略、顾客与市场、资源、过程管理、测量分析与改进、结果等七大类目,具体内容如下。

1. 领导

用于评价组织高层领导的作用、组织治理及组织履行社会责任的情况。高层领导的引领和推动是组织持续成功的前提,组织治理是组织持续成功的保障,而履行社会责任则是组织持续成功的必备条件。

2. 战略

用于评价组织的战略及其目标的制定、部署及进展情况。着眼于组织未来发展的全局性战略分析、选择和部署。组织应通过战略制定,确立战略和战略目标;通过战略部署,使战略和战略目标具体化,转化为实施计划和关键绩效指标,并配置资源予以实施。

3. 顾客与市场

用于评价组织确定顾客和市场的需求、期望和偏好以及建立顾客关系、确定影响顾客满意程度关键因素的方法。组织应当在识别、确定顾客的需求、期望和偏好基础上,建立顾客关系,增强顾客的满意和忠诚，实现市场占有率的保持和不断上升；增强组织在顾客与市场方面的持续经营能力，以推动组织追求卓越。

4. 资源

用于评价组织的人力、财务、信息和知识、技术、基础设施和相关方关系等资源管理的情况。上承战略，为战略部署配置资源；下接过程，为过程实施提供资源。高层领导者应当为确保战略目标的实现、过程的有效和高效实施提供所必需的资源，包括人力、财务、信息和知识、技术、基础设施及相关方关系等资源。

5. 过程管理

用于评价组织的过程识别、设计、实施与改进的情况。组织应采用过程方法，梳理、确定主要产品、服务和经营全过程；在识别组织全过程基础上确定关键过程；确定对关键过程的要求；基于过程要求进行关键过程的设计。按照所设计的过程，进行过程实施；针对过程实施，对过程进行评价、改进和创新并分享成果。其目的在于确保组织战略及计划的落实。

6. 测量、分析与改进

用于评价组织测量、分析和评价绩效的方法及改进和创新的情况。组织应当测量、分析、评审组织绩效，支持组织的战略制定和部署，促进组织战略和运营管理的协调一致，推动改进和创新，提升组织的核心竞争力。

7. 结果

用于评价组织在主要经营方面的绩效和改进，包括产品和服务、顾客与市场、财务、资源、过程有效性和领导等方面的绩效。绩效水平应与竞争对手和（或）标杆对比并进行评价。组织应当描述至少近三年的关键绩效指标结果数据，以反映绩效的当前水平和趋势，并与竞争对手（或提供类似产品和服务的对比组织）和标杆的数据进行对比，以反映组织在相关绩效方面的行业地位、竞争优势和存在的差距。该类目描述组织通过努力所取得的结果，体现了为顾客、股东、员工、供方及合作伙伴与社会创造的价值，并为评价和改进产品、服务和经营质量提供信息。

三、6σ 管理

6σ（西格玛）管理诞生于20世纪80年代，最初是摩托罗拉（Motorola）公司用于改进传呼机、移动电话和其他产品质量的一种管理方法，后来被通用电气（GE）、IBM积极推行，并取得显著成效。如今6σ管理理论已经逐渐完善，在世界范围内被广泛推广。

（一）6σ概述

一般来讲，6σ包含以下三层含义。

第一，它是一种质量尺度和追求的目标，定义方向和界限。

第二，它是一套科学的工具和管理方法，运用DMAIC（改善）或DFSS（设计）的过程进行流程的设计和改善。

第三，它是一种经营管理策略。6σ管理是在提高顾客满意程度的同时降低经营成本和周期的过程革新方法，它通过提高组织核心过程的运行质量，进而提升企业赢利能力的管理方式，是在新经济环境下企业获得竞争力和持续发展能力的经营策略。

从本质上讲,6σ是指产品质量标准问题,其中σ是产品质量特性值之变动在统计上的度量,即标准差。传统的质量模型认为:如果产品质量特性值的平均值μ加减3σ后,仍在容差范围内,那么全部产品的质量是合格的。在正态分布的假设下,这种3σ质量水平意味着产品的合格率为99.73%。

6σ质量标准实际上是严格了对特性值均值和波动的要求,即要求特性值的平均值μ加减6σ后,仍在容差范围内,产品质量才合格,如图8-26所示。6σ质量标准意味着每百万件产品只能有3.4件不合格产品。合格率要达到99.9966%。

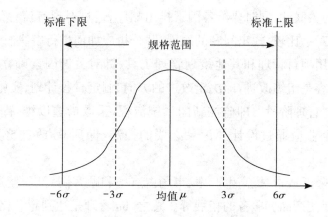

图8-26 3σ质量标准和6σ质量标准

单位缺陷数(DPU)是测量6σ的一个重要指标,是指每个检查单位的缺陷数。其计算公式为:

$$DPU = \frac{缺陷数(在所有检查点发现的缺陷数)}{单位数(通过该检查的单位数)}$$

测量DPU的意义在于:不但能够制造有多少缺陷产品,而且能够制造每个缺陷产品上有多少个缺陷项。

在进行6σ测算时,另一个重要指标是百万机会缺陷数(DPMO),是指每个百万出错机会的缺陷数。其计算公式为:

$$DPMO = \frac{DPU \times 1000000}{每单位出错机会}$$

引入百万机会缺陷数强调了把质量管理的重点放在过程控制上。此外,该指标为比较不同业务的质量水平提供了可能,排除了性质、复杂程度等因素对评价带来的影响,因而它是对不同复杂程度的产出进行公平测评的通用尺度。其中,出错机会是在每一个单位工作中可能发生的且最终导致客户不满意的最大错误个数。

当某项业务DPMO不大于3.4时,可以认为这项业务达到了6σ质量水平。

(二)6σ质量管理的核心——DMAIC流程

6σ管理的核心是将所有的工作都看作一种流程,采用量化的方法进行数据分析,以确定流程中影响质量的因素,找出最关键的因素加以改进,从而达到更高的客户满意度。这就是所谓的DMAIC流程:定义(Definition)→测量(Measurement)→分析(Analysis)→改进(Improvement)→

控制（Control）。

在定义阶段，主要是一一列出流程中可能存在的所有问题，从中挑出带来最多麻烦、企业花费最大、令顾客最为恼火的问题，然后进行精确定义，即确定需要改进的目标及进度。问题确定得越准确，目标就越清晰，随后的工作进展也就越顺利。

在测量阶段，主要是以灵活有效的衡量标准测量和权衡现有流程。其主要内容是：收集数据，了解现有质量水平，了解现有流程的缺陷机会，即测量"缺陷率"。在此阶段，工作重点放在对质量有重大影响的事情上，并提供正确的数据。

在分析阶段，即利用统计学工具对整个流程进行分析，找到差错、损失及缺陷发生的少数几个关键因素及它们之间的关联性，同时要给各因素排出顺序，通过对现有流程的分析结果，与可能的结果进行比较，与竞争对手比较，找出问题的原因，并分析应如何进行解决。

在改进阶段，即运用项目管理和其他策划管理工具，针对关键因素确立最佳改进方案。在这一阶段，工作的具体内容是组织改进，即决定改进的方向、制定日程计划、实施改进。

控制阶段，也称为"管理阶段"，即监控新的系统流程，采取措施以维持改进的结果，以期整个流程充分发挥功效。企业应通过设计并记录必要的控制，保证6σ改进努力所带来的成果能够保持。

实施6σ管理可以降低成本，提高生产率、市场占有率和顾客满意度，使运作周期减少、降低缺陷率、改变企业文化、促使产品和服务的拓展等。总之，6σ管理是达到超严格质量要求的一种质量管理模式，在所有环节上都要应用科学方法（主要是统计方法），以提高效率，减少失误，从而使得整个过程达到总体最优状态。

(三) 6σ质量项目的组织结构

强力而有效的组织结构是成功实施6σ的最重要的保证。为便于6σ的有效开展，需要落实完善专门的六西格玛组织，并对职责和权限作出明确规定。一般6σ管理的组织结构如图8-27所示。

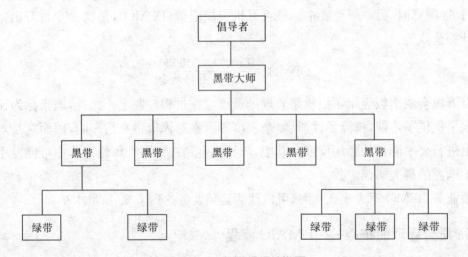

图8-27　6σ管理组织结构图

6σ组织的关键成员包括倡导者、黑带大师、黑带、绿带，其职责和作用如下。

1. 倡导者

倡导者,或是项目领导,是资深经理或流程负责人,负责6σ管理在组织中的实施。为6σ项目设定目标、方向和范围;协调项目所需资源;负责项目实施中的沟通和协调。

2. 黑带大师

黑带大师又称为"大黑带"或"黑带主管",是6σ管理专家的最高级别,他们对6σ的管理理念和技术方法有较深的了解和体验。他们为倡导者提供6σ管理咨询,协调倡导者选择和管理6σ项目;为黑带提供项目指导和技术支持;协调和指导跨职能的6σ项目。

3. 黑带

黑带是6σ中最关键的职位。他们是实实在在执行者,是6σ项目负责人。在大部分情况下,带领流程改善团队进行流程改善是他们唯一的工作。黑带是实际解决问题的人,而非报告问题的人,他们对一个6σ项目的结果负有主要责任。他们必须能将完整的技术工具与团队建设、培训、沟通及充分调动团队成员积极性等领导技巧有效地结合起来。

4. 绿带

绿带是组织中经过6σ管理方法和工具培训、结合自己的本职工作完成6σ项目的人员。绿带是项目任务执行的先锋,协助整个项目按计划进行。绿带是6σ的骨干力量。85%的6σ项目可以由绿带来完成。绿带通常负责他们自己的项目,但有时候他们会在某个项目中对黑带提供支持。

本章要点:质量的概念是"客体的一组固有特性满足要求的程度"。质量的本质是用户对产品或服务的某些方面所作出的评价,是产品或服务在性能、美学性、特殊性能、一致性、安全性、可靠性、寿命和售后服务等方面的综合体现。质量管理的发展经历了质量检验、统计质量控制和全面质量管理三个阶段。提高质量具有重要的意义。

全面质量管理的概念最早由费根堡姆提出,强调生产和服务过程的全面、全过程、全员和管理方法的多样性。全面质量管理运用PDCA循环的基本方法,实现对质量的全面控制。

质量管理的方法可以分为两大类,一类是以数理统计方法为基础的质量控制方法,另一类是建立在全面质量管理思想之上的组织性的质量管理方法。常用的质量管理统计方法主要包括所谓的"QC新、老七种工具",即调查表、分层法、直方图、散布图、排列图、因果图、控制图、关联图、KJ法、系统图法、矩阵图法、矩阵数据分析法、决策过程图法和箭头图法。

ISO9000族标准的产生与发展经历了1987版、1994版、2000版、2008版和2015版五个阶段。在ISO9000:2015中定义了质量管理七项原则,它们是组织建立质量体系、提高质量水平的基础。ISO9000族标准的颁布和发展,是进行质量认证的基础。质量认证按认证的对象分为产品质量认证和质量体系认证两类。

卓越绩效模式提供了"大质量"和经营管理成熟度的评价准则,我国国家标准《卓越绩效评价准则》(GB/T19580—2012)包括领导、战略、顾客与市场、资源、过程管理、测量分析与改进和结果七大类目,目前已成为中国质量奖和各地方质量奖的评审标准。

6σ管理诞生于20世纪80年代的摩托罗拉(Motorola)公司,后来被通用电气、IBM积极推行,并取得显著成效。6σ质量标准意味着每百万件产品只能有3.4件不合格产品。合格率要达到

99.9966%。

思考题

1. 什么是质量？质量概念的演变经历了哪些过程？
2. 质量有哪些重要特性？
3. 提高质量有什么重要意义？
4. 质量管理发展的三个阶段分别是什么？
5. 什么是全面质量管理？
6. 全面质量管理的基本特点是什么？
7. ISO9000族国际标准提出的质量管理七项原则分别是什么？
8. 卓越绩效评价包括哪七个类目？
9. 在产品设计、质量因素分析和生产过程控制等方面常用的统计方法有哪些？各自的作用是什么？应如何应用？
10. 用排列图法来分析从一个印刷电路板生产线收集到的数据，如下表所示。

缺陷	缺陷发生数
部件有问题	217
部件未插牢	146
黏结剂过量	64
装错部件	600
线路板尺寸不当	143
标错固定孔	14
电路问题	92

(1) 请画出排列图。
(2) 你能从中得出什么结论？

11. 某厂生产某零件，技术标准要求公差范围220±20mm，经随机抽样得到100个数据如表所示。要求：

(1) 进行统计整理作出直方图。
(2) 计算均值 $\bar{x}$ 和标准差 σ。
(3) 对直方图进行分析。

202	204	205	206	206	207	207	208	208
209	210	210	210	211	211	211	211	212
212	212	213	213	213	214	214	214	215
215	215	215	216	216	216	216	217	217
217	217	217	217	218	218	218	218	218
218	218	218	219	219	219	219	220	220

续表

220	220	220	220	220	220	220	220	220
221	221	221	221	221	221	221	222	222
222	223	223	223	223	224	224	224	225
225	225	226	226	227	227	228	228	229
229	230	231	231	232	233	234	235	237

结尾案例

中国质量标准引领全球

近年来,中国企业的质量竞争力不断提升并逐渐在全球舞台崭露头角,中国质量频频惊艳于世界。作为高质量发展的典范,京东方以领先的品质优势和持续的创新突破,带领中国显示一路披荆斩棘,破解了"缺屏之痛",实现了中国显示产业从跟跑者、并跑者到全球领跑者的历史性转变。

在"高质量发展"战略指引下,京东方质量效益和管理成熟度均处于行业领先水平。

京东方以独创的"双向驱动"质量变革管理模式,对质量变革给予了完整的微观诠释,现已建成集设计研发、生产分销、产业生态、投融资平台于一体的显示企业,质量水平、效益及管理成熟度均行业领先,印证了模式的先进性和有效性。

该模式在技术研发、智能质造、数字运营等各个方面均实现了自主管理创新,形成了京东方独特的管理实践。

1. 技术研发

在技术研发方面,京东方每年保持将营业收入的高比例作为研发投入,同时积极建立校企合作,与全球顶尖生态链伙伴协同创新,累计可使用专利超7万件,年度新增专利申请中发明专利超90%。连续多年在世界知识产权组织(WIPO)专利排名中位列全球前十,实现8K、柔性OLED、MLED等多项显示技术的行业引领。

2. 智能制造

在智能制造方面,京东方已在全国各地布局了16条半导体显示生产线,同时聚焦物联网创新转型,建设了4座延伸至下游产业链的智慧工厂,实现对业务全流程质量的有效管控,每月能满足1800多类产品在200余家客户的交付需求。

3. 数字运营

在数字运营方面,京东方通过自主数据中台的建设及上百套信息系统的打通,实现设、供、产、销、人、财、企等领域的业务流、信息流、资金流的融合,建立了一个基于流程的、不依赖于人的、高效的数字化管理体系。

2021年9月16日,中国质量大会在杭州召开,代表我国质量领域最高荣誉的中国质量奖颁奖仪式在同期举行,京东方凭借"双向驱动"的质量管理模式从近七百家受理单位中脱颖而出,荣膺"中国质量奖"。

京东方相关负责人表示,公司将以此次获奖为契机,积极带动上下游产业链合作伙伴整体质量提升,同时以高品质显示优势推动产业发展,赋能万千物联网应用场景,用创新成果点亮消费者的品质生活。

同时,将创新场景化的产品和服务延伸到交通、零售、金融、医疗等多个细分应用场景,全面向物联网转型跨越,实现企业生态级增长,加速推动各行各业高质量发展,携手合作伙伴打造融合应用场景的生态价值链。

(资料来源于网络,文字有删改)

问题:
1. 京东方的质量变革管理模式的核心理念是什么?
2. 京东方在质量提升方面采用了哪些管理工具和方法?

第九章

精益生产

◎ **学习目标**

· 了解精益生产的内容框架；
· 理解七大浪费的内涵；
· 掌握常用现场改善常用的方法；
· 理解准时化生产的内涵；
· 了解自働化（Jidoka）技术与方法。

开篇案例

玩转精益管理的"魔方"
马钢轮轴事业部创建精益工厂纪实零缺陷管理模式

2018年年初,马钢轮轴事业部以"3年现场整治收官战"为基础,以"精益工厂创建试点"为契机,从最初的顶层设计、宣传发动着手,一步一个脚印,通过持续全方位改善和提升管理水平,玩转精益管理的"魔方",着力打造轮轴精益品牌。2018年,该事业部全年车轮、箍环热轧量突破21万吨,同比上升21.4%;全年交库量19.8万吨,同比上升17.9%;全年车轮产品综合合格率为99.38%,高于目标值0.2%,万元损失同比下降20元左右。

生产效率提高了,等待时间减少了,生产操作者更专注于生产执行和作业过程的标准规范。随着效率和质量的持续提高,职工收入也得到了相应提高,该事业部收获了管理提升带来的"红利"。

1. 深入宣传消除认识"盲区"

在精益工厂建设初期,为了让全体干部职工更好地理解精益管理理念,在实际工作中真正做到精益管理,马钢轮轴事业部花费了大量的时间和精力开展知识培训,并成立相关组织机构,确保精益管理逐级落实。

2. 集中精力打好现场"歼灭战"

"领导率先做精益,全员参与求精益。"在这样氛围的感召下,该事业部员工对精益管理有了更深的认识。"精益管理不是做给别人看,精益工厂做好了大家都是受益者。"该事业部通过现场实战的方法进行由浅入深、由低到高、由点到面的实战辅导,从将"不要物"清离出现场开始,分类、归类、处理直至现场全面改善,有序推进现场6S(整理、整顿、清扫、清洁、素养、安全)管理,在整理过程中勤于思考,结合生产需求科学制定"要不要""留不留"的判断基准,在不断整理改变现场的同时,现场职工的思维模式和行为方式也逐步得到改进。

在后续推进阶段,该事业部在固化已有成效的基础上,在示范作业区重点开展了设备微缺陷治理工作,运用问题清单的方式对设备微缺陷予以全面反映并提出明确要求。其余跟进作业区在示范作业区的积极指导和帮助下,扎实推进现场精益管理工作。

3. 全面深化精益品牌建设

围绕"方法—展开—学习—整合"的模式,马钢轮轴事业部以综合管理体系为基础,将精益工厂创建与品牌培育、对标等其他管理内容相互融合,大力实施"造物育人",营造了良好的生产经营环境,加大了对质量、品牌、风险防控和绩效评价等的工作力度,规范了生产制造过程,保障了设备运行效率,以精益创建促了生产经营,全面提升了精益管理水平。

经过近1年的努力,截至2018年年底,该事业部精益工厂在创建工作中共查找问题点19990个,已整改19784个,整改完成率逐月攀升,在有力提升产品生产效率的同时,交付及时性得以提升。客户对轮轴事业部产品交期的认同度不断提高,市场主体地位进一步得以巩固。

精益之路，永无止境。该事业部将持续深入践行精益理念，以精益促发展，切实做到全员全覆盖，让精益品牌迸发出更强大的活力。

（资料来源于网络，文字有删改）

第一节 精益生产概述

一、实施精益生产的必要性

制造业是立国之本、兴国之器、强国之基，打造具有全球水准的制造业体系，是提升国家综合国力与核心竞争力、保障国家安全和促进可持续发展的必由路径。

从鸦片战争到民国时期，中国长期处于遭受列强霸凌、落后挨打的悲惨境地，这让一些仁人志士萌发"实业兴国"的抱负并着手工业化尝试，但终未能摆脱农业占主导、工业基础十分薄弱、工业化水平极低的局面。新中国成立之初，面对西方国家严密的经济技术围困和封锁，中国毅然决然地走工业化道路。从"一五""二五"时期156个重点项目的建成投产，到"两弹一星"试制成功，再到后来的大规模"三线建设"，上下同心，矢志不渝，艰苦奋斗，举全国之力投入工业化建设，从而使中国在历史上首次拥有了相对完整的工业体系，艰难地补上了第一次工业革命和第二次工业革命的功课。这个时期，中国虽然不得不在计划经济时代关起门来搞工业化建设，但中国制造实现了从无到有、由全球工业化的"落后者"成为"追赶者"的第一次伟大转变。

中国制造真正驶入发展快车道并融入全球化分工体系始于改革开放初期。美日欧等发达国家和地区掀起一轮"去工业化"浪潮，而中国大力实施改革开放政策，打开国门让境外资本、装备、技术和管理等生产要素与国内相对丰富的劳动力、土地与自然资源结合起来，以中外合资、外商独资、"三来一补"以及代工生产等多种方式，迅速在沿海地区形成大规模制造产能和产业集群。中国国内民营工业随之异军突起。特别是在2002年加入世界贸易组织以后，中国适应国际贸易规则，空前加大改革开放力度，不断优化投融资和营商环境，吸引跨国公司纷纷落户中国，促成中国迅速成为"世界工厂"，"中国制造"行销全球。

面对第四次工业革命的浪潮，全球制造业正经受着前所未有的冲击、调整和变革，各工业发达国家纷纷制定国家战略，以求在即将到来的变革中取得主动权。中国制造业的发展水平与中国当前所处的阶段是一致的，我国仍处于工业化中后期，是一个发展中国家，并且制造企业生产力水平参差不齐，整体水平有待提高，整体看是劳动密集、附加值偏低的产品占多数，处于"工业2.0"迈向"工业3.0"的阶段。总体来说，中国制造业虽然规模和总量在世界名列第一，但在效益、效率、质量、产业结构、持续发展、资源消耗等方面与工业发达国家的差距较大。

精益生产的核心理念为精益管理思想，即通过对生产过程整体优化、改进技术、优化生产流程、减少过量生产、消除无效劳动与浪费，有效利用各种资源，降低成本、改善质量，以达到用最少的投入实现最大产出的目的。

精益生产强调要求各个创造价值的活动需要流动起来，即强调的是动。拉动生产亦是按用户需求拉动生产,而不是把产品强行推给用户,要用尽善尽美的价值创造过程为用户提供价值,并且不同于批量生产。精益生产与大批量生产方式的关键区别在于物流的触发机制和在制品库存的控制机制不同。批量生产和精益生产之争,是规模经济理论与减少浪费理论之争,也是推动生产与拉动生产之争。推动生产是基于预测展开,拉动生产是基于需求展开。精益生产由此形成了一套完全不同于批量生产的管理思想、生产组织和管理技术。精益生产的成功之处在于强调从顾客需求拉动生产,最大限度消除浪费和在制品库存,从而使生产成本大幅下降。

精益生产管理模式是一种管理理念,引导管理者准确把握"品质最优,成本最低,效率最高"的精益核心目标理念,利用各种有效精益工具对企业进行精益化管理,实现企业增强综合竞争力的根本目的。制造企业必须清醒地认识到推进精益化转型的必要性与重要性,谁先采用了更先进生产组织方式,谁就能更好地掌握了市场的主动权。

精益生产强调"适时、适量、适物",综合了批量生产与单件生产的优点,最大限度地消除浪费、降低库存及缩短生产周期,力求实现低成本准时生产的生产模式。其优越性主要表现在所需的人力资源,无论是在产品开发、生产系统,还是在工厂的其他部门,与大批量生产方式下的工厂相比,均能减少一半。最终通过流程整体优化与持续改进,均衡物流,高效利用资源,最大限度地消除浪费,降低成本以及缩短生产周期,达到用最少的投入(人员、设备、时间和场地等)实现最大的产出。

因此,精益化生产方式是当今公认的、科学的、极具竞争力的生产组织方式。而要想获得"精益"的精髓,并在生产中真正灵活运用,企业决不能简单地照抄照搬,而需要在吸收精益生产管理模式核心管理理念的基础上,结合企业自身特点,进行改造与适应性调整,并进行持续改善。

二、精益生产的产生及其地位

19世纪末20世纪初,制造业的生产方式主要以单件手工生产为主,生产技术和设备的限制导致生产率低下、生产周期长,产品价格居高不下。人们对产品有需求却无力购买,从而导致许多工厂面临倒闭的风险。随着机器的全面普及使用,机器逐渐取代人力成为生产制造的主要方式,大大促进了生产力的发展,提高了生产率。其中,极具代表的企业为美国的福特汽车公司。

美国福特汽车公司于1913年创立了第一条汽车生产流水线。大规模生产流水线一直是现代工业生产的主要特征。大规模生产方式是以标准化、大批量生产来降低生产成本,提高生产效率的。汽车工业也由此迅速成长为美国的一大支柱产业,并带动和促进了包括钢铁、玻璃、橡胶、机电以至交通服务等在内的一大批产业的发展。

20世纪50年代,第二次世界大战刚刚结束,日本经济萧条,国内生产力低下。1950年,日本的丰田英二考察了位于美国底特律的福特汽车公司的厂房。当时这个汽车厂每天能生产7000辆轿车,比日本丰田汽车公司一年的产量还要多。但丰田英二在他的考察报告中写道:"那里的生产体制还有改进的可能。"日本要发展汽车产业,但是又不可能全面引进美国的生产设备进行生产,因而无法照搬美国的生产方式。丰田汽车公司结合日本的社会文化、家族观念和团队精神的优势,开始了汽车制造的探索和实践。丰田汽车公司逐渐形成了新的生产方式,后被命名为"丰田生产方式"(Toyota Production System,TPS)。与传统大量生产方式相比,丰田生产方式具有准时生产、看板管理和员工参与等特点。

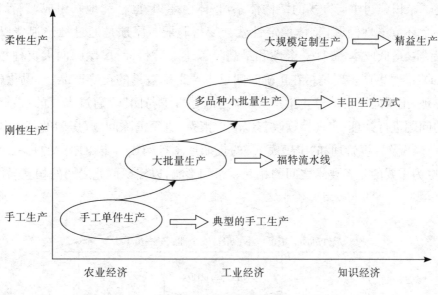

图 9-1 生产方式演变图

丰田生产方式在日本汽车工业企业中得到迅速的普及和发展，表现出巨大的优越性，整个日本的汽车产业由此迈进了一个崭新的发展阶段。在 1980 年，日本汽车产量首次超越美国，成为世界汽车制造第一大国。美国不仅在汽车制造业方面逐渐丧失了市场，在家用电器、数控机床等方面也遭受了惨重失败。为此，1985 年美国麻省理工学院筹资 500 万美元，确定了"国际汽车计划"（IMVP）的项目研究。丹尼尔·鲁斯教授的领导组织了 53 名专家和学者，用了 5 年的时间对 14 个国家的近 90 个汽车装配厂进行对比分析，查阅了几百份公开的简报和资料，对西方的大量生产方式与日本的丰田生产方式进行对比分析，最后于 1990 年出版《改变世界的机器》（The Machine that Changed the World）一书，第一次把丰田生产模式定名为精益生产（Lean Production，LP）。生产方式演变如图 9-1 所示。

精益生产的理论和方法随着环境的变化不断发展。特别在 20 世纪末期，随着精益生产在日本制造业中的普及，以及实施精益生产后带来的改善，越来越多的学者参与进来，对精益生产进行深入的分析和广泛的推广，出现了百家争鸣的现象，由此衍生出各种全新的理论和方法，如单元生产、JIS、5S、TPM 等。目前，精益生产普遍应用于各个行业中，并有着不可替代的地位。

第二节 精益生产基本构成及核心理念

一、精益生产的基本构成

精益生产是以生产制造为中心展开的，涉及企业整体的生产经营方式，其主要内容可概括如下。

(一) 丰田屋

丰田汽车公司原董事长张富士夫先生把丰田生产方式概括为"丰田屋"，如图 9-2 所示。丰田屋形象地表述了丰田公司生产方式的结构体系,整体由屋顶、梁柱和地基组成,三者相互影响,只要其中任何一个环节出现问题,整体稳定性就会变得脆弱。屋顶是通过杜绝浪费以缩短生产流程,实现最佳品质、最低成本、最佳安全性和最高员工士气等目标;房屋的两大支柱是准时生产和自働化(Jidoka),准时生产主要是指在正确时间里生产正确数量的正确产品,自働化(Jidoka)是指使问题自动浮现,出现问题自动停止生产;房屋内部是员工与团队,通过人员的挑选和训练,企业对内部出现的问题进行处理,实现持续改善以减少浪费,直至消除问题;房屋的基础部分由均衡化生产、标准作业、5S及目视管理和"丰田模式"的长期理念等构成。丰田屋中的每一个要素本身都非常重要,但更为重要的是各要素之间的相互联系和影响,以实现彼此之间的相互强化。

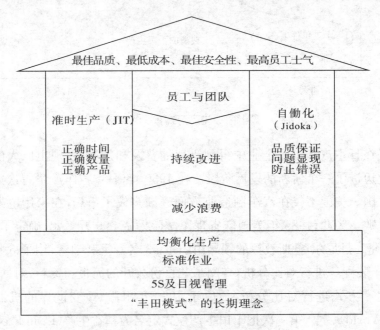

图 9-2　丰田生产方式丰田屋

丰田生产要求充分发挥人的主观能动性,通过持续改进,采用准时生产和自働化(Jidoka)等方法,减少企业制造过程中的资源浪费,降低成本,实现最终利润的最大化。

(二)技术支撑体系

图 9-3 为精益生产技术支撑体系,它反映了实现精益生产的各种方法及相互关系。其中,核心技术包括品质保证、准时生产和充分发挥员工的创造力等。品质保证主要以全面质量管理和自働化(Jidoka)为管理手段和方法,对企业出现的问题及时有效解决。准时生产的有效开展主要以生产流程化、生产均衡化、看板管理等手段的完美合作为基础,各方法之间相互影响,其中,生产流程化是实现生产均衡化的前提条件,生产均衡化是实现看板管理的前提条件。充分发挥员工的创造力是企业宝贵的财富和发展的原动力。企业通过发挥员工及团队的创造力,可实现持续改善,消除一切浪费的目的。具体表现为:以人为本、重视培训、团队合作。

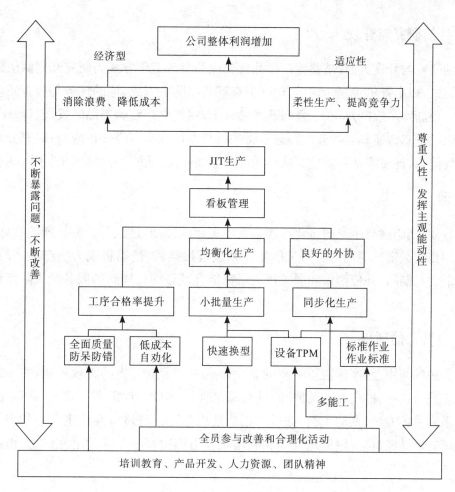

图 9-3 精益生产技术体系

(三)生产系统

在生产系统方面,精益生产一反大量生产方式下的作业组织方法,以作业现场具有高度工作热情的"多面手"(具有多种技能的工人)和独特的设备配置为基础,将质量控制融入每一道生产过程。现在,实施精益生产企业更是将摩托罗拉公司首创的 6σ 管理原则作为精益生产的基本准则之一,使丰田生产方式提出的"零缺陷"几乎变为现实。实施精益生产企业的生产系统具有良好的柔性,生产起步迅速,能够灵活敏捷地适应产品的设计变更及多品种混合生产等的要求。

(四)零部件供应系统

在零部件供应系统方面,精益生产采取与大量生产方式截然不同的方法,在运用竞争原理的同时,与零部件供应商保持长期稳定的全面合作关系,包括资金合作、技术合作以及人员合作(派遣、培训等),形成一种"命运共同体",并注重培养零部件供应商的技术能力和开发能力,使零部件供应系统也能够灵活敏捷地适应产品的设计变更以及产品变换。同时,企业进一步通过管理信息系统的支持,使零部件供应商也共享企业的生产管理信息,从而保证供应商能及时、准确交货。

(五)产品的研究与开发

在产品的研究与开发方面,精益生产以并行工程和团队工作方式为研究开发队伍的主要组织形式和工作方式,以主查负责制为领导方式(主查就是团队负责人,他的任务是进行新产品的设计和工艺准备并使新产品投产)。在一系列开发过程中,精益生产强调产品开发、设计、工艺、制造等不同部门之间的信息沟通和并行开发。甚至将并行开发扩大至零部件供应商,以充分利用零部件供应商的开发能力,促使零部件供应商从早期开始参加开发,从而大大缩短开发周期并降低成本。

(六)流通

在流通方面,实施精益生产的企业与顾客及零售商、批发商建立了一种长期的良好的关系,使来自顾客和零售商或批发商的订货与工厂生产系统直接挂钩,使销售成为生产活动的起点,极力减少流通环节的在制品,并使销售和服务机能紧密结合,以及时、周到的服务最大限度地满足顾客的需要。

(七)人力资源的利用

在人力资源的利用上,实施精益生产的企业形成一套劳资互惠的管理体制,并一改大量生产方式中把工人只看作一种"机器的延伸"的机械式管理方法,QC小组、提案制度、团队工作方式、目标管理等一系列具体方法,调动了员工进行"创造性思考"的积极性,并注重培养和训练工人以及管理人员的多方面技能,最大限度地发挥和利用企业组织中每一个人的潜在能力,由此提高职工的工作热情和工作兴趣。

(八)管理理念

从管理理念上说,精益生产总是把现有的生产方式、管理方式看作改善的对象,不断地追求进一步降低成本、降低费用、质量完美、缺陷为零、产品多样化等目标。这样的极限目标虽然从理论上来说是不可能实现的,但这种无穷逼近的不懈追求可以不断产生意想不到的波及效果,即不仅使"白领阶层",也使"蓝领阶层"的职工提高了对工作的热情和兴趣,在工作中感受到了成功的喜悦。由此带来的,则是质量和生产率的不断提高。

总而言之,精益生产是一种在降低成本的同时使质量显著提高,在增加生产系统柔性的同时使人增加对工作的兴趣和热情的生产经营方式。与资源消耗型的大量生产方式相比,这是一种资源节约型、劳动节约型的生产方式。

二、精益生产的核心理念

(一)经营思想

众所周知,企业生产的最终目的,就是获取利润的最大化。而如何获取企业的最大利润是所有公司都特别关注的问题,每个企业自身经营思想不同,最终的做法也不同。精益生产将企业的经营思想划分为成本主义、售价主义和利润主义三种,如图9-4所示。虽然三者的最终目标是相同的,但是立足点不同,这导致经营结果也完全不相同。

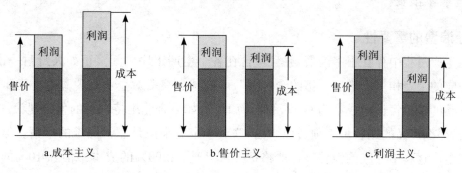

图 9-4　企业经营思想

1. 成本主义

以成本为中心,加上预先设定的利润,由此得出售价的经营思想被称为成本主义。

$$售价＝成本＋利润$$

2. 售价主义

以售价为中心,当市场售价降低时,利润也随之减少,这样的经营思想被称为售价主义。

$$利润＝售价－成本$$

3. 利润主义

以利润为中心,当市场售价降低时,成本也必须降低,以便维持目标利润的经营思想被称为利润主义。

$$成本＝售价－利润$$

成本主义是建立在生产垄断产品以获得高额利润的基础上的,企业虽然由于垄断地位保证了利润,但市场需求仍将影响利润,并且企业一旦失去垄断地位,终将走向倒闭。售价主义经营思想完全是消极地适应市场,供不应求时企业就抬高售价,供大于求时就实行降价,这种经营理念太过被动,终会被市场拖垮。利润主义顾名思义追求的就是利润,企业会为了保证利润而努力改进生产中所存在的问题,使企业立于不败之地。在自由竞争的市场环境下,商品的售价受市场的供需影响,当需求大于供应时,可以依靠提高售价或增加销售量来获得更高的利润,也就是卖方市场。但现今市场竞争日益激烈,供应大于需求,也就是买方市场,企业要想获得更大的利润,就必须努力降低成本。

从本质来说,成本就是指为了实现利润应从销售额中扣除过去、现在、将来的所有的现金支出,这不仅是指材料、消耗品、人工和设备的费用,还应包括一切管理费用、销售费用以及财务费用等。对企业而言,材料、消耗品和设备的价格是由市场决定的,要想通过降低成本获取利润,就必须以企业内部如人工、设备的使用等管理成本为改善的对象,彻底消除存在的各种浪费,实现提高盈利空间的目的。

因此,精益生产采用利润主义的经营思想,通过彻底消除浪费和提高效率来实现降低成本的基本目标,从而实现利润最大化的最终目标。

(二)追求零浪费

1. 消除浪费的重要性

企业在生产过程中存在很多浪费,并且包含在各个生产工序之间。正如大野耐一说过的一句话,"减少一成的浪费相当于增加一倍的销售额",可见减少浪费对企业来说具有非常重大的意义。假设一种商品的单位售价中成本为90%,利润为10%,如果企业维持现有的生产现状,把企业的利润提高一倍,那么产品的销售量必须增加一倍,这对于企业来说是非常困难的事情。但是,如果通过对产品在生产过程中存在的浪费进行严格把控和处理,在90%的成本中消除10%的浪费,相对就显得比较容易。

2. 浪费的概念

企业的基本活动可以分为增值活动和非增值活动。增值活动是指通过改变形状、质量及各组件的组装等能够产生附加价值的活动;非增值活动是指不产生附加价值的活动,对最终产品和顾客没有意义的行为。精益生产中浪费是指超出产品价值所必需的绝对最少的物料、人力资源和机器等资源。这里可以细分为两种情况。

(1)一切不增加价值的活动都是浪费。不增加价值的活动可细分为可以不做的活动和不得不做的活动。可以不做的活动为首要改善的活动,如等待、寻找和返修等。不可不做的活动是指不增加产品价值,又不得不做的活动,如更换模具、取走产品零件和打开产品外包装等。

(2)尽管属于增加价值的活动,但所用的资源活动超过了绝对最少的界限,也属于浪费。例如,过量使用设备或者使用设备精度过高,过量使用人力、材料,等等。

3. 浪费的类型

丰田公司根据企业生产过程分析总结出生产现场存在的七大浪费,分为制造过剩浪费、库存浪费、搬运浪费、加工浪费、动作浪费、等待浪费和不良品浪费,这些浪费不仅仅存于生产线,同样存在于产品开发流程、订单接收流程和管理流程等。

(1)制造过剩浪费。

制造过剩浪费由制造过多和制造过早两部分组成。制造过多是指产品的生产量超过需求量,制造过早是指产品比预定需求时间提前完成任务,两者都会造成库存而产生浪费。

制造过剩被视为企业最大的浪费,精益生产强调在准确的时间,生产必要数量的必需产品。精益生产之所以不允许制造过剩,主要原因有:制造过剩不仅提前消耗原材料、人工、管理等费用,还会把一些潜在的浪费给隐形化,使问题难以发现,企业生产成本大幅度增加;产品积压,生产周期变长,质量衰减,过早或过量的生产,不仅会使企业积压大量的资金,企业还要为此多付出利息;生产现场难以改善,作业空间变大,产生多余的搬运、走动等浪费,信息传递受阻,无法准确判断生产线的运行状况。

(2)库存浪费。

库存是企业生产活动中重要的组成部分,但库存本身也是一把"双刃剑",库存一方面能防止产品短缺,有效缓解企业直接的供需矛盾;另一方面占用大量资金,减少企业利润,企业甚至因此而亏损。精益生产强调"库存为万恶之源",库存作为缓冲区能掩盖一些可复发问题,但这些问题永远也得不到解决。为使问题充分暴露并得到解决,企业往往要逐步减少库存。一旦问题得以发现并解决,系统就可以继续减少库存,以发现和解决更多问题,依此类推。这就如同池塘中的石头,水越深,淹没的石头(即生产中的管理问题)就越多;水越少,露出的石头就越多;水缓慢减少,石头也就逐步暴露,如图9-5所示。

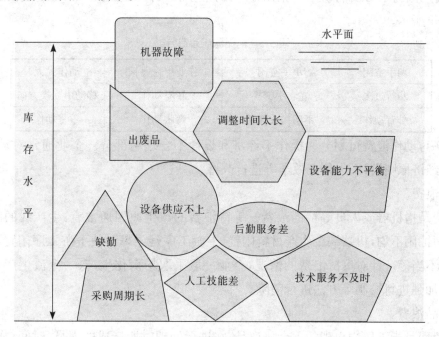

图9-5 库存水平高掩盖的管理问题多

为使系统的库存量最小,企业可以令运送过程从供应商直接到生产车间,完全消除贮存需用零部件与物料的需要。在加工过程的另一头,产成品一旦准备好就运出去,从而使产成品库存也最小。再加上很少的在制品库存,整个系统都在以极少的库存开展运作。

低库存水平使贮存成本较低,空间需求较少,依赖缓存的必要性较低,产品一旦发生缺陷返工较少,完成设计改进后需要清除的现有库存较少等。但持有较少的库存也有一定的风险,其中最主要的一个就是没有安全库存,另外如果系统不能迅速回应订单,企业可能会错过商业机会。

(3)搬运浪费。

生产中搬运是一种常见的现象,但是无论怎么搬运,都不会产生附加价值,因而把搬运定为一种浪费。有研究表明,工业品在生产全过程中只有5%~10%的时间处于直接加工状态,其余时间都处于搬运、储存状态。在我国,企业在生产过程中搬运费用所占总费用为生产成本的20%~30%,因此,消除搬运浪费将会给企业带来较大的经济效益。

搬运浪费的产生,主要是在搬运过程中,物料的空间移动时间增加、耗费人力、占用搬运工具以及在搬运过程中产生的损坏等造成的浪费。目前,国内大多数企业采用自动化机器或者传送带代替传统的搬运方式,只是更新了搬运工具,并未消除搬运本身所产生的浪费。

(4)加工浪费。

加工浪费为超出所需的作业,可分为质量标准过高,即过度精确带来的加工浪费,以及作业程序多于加工带来的浪费。加工浪费的产生,主要是生产流程、布局设计不合理,模具、夹治具设计缺陷,工艺标准不合理或推行不力等造成的。在产品生产过程中,很多加工工序都可以通过取消、合并、重排和简化改善四原则方法进行改善。

(5)动作浪费。

动作浪费一般为不必要的动作、无附加价值的动作和较慢的动作。常见的动作浪费可划分为12种,如表9-1所示。

表9-1 常见动作浪费分类

两手空闲	单手空闲	作业中途停顿	动作太大
步行过多	左右手交换	转身动作	移动中变换方向
伸背动作	不明作业技巧	弯腰动作	重复动作

根据表9-1,动作浪费可划分为操作不经济和设计不合理两部分。企业通常对动作浪费运用动改法、动作经济原则设计、人体工效学等进行改善。

(6)等待浪费。

等待浪费是指机器或人员等待的浪费。等待浪费的产生原因通常有:生产线的品种切换,计划安排不当而忙闲不均,机器缺少生产材料闲置,上游工序延误呆滞使下游工序闲置,生产线不平衡,人员安排不当等。针对等待浪费的情况,企业一般采取均衡化生产、一个流生产、自动化及设备保养加强、加强进料控制等方法进行消除。

(7)不良品浪费。

不良品浪费是指工厂内出现的不合格产品,在进行处理时所造成的人员、时间、物力等资源的浪费。不良品的产生会对企业产生重大的影响,直接后果是搬运、返工以及后续工序的等待问题,造成各种资源的浪费;间接后果是出货延误,顾客对企业的满意度下降,从而使企业声誉在行业内降低。

除了上述浪费,目前又提出第八大浪费:管理浪费。管理浪费是指事先管理不到位而造成的浪费,科学的管理应该是具有相当的预见性,有合理的规划,并在事情的推进过程中加强管理、控制和反馈,这样就可以在很大程度上减少管理浪费现象的发生。

(三)高柔性生产,追求快速反应及时应对市场变化

企业的生产组织形式灵活多变,能适应市场需求多样化的要求,及时组织多品种生产,以提高企业的竞争能力。精益生产方式追求高柔性与高生产率的统一,高柔性又包括组织柔性、劳动力柔性和设备柔性。

(四)生产效率

生产效率是评价一个企业生产活动有效性的重要尺度。生产效率作为生产系统投入与产出比较的结果,根据生产过程中考察对象、要素和范围的不同,具有不同的表现形式。在实际生产中,并不是效率越高收益就越高,提高效率应和降低生产成本相结合,只有这样才能真正实现收益的增加。在提高效率的同时,要竭尽全力消除生产过程中的浪费,以实现真正的效率,因此,精益生产比较强调生产中的真正效率和整体效率。

(五)以"人"为中心

精益生产强调人力资源的重要性,充分发挥一线员工的积极性和创造性,把员工的智慧和创造力视为企业的宝贵财富和未来发展的原动力,下放部分权利,使员工积极为企业建设献计献策。此外,精益生产重视员工培训和共同协作,形成独特、极具竞争意识的企业文化。

第三节 现场改善常用方法

一、5S 管理简介

(一)5S 的含义

5S管理源于日本企业广泛采用的现场管理方法,通过对生产现场的人员、机器、材料、方法和环境等生产要素,开展以整理、整顿、清扫、清洁和素养为内容的活动,对生产现场中的生产要素进行有效管理。"S"是上述五个日文汉字短语发音的第一个字母,故称为"5S",其含义如表9-2所示。

表9-2 5S 含义

中文	日文	含义	举例
整理	SEIRI	区分要与不要的物品,现场只保留必需的物品	倒掉垃圾,长期不使用的东西放仓库
整顿	SEITON	必需品依规定定位、定方法摆放整齐有序,明确标示	30s 内就能找到想找的东西
清扫	SEISO	清除现场内的脏污、作业区域的物料垃圾,保持现场清洁、明亮	谁使用谁负责清洁(管理)
清洁	SEIKETSU	将整理、整顿、清扫实施的做法制度化、规范化,维持其成果	环境随时保持清洁
素养	SHITSUKE	遵守规范,养成良好的习惯,提升自我管理能力	严格标准,团队精神

(二)5S 的形成和作用

20世纪50年代,日本推行"安全始于整理,终于整理整顿"。当时只推行了2S,目的是保证企业的作业空间和安全。后来因生产和质量控制的需要又逐步提出"清扫、清洁、素养"3S,从而使应用空间及适用范围进一步拓展。到了1986年,《5S实践法》一书问世,对企业现场管理产生巨大的冲击,并由此掀起了5S的热潮。

5S对于企业塑造形象、降低生产成本、准时交货、安全生产、创造舒适的工作环境、作业现场改善等方面有着巨大的作用。因此,5S逐渐被各国管理界所认可,被众多企业学习和应用,成为工厂管理的一股新潮流。5S的作用可概括为以下几个方面。

1. 提升企业核心竞争力

高质量服务是赢得客源的重要手段,通过5S管理,企业可以大大提高员工的敬业精神、工作乐趣和效率,使员工更乐于为客人提供优质的服务,从而提高顾客的满意度,提升企业的核心竞争力。

2. 提高工作效率

生产现场物品的有序摆放,可以避免不必要的等待和寻找时间,提高工作效率。5S还能及时发现异常情况,减少问题的发生,保证产品的准时交货。

3. 保证产品质量

企业要想在激烈的市场竞争中立于不败之地,就要拥有坚实的根基,而根基坚实的关键就是生产出高质量的产品。企业实施5S管理,使员工按照规章制度办事,工作现场整洁有序,物品摆放合理,作业环境舒适,从而减少作业的出错率,产品质量也自然得到有效保障。

4. 消除一切浪费

5S的实施可以使资源得到合理的配置和使用,避免不均衡现象的产生,能大幅度地提高效率,增加设备的使用寿命,减少机器等工具的维修费用和其他浪费,从而降低产品的生产成本。

5. 保障安全

5S的实施可以使生产现场道路畅通无阻,物品摆放整洁有序,工厂宽广明亮、视野开阔,各种警示、危险标识清楚显眼,员工人身安全得到有效保障。

6. 增强企业凝聚力,塑造企业文化

5S的实施使员工有良好的工作情绪,对企业产生归属感,工作士气高,员工能从身边小事的变化中获得成就感,对自己的工作愿意付出爱心和耐心。5S强调团队精神,要求工作秩序化、规范化,员工充分发挥个人的聪明才智,这有利于形成良好的企业文化。

(三)5S的管理内容

1. 整理

整理是指区分必需品和非必需品。将工作场地不需要的物品快速清除,现场无不用之物。生产过程中经常有一些残余物料、待修品、待返品、报废品等,包括一些已无法使用的工夹具、量具、机器设备等被滞留在现场,既占据地方又阻碍生产,如果不及时清除,则会使现场变得凌乱;生产现场摆放不要的物品会使宽敞的工作场所变窄小,棚架、橱柜等被杂物占据而减少使用价值,也增加了寻找工具、零件等物品的困难,浪费时间;物品杂乱无章地摆放,会增加盘点的困难,使成本核算失准。

整理须制定"要"和"不要"的判别基准;工作场所要全面检查,包括看得到和看不到的;将不要物品清除出工作场所;对需要的物品调查使用频度,决定日常用量及摆放位置;制定废弃物处理方法。整理是一个永无止境的过程,并且每天都在变化,需要随时进行。

2. 整顿

整顿是对整理之后留在现场的必要的物品分门别类放置,排列整齐、明确数量,并进行有效标识。目的是使工作环境干净整齐,消除找寻物品的时间,减少物品积压。整顿时要保证前一步骤

整理的工作要落实,流程布置,确定放置场所;规定放置方法、明确数量;划线定位;场所、物品应作出明确标识。生产线附近只放真正需要的物品。放置物品的位置要易取,不超出所规定的范围,并且要在放置方法上多下工夫。产品标识要做到放置场所和物品原则上一对一表示,现物的表示和放置场所的表示对应、表示方法全公司要统一。

总的来说,整顿要保持三个原则:定点、定容、定量。定点是指产品摆放位置合适,不影响车间正常生产的进行;定容是指物品摆放的货架或容器要用不同的颜色标识,使物品放置合理又醒目;定量是指物品摆放的数量合适,多余的物品存放仓库,作业场所只保留必要数量的物品。

3. 清扫

清扫是指清除作业环境内的灰尘、垃圾和机械设备等物品上的油污,使机械设备和工装夹具保持清洁,保证生产或工作现场整洁、无灰尘、无垃圾。污秽的机器和作业环境不仅对人体的健康产生不好的影响,生产出来的产品也会沾染污秽物,从而导致生产率下降,产品不合格,甚至意外事故的发生。

清扫的目的是消除脏污,保持场所内干净明亮、稳定产品品质、减少工业伤害。清扫时要做到责任化、制度化,首先要建立清扫责任区,执行例行扫除,清理脏污;其次要调查污染源,予以杜绝或隔离;最后要明确清扫标准,以此作为规范。

4. 清洁

清洁要做到"三不",即不制造垃圾、不扩散脏乱、不恢复脏乱。清洁的目的是维持整理、整顿和清扫三者的成果。

清洁的基本要求是明确清洁的目标、确定清洁的状态标准、充分利用色彩的变化以及定期检查并制度化。

5. 素养

素养是指培养现场作业人员遵守现场规章制度的习惯和作风。素养是5S管理的核心内容,没有员工素养的提升,5S活动就不能顺利开展,即使开展起来,也不能维持下去。素养是保证"整理、整顿、清扫、清洁"持续、自觉、有效、有序开展的前提,是使5S活动顺利开展并坚持下去的关键。

整理、整顿、清扫和清洁的对象都是场地、物品,素养的对象是人,而人是企业最重要的资源。培养员工良好的素养可以有效提升员工才能,从而培养出具有良好习惯、遵守规则、文明礼貌、极具团队精神的员工团队。素养不是短时间就能形成的,只有长期坚持才能养成。

(四)5S管理原则

1. 自我管理的原则

良好的工作环境单单依靠添置设备是很难维持的,企业应当充分发挥现场工作人员的能动性,由现场的员工自己动手创造整齐、清洁、方便、安全的工作环境,使员工在改造客观世界的同时,也改造自己的主观世界,产生"美"的意识,养成现代化生产所要求的遵章守纪、严格要求的风气和习惯。员工在不断改进的同时,应加强自我管理,以使改进结果得到维持。

2. 勤俭节约的原则

企业开展5S活动,势必要从生产现场清理出很多无用之物,但这些无用之物中有的只是在当前工序无用,仍可用于其他工作场所;有的虽然是废物,但应本着"废物利用"、"变废为宝"的精神,将能利用的地方千方百计地利用,必须报废的也应按报废手续办理并回收,不能为了完成任务而将所有的残次品和杂物全都当作垃圾处理。对于那种大手大脚、置企业财产于不顾的"败家子"作风,应及时制止、批评、教育,情节严重的要给予适当处分。

3. 持之以恒的原则

5S活动开展起来比较容易,可以搞得轰轰烈烈,在短时间内取得明显的效果,但要坚持下去,持之以恒,不断优化就不太容易。不少企业发生过"一紧、二松、三垮台、四重来"的现象。因此,开展5S活动,贵在坚持,为将这项活动坚持下去,首先,应将5S活动纳入岗位责任制,使每一部门、每一人员都有明确的岗位责任和工作标准;其次,要严格、认真地搞好检查、评比和考核工作,将考核结果同各部门和每一人员的经济利益挂钩;最后,要坚持PDCA循环,不断提高现场的5S水平,即要通过检查,不断发现问题,不断解决问题。因此,在检查考核后,企业还必须针对问题,提出改进的措施和计划,使5S活动坚持不断地开展下去。

二、标准作业简介

(一)标准作业的定义

标准作业是在对作业系统进行调查分析的基础上,实现作业人员、作业顺序、工序设备布置、物品流动等的最优组合而设立的作业方法。它以科学技术、企业规章制度和实际经验为依据,以安全、质量为目标,对作业过程进行改善,形成新的优化作业方法。标准作业主要有两个特征:以人的活动为中心及重复作业。

(二)标准作业的作用

1. 提高效率,降低成本

标准作业通过对作业系统进行分析,对现有作业系统存在的问题进行系统化的处理,制定相关作业标准,以最少的员工和工序实现企业的正常生产,减少不必要的输入和浪费。制定的作业标准可以有效提高企业的作业精度和检验水平,保证产品质量和安全,从而显著提高企业生产效率,降低生产成本。

2. 改善的标准工具

一个企业如果没有作业标准,就无法区分作业的正常和异常情况,也难以发现作业过程中存在的问题。标准作业通过将企业内所积累的技术、经验,以文件的形式保存起来,制成现场作业的标准指导书,这既是企业改善的基础,也是企业改善的标准工具。

(三)标准作业三要素

1. 节拍时间

节拍时间也称为"循环时间",是指当天实际作业时间与当天生产产品的必要数的比值。用公式表示如下。

$$CT = \frac{H \times D}{V} \times 60$$

式中,CT 为节拍时间(min);H 为每天的实际工作时间(h/天);V 为每月的必须生产量(件/月);D 为每月的工作天数(天)。

其中,一天的实际工作时间是指一天的计划工作时间,不计设备故障、停工待料、返修等异常时间。

例如,一个月生产 10000 件产品,当月工作日为 22 天,每天工作 8 h,节拍时间为多少?

由问题可知,H=8 h/天,V=10000 件/月,D=22 天,则节拍时间为:

$$CT = \frac{H \times D}{V} \times 60 \text{ min} = \frac{8 \times 22}{10000} \times 60 \text{ min} = 1.06 \text{ min}$$

从上式可知,循环时间为 1.06 min,即每 1.06 min 生产一件产品。

2. 标准作业顺序

标准作业顺序是指每个操作者在规定的循环时间内所承担作业的顺序,也就是操作者有效地把产品生产出来的顺序。

作业者没有按照预先设定好的步骤进行工作或者作业步骤不明确,这些都会使工作延迟完成,或使工作完成质量不合格,甚至不能完成工作。制定标准作业顺序可以保证作业现场整齐有序,减少浪费、生产不均衡、不合理现象的产生。如果产品生产工序没有一套标准,那么生产现场将会混乱不堪,生产的产品很难让顾客满意。按照标准作业顺序进行作业不仅可以保证产品的正常生产,还可以确保在节拍时间内完成工作。

3. 标准在制品

标准在制品是指为了维持正常生产活动的开展,工序内所必需的最小限度的中间在制品。它包括安装在机器上加工的在制品,但不包含最初工序之前的毛坯和完工的最终产品。

企业生产过程的理想状况是按照既定的作业标准和生产计划进行,但在实际生产中,很多事情都充满了可变性和不具有可执行性。企业设置标准在制品是为了避免突发状况给工作带来不便与影响而准备的必需的在制品,企业可以随时调用标准在制品以应对突发状况。标准在制品既是节拍时间和标准作业顺序实现的基础,又是生产工作开展的前提条件。

标准作业的三要素之间共同影响,相互作用,可实现标准作业的目标,即用最小限度的作业人员和在制品数量进行所有工序之间的同步生产。标准作业三要素之间的具体关系,如图 9-6 所示。

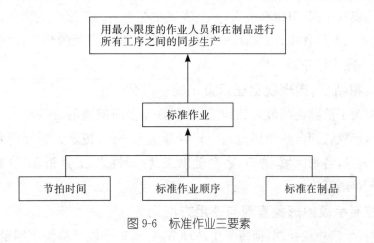

图 9-6 标准作业三要素

三、目视管理简介

目视管理是利用形象直观而又色彩适宜的各种视觉感知信息来组织现场生产活动,以提高劳动生产率的一种管理手段,也是一种利用视觉来进行管理的科学方法。目视管理是一种以公开化和视觉显示为特征的管理方式,也是管理学、生理学、心理学、社会学等多学科的研究成果。

把目视管理用于跟踪运作,工人可对自己所做的工作提出反馈意见,也就是直观管理而不是用计算机管理。目视管理的做法往往是在工人容易看得到的地方,以记分牌的形式来表示工作。每隔1个小时,就在预期目标旁边的一栏里列出工作进程。若工作出现变化,则可在旁边一栏"备注"里说明原因。这样,团队可以知道自己当班的生产目标已完成多少,并作出相应调整。非当班的人员也可以了解在完成目标途中可能出现的障碍。

(一)目视管理的特点

目视管理以视觉信号显示为基本手段,以公开化、透明化为基本原则,尽可能地将管理者的要求和意图让大家看得见,借以推动自主管理或自主控制。现场的作业人员可以通过目视的方式将自己的建议、成果、感想展示出来,与领导、同事以及工友相互交流。因此,目视管理是一种以公开化和视觉显示为特征的管理方式,也被称为"看得见的管理",或"一目了然的管理"。这种管理的方式可以贯穿于各种管理的领域当中。

(二)目视管理的内容

1. 规章制度与工作标准的公开化

为了维护统一的组织和严格的纪律,保持大工业生产所要求的连续性、比例性和节奏性,提高劳动生产率,实现安全生产和文明生产,凡是与现场工人密切相关的规章制度、标准、定额等,都需要公布于众,与岗位工人直接有关的,应分别展示在岗位上,如岗位责任制、操作程序图、工艺卡片等,并要始终保持完整、正确和洁净。

2. 生产任务与完成情况的图表化

工作现场是协作劳动的场所,因此,凡是需要大家共同完成的任务都应公布于众。计划指标要定期层层分解,落实到车间、班组和个人,并列表张贴在墙上。实际完成情况也要相应地按期公布,并用作图法,使大家看出各项计划指标完成中出现的问题和发展的趋势,以促使集体和个人都能按质、按量、按期地完成任务。

3. 与定置管理相结合,实现视觉显示资讯的标准化

在定置管理中,为了消除物品混放和误置,必须有完善而准确的资讯显示,包括标志线、标志牌和标志色。因此,目视管理自然而然地与定置管理融为一体,按定置管理的要求,采用清晰的、标准化的资讯显示符号,各种区域、通道,各种辅助工具(如料架、工具箱、工位器具、生活柜等)均应使用标准颜色,不得随意涂抹。

4. 生产作业控制手段的形象直观与使用方便化

为了有效地进行生产作业控制,使每个生产环节、每道工序能严格按照期量标准进行生产,杜绝过量生产、过量储备,生产现场要采用与现场工作状况相适应的、简便实用的资讯传导信号,以便在后道工序发生故障等情况时停止生产,而当不需要前道工序供应在制品时,操作人员能看得到信号,及时停止投入。例如,"广告牌"就是一种能起到上述作用的资讯传导手段。

各生产环节和工种之间的联络,也要设立方便实用的资讯传导信号,以尽量减少工时损失,提高生产的连续性。例如,在机器设备上安装红灯,在流水线上配置工位故障显示幕,一旦发生停机,即可发出信号,巡回检修工看到后就会及时前来修理。

生产作业控制除了期量控制外,还有质量和成本控制,也要实行目视管理。例如,在各质量管理点(控制)要有质量控制图,以便清楚地显示质量波动情况,及时发现异常,及时处理;车间要利用板报形式,将"不良品统计日报"公布于众,当天出现的废品要陈列在展示台上,由有关人员会诊分析,确定改进措施,防止再度发生。

5. 物品的码放和运送的数量标准化

物品码放和运送实行标准化,可以充分发挥目视管理的长处。例如,各种物品实行"五五码放",各类工位器具,包括箱、盒、盘、小车等,均应按规定的标准数量盛装,这样操作、搬运和检验在人员点数时既方便又准确。

6. 现场人员着装的统一化与实行挂牌制度

现场人员的着装不仅起劳动保护的作用,在机器生产条件下,也是正规化、标准化的内容之一。它可以体现职工队伍的优良素养,显示企业内部不同单位、工种和职务之间的区别,具有一定的心理作用,使职工产生归属感、荣誉感、责任心等,对于组织指挥生产,也可创造一定的方便条件。

挂牌制度包括单位挂牌和个人佩戴标志。按照企业内部各种检查评比制度,将那些与实现企业战略任务和目标有重要关系的考评专案的结果,以形象、直观的方式给单位挂牌,能够激励先进单位更上一层楼,鞭策后进单位奋起直追。个人佩戴标志,如胸章、胸标、臂章等,作用同着装类似。另外,可以将佩戴标志同考评相结合,给人以压力和动力,达到催人进取、推动工作的目的。

7. 色彩的标准化管理

色彩是现场管理中常用的一种视觉信号,目视管理要求科学、合理、巧妙地运用色彩,并实现统一的标准化管理,不允许随意涂抹。

第四节　准时化生产

一、JIT 的理念

准时化生产(Just-In-Time,JIT)就是在必要的时间按必需的数量生产必需的产品。准时化生产强调适时适量生产,消除非增值等待时间、搬运时间或者其他情况造成的延误时间,缩短产品生产周期,消除生产过程中的浪费,降低生产成本。

对于加工装配式生产,产品由许多零件构成,每个零件要经过多道工序加工。要组织这样的生产,可以采用两种不同的发送生产指令的方式。

(一)推式生产系统

推式生产方式是由计划部门根据市场需求,按零部件展开,计算出每种零件部件的需要量和各生产阶段的生产提前期,确定每个零部件的投入出产计划,按计划发出生产和订货指令。每一个工作地、每一个生产车间和生产阶段都按计划制造零部件,将实际完成情况反馈到计划部门,并将加工完的零部件送到后一道工序和下游生产车间,不管后一道工序和下游车间当时是否需要。在这种方式下,物料流和信息流是分离的。这种方式被称为"推动式方法",采用这种方式的生产系统被称为"推式生产系统",如图 9-7 所示。

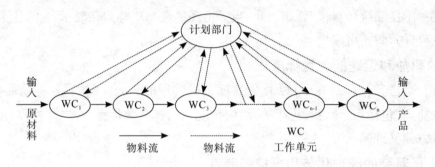

图 9-7 推式生产系统

(二)拉式生产系统

拉式生产方式是从市场需求出发,先由市场需求信息牵动产品装配,再由产品装配牵动零件加工。每道工序、每个车间和每个生产阶段都按照当时的需要向前一道工序、上游车间和生产阶段提出要求,发出工作指令,上游工序、车间和生产阶段完全按照这些指令进行生产。在这种方式下,物料流和信息流是结合在一起的。这种方式被称为"拉动式方法",采用这种方式的生产系统被称为"拉式生产系统",如图 9-8 所示。

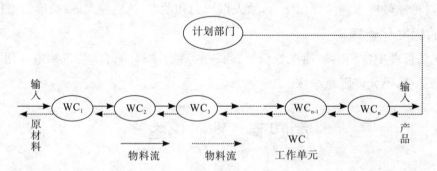

图 9-8 拉式生产系统

由此可见,在推式生产系统中,当某个工作岗位上的工作完成时,产出物就被"推"到下一个工作岗位,或者在最终作业阶段,产出被推进产成品库。拉式生产系统则与之相反,对工作转移的控制取决于下一道工序,每个岗位都在自己需要时才把上一道工序的产出拉过来,最终作业产出则由顾客需求或时间计划总表拉出。在拉式生产系统中,工作通过回应下道工序向前进;而推式生产系统中的工作则随着上道工序的结束而前进,不管下道工序是否已经做好准备,因此,工作可能会堆积在因设备故障或发现质量问题而落后于进度安排的某些岗位上。拉式生产系统是准时化生产的主要手段。

二、准时化生产实现的工具

看板是准时化生产方式赖以实现的重要手段之一,是一种能够调节和控制生产过程,实现"在必要的时候按必要的数量生产必要的产品"的信息工具。

所谓"看板管理",就是用看板进行生产现场管理和作业控制的方法。值得注意的是,看板管理不等同于准时化生产。准时化生产是一种生产组织方式,而看板管理则是生产控制与调节方式,看板管理是准时化生产的外在表现形式。

看板管理是一种生产现场物流控制系统,它是通过看板的传递或运动来控制物流的一种方法。看板,又称作"传票卡",是传递信号的工具。它可以是一种卡片,也可以是一种信号,一种标识牌。看板及其使用规则,构成了看板控制系统。

在实行看板管理之前,企业需要对设备进行重新排列和布置。要做到每种零件只有一个来源,零件在加工过程中有明确固定的路线。每一个工作地也要重新布置,使在制品与零部件存放在工作地旁边,而不是存放在仓库里。这样可以使现场工人亲眼看到他们加工的东西,而不会盲目地过量加工。同时,工人可以看到什么样的零部件即将用完,需要补充,不会因零部件短缺而影响生产。重新布置后的工作地有两个存放处:入口存放处和出口存放处。

(一)看板的形式与分类

在实际生产管理中,看板的形式有很多,常见的有塑料夹内装的卡片或类似的标识牌,运送零件小车、工位器具或存件箱上的标签,指示部件吊运场所的标签,流水生产线上各种颜色的小球或信号灯、电视图像等。

根据功能和应用对象的不同进行分类,看板可分为两大类:生产看板和取货看板。

1. 生产看板

生产看板是指在一个工厂内,指示工作地加工制造规定数量工件所用的看板,只在工作地和出口存放处之间往返。生产看板根据应用对象不同又有两种类型:一般的生产看板、三角看板。

2. 取货看板

取货看板是指后道工序的操作者按看板上所列零件号、数量等信息,到前道工序(或协作厂)领取零部件的看板。取货看板又可分为两种类型:工序间取货看板、外协取货看板。

(二)实行看板管理的前提条件、基本要求及原则

实行看板管理有助于适时适量生产的实现,但它有一定的前提条件、基本要求和原则。

1. 实行看板管理的前提条件

实行看板管理最基本的条件就是要求对设备重新安排和布置,使每个零件只有一个来源,零件在加工过程中要有明确的移动路线,并且每个工作地要设置两个存放处——入口存放处和出口存放处,把仓库搬到生产现场。这是实行看板管理的基本前提。

2. 实行看板管理的基本要求

看板管理的基本要求主要包括以下几个方面。

(1) 后道工序的取件人员在前道工序的出口存放处领取零件之后，应立刻将挂在容器上的生产看板取下，并按照取下的顺序放到生产看板盒内。取件人员同时要将必要数量的空容器放置在前工序的指定存放位置。

(2) 取件人员每取下一张生产看板，必须相对应地挂上一张取货看板。在两种看板交换之际，取件人员必须小心核对，以确保取到的零件与要取的零件一致。

(3) 后道工序在开始进行生产时，必须将容器上的取货看板取下并放入取货看板盒内。

(4) 前道工序在生产时必须依照生产看板盒内生产看板的顺序、数量进行生产。

(5) 加工完的零件应放置在相应的容器中，容器装满后应挂上生产看板，放到出口存放处的指定存放位置，以便后道工序的取件人员在任何需要的时候都能取到。

3. 实行看板管理的原则

实行看板管理要坚持如下原则。

(1) 后道工序只有在必要的时候才向前道工序领取必要数量的零件。为了实行这一原则须做到：不见看板不发货；领取的零件数不得超过看板规定的数目；看板必须跟着零件走，无看板不生产、不搬运。

(2) 前道工序应该只生产适当的数量，以补充后工序取走的零件。为实行这一原则，生产的零件数目不得超过看板上的数目。当前道工序生产多种零件时，必须按照看板送来的先后顺序安排生产，以防耽误后道工序对其他零件的需求。

(3) 要使用标准容器，不允许使用非标准容器或虽使用标准容器但不按标准数量放置零件。

(4) 不合格的零件不能送往后道工序。由于后道工序无零件储备，向后道工序输送不合格零件必将影响整条生产线的运行，一旦后道工序发现不合格零件，必须立即停止生产线找出不合格零件。

(5) 看板的使用数目应尽量少。一种看板的使用数目决定了该种零件的最大储备(库存)量，而当库存量大于必要库存标准时，就会产生浪费。

只有严格执行上述原则，才能形成拉式生产系统，才能使每道工序都为后道工序适时适量地提供所需要的零件，每道工序才能适时适量地从前道工序得到所需的零件，使物料从原材料加工到成品的最终装配同步进行，实现准时生产。

第五节 自働化(Jidoka)概述

一、自働化(Jidoka)的理念

"自働化"(Jidoka)一词起源于日本丰田公司，它的含义是给机器赋予类似人的智慧，使机器能够自主地控制生产过程中异常状况。自働化(Jidoka)在形成和发展中，形成了如下理念。

(一) 自动识别

企业在生产过程中可通过应用一定的识别装置来监督生产过程。识别装置自动地获取相关信息，并提供给后台处理系统进行分析，及时发现异常状况。

（二）自动报警

针对生产过程中异常状况的产生，装置及时发出警报，从而对出现问题的工序进行快速处理。

（三）自动处理

自动处理是自动化和非自动化一个显著区别，自动化对生产过程中的异常情况可以主动处理，通过识别异常状况的产生，及时停机，保护机器、模具、夹具等设备及员工的安全。

（四）人机分离

人机分离是指在机器自动运行过程时，操作人员可以离开去完成其他工作。人机分离的主要目的是消除生产过程中操作人员经常处于看管机器运行的监视状态，减少人员看管的浪费。

（五）防呆防错

防呆防错是指在作业过程中采用自动报警、标识、分类等手段，使作业人员不特别注意也不容易出现失误。这种方法可使作业者在作业时直接发现明显缺陷或即使操作失误也不易产生缺陷。

（六）异常管理

异常管理是指为了监测生产过程中的错误、控制和处理突发和失控状况而制定的一系列措施和管理手段。异常管理的思想要贯彻落实到生产的每个工序，在生产过程中，要做到不接受不良、不生产不良和不转移不良。针对出现的异常问题，按照确定异常、能够检测异常、迅速处理和防止再发生四个步骤处理，杜绝各个工位产品质量问题的产生和传递。

二、防呆技术

防呆法又称为"防错法、愚巧法"，它是指通过设计一种新的方法、程序或者工具，消除错误产生的条件或者使错误的产生降到最低，在作业过程中，采用自动动作、报警或者特殊提醒等手段，使作业人员不需要特别注意也不会导致失误产生的方法。

（一）防呆技术的特点和作用

防呆技术在日常生活中随处可见。例如：汽车转向灯的提示声音；飞机舱门指示灯等。防呆技术具有不需要注意力、经验、专业知识和技能，能做到100%检查，并且是标准化的一种高级应用形式等特点。

防呆技术可以强化生产过程操作的程序和顺序，当错误发生时，通过发出警报或自动停止，防止产品和机器设备的损坏。防呆技术的作用主要概括如下。

1. 提高产品质量，降低成本

防呆技术的应用可有效减少不良品的产生，减少浪费。同时防呆技术的应用可以使复杂工序操作简单化，保证产品质量。

2. 实现轻松动作,提高效率

防呆技术降低了作业难度,使作业不需要花费大量的时间和精力,减少了检查、校准等时间和对专业技能的依赖,大大提升了操作效率。

3. 保障安全

防呆技术充分运用了精益生产和工业工程中的各种手法,能够有效防止安全事故,从而有效保证生产安全有序运行。

(二)防呆技术的原则和手法

为了更好地推广防呆技术,在设计时应遵循以下四种原则。

1. 轻松原则

轻松原则是对于操作过程中难以观察、难拿、易产生失误的作业而言的,针对其中难以分辨的作业,通过标识或采用不同颜色加以区分;针对难拿的物品,设置相应的把手或者辅助工具,从而减轻手拿的难度;针对易产生失误的作业,由搬运机器代替工作。

2. 简单原则

需要高度技能与直觉的作业,容易让人产生失误,可考虑用夹具、工具等协助完成,这样新入职的员工不需要经历培训或者积累大量经验,即可完成相关正确操作。

3. 自动化原则

依赖人的感官进行作业容易产生失误,治具或夹具的自动化运用可以减少人对感官的依赖。

4. 安全原则

安全原则就是使操作人员在无意识作业或注意力不太集中的时候也可以保证安全。

(三)防呆技术的手法

企业在生产过程中产生错误的原因有很多,针对常见的错误,可用以下防呆手法进行消除。

1. 断根原理

将会产生错误的原因从根本上排除,从而绝不发生错误。例如,外出时断开水、电、气等总开关,防止发生意外。

2. 保险原理

两个以上的动作只有共同或依序执行才能完成。例如,切割机器采用双联串式按钮,只有两只手同时按下按钮,切割机器才会正常工作。

3. 相符原理

检核形状、符号、声音等是否相符合来防止错误发生。例如,USB接口采用非对称设计以达到防错的目的,如图9-9所示。

4. 自动原理

以各种光学、电学、力学、机构学、化学等原理来限制某些动作的执行或不执行,以避免错误的发生。例如,在电梯超载时,电梯发出警报声音,同时电梯门关不上,电梯无法上下运行。

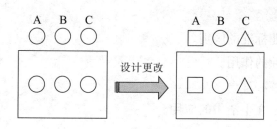

图 9-9　相符防错原理实例

5. 顺序原理

避免工作的顺序或流程前后倒置,可依编号顺序排列。例如,图书文献资料摆放按一定的序号进行排列,以便于查找和记录;流程单上所记载的工作顺序依数字顺序编列。如图 9-10 所示。

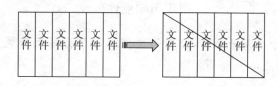

图 9-10　顺序原理文件斜线定位防错

6. 隔离原理

借分隔不同区域的方式来达到保护的目的,避免危险或错误发生。例如,危险品单独设立存储仓库;电锯等容易发生意外的工具增加保护套,防止危害的发生。

7. 复制原理

同一件工作,如需做两次以上,最好采用复制方式完成,既省时又可减少错误的发生。例如,采用"复写""拓印"等方式,既能快速完成工作,又能避免错误的发生。

8. 警告原理

当有不正常的现象发生时,以声光或其他方式发出信号,以避免错误的发生。例如,当汽车速度过快时,警告灯亮起;过马路时,信号灯以黄灯为警示。

9. 层别原理

为避免将不同之工作做错,应设法用不同的颜色或线条加以区别。例如,用绿色代表"安全",黄色代表"警告",红色代表"危险"等,以此来防止出错。

10. 缓和原理

借各种方法来减少错误发生后所产生的损害,虽然不能完全排除错误的发生,但是可以降低损害的程度。例如,汽车安全气囊在发生事故时自动弹出,可起到一定的保护作用;在工作时佩戴安全帽,一旦物体与头部发生碰撞,可减轻受伤的程度。

思考题

1. 简述我国制造企业实施精益生产的必要性。
2. 比较成本主义、售价主义和利润主义三种经营思想的区别。
3. 简述七大浪费的内涵。

4. 简述5S的主要内容。

5. 比较标准作业和作业标准的区别。

6. 分析目视管理对企业的作用。

7. 简述准时化思想的核心理念。

8. 举例说明自动化技术在生活中的应用。

结尾案例

向丰田学点什么

丰田汽车集团拥有十四家子公司，公司的文化决定了公司的凝聚力，在这里"细节决定成败"的理念也体现得淋漓尽致。

丰田汽车在众多的竞争者中是如何成为一个佼佼者的？它的销售网络怎么就能够遍布世界各地？它是如何创造了"有路必有丰田车"的神话的？

丰田汽车是如何成为世界第一大汽车公司的？

1. 细节决定成败

丰田汽车第一次进军美国市场的努力以失败告终。自那以后，丰田潜下心来，研究和生产适合美国市场的轿车。它一方面调查研究丰田汽车公司在美国的代理商及顾客需要什么；另一方面研究其他汽车制造商在美国的业务活动，以便找到缺口，从而制定出更好的销售和服务战略。一个计划的成功不仅仅取决于设计，更在于执行。实施环节比计划更重要，计划得再好，没有落实下去也只能是"镜中花、水中月"。如何才能在竞争中立于不败之地，那就要做到"针上打擂——拼精细"。

"天下难事必作于易；天下大事必作于细。"这句话精辟地指出了想成就一番事业，必须从简单的事情做起，从细微之处入手。一心渴望伟大、追求伟大，伟大却了无踪影；甘于平淡，认真做好每个细节，伟大不期而至。这也就是细节的魅力。谁注意了细节，谁就是成功者。"浮躁被扎实所代替，冲动被理智所折服，这才是长大的硬道理。真正谦虚下来、沉下心来，提高自己的素质，我们的发展势头一定会更好。"这句话告诉我们做人要沉得下心，如同不倒翁，经历再多摔打也不倒。

2. 精益管理

丰田喜一郎在创办丰田汽车初期致力于降低成本、减少浪费、降低库存，为后来的发展打下一个较好的基础。严格把好质量关、精益求精、这就是精益管理的前身，也就是丰田喜一郎追求生产流程的合理性理论：Just In Time。精益管理得以延续下来，成为丰田汽车获得成功不可或缺的一部分。

大野耐一的精益管理法是受超市的启发而诞生的，大野耐一经常对客人这样说：客人只买必要的商品，店员也只补充能卖掉的那部分。这样一来，就不需要多余的存货，也不会费钱。多余的东西只会白白占用资金。

他一改前人的做法,要生产的产品只要刚好够用就好,"不生产多余的产品","不要有库存"。必要的产品,只在必要的时间,生产必要的数量,做得太多就是浪费。

当时,很多工厂都会生产大量产品以确保供货需求。但这样做对仓库的需求量十分大,在租金上浪费大量资金。

大野耐一的做法虽然带有一定的冒险性,但对当时的丰田来说,确实节省了不少资金。与其囤积居奇,倒不如只生产足够的,避免浪费。

大野耐一另一句著名的话就是"先把机器停下来"。在以前,如果机器停转的话将会是不得了的事情,工人们一直拼命地进行维护和检修;或者如果生产线的流动出现了停滞,工人们会先将储备的零件传送出去,趁这段时间将生产线调整好。这些都和大野耐一所说的正好相反。

但是,生产出了不良产品的生产线,一定是什么地方出了问题。如果勉强继续工作下去,只会延误发现问题的时机。对于现代管理,在某环节上出了差错,要立刻停止并纠正,不能只顾数量而忽略质量。

3. 出色的生产决策

在丰田汽车内代号为179A的那款车,引发了汽车界的潮流,最终超过了福特T型车,成为世界上畅销时间最长的民用普及型轿车,即丰田花冠。

研制民用普及型轿车是丰田汽车公司的明智决定。当日本国内几乎所有工业都在招收研发民用普及型轿车的时候,丰田开始审时度势,不只是忙于生产,不满足于现状的丰田汽车有组织地从所有地方收集有关日产汽车的信息,在情报中占了优势。

此外丰田汽车还进行了全面的宣传造势。在原有基础上进行升级,目标就是超过竞争对手。丰田汽车的成功与生产决策的出色和掌握充足的信息是分不开的。

丰田花冠车型的成功是毫无悬念的,在研发花冠车型的时候,丰田汽车销售部门就已经准确地掌握了民用普及型轿车的研发信息。

"没有信息就没有企业的进步",所谓"知己知彼,百战不殆",丰田研制花冠车型的过程及结果很好地诠释了这句哲言。

4. 依靠人的智慧和创造性

丰田汽车管理的一条重要原则是公司重视全体职工的集思广益,不惜代价收集情报和征求合理化建议。凡被采纳的建议都给予一定的奖励。由此激发每个职工关心经营管理,提高员工同企业共命运的意识。公司自办《丰田新闻》《社内通讯》等报刊,同时建有研究室,不断研究国内外资讯,汲取合理化建议,不断推陈出新,总结经验。

公司全体员工的素质优秀,他们不但从事生产,而且不断思考。这种集体智慧的运用,并不限于生产,同时运用在销售、研究和发展方面。这种做法同时在中层管理及以上阶层推进。由于集体的决策和参与管理,公司可以作出较佳的决定,不断改进产品,提高质量。通过启迪每个员工的智慧,公司可以通过调动员工的潜在能力来提高劳动生产率。

如果让一个人待着,又没有发泄不满的渠道,他就会鲁莽行事。丰田汽车从来不会让职工觉得自己只是一个人,但是一味发泄不满的团体又对公司会造成不好的影响。良好的劳资关系是丰田特有的生产方式。丰田把职员的意见汇集起来,这样作为团体的控制机能就可以很好地发挥出来,从而提高企业的凝聚力和影响力。这就是丰田的"人心控制术"。

(资料来源于网络,文字有删改)

思考:通过阅读上述案例材料,你认为丰田汽车公司的哪些方面值得我们学习和借鉴?

第十章

其他先进生产方式

◎ **学习目标**

- 理解瓶颈的概念、OPT的基本思想；
- 掌握OPT的9条原则和DBR系统；
- 理解大量定制生产的概念、基本思想及其与大量生产的区别；
- 掌握模块化和延迟策略的思想和应用；
- 理解CIMS的内涵和结构；
- 了解CIMS的哲理；
- 了解服务型制造的概念及特点；
- 了解服务型制造面临的挑战和采取的策略。

开篇案例

合力叉车生产模式之变
——4个计划员造万余台叉车

当今时代,制造业面临的市场环境具有不断追求交货速度、价格竞争激烈、个性化定制需求日益增加等特征。安徽合力股份有限公司(以下简称"合力叉车")面临的就是这样一个环境,国内叉车市场云集了数十家外资企业及民营企业,竞争异常激烈。为了适应飞速变化的市场环境,合力叉车较早地进行了生产方式向ATO(按照订单组装)模式的转变。

合力叉车的变化从1985年引进国外技术起,大致可以分为2个阶段:1985—1994年是一种面向存货的制造方式;1995—2006年,逐步实现面向订单装配的生产模式。1995年不仅是合力叉车生产方式的分水岭,也是合力叉车信息化建设的开端。过去,合力几年设计一个产品,一个产品卖上几年,如此往复,客户的选择面很小。而如今,合力每个月要生产几千台车,几百个品种,客户可以根据自己的实际需要定制,这在过去是无法想象的。1985年,合力引进了当时非常先进的产品。国外产品是用模块化的思想进行设计的,几千个零部件,可以灵活组合成几十种车型。这种设计思想的引入,让合力的工程师大开眼界。

当时,合力采取的是面向存货的制造方式(MTS),即技术部门根据市场部门提供的市场调研报告,设计几种可能满足市场要求的车型,生产部门先按照一年的计划进行生产,销售部门再将这些产品推销给客户。而引进技术的核心,是模块化设计、模块化生产,之所以要模块化,是因为国外采用的是面向订单的生产方式,即根据客户的要求(订单)来组织生产(ATO)。这种生产方式在20世纪80年代末,几乎是不可想象的。然而,随着市场的多元化,叉车行业有了越来越多的竞争者,客户的选择也越来越多了。这时候如果合力叉车仍然延续传统的生产模式,客户则可能会重新考量是否购买合力叉车。

面对越来越个性化的客户需求,合力叉车认为原系统已经不能全面满足公司的发展要求,无法从根本上解决合力叉车面临的现实问题。于是,合力叉车决心重新研究基于模块化的配置产品,吸取引进产品的优点,对现有产品进行模块化划分,将合力叉车的服务模式定位成按客户订单装配(ATO)。在确定了这个方式以后,生产组织也对应地分成几大块:动力系统、工作装置、起重系统和车身系统,而叉车产品分为平台、内外饰和控制系统三个组成部分。

唯一不变的是永远在变。对于合力叉车而言,市场的变化引发了产品模式的变化,产品模式的变化引发了生产模式的变化,生产模式的变化又为生产计划的制定带来了变化。综合计划科的计划员在谈起自己工作方式的变化时不禁露出轻松的笑容:"以前下计划的时间多花在跑腿上了,订单来了,要先到采购部门了解原料情况,再到生产部门下达生产计划,最后要到各车间了解生产进度。现在是信息流动起来了,只要打开电脑,这一切都一目了然了。"

其实跑腿的时间少了,这只是表层的变化,而深层次的变革则是生产模式的转变,即由大量生产模式转向大量定制模式。这首先从生产计划的周期就可以看得出来,以前一个月有一

第十章 其他先进生产方式

两次计划就算是多的,现在有了订单,一天就可能有一两次计划。只要市场有需求,不管产品是怎样的非标准化,企业都能很快响应并组织生产。

计划的细分程度也反映了生产模式的变革。以前计划分解不细,如生产一批门架,只能计划到主要关键部件。如今可以自动把产品分解到基本零件,每个螺钉螺母的采购计划都能下达采购员。另外,对制造过程的跟踪也更及时,企业已经基本实现随时了解一批产品所处的生产阶段和工区,可以了解甚至每个零件的使用情况。

在制造企业,计划科一般是个庞大的部门,而合力叉车的综合计划科如今只有4个计划员,而他们要处理每年万余台的叉车生产计划。

(案例来源于网络,文字有删改)

随着生产力的进步和企业管理水平的逐步提高,在总结生产运营管理实践的基础上,许多行之有效的生产运营科学化管理的方法产生和形成了。本章主要对最优生产技术、大量定制生产、计算机集成制造系统、服务型制造等先进生产运营方式的基本理论和思想进行简要阐述。

第一节 最优生产技术

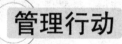

忙于审阅论文的高教授

高教授每年招收2个博士生、3个硕士生,另外要指导15个MBA和EMBA学员的论文。学院为了管理方便,每年集中在4月和10月进行研究生论文答辩。论文审查和答辩工作给高教授带来很大工作压力。为了使工作负荷比较均匀,高教授要求学生至少在答辩前两个月提交论文,但学生的论文往往等到临答辩前才交过来,为了尽快审阅完论文,高教授每天要工作11个小时以上,甚至走在路上的时候还在思考问题。高教授清楚地知道,论文审阅和答辩过程已经成为瓶颈。在瓶颈上损失1个小时,整个过程就拖延1个小时。有什么办法可以减轻高教授在答辩过程中的负荷呢?

(资料来源:陈荣秋,《现代生产运营管理(第四版)》,机械工业出版社,2013年。)

最优生产技术(Optimized Production Technology,OPT)是由以色列物理学家Eli Goldratt博士于20世纪70年代提出的。最初它被称作"最优生产时间表"(optimized production timetable),直到20世纪80年代才改称为"最优生产技术"。后来Goldratt又进一步将它发展成为约束理论(Theory Of Constraints)。OPT提出后得到了企业管理的研究者和实践者的认同,在全球范围内的影响不断扩大,取得了令人瞩目的成就,是继MRP Ⅱ/ERP和JIT出现之后的又一项组织生产运营新方式。OPT作为一种新的生产方式,吸收了MRP和JIT的长处,其独特之处不仅在于提供了一种新的管理思想,而且在于它有一套支持这种思想的软件系统。OPT管理方法及支持软件是

OPT 的两大支柱。

一、OPT 中的重要概念——瓶颈

任何一个制造组织都可以看作将原材料转化为产品的系统。在这个系统中,制造资源是关键的部分。通常,制造资源指的是生产产品所需的机器设备、工人、厂房和其他固定资产等,有的情况下也包括资金、信息等其他类型的资源。

由于生产过程是一个动态的过程,各种因素(包括需求在内)随时都在变化,这使得生产能力与市场需求的绝对平衡在实际中是做不到的。因此,在生产过程中必然会出现有的资源负荷过大,成为"卡脖子"的地方,即变为瓶颈。这样,企业的制造资源就存在瓶颈与非瓶颈的区别。

瓶颈(Bottleneck)是 OPT 最重要的概念。按 OPT 的定义,所谓瓶颈(或瓶颈资源),指的是实际生产能力小于或等于生产负荷的资源,这一类资源限制了整个生产系统的产出速度。其余的资源则为非瓶颈资源。瓶颈可以来源于企业内部,也可以来源于企业外部。一般来说,瓶颈有三种类型:资源(Resource)、市场(Market)和法规制度(Policy)。例如,企业为了达到环保法规的要求,要进行相应的"三废"处理,这自然会导致运行费用的增加,那么环保法相对于企业来讲就是一个瓶颈。由于法规自身所具有的强制性,企业对来自资源和市场的瓶颈进行改造的可能性要大得多。

要判别一件事物是否是瓶颈,应从资源的实际生产能力与它的生产负荷(或需求量)来考察。这里说的需求量不一定是市场的需求量,而是指企业为了完成品计划而对资源的需求量。

假设某产品 P 的生产流程如图 10-1 所示。

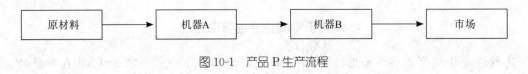

图 10-1 产品 P 生产流程

市场需求为每周 25 个单位;机器 A 的生产能力为每周生产 15 个单位;机器 B 的生产能力为每周生产 20 个单位。

在这里,相对市场需求来说,机器 A 与机器 B 都应该为瓶颈。但根据 OPT 的定义,只有机器 A 为瓶颈,因为机器 B 的生产能力虽然每周只有 20 个单位,但每周只能接到机器 A 所能生产的 15 个单位的最大生产负荷,即生产能力超过了需求量,为非瓶颈。如果企业又购买了一台机器 A,则机器 B 为唯一的瓶颈。这时,尽管两台机器 A 每周能生产 30 个单位,但市场需求要求每周只生产 25 个单位。而机器 B 每周只能生产 20 个单位,小于每周生产 25 个单位的需求量。从这个例子中可以看出,生产能力小于市场的需求的资源,按 OPT 定义不一定为瓶颈。

根据以上论述,任何企业只应该存在着少数的瓶颈资源。按 OPT 的观点,瓶颈资源的数目一般小于 5 个。瓶颈与非瓶颈之间存在着 4 种基本关系,如图 10-2 所示。它们分别是:图 10-2(a),从瓶颈到非瓶颈资源;图 10-2(b),非瓶颈到瓶颈资源;图 10-2(c),瓶颈资源和非瓶颈资源到同一装配中心;图 10-2(d),瓶颈资源和非瓶颈资源相互独立。

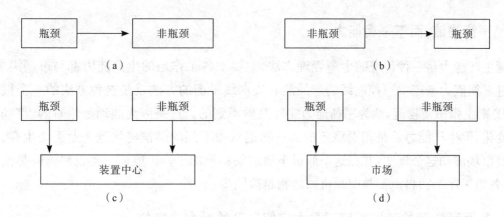

图 10-2 瓶颈资源与非瓶颈资源的关系

二、OPT 的基本思想

OPT 认为,对于任何一个由多阶段构成的系统来讲,如果其中一个阶段的产出取决于前面一个或几个阶段产出的话,那么产出率最低的环节决定着整个系统的产出水平。换句话说,一个链条的强度是由它最薄弱的环节,即"瓶颈"来决定的。

一般地,任何一个企业在将原材料转化为产品的过程中,生产产品所需的各种资源都是关键部分,如机器、工人、厂房和其他固定资产等。按照通常的假设,我们在设计一个企业时,应使生产过程中各阶段的生产能力相等,即达到能力的平衡。但这只是一种理想状态,生产是一个动态的过程,需求随时都在变化,生产和需求的平衡在实际中是做不到的。因此,在生产过程中必然会出现某些资源负荷过大,即变为瓶颈,影响整个系统的产出。

根据以上分析,OPT 方法的基本思想即将所管理的对象抽象成一条链,从而明确系统管理的关键是管理系统中最薄弱的环节,系统的一切优化活动都应该围绕这些最薄弱的环节展开。具体而言,OPT 方法通过正确识别影响制造系统产出率的瓶颈环节来优化瓶颈环节的物流,从而提高企业的制造效率,并对所有支持瓶颈环节的排序计划的工作环节进行排序。为了最大限度地提高产出率,对其他零件的需要量也是由流经瓶颈工序零件的数量而定的。如果非瓶颈工序提供的零件超过瓶颈工序零件产出率,那些超出的部分就形成了在制品积压,不仅不能增加产品产出量,还会因过多生产出一时并不需要的零件而浪费生产资源,增加在制品库存,导致生产成本上升。因此,OPT 的主要处理逻辑就在于找出瓶颈工序,并使瓶颈工序上的资源(如设备、技术工人等)得到充分利用,同时安排好非瓶颈工序的资源配置,使非瓶颈工序能与瓶颈工序生产率保持同步,将在制品积压减少到最低程度。

三、OPT 的九条原则

OPT 的基本思想体现在九条原则上,这九条原则是实施 OPT 的基石。OPT 有关生产计划与控制的算法和软件,就是按这九条原则提出和开发的。此外,这些原则也可以独立于软件之外,直接用于指导实际的生产管理活动。下面将逐条叙述这九条原则。

(一)平衡物流,而不平衡能力

平衡生产能力是一种传统的生产管理方法,它要求各工作地的生产能力都与市场需求平衡,试图通过平衡能力来产生一种连续的产品流。流水线平衡的方法就是这种方法的一个很好的范例。OPT则主张平衡物流,认为平衡能力实际是做不到的。这是因为波动是绝对的,市场每时每刻都在变化,但生产能力总是相对稳定的。一味追求做不到的事情将导致企业无法生存。因此,必须接受市场波动这个现实,并在这个前提下追求物料流的平衡。所谓平衡物料流就是使各个生产阶段、各道工序的物料流都与瓶颈机器的物料流同步。

(二)非瓶颈资源的利用程度不是由它们自己的潜力决定的

非瓶颈资源的利用程度是由系统的约束决定的,系统约束就是瓶颈。这是因为系统的产出是由所能经过瓶颈的量决定的,即瓶颈限制了产销量。而非瓶颈资源的充分利用不仅不能提高产销量,还会使库存和运行费增加。从图10-2所示的瓶颈与非瓶颈的4种基本关系中,我们可以看出,关系(a)、(b)、(c)中非瓶颈资源的利用程度是由瓶颈资源决定的。在关系(a)中,非瓶颈资源为后续工序,只能加工由瓶颈传送过来的工件,其使用率自然受瓶颈的制约;在关系(b)中,虽然非瓶颈资源为前道工序,能够充分地使用,使用程度可以达到100%,但整个系统的产出是由后续工序即瓶颈决定的,非瓶颈资源的充分使用只会造成在制品库存的增加,而不改变产出;在关系(c)中,由于非瓶颈与瓶颈资源的后续工序为装配,此时非瓶颈也能被充分地使用,但受装配配套性的限制,由非瓶颈加工出来的工件中能够进行装配的,必然受到瓶颈产出的制约,多余部分也只能增加在制品库存;而对于第四种关系,非瓶颈资源的使用程度虽不受瓶颈的制约,但显然应由市场的需求来决定。从以上分析中容易看出,非瓶颈资源的使用率一般不应该达到100%。

(三)资源的"利用"(Utilization)和"活力"(Activation)

资源的"利用"(Utilization)和"活力"(Activation)不是同义词,"利用"是指资源应该利用的程度,"活力"是指资源能够利用的程度

按照传统的观点,我们一般将资源能够利用的能力加以充分利用,从这个角度来说,"利用"和"活力"是同义的。但按照OPT的观点,需要做多少工作(即"利用")与能够做多少工作(即"活力")两者是不同的,在系统非瓶颈资源的安排使用上,应基于系统的约束。例如,一个非瓶颈资源能够达到100%的利用率,但其后续资源如果只能承受60%的产出,则另外的40%产出将变成在制品库存,此时从非瓶颈资源本身考察,其利用率很好,但从整个系统的观点来看,只有60%的有效性。因此,"利用"注重的是有效性,而"活力"注重的则是可行性。从平衡物流的角度出发,应允许非关键资源上有适当的闲置时间。

(四)瓶颈上一小时的损失则是整个系统一个小时的损失

一般说来,生产时间包括加工时间和调整准备时间。但瓶颈资源与非瓶颈资源上的调整准备时间的意义是不同的。因为瓶颈控制了产销率,所以瓶颈上中断一个小时,是没有附加的生产能力来补充的。而如果在瓶颈资源上节省一个小时的调整准备时间,则将增加一个小时的加工时

间,相应地,整个系统增加了一个小时的产出。因此,瓶颈必须保持100%的"利用",尽量增大产出。为此,企业对瓶颈还应采取特别的保护措施,不使它因管理不善而中断或等工。增大瓶颈物流的方法一般有如下几种:减少调整准备时间和频率,瓶颈上的批量应尽可能大;实行工修连续工作制,减少状态调整所需的时间损失;加工前注重质量检查;利用时间缓冲器等。

(五)非瓶颈获得的一小时是毫无意义的

非瓶颈资源的生产时间除了加工时间和调整准备时间之外,还有闲置时间,节约一个小时的调整准备时间并不能增加产销率,而只能增加一小时的闲置时间。当然,如果节约了一个小时的加工时间和调整准备时间,则可以进一步减少加工批量、加大批次,以降低在制品库存和生产提前期。

(六)瓶颈控制了库存(I)和产销率(T)

因为T指的是单位时间内生产出来并销售出去的量,所以它受到企业的生产能力和市场的需求量这两方面的制约,而这两方面都是由瓶颈控制的。如果瓶颈存在于企业内部,则表明企业的生产能力不足,受到瓶颈能力的限制,相应的产销率也受到限制;而如果当企业所有的资源都能维持高于市场需求的能力,则市场需求就成了瓶颈。这时,即使企业能多生产出产品,但由于市场承受能力不足,产销率也不能提高。同时,由于瓶颈控制了产销率,企业的非瓶颈应与瓶颈同步,库存水平只要能维持瓶颈上的物流连续稳定即可,过多的库存只是浪费。这样,瓶颈也就相应地控制了库存。

(七)转运批量可以不等于(在许多时候应该不等于)加工批量

车间现场的计划与控制的一个重要方面就是批量的确定,它影响企业的库存(I)和产销率(T)。OPT采用了一种独特的动态批量系统,把在制品库存分为两种不同的批量形式。

1. 转运批量

转运批量是指工序间转运一批零件的数量。

2. 加工批量

加工批量是指经过一次调整准备所加工的同种零件的数量,可以是一个或几个转运批量之和。在自动装配线上,转运批量为1,而加工批量很大。

一方面,根据OPT的观点,为了使瓶颈上的产销率达到最大,瓶颈上的加工批量必须大。但另一方面,在制品库存也不应增加,转运批量应该小,即意味着非瓶颈上的加工批量要小,这样就可以减少库存费用和加工费用。

(八)加工批量应是可变的,而不是固定的

这一原则是原则七的直接应用。在OPT中,转运批量是从零部件的角度来考虑的,而加工批量则是从资源的角度来考虑的。由于资源有瓶颈和非瓶颈之分,瓶颈要求加工批量大,转运批量小,同时考虑库存费用、零部件需求等其他因素,加工批量应是变化的。

(九) 安排作业计划应兼顾所有约束，提前期是作业计划的结果，而不应是预定值

传统的制定作业计划的方法一般包括以下几个步骤：确定批量；计算提前期；安排优先权，据此安排作业计划；根据能力限制调整作业计划，重复上述步骤。而在 OPT 中，提前期是批量、优先权和其他许多因素的函数。在这点上，OPT 与 MRP 正好相反。在 MRP 中，提前期一般都是预先制定的，而在 OPT 中，提前期应该是后制定的。例如，某个企业有两批订货，需求零件 A 与零件 B 各 100 件。A、B 两零件都需在机床 M 上加工 0.35 小时，如果假设该企业有两台 M 机床，则 A、B 的提前期都是 35 小时（100 件×0.35 小时）；但如果该企业只有一台 M 机床，则当 A 先加工时，提前期为 35 小时，而 B 要等待 35 小时后才能加工，其提前期实际上为 70 小时，反之亦然。因此，提前期应是计划的结果。

在上述九条原则中，原则一至六是涉及资源的，原则七至八是涉及物流的。

四、OPT 的计划与控制——DBR 系统

以九条原则为指导，OPT 的计划与控制是通过 DBR 系统实现的。DBR 系统即"鼓（Drum）" "缓冲器（Buffer）"和"绳索（Rope）"系统。在一条生产线中，瓶颈工序的节拍决定了整个生产线的节拍。

为了阐述这一思想，Goldrott 举了一个非常形象的例子。他认为，企业各工序就像行军中的队伍，队伍中矮个子士兵的速度最慢，矮个子士兵的速度决定了整个队伍的速度。矮个子士兵前面的人相当于上游工序，矮个子士兵后面的人相当于下游工序，矮个子士兵相当于瓶颈工序，人与人之间的距离相当于在制品库存量。矮个子前面的人走得很快，会拉长与矮个子士兵之间的距离（增加工序间在制品库存量）。因此，矮个子前面的人应该与矮个子士兵拉开一些距离（瓶颈工序前面设置较大的在制品库存量）。这样矮个子士兵如果能够走快一点，不会受到阻碍。矮个子士兵后面的人要紧跟随矮个子（瓶颈工序后面不设在制品库存），如果后面的人跌倒了，则要赶紧爬起来向前跑，跟上矮个子士兵就不会影响总的行军速度。为了提高总的行军速度（产出率），矮个子士兵要能跑得快一点（优化瓶颈工序），如果让上游的高个子士兵跑得快一点，则只会增加与矮个子士兵的距离（在制品增加）。因此，为了防止前面队伍冒进，矮个子士兵和走在前面的士兵可用绳子拴起来，绳子的长度代表第一道工序（最前面的士兵）和瓶颈工序（矮个子士兵）之间的在制品量。由于矮个子士兵前面的士兵都比矮个子士兵走得快，矮个子士兵会紧跟着最前面的士兵；而矮个子士兵后面的士兵也比矮个子士兵走得快，他们也会紧挨着矮个子士兵。因此，整个队伍的步伐由矮个子士兵的速度决定；矮个子士兵前面的空当相当于缓冲，使矮个子士兵的前进速度得到保护，不会因为前面的士兵跌倒而受到影响。就这样，"绳子"不但控制了第一道工序的产出率，而且它的长度控制了在制品的数量。如图 10-4 所示。

第十章 其他先进生产方式

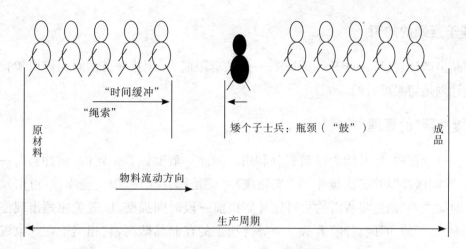

图 10-4 对"鼓""缓冲"和"绳索"的说明

在生产系统中，DBR 系统如图 10-5 所示。

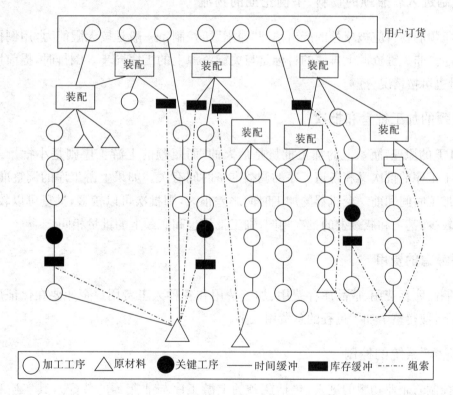

图 10-5 DBR 系统

DBR 系统实施计划与控制主要包括以下步骤。

（一）识别瓶颈

瓶颈控制着企业生产的节奏——"鼓"，制约着企业的产出能力，因此，识别瓶颈是控制物流的关键。一般来说，当需求超过能力时，排队最长的机器就是瓶颈。如果我们知道一定时间内生产的产品及其组合，就可以按物料清单计算出要生产的零部件。然后按零部件的加工路线及工时定额，计算出各类机床的任务工时，将任务工时与能力工时比较，负荷最高的机床就是瓶颈。

(二)基于瓶颈的约束

建立产品出产计划(Master Schedule)。一般按有限能力,用排序方法对关键资源排序。这样排出的作业计划是切实可行的。

(三)"缓冲器"的管理与控制

要对瓶颈进行保护,使其能力得到充分利用。为此一般要设置一定的"缓冲器"。一般来说,"缓冲"分为"时间缓冲"和"实物缓冲"。"实物缓冲"就是库存缓冲,如安全库存,可以减弱随机波动的影响;"时间缓冲"则是将所需的物料比计划提前一段时间提交,以避免瓶颈出现停工待料情况。例如,一个三天的"时间缓冲"表示一个等待加工的在制品队列,它相当于在约束资源上三天的生产任务。

(四)控制进入非瓶颈的物料,平衡企业的物流

进入非瓶颈的物料应被瓶颈的产出率即"绳索"所控制。一般是按无限能力,用倒排方法对非关键资源排序。非关键资源上排序的目标是与关键资源上的工序同步。倒排时,提前期可以随批量变化,批量也可按情况分解。

(五)瓶颈的加工批量和批次

根据OPT的原理,瓶颈上的加工批量是最大的,而瓶颈的上游工序则是小批量、多批次的。瓶颈前的加工工序的批次又和各道工序的调整准备时间有关。如果上游工序的调整准备时间少,或瓶颈上的加工时间和前一台机器的加工时间之差很大,则批次可以较多,批量可以较小。反之,批次则可能较少,甚至和瓶颈上的批次相同,加工批量也和瓶颈上的批量相同。

(六)要考虑的费用

包括在制品库存费用、成品库存费用、加工费用和各种人工费用。企业要在保证瓶颈上加工持续的情况下,使得整个加工过程的总费用最小。

(七)"绳索"系统的控制

"绳索"控制着企业物料的进入(包括瓶颈的上游工序与非瓶颈的装配),其实质和"看板"相同,即由后道工序根据需要向前道工序领取必要的零件进行加工,而前道工序只能对动用的部分进行补充,实行的是一种受控生产方式。在OPT中,就是受控于瓶颈的产出节奏,也就是"鼓"。没有瓶颈发出的生产指令,就不能进行生产,这个生产指令是通过类似看板的东西在工序间传递的。

在DBR的实施中,如果说"鼓"的目标是使产出率最大,那么"绳索"的作用则是使库存最小。通过"绳索"系统的控制,瓶颈前的非瓶颈设备均衡生产,加工批量和运输批量减少,可以减少提前期以及在制品库存,而同时又不使瓶颈停工待料。因此,"绳索"是瓶颈对其上游机器发出生产指令的媒介,没有它,生产就会出现混乱,要么库存过大,要么瓶颈出现"饥饿"现象。

五、OPT 的应用步骤

以上介绍了 OPT 的基本思想和九条原则。在实际工作中,OPT 的应用有五个主要步骤。

(一)找出(Identify)

找出系统中存在的瓶颈工序。企业要想增加有效产出,一般会在以下四个方面采取措施。

1. 原料(Materials)

即增加生产过程的原材料投入。

2. 能力(Capacity)

如果因某种生产能力的不足而使市场需求无法满足,就要考虑增加生产能力。

3. 市场(Market)

如果因市场需求不足而使市场能力过剩,就要考虑开拓市场需求。

4. 政策(Policy)

找出企业内部和外部瓶颈资源有效产出的各种政策规定。

(二)最大限度地利用(Exploit)瓶颈资源,即提高瓶颈利用率

最大限度地利用瓶颈资源,即提高瓶颈利用率。此时要给出解决找出步骤中所提出的种种问题的具体办法,从而实现有效产出的增加。例如,若某种原材料是约束,就要设法确保原材料的及时供应和充分利用;若市场需求是约束,就要给出进一步扩大市场需求的办法;若某种内部市场资源是约束,则要采取一系列措施来保证这个环节始终高效生产。

(三)企业的其他活动要服从于第二步中提出的各种措施

这一步要求生产系统其他部分与瓶颈工序的节奏同步,从而充分利用瓶颈工序的生产能力。正是这一点,OPT 不仅是一种制造理念,还是一种管理理念或经营理念,可以应用于营销、采购、生产、财务等企业经营各方面的协调。为简明起见,在此以一个生产过程内部协调为例:如果流水线上的一台机器是瓶颈工序,那么可以在适当的环节设置时间缓冲,来保证流水线上其他生产环节对这台机器的供给能够满足生产需要。一般情况下,如果非瓶颈环节追求 100% 的利用率的话,那么这给企业带来的不是利润,而是瓶颈环节更多的等待时间、更多的在制品及种种浪费等。目前很多企业正是不明确这一点(即要按照瓶颈环节的生产节拍来协调整个生产流程的工作),盲目追求非瓶颈环节的 100% 利用。

(四)打破(Elevate)瓶颈约束

即设法把第一步中找出的瓶颈转移到别处,使瓶颈成为非瓶颈。如果工厂的一台机器是约束,那么就要缩短设备调整和操作时间、改进流程、组织加班、增加操作人员或机器等。

(五)持续改善

如果通过第四步打破了现有瓶颈约束,则重返第一步,发现新的瓶颈,持续改善。当突破一个

瓶颈工序的约束以后，一定要重新回到第一步，开始新的循环。就像一根链条一样，改进了其中最薄弱的一环，就会有下一个环节成为最薄弱的环节。此时，为了突破原约束而采取的一些很好的措施，对于新的约束就可能不适用，而必须采取新的措施。

例 10-1

如图 10-6 所示的生产过程。两个产品 P 和 Q，每周的需要量为 100 件 P、50 件 Q，售价分别为 90 元/件、100 元/件。4 个工作中心分别是 A、B、C、D，每个工作中心都有一台机器，每周运行 2400 分钟。需要的 3 种原材料的成本及加工路线见图 10-1。求利润最大的生产组合。

表 10-1 制造资源应用情况

资源	每周工作时间/min		加工负荷/周	可用时间/周	负荷率/周
	P	Q			
A	1500	500	2000	2400	83
B	1500	1500	3000	2400	125
C	1500	250	1750	2400	73
D	1000	250	1250	2400	52

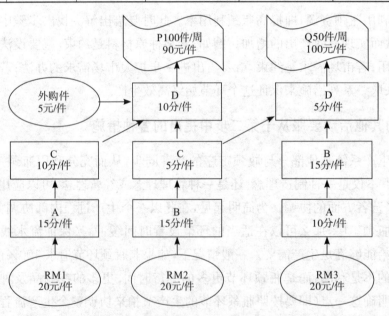

图 10-6 产品 P、Q 的工艺路线图

第一步，辨别系统的约束。要辨别系统的瓶颈，需要计算机器的负荷，如表 10-1 所示，机器 B 是瓶颈。如果要满足 P、Q 的每周需求量，B 需要另外 25% 的能力。

第二步，决定如何突破系统的瓶颈。OPT 认为，系统的绩效是由瓶颈资源的约束决定的。因此，OPT 主要是使资源约束对目标贡献最大化。扩展 B 意味着在 B 上消耗的单位产品产出最大化，如表 10-2 所示。

表 10-2　资源约束贡献最大化计算表

产品	P	Q	产品	P	Q
销售价格(元/件)	90	100	时间(资源B/分)	15	30
材料成本(元)	45	40	贡献(元/分)	3	2
贡献(元)	45	60			

因此,在生产 Q 之前应尽可能多地生产 P(即 100 件)。100 件 P 消耗 B 的 1500 分钟,剩下 900 分钟用于 Q,只能生产 30 件 Q。

第三步,其他的工作服从于开发系统约束的决定。意思是使其他工作配合辅助系统的约束,如材料采购、工作中心排序等。

第四步,提升系统的能力、打破瓶颈约束。尽可能采取措施提高瓶颈的绩效,如降低调整时间,采用设备预防维修制等,或者把贡献最低的产品放到最后安排,如上面对 Q 的处理。

第五步,如果瓶颈约束被打破,则从第一步做起。

假设市场对 P、Q 的需求量上升了,每周分别为 132 件和 66 件,而且通过努力,B 的单位时间也下降 1/3,那么原有的负荷情况就发生变化了,如表 10-3 所示。

表 10-3　新的负荷表

资源	每周负荷(%)	资源	每周负荷(%)
A	110	C	96
B	55	D	68.75

资源 A 成为瓶颈,原来的瓶颈 B 已经被打破了。于是,又返回到第一步。如果没有这一步,人们就以 B 为瓶颈控制系统运行,影响进一步改进。

第二节　大量定制生产方式

管理行动

2020 年 6 月,长安汽车全新产品 UNI—T 正式上市,售价 11.39 万～13.39 万元,中文名为"引力",定位于紧凑型跨界 SUV。截止到 2020 年底,上市 6 个月的 UNI—T 销量数据为 68646 台,可谓达到"爆款"级别。该车提供定制化服务,消费者可根据自身喜好与需求,在颜色、功能、内饰风格上按照一定规则进行定制。

定制周期是多长时间呢?长安汽车给出的答案是:重庆地区客户,从线上下单到提车只用 5 天。如何实现 5 天完成交付呢?一是推出 UNI—T 的预购小程序,消费者可以直接在线上下单;二是四大生产环节(冲压、焊接、涂装、总装)智能化程度在 90% 以上;三是打造"云监工"平台,客户可以看到汽车生产下线、个性化定制成型的全过程。

长安 UNI—T 在很好地满足不同消费者需求、取悦消费者的同时,也提升了消费者的满意度,实现了个性化生产。可以说,这种定制化生产方式让长安 UNI-J 在市场上更有竞争力,也让人印象更加深刻。

一、大量定制的含义及分类

大量定制(Mass Customization,缩写为 MC),有很多书籍和论文将它译成"大规模定制"或"大批量定制"。本教材采用的是"大量定制"的译法,这种译法是沿袭了早期生产管理教科书对大量生产(Mass Production,MP)的译法。

(一)含义

到目前为止,大量定制还没有权威性的定义。起初,一些人将多样化生产视为定制生产。派恩(Pine)认为随着市场扰动的加剧,大量生产模式将向大量定制生产模式转变。大量定制的目的在于,以大量生产模式的低价格,满足顾客对个性化产品和服务的需要。大量定制是一种充分利用最新研究成果的生产模式。希尔瓦尼亚(Silveria)等人提出大量定制是一种系统能力,是通过高度敏捷性、柔性和集成性的流程,为每一位顾客提供单独设计的产品和服务。各种定义的共同之处在于:大量定制是一个系统,是一种生产模式;大量定制需要使用先进的生产制造技术;大量定制的目的是以低成本提供个性化的产品和服务。

实际上,大量定制是采用具有模块化的产品、柔性的工艺过程和灵活的组织结构,以大量生产的效率和成本,提供满足个性需要的产品和服务。大量定制并不意味大量地生产或者大规模地生产顾客定制的产品。凡是定制的产品,不论定制程度如何,都体现了顾客的个性需求,不可能是大批量或者大规模的,而只能是单件或小批量的。

(二)分类

大量定制可以按不同的标准进行分类,最常见的是按定制起始点在价值链上的不同位置来分类,即按备货订货分离点(Customer Order Decoupling Point,CODP)的位置分类。这也是学术界和企业界普遍接受采用的分类方法,具体类型在本教材第一章已经介绍。

此外,还有些学者提出了不同的分类方法。

沃特曼(Wortmann)将生产系统分为按订单设计、按订单制造、按订单装配和按库存制造等类型,大量定制包括按订单设计、按订单制造和按订单装配。

兰姆培尔(Lampel)和明兹伯格(Mintzber)将生产系统分为 5 种类型:纯标准化(Pure Standardization),即大量生产;细分标准化(Segmented standardization),为各细分市场提供不同的产品和服务,即多样化生产;定制标准化(Customized Standardization),从选择标准化的零部件开始进行定制装配;剪裁式定制(Tailored Customization),从产品的制造阶段开始定制;纯定制(Pure Customization),从产品设计阶段开始定制。其中后三种类型属于大量定制。

针对汽车工业,阿尔福特(Alford)等提出 3 种定制类型:核心式定制,即顾客参与设计的定制;选择式定制,即顾客从企业准备好的大量方案中进行挑选;形式化定制,即顾客在零售商或分销商处对汽车提出一定的改变。不同类型的顾客参与和不同类型的模块化所带来的产品顾客化程度不同,顾客参与得越早,产品的顾客化程度就越高。不同类型的顾客参与和不同类型的模块化对企业的生产,如制造过程、制造技术和制造计划等,有不同的影响和要求,同时最终产品的成本、质量和交货期也都会有所不同,企业应该根据自身的特殊情况及产品的不同要求来对不同的顾客参与和制造模块化进行组合。

二、大量定制产生的背景

早在1970年,未来学家阿文·托夫勒(Alvin Toffler)在《未来的冲击》一书中,对大量定制生产方式就作出了预告。1993年,B.约瑟夫·派恩二世(B. Joseph Pine Ⅱ)在《大量定制——企业竞争的新前沿》一书中对大量定制的内容进行了描述。戴维斯·斯坦利(Davis Stanley)在《未来的完美》(Future Perfect)一书中描述了大量定制的概念,但当时的技术限制了大量定制的产品、市场和相应企业组织的出现。目前随着制造技术、信息技术(特别是Internet的普及和推广)和管理方法的发展,大量定制成为可能。随着经济全球化的发展,竞争日益激烈,要抢占市场就必须满足顾客个性化需要,大量定制是企业必须采用的策略。1997年,大卫·M.安德森(David M. Anderson)和B·约瑟夫·派恩二世(B. Joseph Pine Ⅱ)在《大量定制生产的敏捷产品开发》一书中进一步论述了如何为单个客户开发易于定制的产品。鉴于此,大量定制生产方式的产生背景可以归纳为以下几个方面。

(一)客户的要求越来越苛刻

大量生产方式效率高、成本低、质量容易保证,但是它扼杀了顾客的个性化需求。福特汽车公司当时只生产黑色的T型车,顾客连选择不同颜色的车都不可能。

各种生产方式的出现是需求拉动、技术推动和竞争驱动的结果。人们的消费欲望随着生活水平的提高而变化,总的趋势是从共性需求向个性需求方向发展。当生产力发展水平和生活水平很低时,人们的期望就是满足吃、穿、住、行的基本需求;但当生产力发展水平和生活水平较高时,人们在满足吃、穿、住、行的基本需求的同时,个性需求就突显出来了。大量生产、大量消费标准化产品的时代已经过去,顾客不但对产品的质量和品种的要求越来越高,而且对服务和时间的要求也越来越高。当代社会已经从农业经济、工业经济时代向服务经济和体验经济时代过渡,顾客个性化的要求越来越明显。定制生产是按照顾客的要求加工制造产品或提供服务,满足了顾客个性化的需要,但是效率低、成本高、难以保证质量。由于顾客个性化需求是客观存在的,定制生产不但在手工生产时代存在,而且在机器大工业时代也存在。在手工作坊时代,通过手工作坊方式生产完全个性化的产品,能够满足个别人的特殊需要,但不能满足大多数社会成员的需要;在大众消费时代,大量生产满足了公众的基本需要,却不能满足人们个性化的需要;进入消费新时代,企业需要将个性化产品和大量生产的成本相结合,实行大量定制,最大限度地满足公众个性化的需要。

(二)全球的买方市场给消费者更大的决策权

在生产力发展水平较低、居民消费水平较低的时代,市场处于供不应求的状态,企业发展的关键是效率。企业只要内部效率高,就能赚钱,就能发展。但是,在生产力发展水平较高、居民消费水平也较高的时代,市场处于供过于求的状态,企业生存和发展的关键就变成了适应性。"适者生存"的法则使得企业要不断满足顾客越来越多样化和个性化的需要。派恩(Pine)认为,多样化的细分市场、不稳定的个性化需求是从大量生产向大量定制转化的根本原因。在新的形势下,企业只有满足顾客个性化需求,才能赢得销售收入。同时,企业只有降低成本,才能获得利润。自然地,人们试图将大量生产的低成本和定制生产的个性化相结合,从而能够以大量生产的效率和成本生产顾客定制的产品。如何在满足顾客个性化需求的同时使企业盈利,是企业管理者最关注的问题。这就是大量定制生产方式出现的背景。

(三)大量定制生产模式实现了顾客的个性化需求和企业追求的低成本

大量生产模式的逻辑不能适应以不确定性为主要特征的新环境,只有那些能够满足顾客个性化需求的公司才能获得较高的销售收入和利润。对顾客的充分理解使企业可以提供更多的定制化产品,这导致市场的进一步细分,而市场细分又使企业能够更好地满足客户的个性化需求。由于定制产品满足了客户个性化的需求,顾客愿意支付较高的费用。随着学习效应的发挥,定制化的产品能够以与标准产品相同或更低的成本生产出来。

在大量定制生产中,技术创新起着重要的作用,新技术的应用增强了产品的适应能力和多样化,缩短了开发周期。同时新技术的应用也使得更多产品的生产更加经济,进一步推动了产品多样化的发展趋势。

大量定制生产巧妙地将个性化与标准化结合在一起,使顾客在获得个性化的产品和服务的时候,只需支付大量生产的产品和服务的费用。

三、大量定制的基本思想

大量定制的基本思想在于通过产品结构和制造流程的重构,运用现代化的信息技术、新材料技术、柔性制造技术等一系列高新技术,把产品的定制生产问题全部或者部分转化为批量生产,以大量生产的成本和速度,为单个客户或小批量多品种市场定制任意数量的产品(Pine and Boynton,1993),从而实现个性化与低成本。

大量定制生产之所以能够实现个性化,是因为它是由订单驱动的生产。订单驱动的生产最大好处是顾客的需求是事先知道的,避免了生产活动的盲目性,从而消除了预测驱动型生产带来的风险。然而,订单驱动型生产的最大问题是对顾客需求的响应性较差,订单交付时间长。对于不愿意等待的顾客,按订单生产没有吸引力。

按订单生产覆盖了较宽的范围。从标准化产品到个性化产品,都可以采用按订单生产模式。同样是购买一台小轿车,顾客可以从现有产品系列中选择一种企业正在生产的型号、规格和颜色的产品,也可以提出特定的要求,这些要求有可能牵涉设计和工艺的修改。

大量定制生产之所以能够实现低成本,归根结底是因为它能够将多样化的产品生产变成通用化的零部件和模块的生产。由于零部件和模块的通用性,它们可以被提前制造出来,以提高对顾客需求的响应性;通用零部件和模块的由于生产批量大,企业从而可以获得规模经济性。

按照对产品和零部件的需求性质不同,需求可以划分为独立需求和相关需求、共性需求和个性需求。按照以上区分,可以画出一张四分图,如图10-7所示。产品是提供给顾客的,属于独立需求;零部件是由产品决定的,属于相关需求。例如,普通电视和标准紧固件属于共性产品,锅炉和大型船舶属于个性产品。零部件也有通用零部件和专用零部件之分,通用零部件可用在不同的产品上,具有可重用性;专用零部件只能用在某种产品上,不具有可重用性。

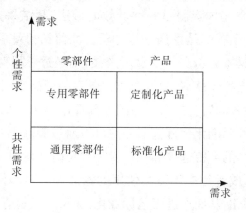

图 10-7　产品和零部件分类

标准通用产品是工业经济时代的主角,定制化产品是服务经济时代的产物。随着社会向服务经济和体验经济发展,定制化产品将成为时代的主角。标准通用产品由通用零部件组成,由于产量大,可以做到标准化和通用化。定制化产品可以由专用零部件构成,也可以由专用零部件和通用零部件共同组成。为了减少定制产品制造过程的复杂性,生产努力的方向应该是尽量减少专用零部件,增加通用零部件,形成规模经济,降低定制产品的成本。

管理行动

打印机设备有两种电源和保险丝装置,一种是 110 伏电压的,另一种是 220 伏电压的。由于很难预测各自的需求量,这就可能导致适用于一种型号的产品大量积压,而适用于另一种型号的产品出现脱销。如果重新设计设备,使之具有通用的电源和保险丝装置,那么产品在送达最终客户之前就不需要进行差异化设计。无论什么时候,只要产品出现供需不平衡,就可以由一种型号运往另一种型号。这样,设备产量就是所需打印机数量的总和,而不用预测 110 伏和 200 伏的设备各自应生产多少。以通用零部件为主的产品容易实行大量定制,而以专用零部件为主的产品应该重新审查设计的合理性,尽可能地增加共用零部件,减少专用零部件。

四、大量定制的策略

要确定大量定制生产策略,首先要了解顾客个性化需求是什么。个性化需求不是指每个人对产品的所有属性的要求都不同,而是个人对产品的某些属性,如性能(Performance)、附加功能(Feature)、可靠性(Reliability)、耐久性(Durability)、维护性(Serviceability)、美学性(Aesthetics)以及感知性(Perceived Quality)等的偏好不一样。鉴于此,要实现大量定制生产可以采取以下几种策略。

(一)减少零部件多样化

根据订单修改已有设计来实现定制是一种低效的做法,其结果是越修改,零部件种类越多。减少零部件多样化,首先要对现有产品系列进行分析。保留销售量和销售利润的产品,对销售量和销售利润额低的产品要作具体分析。如果是新产品,则经过一段时间之后,可能变成销售量高的产品。对于以通用零件为主的产品,企业可通过大量定制产品来组织生产。其次要减少零部件种类。企业将用量大的零部件标准化,并将类似的零部件用通用零部件代替,以减少零部件种类。零部件通用化是将首选零部件标准化。首选零部件可以通过删除不必要零部件来确定,也可以从现有零部件中选择使用率最高的。首选零部件一般是单位时间内总用量最大的零部件,或者是大多数产品都用得到的零部件,或者是多年持续使用的零部件。零部件通用化有助于工具通用化、加工特性通用化、原材料通用化,从而促进工艺标准化,提高加工制造效率,提高产品质量。

加工工具、加工工艺、生产计划和产品设计都存在通用性(Commonality),且取决于零部件的通用性。正确地利用这种通用性,将有助于减少制造系统的复杂性。

(二)模块化

大量定制的关键是如何将顾客个性化的产品需求转变为标准化的模块。模块化使产品的部件如同标准件一样高效地制造,而产品的特色可通过模块的组合与修改来取得,由于部件或组件是标准的,企业能以大量生产方法制造,从而使大量定制产品的成本和质量与大量生产相当。借助于模块化进行产品的开发、设计和生产,企业可以在基型产品的基础上发展变型产品,从而以较少品种规格的零部件组成顾客需求的多种多样的个性化产品。如某一个计算机制造商有12种主板、5种CPU、3种机箱、5种硬盘、20种显示器、8种调制解调器、4种声卡,其基本模块是57种,若将这些模块进行组合,最多可形成576000种产品。

功能模块是产品的核心组成部分。功能模块既可以是产品,也可以是零件、装配件或软件模块;既可以是外购件,也可以是外协件或自制件。每个功能模块按照一定的添加条件与相关的功能模块建立联系,从而满足某个用户或特定设计方案的需要。因此,完整的功能模块定义必须包含该功能模块全生命周期内的全部信息,包括用户和开发的需求、设计和工艺数据、使用和维护指南、采购和质量信息、与其他元件的结构关系及有效时间和有效条件、当前的发放状态、历史的变更版本、对应的审批流程等。

(三)延迟

延迟的实质是将产品的差异化延迟。延迟的概念是安德森(Alderson)最早提出的。他认为,产品越接近最终购买目的,产品差异性越强。在生产过程中,寻找不同产品的差异点,尽可能延迟差异点出现的时间,不仅可以降低制造上的复杂程度,还可以减小预测误差,减少需求的不稳定性,提高企业整体效益。

可以说,在产品成型的过程中,投入越来越多,风险越来越增大,"木已成舟"时的风险最大。过早按最终用途提供产品,在急剧变化的时代风险极大。在个性化需求突出的时代,应该先等特定顾客需求完全确定之后,再实施差异化。因此,延迟是为了减小风险、适应需求个性化而采用的一种生产组织技术，它的核心内容是：在整个生产流程中，将不同产品需求中相同的零部件和制造过程尽可能最大化，而将体现个性化需求的定制差异化制造过程尽可能推迟。表面上的延迟实质上是为了更快速地对急剧变化的市场需求作出反应，实现供应链的低生产成本、快反应速度和高顾客价值。同时，延迟差异化也是为了提高效率、缩短交货期。延期差异化意味着产品的共性部分或者通用部分是可以而且需要提前制造的，如果等待顾客的最终需要确定之后从零开始进行生产，则生产响应时间就很长。

不仅单个企业可以采取延迟策略，一条供应链也可以采取延迟策略。例如，一个汽车制造商可以将小轿车的最终成型推迟到顾客下订单之后进行，汽车的发动机供应商同样也可以将发动机的最后成型延迟到制造商下订单之后。

不论是单个企业，还是整条供应链，在实行大量定制过程中，都有一个确定备货分离点（Customer Order Decoupling Point, CODP）的问题。如同第一章所阐述的，在 CODP 的上游是备货型生产，是预测和计划驱动的，是推进式的；在 CODP 的下游是订货型生产，是订单驱动的，是牵引式的。图 10-8 所示为一供应链从推进流程向牵引流程运动过程中推进与牵引的界线。

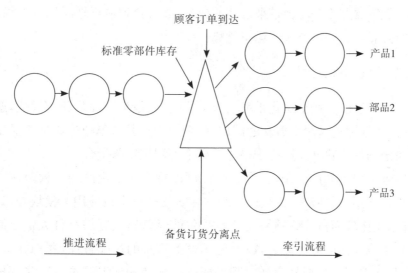

图 10-8　供应链中的推/拉流程

成功地实施延迟策略需要具备以下几个条件。一是产品结构上的约束。产品结构应该是模块化的，应该具有通用性的零部件，这样可以分模块地组装和调试。二是制造工艺上的约束。延迟加工的零部件应该具有工艺上的可行性。工序也应该模块化，如果不进行工序模块化，整个工作流程就会作为一个整体来实施，这就会导致订货至交货的周期较长，而且对多种最终产品的需求反应不灵敏。三是 CODP 点后的流程要能够灵活而快速地实施，这在建立有效、快速的客户反应时是很重要的。四是准确地获得订单是延迟策略成功的关键因素。五是需要多个部门和组织通力协作。例如，一件产品需要供应商设计标准化的零部件，而由配送中心或者是分销伙伴来完成一些个性化的步骤。六是工程师要有供应链管理的意识，在设计时寻求能够带来延迟机会的设计方案。七是延迟策略往往需要付出很大代价，必须具备量化延迟策略成本和收益的能力。延迟策略可能会导致单位产品的生产成本增加。

(四)混合模式

从根本上讲,生产方式的变革是由顾客需求变化引起的,大量定制的出现是顾客个性化需求的结果。大量事实表明,当前市场需求呈现个性化的趋势。但是,顾客个性化需求是否最终会取代通用性需求?这是一个难以得到肯定回答的问题。然而有一点是明确的:不管个性化需求是否最终会取代通用性需求,在当前情况下,两种需求共存是不争的事实。于是,需要实行一种混合模式来适应当前的需要。戴尔公司通过实行大量定制模式取得了巨大成功。但是否应该用戴尔模式来取代其他模式?答案是否定的。对于具有通用性需求的产品,顾客对可获得性的需求高,大量定制难以及时满足顾客的需求。对于标准化产品,采用大量生产方式是最好的。只有站在企业战略高度看待企业客户问题及运营效率问题,才能完整把握大量定制的核心思想。企业在运营实践中,按照单个客户细分未必是最合理的,因此企业应根据客户的实际需求,结合自身战略考虑成本、财务需求,选择适当的定制程度,从这个意义上说,大量定制的任务之一就是寻找合理的方法解决客户的需求差异化问题。

综上所述,大量定制并不一定会带来过多的成本,通过合理恰当地运用以上策略,企业可以提高销售收入和顾客满意度,获得真正的竞争优势。

五、MC 与 MP 的区别

随着信息技术的发展、市场全球化带来需求多样化,大量生产面临新的挑战,这就是所谓的大量定制。如果要简要地评述这两个概念的区别,大量生产充其量是通过添加产品属性增加了客户的选择权,而大量定制则是建立在产品子模块基础上的用户定制组合。

如果举 IT 行业大家熟知的例子,操作系统就可以看作大量生产的一种范例。尽管对最终用户而言,用户可以选择不同的版本,甚至这些版本在研发过程中也使用了模块技术,但在本质上这是一种有限选择。相比较而言,PC 领域尤其是戴尔的经营模式更加符合大量定制的趋势。由于 PC 标准的开放和下游充沛的生产能力,以及电子商务带来的可配置性,我们在选购电脑的时候,理论上每一个客户购买同一款型号商品时都可能产生独特的配置结果。这些变量组合可以从几十种甚至上升到上百种。另一个例子是汽车。中国的汽车市场统一车型通常根据配置和内饰划分成两到三个档次,在每个档次的基础上,提供不同的颜色选择。这种改变彻底颠覆了产品设计、制造、交付和服务过程。

归根结底,大量生产要解决的是同步问题、流程问题,而大量定制则要解决复杂性的问题。大量定制的本质是要以大量生产的效率满足众多客户的个性化要求。要达到这个要求,必须做到产品子模块的无限细分及最终产品的无限组合,并且整个过程并不降低产出率,依然满足大量生产的效率要求。两者的区别如表 10-4 所示。

表 10-4　大量生产与大量定制生产的比较

要点	大量生产模式	大量定制生产模式
焦点	通过稳定性和控制取得高效率	通过柔性和快速响应来实现多样化和定制化
目标	以人人都能买得起的低价格开发、生产、销售、交付产品和服务	开发、生产、销售、交付买得起的产品和服务,产品和服务具有多样性和定制性,人人都能买到自己想要的产品
关键特征	稳定、同一的需求; 统一的大市场; 低成本、质量稳定、标准化的产品和服务; 较长的产品开发周期,较长的产品生命周期。	多样化和个性化的需求; 多元化的市场细分; 低成本、高质量、定制化的产品和服务; 较短的产品开发周期,较短的产品生命周期。

第三节　现代集成制造系统

管理行动

广州白云电器设备股份有限公司是原国家机械工业部、电力工业部定点生产高低压电器元件、高低压成套设备及自动化装置的综合电器制造厂。随着信息技术的飞速发展,公司领导决定实施 CIMS 系统。经过实施小组的努力,2000 年 9 月,CIMS 系统顺利地通过了由国家 863/CIMS 主题专家组专家与广东省 863/CIMS 专家组专家联合组成的项目验收小组的验收检查,并被评为国家级示范企业;2002 年 6 月,该项目又被科学技术部评为国家级科技进步二等奖。公司通过实施 CIMS 系统,提高了员工的整体素质和企业的管理水平,促进了公司的技术进步,增强了公司的竞争力和持续发展的后劲,为公司长远发展奠定了基础。

(案例来源于网络,文字有删改)

随着应用范围的不断拓展,信息技术越来越密切地和产品开发技术、制造技术、生产管理技术结合起来。在这些新形成的生产方式中,最具代表性的制造业技术就是计算机集成制造系统(Computer Integrated Manufacturing System,CIMS)。

一、CIMS 的产生及定义

计算机集成制造系统(Computer Integrated Manufacturing System,CIMS)是于 1974 年由美国的约瑟夫·哈林顿博士在《计算机集成制造》(《Computer Integrated Manufacturing》)一书中首次提出的。当时,他提出了两个基本观点:

一是企业生产的各个环节,即从市场分析、产品设计、加工制造、经营管理到售后服务的全部生产活动,是一个不可分割的整体,要紧密连接、统一考虑;

二是整个生产过程实质上是数据的采集、传递和加工处理的过程,而产品可以看作数据的物质表现。

综合这两个观点可以看出，CIM是信息技术和生产技术的综合应用，目的在于使企业更快、更好、更省地制造出市场需求的产品，提高企业的生产效率和市场响应能力。从生产技术的观点看，CIM包含一个企业的全部生产经营活动，是生产的高度柔性自动化，它比传统的加工自动化的范围要大得多；从信息技术的观点看，CIM是信息系统在整个企业范围内的集成，主要体现为以信息集成为特征的技术集成、组织集成乃至人的集成。因此，CIM是生产组织的一种哲理、思想和方法。当一个企业按CIM组织整个企业的生产经营活动时，就构成了计算机集成制造系统（CIMS）。

如上所述，CIM是组织现代化生产的一种哲理、一种指导思想。而CIMS便是这种哲理和指导思想的实现。关于CIMS目前还有许多问题有待深入研究，就是对其定义，也是众说纷纭。

可以说，CIM哲理只有一个，CIM的许多相关技术（如CAD、成组技术、MIS等）具有共性，而CIM系统（即CIMS）则是因企业的不同而千变万化的。CIMS主要是强调研究开发不应停留在哲理上，而要把重点放在实践上，通过实现关键技术形成高技术产业。要用系统观点来指导CIMS的研究开发与CIM概念本身强调总体、强调系统是一致的。

德国自20世纪80年代初期开始注意探讨CIM这一主题，并提出了各种不同的概念、定义，直至1985年（联邦）德国经济生产委员会（AWF）提出了关于CIM的推荐性定义，CIM的定义才取得了一定程度上的统一。AWF推荐的定义如下：CIM是指在所有与生产有关的企业部门中集成地采用电子数据处理。CIM包括了在生产计划和控制（PPC）、计算机辅助设计（CAD）、计算机辅助工艺规划（CAPP）、计算机辅助制造（CAM）、计算机辅助质量管理（CAQ）之间信息技术上的协调工作，其中为生产产品所必需的各种技术功能和管理功能应实现集成。目前，各主要工业发达国家对CIM的定义已基本趋向一致。例如，日本能率协会在1991年完成的研究报告中提出CIM的定义：“为实现企业适应今后企业环境的经营战略，有必要从销售市场开始对开发、生产、物流、服务进行整体优化组合。CIM是以信息作为媒介，用计算机把企业活动中多种业务领域及其职能集成起来，追求整体效率的新型生产系统。"CIM-OSA（开放系统结构）课题委员会提出的CIM定义，被认为是当前对CIM的最权威、最科学的定义："CIM是信息技术和生产技术的综合应用。因此，企业的所有功能、信息、组织管理方面都是一个集成起来的整体的各个部分。"

在激烈的市场竞争中，企业要求生存、争发展，就要用CIM的概念组织生产。要实现企业的总体优化，不仅要正确处理加工制作过程的自动化，还必须使设计过程、管理和决策过程采用先进技术，更加重要的是企业的体制、运行机制必须作相应的深刻变革。因此，CIM是一种组织现代化生产的哲理。

二、CIMS的体系结构

CIMS的具体结构在不同的企业有不同的形式。例如，美国国家标准局建立的自动化研究试验基地（Automated Manufacturing Research Facility，AMRF）、美国的IBM公司、DEC公司，德国的西门子公司，欧洲信息技术研究发展战略计划（Europe Strategic Programme For Research And Development In Information Technology）都提出了自己的CIMS结构框架。尽管这些公司或组织提出的CIMS结构框架各不相同，但从功能和组织要素上看，却有着惊人的一致性。这使我们有可能从中提取CIMS的一般结构框架。下面从功能结构和技术结构两方面进行介绍。

(一)CIMS 的功能结构

从功能上看,CIMS 包含一个制造企业的设计、制造、经营管理三种主要功能,但要使这三者集成起来,还需要支撑环境,即分布式数据库和计算机网络及指导集成运行的系统技术。一般来说,CIMS 由四个功能分系统和两个支撑分系统构成,如图 10-9 所示。

1. 四个功能分系统

(1)管理信息分系统。它以制造资源计划 MRPII 为核心,包括预测、经营决策、各级生产计划、生产技术准备、销售、供应、财务、成本、设备、工具和人力资源等管理信息功能,通过信息集成,达到缩短产品生产周期、降低流动资金占用比率、提高企业应变能力的目的。

(2)产品设计与制造工程设计自动化分系统。它是用计算机辅助产品设计、制造准备及产品性能测试等阶段的工作,通常成为 CAD/CAPP/CAM 系统。它可以使产品开发工作高效、优质地进行。

(3)制造自动化(柔性制造)分系统。它是指在计算的控制与调度下,按照 NC 代码将毛胚加工成合格的零件并装配成部件或产品。制造自动化系统的主要组成部分有:加工中心、数控机床、运输小车、立体仓库及计算机控制管理系统等。

(4)质量保证分系统。它是通过采集、存储、评价与处理存在于设计、制造过程中与质量有关的大量数据来提高产品的质量的。

2. 两个支撑分系统

(1)计算机网络分系统。它支持 CIMS 各个系统的开放型网络通信系统,采用国际标准和工业标准规定的网络协议(如 MAP,TCP/IP)等,可实现异种机互联、异构局部网络及多种网络的互联。它以分布为手段,满足各应用系统对网络支持服务的不同需求,支持资源共享、分布处理、分布数据库、分层递阶和实时控制。

(2)数据库分系统。它支持 CIMS 各分系统,覆盖企业全部信息,以实现企业的数据共享和信息集成。它在逻辑结构上是统一的,在物理结构上可以是分散的全局数据管理系统,以实现企业数据共享和信息集成。

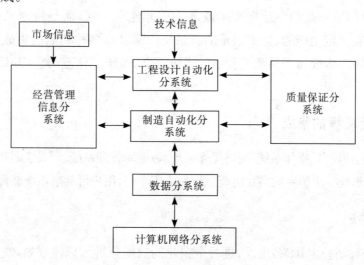

图 10-9　CIMS 功能结构示意图

(二)CIMS 的技术结构

从结构上看,CIMS 的技术结构如图 10-10 所示。

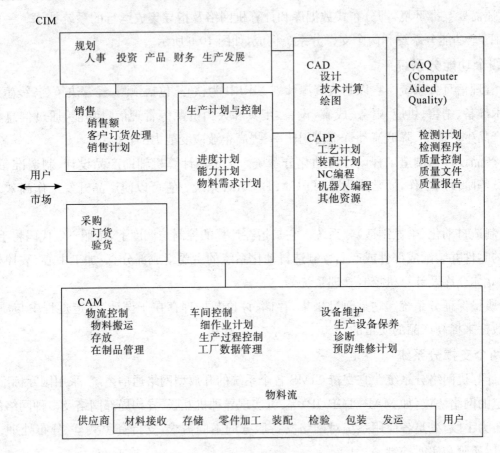

图 10-10　CIMS 技术结构示意图

三、CIMS 集成的内涵

集成和连接不同,它不是简单地把两个或多个单元连在一起,而是将原来没有联系或联系不紧密的单元组成为有一定功能的、紧密联系的新系统。两种或多种功能的集成包含着两种或多种功能之间的相互作用。集成属于系统工程中的系统综合、系统优化范畴。CIMS 的集成,从宏观上看主要包括以下 5 个方面。

(一)系统运行环境的集成

主要是将不同的硬设备、操作系统、网络操作系统、数据库管理系统、开发工具以及其他系统支撑软件集成为一个系统,形成一个统一的高效协调运行的应用平台,用户可共享系统软件、硬件资源。

(二)信息的集成

CIMS 从信息资源管理(IRM)出发,进行全企业的数据分析与总体规划,统一规划设计建立数据库系统,使不同部门、不同专业、不同层次的人员在信息资源方面实现高度共享。

(三)应用功能的集成

对工程设计领域而言,CIMS就是将决策支持系统(DSS)、计算机辅助管理(CAM)、计算机辅助工程(CAE)、计算机辅助设计(CAD)等应用系统融为一体,建成计算机集成工程设计系统(CIEDS)。

(四)技术的集成

开发建设面向行业应用的计算机集成应用系统是多种高技术的综合运用。例如,进行系统分析设计时,必然要以系统工程理论及某种系统开发方法论(如结构化方法、信息工程方法、面向对象方法等)为指导。又如网络通信技术、数据库技术、多媒体技术、可视化技术、并行工程与计算机支持的协同工作、人工智能与优化技术以及工程设计理论与技术和管理科学等,需要多方面的高级技术人员参加和有关专家学者的技术咨询。

(五)人和组织的集成

首先,要开发建设集成应用系统,高层领导必须介入,以加强统一领导,自始至终坚持"管理人员、设计人员、计算机技术人员三结合"的原则。其次,随着集成应用系统规划、分析、设计和实施逐步完成,管理机制必须变化,以真正实现管理机构和生产组织的现代化和科学化。最后,集成应用系统的每一个管理者和使用者都要有系统集成的明确观念,每一个人都在系统的控制下进行工作,每个人工作任务的正确及时完成都将影响系统的维护和运行。

总之,人、组织和系统是不可分割的有机体,从系统的设计开发到系统建成后的应用、运行和维护,起关键作用的仍然是人、组织和管理。

将上述几个特点归纳成一句话就是:以网络为支撑,以数据库为核心,把各类功能分系统和应用软件有机地集合在一起,形成综合性的多功能的计算机集成应用系统。

四、CIMS哲理的广泛适用性

这个问题还是在于对"制造"(Manufacturing)一词的理解,国外也有过很多争论。现在大多数情况下这个词被理解为广义的概念,而不局限于金属切削加工的离散类零件制造,也不局限于飞机、汽车等大型装配企业。有些成功的运用CIMS的例子是在电器、电子元器件、成衣、食品(包括乳制品)加工。这一切都反映了对CIMS的应用没有行业的限制。

在经营机制上,高生产率和高柔性是不同企业共同追求的目标。为了追求高生产率,在规模经济思想指导下,企业要努力扩大批量,努力将离散作业连续化,如流水生产线、自动生产线。但是为了提高柔性,生产线需要变化,实施CIMS及柔性制造系统,既提高了生产率,也提高了系统的柔性,从而帮助企业获得更好的经济效益。因此,CIMS对不同类型的企业都有适用性。

当然,由于企业类型不同,CIMS的具体构成、实施重点及方法是不同的,这些需要根据具体的情况,在生产自动化、生产工艺、产品设计、生产管理、质量控制等方面进行设计和实施。

另外,CIMS的概念还适用于中小型规模的企业。在一般人眼里,CIMS是一种巨额投资的高科技项目,经济实力较弱的中小型企业对此似乎应漠不关心。但实际上,CIMS是一种以计算机技术为手段,把企业内各个部分、各种技术集成为一个整体的一种生产模式,因此,它不受企业规模的限制。只要企业有应用计算机技术进行企业技术改造和体制改革的实际需求,就可以制定一个总体规划,逐步扩大计算机技术的应用,量力而行地逐步集成,而不再只建筑自动化孤岛。中小企业有自己的具体情况和特点。譬如,有的企业只是对某些产品进行来料加工,其设计部门很弱,不需要CAD/CAM;有些企业手工完成的工作量多(如成衣),没有必要配置FMS。甚至可以说,只要根据CIM哲理寻求企业最佳经营模式,即使不用计算机辅助设计或编制生产计划等,也可以认为是CIMS,不过这里的"C"是"Contemporary",即"现代集成制造系统"。中小企业完全可以根据"现代集成制造"这一概念,规划企业的CIMS,实施CIMS,增强自己的竞争能力,得到实惠。

综上所述,最重要的是实施CIMS的目标是全面综合管理目标,要在时间、质量、费用和顾客满意度四个方面获得全面的竞争优势。因此,不必要也不可能实施全厂自动化,特别是在实施CIMS的初级阶段更不能过分强调自动化。实施CIMS要有一个总体规划,这一点十分重要。因此,企业可根据生产经营的战略目标,确定相应的CIMS技术目标,自上而下地设计与规划,自下而上地分步实施,边实施、边见效,从而避免因没有总体规划而产生自动化孤岛给未来集成带来困难,也可使各个阶段的投资尽可能长久地发挥效益。

第四节　服务型制造

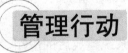

徐工集团联手阿里云打造的Xrea工业互联网平台的服务客户已超350家,覆盖了20多个国家和地区的50多个行业。

Xrea工业互联网平台连接了工厂生产现场的机床、机器人、AGV小车等设备,能够精准统计设备的开工率、能耗、健康情况、机床加工精度,能够对设备进行诊断、统计和分析,为设备赋智。

徐工集团借助Xrea平台,可以帮助客户提质、增效、降本,带来更多收益与价值。如为某手机壳生产商的数控加工中心刀具进行预测性维护,帮助良品率从87%提升到99%;为徐州某酒店集团打造了智能建筑能源管理解决方案,在夏天温度同比升高3.1℃的情况下,电量开销可降低23%。

(案例来源于网络,文字有删改)

一、服务型制造的概念和产生背景

服务型制造在国内外有不同的叫法,国内一般将它称为"制造业服务化"或"制造服务",国外习惯称它为"基于服务的制造"(Service Based Manufacturing)、"服务增强型制造"(Service-enhanced Manufacturing)或"服务导向型制造"(Service-oriented Manufacturing)。

(一) 概念

"服务"概念在制造领域的崛起主要包含两个方面：一是把生产性服务业作为主导产业加以大力发展，二是在制造业升级过程中突出制造业的服务化转变。但生产性服务和制造业服务化是两个不同的概念，其服务对象和出发点不同。生产性服务不是为最终顾客提供服务的，而是为生产者的生产活动提供服务的，如面向产品制造和生产过程提供的技术服务、信息服务、物流服务、融资租赁服务、交通通信服务、教育培训服务、电子商务等。制造业服务化不同于生产性服务，也不同于以往只专注提供有形产品的生产型制造，它以制造业企业最终顾客为服务对象，满足顾客的个性化和全方位的需求，使顾客获得最大的增值为出发点，由制造领域向着服务领域拓展与延伸，将产品制造业务与前后端的服务业务相融合，提供给顾客"交钥匙工程"和"一揽子"的全面解决方案。服务型制造向顾客提供的不仅仅是产品，还包括服务或依托产品的服务。

"服务型制造"在不同的场合具有不同的属性。

1. 作为专有名词

"服务型制造"是指基于制造的服务和面向服务的制造的语义集合。其语义涵盖了基于企业制造整合资源的服务活动（如由产品转变为方案解决）和针对客户需求和服务的制造活动。

2. 作为动名词

"服务型制造"是企业面向服务而引起的一系列制造活动所形成的集合。特指制造型企业面向客户需求进行的一系列服务提供和服务制造的连续性动作的集合，如需求采集、需求挖掘、体系化方案设计、全生命周期维护等。

3. 作为一种战略

"服务型制造"是以服务转型和服务提供为目的的制造企业发展和转型的一种战略导向的名称，它不仅仅停留在制造的层面，还以制造企业服务为中心，提供所形成的具有明确导向性的一连串有序的企业活动，包括企业的长短期计划、活动以及后期评估和反馈等。

服务型制造就是指制造企业由制造领域向服务领域的拓展与延伸，开展基于制造的服务和面向服务的制造。它是基于生产的产品经济和基于消费的服务经济的融合，是制造与服务相融合的新产业形态，是一种新的制造模式。

(二) 产生背景

服务型制造的出现，是顾客需求变化、交易方式转变、社会分工细分与整合以及市场竞争加剧的必然结果。

1. 从顾客需求上看

当今顾客需求已变得越来越多样化和个性化，需求结构普遍向高层次发展，要求也越来越苛刻，顾客已不再满足于对单项实体产品的需求，而要求以低廉的价格满足个性化需求的同时，能够获得来自产品全生命周期的各种利益。这些变化必然要求产品生产方式要由传统的"一对多"向着"一对一"转变，由过去以产品为核心的商业模式向以服务为基础的商业模式转变，由过去仅以提供产品为主的生产向以提供全面解决方案为主的服务方向转变。而一整套全面解决方案往往涵盖的是"产品和服务的综合体",包括从咨询、规划、设计、制造、运输、安装、维修到教育培训等一整套业务。制造企业为顺应顾客需求变化,提供个性化产品及广泛且完备的服务,通过整合产业链上下游生产与服务资源,构建面向客户的全面的供应模式,将产品和服务进行"捆绑销售"。

2. 从交易方式上看

消费方式和生产方式的转变使交易方式发生变化,生产者与客户的交易正在从产品一次性交易向长期服务的方式转变。在生产者与客户之间,传统的基于产品一次性购买的短期接触变成了持续的多次服务过程,甚至是终身服务的长期共生关系。在与顾客的长期接触过程中,生产者不仅可以了解顾客的需求,还在顾客的参与下可以更加清晰地知道怎样满足需求,这将促使生产者挖掘提供更多的相关服务。

3. 从分工整合上看

一方面,随着社会生产规模不断扩大,社会化分工逐渐细分和专业化,制造过程中的服务性业务开始相继外置分离,加之社会交易成本的不断下降及工业化和信息化快速推进对现代服务的迫切需求,这使得生产性服务业逐步兴起并得到快速发展。另一方面,社会分工的细分化和专业化也给产业链带来了节点企业脆弱性和业务间协调性问题,甚至影响产业链的整体竞争力和发展。

4. 从市场竞争上看

现代化的大工业生产方式使得工业制成品的标准化程度更高,生产数量相对过剩,产品同质化和恶性竞争、过度竞争严重,制造企业越来越难从供过于求的同质化产品上获取竞争优势。实施差异化竞争战略是企业市场竞争的重要选择和获得竞争优势的重要途径,而能够决定产品异质化程度的环节往往又是获利最丰厚的环节。由于服务产品种类繁多、具有个性化和发展空间大的特点,企业开展基于制造的服务和面向服务的制造,可拓宽竞争的广度和深度,形成产品差异性和差异化竞争优势,为追逐利润找到新的空间,以摆脱单纯"有形产品提供商"角色面临的产品同质化、过度竞争、附加价值低和薄利的局面。

二、服务型制造的分类和特点

(一)服务型制造的分类

1. 从服务型制造的核心概念上划分

从服务型制造的核心概念上看,它可以划分为基于制造的服务和面向服务的制造这两类。这两类服务型制造都以顾客为中心,都是制造企业由制造领域向服务领域的拓展与延伸,都是制造和服务融合的产物。但是,基于制造的服务更强调在已有产品制造的基础上增强服务功能,拓展和强化加工制造后端的品牌管理、托运运输服务、设备安装服务、技术支持与人员培训服务、检测化验服务、售后维修服务、设备租赁服务、报废回收服务、融资担保服务等。例如,劳斯莱斯公司不卖产品而提供基于产品的服务。作为波音、空客等飞机制造企业的供货商,劳斯莱斯公司并不直接出售发动机,而以"租用服务时间"的形式出售,并承诺在对方的租用时间段内,承担一切保养、维修和服务。发动机一旦出现故障,不是由飞机制造商或航空公司来修理,而是由发动机公司在每个大型机场驻有的专人来修理。

第十章 其他先进生产方式

面向服务的制造则强调以满足顾客的个性化需求为导向,从使顾客充分得到来自产品和服务的最大利益出发,提供给顾客覆盖产品全生命周期的"交钥匙工程"和"一揽子"的全面解决方案,这既包括向加工制造后端的服务领域拓展延伸,又包括向加工制造前端的市场调研、咨询策划、工程设计、产品和技术研发设计、试验检测等领域拓展延伸。例如,个性化定制、客户全程参与设计、工程总承包等,以及从硬件制造商向 IT 服务商转型。

2. 从服务型制造的组织形态上划分

从组织形态上看,服务型制造可以划分为由制造领域向前端拓展延伸、向后端延伸或同时向前后端拓展延伸。由制造领域只向前端拓展延伸,着重把加工制造及其前端的咨询策划、工程设计、研发设计等做强做大。由制造领域只向后端拓展延伸,指在拥有加工制造优势核心资源基础上,拓展延伸其后端的服务业务,强化基于产品的服务功能。由制造领域同时向前后端拓展延伸,可以是拓展制造产业链的各个环节和产品全生命周期的整个业务流程,也可以是着重把产业链或业务流程上的部分环节和业务做强做大。

(二)服务型制造的特点

1. 顾客全程参与

服务型制造已不再像过去那样把顾客当作被动的产品接受者,而要把顾客作为企业的合作生产者,强调主动性服务,主动发现顾客需求,将顾客引入产品和服务的设计、生产制造、应用服务过程中来,展开针对性服务,与顾客共同完成产品和服务的改进创新,互利共赢地协同创造价值。

2. 服务功能增强

服务型制造不是纯粹的产品加工制造,而是向前期开发、后期维护等服务领域拓展延伸,将生产制造与前期开发、后期维护、即时服务进行融合,加大服务业务比重,增强服务功能,使顾客充分得到来自产品和服务的各种利益。

3. 流程组织多样

服务型制造的业务流程可以是制造企业从聚焦产品制造阶段出发,分别或者同时向前、后端拓展延伸,提供基于产品的增值服务;也可以是制造企业放弃或外包产品加工制造的部分非增值业务,依靠原有的生产性服务优势,转型为以提供专业服务为主。覆盖制造产业链的各个环节和产品全生命周期的整个业务流程可由某一个服务型制造企业单独完成,也可由基于联盟合作关系的制造企业和生产性服务企业共同完成。

4. 服务增值加大

服务型制造的整体价值链呈现两种基本形式:一种为"微笑曲线"形整体价值链,另一种为"元宝曲线"形整体价值链。在图 10-11 所示的"微笑曲线"形整体价值链上,中间部分是附加值低的制造和装配业务,两端是附加值高的生产性服务业务。加工制造前端的研发设计、试验检测、材料采购和后端的品牌营销、售后服务、融资担保服务等是增值的关键,即产品制造是成本中心,服务则为利润中心。有人把整个制造业产业链划分成"6+1"产业链环节,其中"1"是指加工制造,"6"是指产品设计、原料采购、仓储运输、订单处理、批发经营、终端零售这六个环节,这六个环节创造的价值约占 90%,加工制造环节创造的价值约占 10%。也有人统计生产所创造的价值约占整体价值的 1/3,服务所创造的价值约占 2/3。从整体价值链的流程来分析,生产过程的时间为 1/10,服务过程的时间为 9/10。

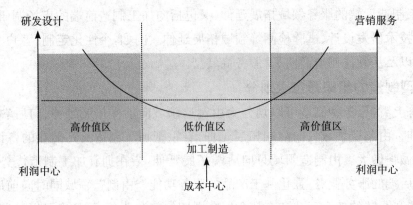

图 10-11　制造业价值链的微笑曲线

那么世界的产业格局是否只有这一种?制造是否完全不能成为价值创造的重要手段?答案显然是否定的。事实上,决定附加值的主要因素是进入障碍与能力积累效果。进入障碍越好,积累效果越好,附加值也越高。在图 10-12 所示的"元宝曲线"形整体价值链上,"倒微笑曲线"是制造业价值创造的关键环节,两端是附加值高的生产性服务业务。这反映出对某些企业而言,尽管研发和品牌对企业价值创造至关重要,但由于在制造环节拥有垄断性优势或核心制造资源技术等其他竞争优势,制造对这些企业的价值创造贡献更为突出、更为显著。例如,通用电气公司的"技术+管理+服务"所创造的产值占总产值的比重已经达到 70%。通用电气公司通过拓展维修服务和金融服务促进制造业务发展,大力发展金融服务公司,为工业部门提供成长动力。对于"微笑曲线"形整体价值链,服务型制造可以拥有整个链条上的所有业务,也可以将中间部分业务外包出去。对于"元宝曲线"形整体价值链,服务型制造可以拥有整个链条上的所有业务,也可以拥有链条中间部分和向前端拓展延伸的业务,或者拥有链条中间部分和向后端拓展延伸的业务。

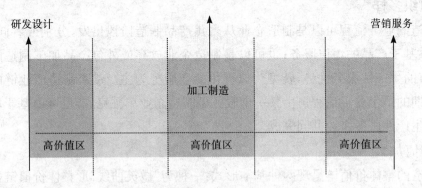

图 10-12　"元宝曲线"形整体价值链

三、服务与制造融合所产生的新问题

服务型制造之所以可以被视为一个新的交叉领域和研究方向,是因为它除了在实际经济中所展现出的巨大潜力外,在研究领域,服务和制造的充分融合也产生了一些无法单纯地从制造视角或者服务视角研究解决的新的问题。这些问题大体可以归结为四个层面：人、企业/组织、产业/区域、国家。

(一) 人

服务型制造最终的价值诉求是通过企业间服务和对终端消费者的服务实现价值增值。因此，在服务型制造中，人不是被动的产品消费者，而是与企业一道成为产品服务体系生产的重要参与者和活动方。这是单纯的制造研究和服务研究所无法解决的。因此，服务型制造需要对人的因素进行重新定位和研究。

(二) 企业/组织

服务与制造的充分融合在企业层面产生了大量新问题。首先是企业的边界确定问题，由于企业之间高度互动和主动服务，在行为上形成互相嵌套的组织模式，这与传统的交叉持股等治理模式所形成的静态混合组织模式有很大区别。因此，如何看待这种新的组织模式、如何界定边界和行为是重要的新问题。其次是在操作层面，如何确定服务与制造的边界，如何开展服务与制造的融合，如何将传统的制造进行转型，形成完善的产品服务系统，这些都产生了大量的新问题。

(三) 产业/区域

由于产业的各自特点和上下游位置不同，在不同的产业背景下服务型制造会表现为不同的形态。如面向终端消费者的服务型制造和面向企业产业的服务型制造就有很大的区别。因此，服务型制造在产业发展上表现为不同的特点。同理，由于服务型制造的新特点，原有的产业在区域层面的发展手段也需要修正。

(四) 国家

服务型制造的本质是高度依赖消费感知和企业间行为的一种新模式，因此传统的发展制造业或者服务业的方式（如大规模的投资推动）在推动服务型制造方面可能不会产生同样的效果。国家层面推动服务型制造的主要手段是降低交易成本、主动提供信息交流服务，但具体的方式和方法仍然需要大量的研究。

四、制造业服务化转型的挑战和路径

(一) 制造业服务化转型的挑战

发展服务型制造会给传统型制造企业或生产型制造企业带来一些挑战，具体如下。

1. 需要确定服务内容的拓展方向和拓展方式

制造企业的服务内容是向加工制造的前端拓展，或向加工制造的后端拓展，或两端同时拓展。制造企业应确定采用何种方式拓展服务内容，走什么样的制造服务化发展道路。

2. 需要将产品与服务有效集成

在制造服务化模式下，企业将为顾客提供贯穿产品全生命周期的综合服务，要考虑如何将服务与产品有效集成,使传统的产品系统发展成为集产品和服务于一体的产品服务系统;采用怎样的多次交易方式,以使生产与服务相适应。

3. 需要搭建顾客需求信息平台和与顾客有效交互的途径

在制造服务化模式下,一方面,企业要主动搜集和挖掘顾客的产品服务需求信息资源;另一方面,顾客不再是被动的产品接受者,而要参与到产品服务的设计、生产、使用和服务过程中。由于产品与服务的交互性、顾客及需求的异质性,顾客在参与过程中存在与产品服务开发、生产运营、使用维护等有关的诸多隐性知识,这些隐性知识需要表达、交流和学习。因此,企业既需要搭建顾客需求信息的平台,又需要建立顾客全程参与的有效交互途径和方式,从而有效地管理顾客关系。

4. 以低成本灵活适应个性化需求的能力

"一对一"的产品定制服务是制造服务化的一项重要特征。产品服务定制化成功的关键,不但在于满足顾客个性化的需求,而且要让顾客感到物有所值,甚至是赚了。这就要求企业能以类似大规模生产的高效率和低成本,向顾客提供个性化的产品服务,也就是通过高效率、低成本来适应顾客个性化需求变动。

5. 需要建立产品服务管理体系

产品服务管理体系包括在制造服务化模式下对产品和服务进行质量评估,确定交付与定价的方式方法等。

6. 需要整合企业供应链和构建服务型制造网络

无论制造企业走向何种服务化转型路线,无论是向前、向后还是同时向两端拓展延伸服务内容,包括加工组装在内的产业链上各环节业务都由一个企业单独完成的情况是少见的,甚至某些研发、设计、制造、销售和服务活动想要在一个地区内独立完成也是不可能的,这是因为一个企业或者一个地区很难在整个制造业产业链的所有环节上都具有优势。在这种情况下,制造业服务化转型往往需要由全球多个企业或是通过制造企业与生产性服务企业联盟合作、产学研联盟合作、总分公司(或母子公司)组织来协同完成。这就要求企业有能力整合供应链(供需链)资源,将本企业和来自其他地区、组织的服务和产品进行组装与集成,建立统一的制造规范和有效的联盟合作机制,以形成协同、高效、有序的服务型制造网络。

(二)制造业服务化转型的路径

服务型制造企业在具体确定使命任务时,要明确服务所面向的市场定位、拓展服务的方向和内容、在产业链上的地位和角色。从企业服务化转型的路径上看,一般有以下几种方式。

1. 产品服务化路线

从聚焦产品生产的阶段出发向后端拓展,走"产品服务化路线"。在保留企业原有生产制造业务的基础上,提供基于产品的增值服务,从总体上提升客户的产品拥有体验。这种服务拓展方式在战略层面上需要调整变革的问题相对较少,转型变革的风险较小,因此对大多数生产型企业来说是切实可行的。

2. 知识技术密集型的高端服务路线

从聚焦产品生产的阶段出发向前端拓展,走"知识技术密集型的高端服务路线"。在保留企业原有的全部或部分生产制造业务的同时,面向专业化市场或新的业务领域,基于拥有的核心技术、研发设计资源能力优势,向咨询策划、工程设计、研发设计、试验检测、标准制定和自主产权技术的知识支持服务拓展,为客户提供知识密集型、技术密集型的高端服务。

3. 产品服务一体化路线

从聚焦核心制造业务环节出发同时向两端拓展,走"产品服务一体化路线"。这是指企业保留核心的生产制造业务,外包原有非核心的生产制造业务,并依靠在有关研发、供应链管理、品牌营销、售后服务等方面积累起来的经验、专业知识和资源能力,向制造两端同时拓展,进行产品服务一体化集成创新,为用户提供一整套解决方案。

4. 服务产品化路线

脱离(或外包)原有的全部生产制造业务,转向专业服务,走"服务产品化路线"。这是指企业摆脱原有的全部生产制造业务,在以往开展服务项目的基础上获取经验、专业知识和资源,进行服务产品化创新,为其他相关企业和客户关键业务问题的解决提供全套的专业服务,成为解决方案的提供商。这种转型路径需要企业在战略层面作出很大的调整变革,转型变革的风险大,转型成功的企业往往对产业链上其他相关企业的运营活动可产生重要影响甚至控制作用,一般适用于产业链上掌握核心技术和原有服务功能较成熟的企业或行业领军企业。

五、制造业服务化转型的对策

(一)产业和宏观管理层面的对策

促进制造业与信息技术产业的深度渗透与融合,加快装备制造业尤其是高端装备制造业发展;走制造业与生产性服务业并举发展之路,在加快制造业结构调整升级的同时大力发展技术服务业、信息服务业、物流服务业、融资担保服务业、交通通信服务业和电子商务等生产性服务业。

面向装备制造业、战略性新兴产业、地区主导产业、支柱产业和潜力型产业,成立基础性共性技术和关键共性技术研究院;建立并完善以行业领军企业为主,产业链企业联盟的核心技术研发中心;依托优势科技资源单位,建立完善产学研技术创新战略联盟、协同创新基地或公共研发促进中心;依托国家级重点实验室、工程技术(研究)中心、国家重大科学工程建设,搭建开放共享的基础科技平台和产业共性技术研发试验平台。

上述对策既可以克服目前产业共性技术研发组织基础不完善、科技公共事业和公益领域研究缺失、产业和行业整体发展中技术辐射作用与支撑力度不大、产、学、研合作层次偏低和不够稳定持久等诸多弊端和缺陷,又有利于开发自主知识产权产品和技术标准,发展高端科技服务业,形成自主创新高地,加快形成高端化、高新化、高质化、高附加值的产业体系,增强制造业的自主创新能力和竞争力。

政府应运用多种方式和政策工具,构建加快制造业服务化转型和产业共性技术研发组织发展的支持环境。在支持方式上,政府应降低高端科技服务、共性技术研发服务、风险投融资服务业企业的市场准入门槛;在存在市场失灵的共性技术领域,政府应给予必要的直接资助,积极推进产业共性技术研发组织的形成和发展;加强产业共性技术的预测规划及产业共性技术政策与区域经济发展的协调,有意识地创造新技术应用的市场。在政策工具上,可通过税收优惠、税收补贴、科技基金返还、企业研发费用税前加计扣除等优惠政策,支持面向制造业、战略性新兴产业、地区主导产业、支柱产业、潜力型产业等共性技术研发组织,支持装备制造业领军企业、骨干企业由产品制造商向着服务提供商转型,推进技术研发服务、工业设计服务、技术支持与咨询服务、生产流程控制服务企业等向专业化服务公司发展。

(二)企业层面的对策

强化服务意识,重塑企业使命。服务经济与产品经济最显著的区别在于:权力从生产者转移到消费者。制造业服务化的关键之一,就在于制造企业要有强烈的服务意识和服务精神。德鲁克认为,"我们的事业是什么"不是由生产者决定的,也不是由公司的名称和所从事的领域来决定的,而是由消费者来决定的,由顾客购买商品或服务时获得满足的需求来决定的。制造企业在由传统的制造销售产品向提供客户化的解决方案转变时,必须强化服务意识,重塑企业使命。

1. 挖掘客户需求,创造客户价值

以顾客为中心,发现顾客需求,创造顾客价值,是服务型制造的根本出发点。服务型制造由传统的产品系统发展为集产品和服务于一体的产品服务系统,涉及对企业商业模式和产品(有形和无形产品)模式的变革。企业不应只局限在产品生产制造范围内依靠低成本来获取竞争优势和吸引顾客,而应更加注重通过商业模式和产品模式的转变来获得顾客的认可,形成差别竞争优势,锁定顾客。商业模式的核心是产品服务,本质是通过产品服务为顾客创造价值。没有顾客价值,就没有商业价值。这里的产品模式包含两层深意。其一是所提供的产品服务因各类顾客需求的不同而不同。如果企业所提供的是普通的产品服务,这说明企业还不了解或还没有深入调研、全面摸清顾客需求,还不清楚或还没找到对产品需求最强烈的目标用户。其二是所提供的产品服务要能帮助顾客解决问题和创造价值。例如,产品服务能否帮助顾客解决难题和潜在的需求问题,能否帮助顾客将暂时力所不及或无条件做的变成具备条件可做的,能否将贵的变成便宜的甚至是免费的,能不能把烦琐复杂的变成便捷简单的,能不能让顾客感到更加人性化、放心、值得甚至感觉是赚了,如果都不能的话,产品服务就很难锁定顾客。

2. 实施战略转型,走差异化之路

制造企业由传统的产品制造商向服务提供商发展,应着重做好以下战略转型。

一是由低成本竞争战略转向差异化竞争战略。基于服务拓展种类多、个性化、发展空间大、产品与服务组合具多样性的特点,企业应走差异化发展之路,开展差异化竞争,摆脱目前产品同质化、过度竞争和价格恶性竞争的局面。实际上,选择差异、培育个性和扬己之长,比靠削减成本去压低价格更重要。

二是由产业链低端发展战略转向产业链高端发展战略,或者由传统装备制造战略转向高端装备制造发展战略。

三是由参与全球分工战略转向整合全球资源战略,即由参与低端分工向参与高端分工转移,由外围或成员企业地位向核心或盟主企业地位转移。在工业发达国家和地区,制造业推进梯度转移,在加工制造基地的外移趋势下,如果欠发达国家和地区的企业只是一味地承接低端部分,而没有及时地作出必要的战略调整,没有占据产业链高端、抢占竞争制高点的核心业务与核心优势,那么只能作为加工基地和代工厂,即使再发展也只是"贫困化的发展"。

本章要点:本章主要介绍最优生产技术、敏捷制造和现代集成制造系统3种先进生产方式的基本思想和相关概念。第一节主要介绍最优生产技术(Optimized Production Technology,OPT),内容包括OPT的概念、目标、基本思想、九条原则及OPT的计划与控制系统(DBR系统);第二节介绍敏捷制造(AM)的概念、特征、AM与大量生产在思想观念和经营战略上的差异以及实现敏捷制造的措施;第三节介绍CIMS的内涵和结构;第四节介绍服务型制造的概念、分类及特点、制造业服务化转型的挑战、路径以及采取的对策。

思考题

1. 在OPT中,为什么坚持要平衡物流,而不是平衡生产能力?
2. 为什么非瓶颈获得的1小时是毫无意义的?
3. 简述OPT的基本思想和九条原则。
4. 简述DBR系统的原理以及"鼓""缓冲器"和"绳索"的含义。
5. 简述大量定制的基本概念。
6. 大量生产模式与大量定制生产模式的区别表现在哪些方面?
7. 如何理解CIMS中"集成"的概念?
8. 简述CIMS的内涵。
9. 简述服务型制造的概念。
10. 简述服务与制造融合所产生的新问题。

练习题

某工厂生产M、N两种产品,每周的需要量为120件M和35件N。两种产品的售价、原材料成本、加工时间如图10-13所示。机器A、B、C各有一台,每台机器每次只能完成一项加工任务。每台机器每周的可利用时间为2400分钟。假设系统不会出现混乱,并且生产准备时间与转运时间为零,市场需求为常数,每周的总运营费用为12000元,原材料成本不包含在运作费用内。根据以上条件,回答下列问题。

(1) 该工厂的约束是什么?
(2) 产品如何组合才能使工厂利润最高?
(3) 工厂每周可能获取的最高利润是多少?

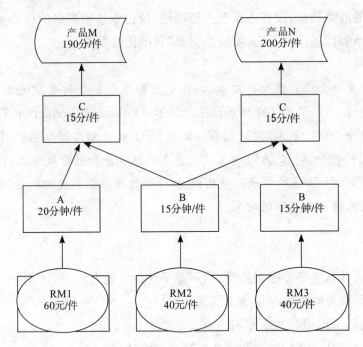

图 10-13　产品 M、N 的工艺路线图

结尾案例

宝钢集团的计算机集成应用系统

宝钢集团在一二期工程期间已建立了许多计算机应用子系统。但是这些子系统之间基本不能实现数据共享，数据通信能力也十分有限，基本处于"孤岛成群不成洲""缺头、断腰、无尾"的状况。为了改变这种状况，宝钢集团开始了 CIMS 的建设。

1. 系统结构

宝钢总厂综合应用信息系统结构如图 10-14 所示，系统分为三级。第一级为总厂管理机系统，简称为"中央机"，由一台 UNISYS SP 2200/633 ES（622 ES＋611 ES），一台 UNISYS SP 2200/404（目前只用于热轧）及一台 IBM 4341（目前用于总厂数据处理）所组成。

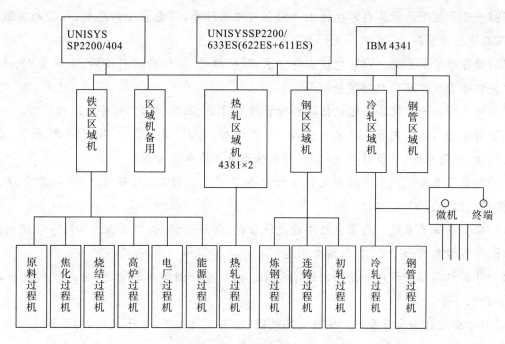

图 10-14 宝钢总厂 CIMS 结构示意图

中央机内存总计可以达到 128MB,外存可以达到 100GB。如此大的存储空间成为总厂现代化管理的有力支持。在逻辑上,总厂形成了一个庞大的数据库,其内部分割只与业务系统有关,与组织结构上的层次无关。因此,总厂中央数据库是面向全厂各层次的管理,为各层次所共享。

第二级为区域过程机系统。宝钢集团的过程控制系统比较完整,但由于机型老、规模小,负荷已近极限。为了满足综合管理的要求,过程机需要增加一些控制功能(如生产监视、钢管环形炉控制等)、设备状态信息收集功能和数据通信功能等。为了实现这些功能,充分利用现有过程机的软件资料,保证现有控制功能继续有效,宝钢总厂设置了一组区域过程机。区域过程机由 6 台中型机组成,除了 1 台备用外,其他 5 台设置在铁区、钢区、钢管热轧以及冷轧区域内。区域机上与管理机、下与各过程机相接,从管理机接受集中安排的作业计划,进行必要的处理与模型计算,给各过程机下达作业指令;同时,从过程机收集生产、设备实际数据送往管理机。区域机的设置不仅能满足综合信息系统的要求,还为过程机的更新改造、系统的标准化提供了基础。

第三级为过程控制计算机系统。宝钢总厂建立了一套能够满足声音、图像和数据通信需要的综合网络。这套网络还能满足总厂召开视频会议的需要。

全厂广域网通过 16 套局域网与 400 多台 PC 机相接。在数据处理方面,各级计算机分别承担不同的功能。一个 PC 机在物理上即一个集中处理与分散处理相结合的系统。

2. 系统的功能

综合系统设备在配置后将要开发如下 10 个功能系统。

(1)生产计划子系统。内容包括销售合同输入与处理,生产计划编制,调度及跟踪,仓库控制与发货。

(2)质量管理子系统。内容包括生产指令与技术标准,质量管理和跟踪,检验与实验室管理以及其他技术管理。

(3)设备维修子系统。内容包括设备登录、预防维修、备件与材料请购、采购管理、库存控制、中央机修管理以及历史档案分析等。

(4)物资原料子系统。内容包括编制物资原料计划、采购、收发、财务及统计。

(5)财务子系统。内容包括工资、总账/月终报告、费用、流动资金、固定资产、价格、成本、销售、利润、专用基金、综合财务分析、内部来往账目及基本建设等。

(6)人事子系统。内容包括制定进员计划和工资基金计划、人事统计、考勤记录、人事档案及劳动组织等。

(7)安全环保子系统。内容包括事故统计分析,环境保护,锅炉及压力容器等管理业务。

(8)过程控制综合子系统。(前文已述)

(9)计算机与辅助设计和辅助制造子系统。内容包括图形库的管理,生成控制数据,建立工程分析软件等。

(10)办公室自动化子系统。要有文字处理、决策支持工具,电子文档,传真和电子邮件等功能。

上述三级计算机系统及十大功能子系统只有形成一个完整的整体,才能实现资源共享,起到支持一级管理的作用。

由以上案例可以看出,对于大型的、自动化程度很高的企业,如宝钢的热轧、冷轧分厂,为保证按合同组织生产,使生产正常进行并保证产品的质量,必须实现CIMS。这是科技发展的必然结果,也是这一类型企业发展的必然趋势。

(案例来源于网络,文字有删改)

通过阅读上述案例材料,请你思考以下问题。

1. 你认为宝钢的总厂计算机系统、热轧计算机系统是否为CIMS?为什么?
2. 在我国,哪些类型的企业适于发展CIMS?

参考文献

[1] 陈荣秋,马士华. 生产运作管理(第6版)[M]. 北京:机械工业出版社,2022.

[2] 马风才. 运营管理(第5版)[M]. 北京:机械工业出版社,2020.

[3] 马士华,林勇. 供应链管理(第5版)[M]. 北京:机械工业出版社,2016.

[4] 马风才,谷炜. 质量管理(第3版)[M]. 北京:机械工业出版社,2017.

[5] 梁工谦. 质量管理学(第3版)[M]. 北京:中国人民大学出版社,2018.

[6] (美)威廉·J·史蒂文森著,张群,张杰,马风才译. 运营管理(原书第13版)[M]. 北京:机械工业出版社,2019.

[7] (美)理查德·B·蔡斯著,任建标等译. 运营管理(原书第14版)[M]. 北京:机械工业出版社,2015.

[8] (美)马克·M·戴维斯等著,汪蓉等编译. 运营管理基础[M]. 北京:机械工业出版社,2014.

[9] (美)詹姆斯·A. 菲茨西蒙斯等著,张金成等译. 服务管理[M]. 北京:机械工业出版社,2013.

[10] (美)弗雷德里克·泰勒著,马风才译. 科学管理原理[M]. 北京:机械工业出版社,2007.

[11] (美)杰弗瑞·莱克著,李芳龄译. 丰田模式[M]. 北京:机械工业出版社,2021.

[12] (美)罗杰·施罗德著,任建标译. 运营管理[M]. 北京:中国人民大学出版社,2008.

[13] (美)李·克拉耶夫斯等著,刘晋等译. 运营管理——流程与价值链[M]. 北京:人民邮电出版社,2007.

[14] (日)大野耐一著,崔柳译. 大野耐一的现场管理[M]. 北京:机械工业出版社,2021.

[15] 李科,王润五,肖明涛,张林. 精益管理[M]. 北京:人民邮电出版社,2019.

[16] 刘强. 智能制造概论[M]. 北京:机械工业出版社,2021.

[17] 王立平. 智能制造装备及系统[M]. 北京:清华大学出版社,2020.